Guérir la santé

THIERRY C. PAUCHANT

et collaborateurs

Guérir la santé

Un dialogue de groupe sur le sens du travail,
les valeurs et l'éthique dans le réseau
de la santé

FIDES · PRESSES HEC

Données de catalogage avant publication (Canada)

Vedette principale au titre :
Guérir la santé: un dialogue de groupe sur le sens du travail,
  les valeurs et l'éthique dans le réseau de la santé

Comprend des réf. bibliogr.
Publié en collab. avec Presses HEC

ISBN 2-7621-2395-X

1. Personnel médical – Satisfaction au travail – Québec (Province).
2. Travail – Philosophie.
3. Éthique du travail.
4. Qualité de la vie au travail.
5. Services sociaux – Québec (Province).
6. Santé, Services de – Québec (Province).
I. Pauchant, Thierry C.   II. Titre.

R727.G83 2002   610.69'09714   C2001-941671-7

Les Éditions Fides remercient le ministère du Patrimoine canadien du soutien qui leur est accordé dans le cadre du Programme d'aide au développement de l'industrie de l'édition.

Les Éditions Fides remercient également le Conseil des Arts du Canada et la Société de développement des entreprises culturelles du Québec (SODEC).

Les Éditions Fides bénéficient du Programme de crédit d'impôt pour l'édition de livres du Gouvernement du Québec, géré par la SODEC.

Dépôt légal : 1er trimestre 2002

Bibliothèque nationale du Québec
© Éditions Fides, 2002.

IMPRIMÉ AU CANADA

Nous vivons dans une société corporatiste aux prétentions mollement démocratiques. Chaque jour un peu plus de pouvoir passe dans les mains des groupes. C'est la signification de l'idéologie du marché et de notre acceptation passive de toutes les formes que la globalisation peut prendre. [...] notre capacité à réinstaller la société érigée sur le citoyen dépend de notre redécouverte des concepts simples de désintéressement et de participation, qui nous protègent contre notre désir apparemment inconscient de chercher refuge dans l'idéologie.

JOHN SAUL
(*La civilisation inconsciente*, 1997)

L'imagination est toujours le tissu de la vie sociale et le moteur de l'histoire. [Différemment] les vraies nécessités, les vrais besoins, les vraies ressources, les vrais intérêts n'agissent que d'une manière indirecte, parce qu'ils ne parviennent pas à la conscience des foules. Il faut de l'attention pour prendre conscience des réalités même les plus simples. [...] Cent ou deux cents chefs d'industrie assemblés dans une salle font un troupeau à peu près aussi inconscient qu'un meeting d'ouvriers ou de petits commerçants. Celui qui inventerait une méthode permettant aux [personnes] de s'assembler sans que la pensée s'éteigne en chacune d'elles produirait dans l'histoire humaine une révolution comparable à celle apportée par la découverte du feu, de la roue, des premiers outils.

SIMONE WEIL
(*L'enracinement*, 1949)

Introduction générale

*Le dialogue démocratique : une pratique
stratégique face à des enjeux complexes*

THIERRY C. PAUCHANT

Ce livre est orienté vers la pratique. Il pro-
pose un processus — le dialogue démocratique — à utiliser en organisation afin de mieux naviguer dans la complexité. Ce processus est
appliqué dans ce livre à un secteur d'activité spécifique : le secteur de
la santé et des services sociaux. Ce choix est motivé par l'importance
de la crise vécue actuellement dans ce secteur et par le fait que la
santé constitue peut-être le « baromètre éthique » le plus significatif
de notre société. Le processus du dialogue démocratique est cependant pertinent dans toutes les organisations et les secteurs d'activités
qui sont confrontés à des enjeux complexes.

Ce livre est structuré en trois parties. Dans l'introduction générale,
j'avance, à partir d'exemples actuels pris dans le secteur de la santé,
que le *dialogue démocratique* permet de remonter aux sources des
crises et de faire émerger des actions managériales plus complexes. Je
décris aussi en termes pratiques la conduite d'un dialogue en organisation, en le replaçant dans son contexte démocratique. Dans la
deuxième partie, 10 dialogues sont retranscrits. Ces dialogues ont été

effectués par 26 personnes représentatives du secteur de la santé et des services sociaux et ont été conduits sur le thème large du sens et du non-sens du travail. Enfin, dans la conclusion, je suggère que la pratique du dialogue mène à une éthique collective qui nous fait particulièrement défaut dans le monde complexe d'aujourd'hui. Je présente aussi les fondements de l'« éthique du dialogue » et suggère qu'elle est particulièrement adaptée aux contextes québécois et canadien.

Les maladies de la santé

« Notre système de santé est malade. Il est urgent de poser un diagnostic et de trouver un traitement. » Cette affirmation, partagée par de très nombreuses personnes, a été faite par le médecin québécois Maurice McGregor, ex-doyen de la Faculté de médecine de l'Université McGill et ex-président du Conseil d'évaluation des technologies de la santé[1]. À l'autre bout du pays, en Colombie-Britannique, la docteure Heidi Oetter a fait la page couverture du magazine *Maclean's* en affirmant qu'elle voulait quitter sa profession pour ouvrir un hôtel[2].

Les maladies de la santé ne sont pas seulement décriées par des médecins. Au cours des cinq dernières années, tous les groupes professionnels associés au système de la santé ont exprimé leur mécontentement et plusieurs ont déclenché des grèves. L'une des grèves les plus médiatisées fut celle des infirmières et des infirmiers au Québec. Entre-temps, la confiance du public envers les services de santé a chuté à moins de 30 % et des citoyens ont même déposé des recours collectifs devant les tribunaux, invoquant la Loi sur les services de santé et les services sociaux. De très nombreux livres sur le piètre état du système de la santé et son avenir incertain ont aussi été publiés récemment, parmi lesquels *Ça urge! Le système de santé canadien a-t-il un avenir?* dirigé par Margaret Somerville, ou *La réforme de la santé au Québec*, dirigé par Pierre Fortin[3]. De même, de nombreuses commissions ont été formées sur ces questions, comme la Commission Clair au Québec ou la Commission royale sur la santé, créée par Jean Chrétien.

Dans ce livre, j'aborde ces mécontentements et ces questionnements, qui dépassent la seule question du financement du système. Face aux problèmes complexes vécus dans notre système de la santé, il m'apparaît essentiel, non seulement de redonner la parole aux personnes qui le connaissent, mais aussi de leur permettre d'échanger sur les valeurs profondes qui le sous-tendent. La pratique innovatrice que nous avons collectivement utilisée dans ce livre, le *dialogue démocratique*, permet à la fois de redonner cette parole et d'explorer ces valeurs.

Redonner la parole, explorer les valeurs

Redonner la parole aux personnes qui travaillent dans le système de la santé et des services sociaux, vivent ou sont en relation avec celui-ci, tranche avec nos pratiques habituelles. Au mieux, comme dans le cas des consultations publiques, différents groupes sont *entendus* par un comité d'experts. Si la tenue de consultations publiques contribue à enrichir le débat, ce processus a cependant de nombreuses lacunes. Par exemple, même si ces groupes ont été *entendus,* rien ne garantit que leurs vues seront *retenues* dans les décisions du comité, décisions auxquelles ces groupes ne participent pas. Aussi, ces vues sont surtout exprimées dans le but d'influencer le comité lui-même et non pas pour amorcer un dialogue avec d'autres groupes, ce qui permettrait un débat de société. Enfin, la tenue de consultations publiques encourage souvent les groupes à « prêcher pour leur paroisse », tenant alors des points de vue corporatistes, ce qui va à l'encontre d'une vue d'ensemble et du bien commun. Le *système* de la santé est alors écartelé entre de multiples groupes, appelés de façon fort juste « groupes d'intérêts », venus souvent pour défendre uniquement leurs propres intérêts.

Échanger sur les valeurs profondes qui sous-tendent à la fois nos perceptions et nos actions tranche aussi avec nos pratiques habituelles. Dans les consultations publiques, il s'agit plus pour chaque groupe invité de rationaliser ces valeurs et de chercher à convaincre que d'essayer de mieux saisir les fondements de ses propres valeurs ou de celles des autres, ce qui permettrait de faire une prise de conscience plus large. Aussi, la formule des consultations publiques, qui ne permet que quelques minutes pour exposer ses vues et qui exige la remise d'un rapport écrit élaboré, décourage l'expression de convictions ou de sentiments profonds, pourtant fondamentaux dans la formation des valeurs. Cette formule encourage également l'argumentation rationnelle de la part des groupes d'intérêt qui ont assez de ressources pour étayer leur argumentation de nombreuses statistiques. Enfin, si le comité d'experts assiste à toutes les séances de consultation et en discute abondamment, il n'est pas pour autant décisionnel. La décision finale appartient en effet à un ministre qui, s'appuyant sur les recommandations du comité, devra trancher en tenant compte des impératifs politiques du Conseil des ministres. Si les membres du comité d'experts peuvent apprendre des différentes vues exprimées, le ministre n'a pas cette occasion. Cet apprentissage est pourtant fondamental en présence de valeurs et d'intérêts divergents, même quand on est ministre.

Comme nous le verrons, la pratique du *dialogue démocratique* permet à la fois de diminuer le corporatisme, en redonnant la parole à chaque personne, et d'explorer les valeurs, en allouant plus de temps aux échanges et en encourageant l'usage de différents modes d'expression, qu'ils soient rationnels, émotifs ou imagés. Ces deux aspects sont particulièrement importants dans une perspective d'amélioration du système de la santé.

Au Québec, déjà la Commission Castonguay-Nepveu, en 1970, et, encore plus, la Commission Rochon en 1987, avaient dénoncé l'emprise du corporatisme sur le système de la santé. Cette dernière commission avait, par exemple, noté que « tout se passe comme si [...] la personne à aider, la population à desservir, [..] bref le bien commun, ont été oubliés au profit des intérêts propres à divers groupes[4] ». Au Canada, le célèbre critique social John Saul a particulièrement dénoncé l'emprise du corporatisme. Dans son livre *La civilisation inconsciente*, qui a reçu le prix du gouverneur général, il nous rappelle que le régime corporatiste fut mis en place par le leader fasciste Benito Mussolini. John Saul observe aussi que, malheureusement, la médiation est omniprésente dans le système de la santé et il conclut que « des soins de santé centrés sur le patient ne peuvent s'appuyer sur la médiation ou le corporatisme[5] ». John Saul propose que nous avons d'abord besoin d'un débat d'idées entre les citoyens, pour pouvoir ensuite décider des questions financières et, enfin, et seulement enfin, mettre en place les mécanismes politiques et administratifs appropriés.

Le secteur de la santé exprime peut-être le mieux les valeurs morales que nous considérons comme les plus fondamentales dans notre société, aux côtés des secteurs de l'éducation, de la culture et de l'emploi. Parler de santé, c'est avant tout parler de valeurs. Comme l'a fort bien exprimé la docteure Nuala Patricia Kenny : « Le système de santé porte en lui la fibre morale d'une nation. Imprégné d'un sens moral, le milieu de la santé nous confronte comme peu d'autres aux dimensions de la maladie, de la dépendance et de la mortalité[6]. » Si, dans le passé, la population était relativement homogène et imprégnée de valeurs civiques et religieuses communes, le monde de plus en plus hétérogène et pluraliste dans lequel nous vivons aujourd'hui exige de rendre ces valeurs beaucoup plus explicites. Nous devons, par exemple, décider collectivement si les valeurs qui fondent la Loi canadienne sur la santé (universalité, accessibilité, intégralité, transférabilité et gestion publique) doivent être maintenues et/ou approfondies. De façon très concrète l'évolution sociale ainsi que les innovations technologiques réalisées dans le domaine de la santé — n'évoquons ici que les techniques modernes de clonage — nous poussent à « l'impératif éthique ». Elles nous obligent à décider collectivement de ce que nous considérons comme moral et immoral. Cet impératif ne concerne pas seulement le système de la santé, mais aussi, à travers lui, la société dans son ensemble. Margaret Somerville, fondatrice et directrice du Centre de médecine, d'éthique et de droit de l'Université McGill, insiste particulièrement sur cette dimension :

> Certes, l'accès universel à des soins de qualité en cas de maladie est important, mais cette question déborde le strict cadre de la santé, surtout au Canada. Notre système de santé nous définit en tant que communauté, société et pays. Ce que nous sommes prêts à faire et, surtout, à ne pas faire les uns pour les autres en cas de maladie et de besoin, en dit long sur nous, sur nos valeurs fondamentales et sur les valeurs que nous voulons transmettre aux générations à venir. La santé donne souvent le ton aux questions d'éthique et de droit[7] .

Je reviendrai, dans la conclusion de ce livre, sur cet impératif éthique. Je suggérerai alors que la pratique du dialogue peut engendrer une éthique novatrice servant à guider les actions, appelée l'*éthique du dialogue*. Pour l'instant, j'aimerais introduire l'idée qu'il est fondamental, en matière de politique générale, de maintenir une *adéquation* entre la nature des enjeux à traiter et les actions à développer.

Le simple, le compliqué et le complexe

Afin de mieux cerner la nature des problèmes qui peuvent survenir dans un système comme celui de la santé, il s'avère utile de les distinguer en problèmes dits *simples, compliqués* et *complexes*. Tous les problèmes, en effet, ne se ressemblent pas et nécessitent des actions différentes, soit des actions *analytiques, systématiques* ou *systémiques*, tel qu'indiqué dans la figure I ci-dessous. Souvent, les décisions administratives et exécutives ne font qu'envenimer les problèmes par manque d'adéquation avec la nature des problèmes à traiter. Ceci deviendra plus clair avec des exemples concrets.

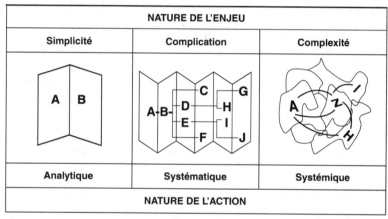

NATURE DE L'ENJEU		
Simplicité	Complication	Complexité
Analytique	Systématique	Systémique
NATURE DE L'ACTION		

Figure 1   Adéquation entre enjeux et actions

Un enjeu *simple* — du latin *sim*, qui évoque la notion de singularité, comme dans les mots « similaire » ou « semblable », et du grec *plec*, qui évoque la notion de « pli » et de « pliage » — exprime l'idée de « n'avoir qu'un pli », de « n'être plié qu'une seule fois ». Un problème simple comporte peu d'éléments strictement séparés les uns des autres, mais qui peuvent cependant être reliés par des relations de cause à effet. Comme le suggère la figure I ci-dessus, dans une feuille de papier pliée en deux, un seul pli sépare les variables « A » et « B », reliées entre elles par un lien de causalité. En administration, les problèmes *simples* peuvent être abordés par des méthodes *analytiques*. La fonction de ces méthodes est d'étudier les éléments, de les mesurer et d'établir leurs relations causales. La base même des pratiques comptables, par exemple, est de classifier des opérations en débit et en crédit et de dégager des enseignements de leur mesure. De même, la base du contrôle de gestion est de déterminer si une action a mené ou non à la réalisation d'une norme prédéterminée. En médecine, cette méthode est aussi employée afin d'évaluer l'efficacité d'un traitement. Les méthodes analytiques sont souvent très efficaces face à des problématiques relativement simples. Elles peuvent cependant engendrer des désastres si elles sont utilisées dans des cas où les problèmes ne sont pas simples, manquant alors d'*adéquation*.

Prenons un exemple. Les coupures budgétaires dans le système de la santé ont été effectuées, en partie, après qu'on ait constaté que les dépenses du Canada en matière de santé se situaient au deuxième rang parmi 25 pays de l'OCDE. Le Centre de statistiques internationales d'Ottawa a montré que le Canada dépensait en 1993 10,2 % de son Produit intérieur brut en santé, comparativement à une moyenne de 8 % pour l'ensemble des pays de l'OCDE, le seul pays dépensant plus étant les États-Unis (14,1 %)[8]. Ce même centre a aussi conclu que lorsque l'on mesure l'état de santé d'une population à l'aide du taux de mortalité infantile et de l'espérance de vie, on ne peut établir de liens de causalité entre l'état de santé de cette population et le niveau des dépenses publiques et, donc, que l'on peut diminuer les dépenses de l'État sans affecter la santé. Ces conclusions ont incité le gouvernement à effectuer des coupures budgétaires importantes, dans un contexte politique de « déficit zéro ».

Pourtant, quand on y regarde de façon moins simpliste, la situation apparaît fort différente. Premièrement, quand on évalue les dépenses effectuées en santé non pas selon le pourcentage du Produit intérieur brut selon les sommes dépensées pour chaque habitant, le Canada se retrouvait au 14ᵉ rang des pays de l'OCDE en 1994, avec des dépenses réelles d'environ 1800 $ US par personne, comparées à plus de 3600 $ US pour les États-Unis[9]. Deuxièmement, on ne peut évaluer l'état de la santé d'une population en ne tenant compte que des données relatives à la mortalité. La notion de santé, telle qu'exprimée par la loi, ne se résume pas seulement à ne pas mourir, ni même à ne pas être malade, mais inclut aussi la qualité de vie, le bien-être et le mieux-être, tant au niveau physique que psychique. Il est évident que la longévité d'une personne ne garantit en rien que cette personne n'a pas souffert durant toute sa vie ou qu'elle a vécu sa vie en bonne santé !

Cet exemple suggère qu'on ne peut utiliser des données analytiques et les relier par des relations strictes de causalité que lorsqu'on est en présence d'un enjeu simple. Les enjeux compliqués et complexes requièrent des approches plus élaborées, comme nous le verrons ci-dessous.

Un enjeu *compliqué* requiert une approche *systématique*. *Compliqué* vient du latin *cum*, qui évoque la notion d'être ensemble, comme dans le mot « compagnon », et du grec *plec* ou « pli ». La notion de complication exprime l'idée d'« avoir plusieurs plis » ou d'« être plié plusieurs fois ». Dans la figure I ci-dessus, les multiples plis de la feuille forment différentes zones, chacune incluant plusieurs éléments, soit « A », « B », « C », etc. Pourtant, malgré cette complication, il est toujours possible de différencier ces éléments les uns des autres et d'établir entre eux des relations de causalité. En gestion, l'approche du PERT, par exemple, a été inventée durant la Seconde Guerre mondiale aux États-Unis afin d'organiser efficacement la fabrication de sous-marins dont l'assemblage requiert des milliers de pièces. La planification dite « stratégique » ou la « gestion de projets » procèdent essentiellement d'une approche similaire : l'objectif à atteindre est clair et les étapes à suivre sont strictement définies. Ces approches tentent de *systématiser* l'analyse et l'action et permettent aux activités organisationnelles d'être — ce que leur nom suggère — « organisées ».

Ce genre de méthode est bien sûr fort efficace en présence d'un enjeu *compliqué* où le nombre de variables est connu et où le but à atteindre est immuable, comme dans le cas de la construction de sous-marins. En santé, par exemple, des modèles heuristiques peuvent être employés avec profit afin de gérer les stocks de médicaments dans une pharmacie. Mais ces méthodes ne peuvent être employées, sous peine d'envenimer les problèmes, en présence d'enjeux qui ne sont pas seulement compliqués mais qui sont, aussi, *complexes*.

Par exemple, l'Ontario a développé depuis une dizaine d'années le Cardiac Care Network (CCN). Ce réseau a créé un système d'information normalisé qui rassemble, entre autres, des informations sur le degré de risque de chaque patient et détermine, en conséquence, la gestion de la liste d'attente pour les interventions chirurgicales. Avec l'aide de ce système qui permet de prendre des décisions dites « rationnelles », le taux de mortalité des patients en attente d'une chirurgie a diminué de moitié[10]. On peut bien sûr se féliciter de ce résultat encourageant dans le domaine de la cardiologie.

Pourtant, l'approche *systématique* adoptée dans ce cas, qui intègre plusieurs variables comme les risques encourus, les listes d'attente ou la disponibilité des ressources, et détermine rationnellement un cheminement critique optimal entre ces différentes variables, ne prend pas en compte la *complexité* de la santé. Elle risque alors d'envenimer les problèmes à un niveau plus global. Par exemple, cette approche adopte une vue tronquée de la santé, centrée sur l'acte médical de pointe, pratiqué en hôpital ; elle renforce de plus l'idéologie de la haute technologie et la vue que le critère fondamental à utiliser pour évaluer la santé est, encore une fois, le taux de mortalité ; en outre, cette approche n'utilise comme mode de décision que la rationalité formelle n'incluant pas, par exemple, les désirs des patients, basés sur leur vécu personnel. L'administration étant en général friande de telles approches qui semblent « rationnelles », « impartiales », « universelles » et « efficaces », on aura tendance à leur accorder un financement important, privilégiant ainsi l'approche *systématique* de résolution de problèmes et renforçant encore un secteur particulier de la santé, un groupe d'intérêts spécifique.

En évoquant ces problèmes, je ne suggère d'aucune manière que la cardiologie n'est pas importante ni que les approches *systématiques* sont inutiles. D'ailleurs, il est probable que ces approches vont encore se perfectionner dans le futur, en particulier avec l'avancement prometteur du domaine du « data mining ». Je rappelle cependant qu'une approche *systématique* qui semble prometteuse dans un domaine particulier, c'est-à-dire au niveau « local », peut envenimer les problèmes dans le *système* de la santé, c'est-à-dire au niveau « global ».

Des enjeux *complexes* requièrent, pour leur part, des approches différentes, appelées non plus *systématiques*, mais *systémiques*. *Complexe* vient du latin *cum*, comme nous l'avons vu ci-dessus, et *plexus* évoque la notion d'« entrelacement », comme dans les expressions « plexus cardiaque » ou « complexe psychologique ». La notion de complexité exprime l'idée d'interrelation, de fusion, d'amalgame, de plis entremêlés et enchevêtrés, de malaxage. Dans la figure I ci-dessus, la feuille de papier n'est plus simplement pliée en deux ni même, de façon plus compliquée, plusieurs fois ; elle est froissée en une boule « difforme », c'est-à-dire sans forme prédéterminée, sans organisation apparente. Dans les cas précédents, les plis formés étaient rectilignes et déterminaient des zones relativement claires, séparées strictement les unes des autres, mais reliées entre elles par des relations de cause à effet. Dans le cas de la boule de papier, ces plis sont maintenant difformes et ne déterminent plus des zones séparées. Il est probable que des éléments comme « A », « Z » ou « H » soient maintenant juxtaposés à l'intérieur de la boule, sans ordre préexistant, et qu'il soit impossible de déterminer des relations strictes de causalité entre eux, les causes formant des effets qui forment des causes... De même, la texture de la feuille de papier, sa matière organique, cache dans ce cas non seulement les éléments constituants mais aussi leurs relations, ce qui réduit d'autant la possibilité de les identifier et de les mesurer rigoureusement. Enfin, cette boule peut facilement se déplacer, liant le local au global et, comme une boule de neige, elle peut potentiellement grandir démesurément en intégrant toutes sortes d'éléments dans son roulement, pour le meilleur et pour le pire. L'image de cette boule difforme échappe à la caractéristique essentielle de toute pratique organisationnelle traditionnelle, celle d'être « organisée » ; elle est plutôt « auto-organisée ».

De très nombreux facteurs, dans le système de la santé ainsi que dans la société en général, modifient les paramètres auxquels nous étions habitués. Cela accroît la complexité de ce système, des effets entraînant des causes, qui entraînent d'autres effets. Par exemple, des innovations technologiques récentes ont modifié la définition de la mort, ce qui a entraîné de nouveaux traitements potentiels ; d'autres innovations ont créé des besoins nouveaux chez les patients, placés devant de nouveaux choix ; des avancées technologiques, dans des domaines comme le clonage, la reproduction ou les soins en fin de vie, ont également soulevé de nouvelles problématiques éthiques fondamentales et donné naissance au champ de la bioéthique et de l'éthique médicale ; dans la société, des changements comme l'accroissement de l'individualisme, de l'éducation, de l'information, du féminisme ou de l'écologisme, ont radicalement modifié la conception de la santé ; ou d'autres enjeux, comme le diabète ou les effets de la pollution environnementale ou du stress quotidien sur la santé, dépassent les compétences des ministères de la Santé et des services sociaux et demanderaient des interventions interministérielles.

Pour ne donner que quelques exemples de comportements nouveaux face à la santé, mentionnons que de plus en plus de personnes remettent en question l'autorité unique des médecins et veulent faire partie intégrante des décisions qui les concernent; d'autres, voulant de plus en plus assumer personnellement leurs frais de santé, réclament de nouveaux traitements et de nouveaux médicaments qui, comme le Viagra, ne sont pas couverts par l'assurance-maladie; d'autres encore forment des coalitions pour la défense de leurs droits ou utilisent les services de guérisseurs ou de thérapeutes en dehors de la médecine et des services sociaux traditionnels.

Cette liste d'éléments illustrant la complexité actuelle de la société est nécessairement incomplète. Et c'est justement le point important à retenir : *on ne peut pas résumer la complexité en une synthèse!* La caractéristique de l'auto-organisation de cette complexité, toujours en mouvement, souvent invisible, nous empêche de proposer une liste claire, définitive, objective de ses composantes et de ses interrelations. Ici s'arrête la possibilité de *systématiser.* C'est pour cette raison que je ne propose pas dans la conclusion de ce livre une synthèse du contenu de ses dialogues : une telle synthèse serait inévitablement subjective, incomplète, non complexe. Autrement dit, on ne peut pas résumer la complexité : on ne peut que la vivre personnellement au jour le jour, se laisser transformer par elle, tout en tentant de l'apprivoiser. Comme nous le verrons plus loin, tel est le sens de la pratique du dialogue démocratique, qui est une approche *systémique.*

Henry Mintzberg, reconnu internationalement pour son expertise en management stratégique, a fait une distinction similaire en différenciant entre la *planification* et la *stratégie*[11]. Pour lui, la *planification*, approche *systématique*, n'est possible que lorsque les variables et les enjeux à planifier sont relativement connus, mesurables et prévisibles, comme dans le cas des enjeux simples et compliqués. La *stratégie,* quant à elle, approche *systémique*, est plus adéquate en présence d'enjeux complexes qui ne peuvent être planifiés.

La méthode de la mouche

Henry Mintzberg propose une métaphore très utile afin de caractériser la démarche *stratégique.* Cette démarche étant de nature complexe et systémique, il faut souvent recourir à des métaphores pour pouvoir la décrire, faute de pouvoir être plus explicite.

Une abeille et une mouche sont entrées dans une bouteille afin de déguster un restant de liquide sucré. Repues, elles désirent en sortir.

La bouteille ayant son fond orienté vers le soleil, l'abeille sera attirée par la lumière et s'épuisera probablement à chercher la sortie de ce côté. La mouche, plus vagabonde que l'abeille, comme à l'accoutumée, volera dans tous les sens, explorera le goulot et sortira de la bouteille, saine et sauve[12].

Que faut-il retenir de cette métaphore? Que la mouche qui voyage plus en cercles, en courbes aléatoires, en zigzags imprévus, qui échappe à un conditionnement unique, qui explore le territoire même s'il y fait sombre, a un comportement plus complexe que l'abeille. Comme bien d'autres critiques, John Saul a raison, d'après moi, de proposer que le gestionnaire, l'administrateur, le consultant ou le planificateur n'aiment pas l'incertitude, le manque de contrôle, le flou, les courbes, le complexe, comme les mouches. Ces personnes préféreront souvent appliquer des méthodes simples ou compliquées, mais rigoureuses et linéaires, même en présence d'enjeux complexes. Comme John Saul l'a remarqué:

> La gestion craint la réflexion parce que la réflexion s'apparente au désordre. Et elle craint encore plus l'intégration de la réflexion et de l'action. Pourquoi? Parce que cela suggère l'incapacité de contrôler les choses. [...] Le sentiment écrasant de passivité et de frustration partagé par les médecins, les infirmières et les autres professionnels de la santé provient, je crois, de cet enfermement corporatiste. La frustration vient du refus de la passivité, de l'impuissance à agir sur la politique publique[13].

John Saul a malheureusement raison quant à la frustration des professionnels de la santé. Une recherche statistique récente révèle, par exemple, que les cadres supérieurs du réseau québécois présentent deux fois plus de symptômes d'anxiété que la population en général, les questions de valeurs humaines et d'éthique les préoccupant de façon importante dans leur travail. De telles situations sont aussi rapportées pour d'autres professionnels de la santé et pour des personnes travaillant en relation avec le réseau[14]. Au lieu d'éviter ces problématiques complexes, John Saul nous convie à réunir dans un même tout la connaissance, la réflexion et l'action. Cela signifie, par exemple, ne pas seulement poursuivre un impératif administratif, mais aussi intégrer dans le système de la santé des impératifs subjectifs, sociaux, éthiques. Comme nous le verrons plus loin, la pratique du *dialogue démocratique* est basée sur cette réunion de la connaissance (pas uniquement rationnelle), de la réflexion (sur soi et les autres), et de l'action (en privilégiant à la fois les situations locales et globales). On pourrait aussi rajouter à cette liste l'importance du courage : le courage de se permettre de « partir à la découverte », d'« explorer la complexité », de « voler comme une mouche ».

Il va sans dire que le fait de suivre la « méthode de la mouche » n'implique en aucune manière d'abandonner les approches analytiques et systématiques. Il ne s'agit pas non plus de ne plus utiliser les modèles heuristiques, la simulation informatique, nos bases de données ou l'économétrie. Toutes ces pratiques sont très efficaces dans les cas de problématiques simples et compliquées. Il s'agit plutôt d'évaluer si nos approches sont en *adéquation* avec la nature des enjeux à aborder et, sinon, de les replacer dans des contextes plus larges. De même, on perd du temps et des ressources précieuses à vouloir résoudre une problématique simple à l'aide d'une approche complexe. On tue alors une mouche avec un canon : si l'usage du canon entraînera à coup sûr la mort de la mouche, il est probable qu'il détruira beaucoup d'autres choses.

Un autre penseur a aussi recommandé, face à la complexité, d'utiliser « la méthode de la mouche ». Comme Henry Mintzberg, cet auteur n'est ni un illuminé, ni un charlatan. Il s'agit de Michel Serres, célèbre philosophe et académicien français. Michel Serres a lui aussi prôné la nécessité de définir d'autres approches plus adéquates face aux plis multiples et mouvants de la complexité. Il écrit :

> On dirait une mouche qui vole : elle passe en zigzags pressés, hachés, discontinus, change de cap de façon imprévisible, traverse soudain toute la pièce [...]. Qu'elle entre, par surprise, dans une automobile ou dans un avion, et la voilà de l'autre côté de la terre, où elle recommence sa danse que nous croyons folle, mais qui expose, Ô merveille, la raison et la sagesse du monde. [...]. La mouche [tisse] le local et le global, en fouillant intensément des localités singulières, des voisinages fins et des proximités délicates, lieux particuliers dont l'éloignement garantit la portée globale du voyage. [...] Sa méthode, inattendue comme l'intelligence, brusque et rapide comme l'esprit, n'emprunte jamais ni la ligne droite ni aucune courbe prévue selon une loi préalable, car la sottise, elle, répétitive, est toujours prévisible, même et surtout lorsqu'elle paraît rationnelle[15].

Pour le dire autrement, les enjeux simples et compliqués sont des enjeux *convergents*. Ces enjeux peuvent être solutionnés, optimisés, maximisés. On peut maximiser la gestion d'un stock de médicament; mais on ne peut maximiser le temps qu'un médecin doit passer avec un patient sous peine d'atrophier la relation et d'y retirer les valeurs humaines, l'empathie, l'ouverture, la compétence, la chaleur, l'humour, la dignité, la compassion, qui font que la relation est thérapeutique, au-delà de l'acte médical. Aujourd'hui, un patient sur trois aux États-Unis va chercher ces qualités humaines chez d'autres types de guérisseurs qui offrent des traitements non conventionnels, et paye de sa poche ces chaleureuses qualités[16].

Ces dimensions humaines, existentielles, authentiques, chaleureuses, ne peuvent être solutionnées une fois pour toutes, ni optimisées, et encore moins maximisées. Elles dépendent, entre autres, de la gravité de la maladie du patient ou même de sa perception. Cette réalité est un aspect fort «local» qui doit être intégré à une vision plus globale de la santé, nécessitant une réunion du local et du global, chose difficile. Un véritable travail de mouche! Ces réalités humaines ne sont pas *convergentes*. Elles sont *divergentes* et doivent être traitées cas par cas, personne après personne, au jour le jour, aux niveaux local *et* global. Il est intéressant de noter que cette différence entre les problèmes *convergents* et *divergents* ainsi que les qualités humaines que ces derniers requièrent, ont été discutées par un économiste. Ernst Schumacher, célèbre économiste, auteur du *Small is beautiful* récemment réédité aux États-Unis, a particulièrement travaillé sur cette distinction. Il note :

> J'ai dit que de résoudre un problème est de le tuer. Il n'y a rien de mal à «tuer» un problème convergent [...]. [Mais] on ne peut solutionner des problèmes divergents; ils ne peuvent être résolus dans le sens d'établir une «formule correcte»; ils peuvent, cependant, être transcendés. Une paire d'opposés — comme la liberté et l'ordre — sont opposés au niveau de la vie ordinaire, mais ils cessent d'être opposés au niveau supérieur, le niveau réellement *humain*, où la conscience de soi joue son rôle spécifique. C'est à ce moment que des forces supérieures telles que l'amour et la compassion, la compréhension et l'empathie, deviennent disponibles, pas simplement comme des impulsions occasionnelles (présentes aux niveaux inférieurs) mais comme une source régulière et fiable[17].

Il est fort regrettable que Schumacher ne soit pas davantage étudié dans nos facultés de sciences économiques et dans nos écoles de gestion. Comme nous le verrons, la pratique du dialogue démocratique est basée sur ce développement de la conscience humaine.

Ce constat recommandant une approche qui prend en compte la complexité vécue dans le système de la santé a également été effectué par de très nombreuses personnes spécialistes dans ce secteur. Par exemple, Laurie Garrett, l'auteure qui a gagné récemment le prix Pulitzer aux États-Unis pour son livre sur le sida, *The Coming Plague*, a étudié dans son nouvel ouvrage, *Trahison de confiance. L'effondrement universel de la santé publique*, les système de santé de pays aussi divers que les États-Unis, l'Inde, la Russie ou la Zaïre. Elle formule la conclusion suivante :

> Pour être efficace, bien sur, une infrastructure du XXIe siècle ne pourra être confinée à Gotham, Los Angeles ou aux États-Unis d'Amérique. Cette infrastructure devra être déployée sur toute la planète. Les mesures qui ont accru la longévité des New-Yorkais au début de ce siècle devront être mises en œuvre au niveau planétaire, car une infection dans un écosystème donné ne peut pas ne pas affecter aussi les autres villages, les autre villes et les autres banlieues de la planète. Une telle infrastructure globale pour la santé publique devra non seulement inclure les éléments essentiels de surveillance et de prévention qui furent développés dans certaines régions opulentes durant le XXe siècle, mais aussi de nouvelles stratégies et de nouvelles tactiques de manière à pouvoir prendre en compte des problématiques globales.
>
> [...] Le but ne pourra pas être de chercher une solution technologique magique à court terme. Différemment, la société doit se donner un but beaucoup plus complexe — et difficile à définir — ne comprenant pas seulement les fruits du travail scientifique, mais aussi des considérations dans les domaines de la politique, de la sociologie, de l'économie et même de la religion, de la philosophie et de la psychologie[18].

Les problématiques discutées dans ce livre ne concernent donc pas seulement le système canadien de la santé, tel qu'implanté dans la province du Québec. Beaucoup plus largement, les participants et participantes qui ont vécu l'expérience du dialogue décrite dans ce livre dressent un tableau qui, bien que coloré de façon *locale*, exprime aussi des enjeux *globaux* qui se retrouvent dans différentes régions du monde, que ce soit à Londres, à New York, à Moscou ou à Paris, ou même dans les rizières de Chine et les bidonvilles du Brésil. De façon ironique, si le système canadien de la santé fait de nombreux envieux, chez nos voisins Américains notamment ou dans les pays en voie de développement, ce même système porte aussi en lui les germes d'une maladie qui risque d'affecter le système de la santé au niveau planétaire. Cette maladie de la santé, phénomène complexe, n'engendre pas seulement des conséquences néfastes aux niveaux physique et psychique, mais aussi aux niveaux social et politique. Comme l'a bien remarqué Laurie Garrett :

> La santé publique est un engagement — une confiance — entre un gouvernement et sa population. La société entière confie au gouvernement la tâche de superviser et de protéger la bonne santé collective. Et en retour les individus acceptent de coopérer [...]. Si l'une des parties trahit cette confiance, le système s'effondre comme un château de cartes[19].

Les origines du dialogue

Le dialogue existe depuis le jour où des êtres humains ont désiré faire quelque chose en commun[20]. L'utilisation de ce processus, dérivé de ce qui est communément appelé la « tradition orale », gouverne la compréhension du monde, les délibérations et les décisions depuis que l'être humain est apparu sur Terre. Il a été utilisé durant des dizaines de millénaires avant l'invention de l'écriture et d'une gestion plus structurée et formelle de l'information[21]. Cette tradition orale est, par exemple, présente dans les cérémonies du « pow-wow » pratiquées encore par certaines tribus autochtones ou dans la légendaire « table ronde » du roi Arthur et de ses chevaliers. Ce processus fut également à la base du questionnement philosophique et de la recherche scientifique, quand celle-ci émergea au VIe siècle avant notre ère. Elle fut utilisée en Grèce par Socrate et Platon dans leurs fameux dialogues. Pourtant, le dialogue que je propose ici n'est pas seulement un échange communicationnel, ni un processus de débat ou de raisonnement, ni même une forme de pédagogie.

Le mot *dia*, en grec, ne signifie pas « deux », comme on le croit souvent. Un dialogue n'est pas seulement une discussion entre deux personnes. *Dia* évoque la notion d'« aller à travers », de « traverser », d'« explorer de part en part ». Le mot *logos*, introduit par le philosophe Héraclite d'Éphèse, est un mot qui a acquis, à travers les âges, une multitude de significations. Le *logos* du Nouveau Testament (« Au commencement était le *logos*... ») est souvent traduit par « verbe ». À travers les siècles, de nombreuses significations s'y sont rajoutées en Occident. Le *logos* signifie tour à tour le « sens », le « nombre », le « chiffre », la « logique », la « raison », la « rationalité », la « science », l'« intellect », etc. Encore aujourd'hui, un grand nombre de sciences utilisent cette notion dans leur appellation, comme l'anthropo*logie*, la psycho*logie* ou la socio*logie* dans les sciences sociales, ou la bio*logie*, le *log*arithme ou la physio*logie* dans les sciences dites « dures » et en mathématique. La notion du *logos* est aussi très employée dans nos organisations : elle est présente dans nos représentations sociales (*logo*), nos outils (techno*logie*, *log*iciel) ou nos procédures (« tenir un *log* »). Enfin, cette notion est omniprésente dans la santé et les services sociaux : anesthésio*logie*, gynéco*logie*, *logo*thérapie, neuro*logie*, odonto*logie*, ophtalmo*logie*, pneumo*logie*, uro*logie*, etc.

Mais la notion de *logos* n'est pas seulement occidentale. On la retrouve dans les traditions orientales sous le nom de *tao*. Cette notion est à la base même de traditions comme le taoïsme, le bouddhisme ou le zen. La tradition du Tao a été dérivée du *Tao Te Ching*, écrit par Lao Tsu au VIᵉ siècle avant Jésus-Christ, l'ouvrage chinois le plus traduit au monde. Le *tao*, comme le *logos*, a de multiples sens : la « voie », le « tout », l'« éternel », l'« ineffable », la « mère de toute chose », le « non-nommable », la « vie », la « force », l'« énergie », le « rien », l'« absolu », etc. Attestant de la proximité de ces deux notions, l'une des versions les plus respectées de la Bible, en chinois, a traduit « Au commencement était le *logos*... » par « Au commencement était le *tao*...[22] ». Il est fascinant de constater qu'à la même époque, au VIᵉ siècle avant notre ère, deux personnes, Héraclite d'Éphèse et Lao Tsu, l'une en Occident, l'autre en Orient, ont introduit des notions fort voisines.

La notion de *logos* porte, par ses multiples significations, la marque de la complexité : elle est à la fois objective et subjective, précise et diffuse, scientifique et poétique, un résultat et la source suprême, occidentale et orientale ; cette notion est présente dans toutes les parties de la boule difforme mentionnée précédemment et est, en même temps, la boule elle-même ; le *logos* vole, comme la mouche, du local au global, tout en étant la mouche elle-même, ses découvertes, ses expériences, rassemblant en un seul tout le sujet et l'objet, l'insecte et son voyage, le territoire exploré et la nature du monde. Pour ma part, j'aime bien la traduction offerte par le philosophe Martin Heidegger : le *logos* est pour lui le « pattern qui rassemble le monde » ou « qui engendre le monde ». Simone Weil, la philosophe, a aussi proposé une traduction particulièrement inspiratrice. Pour elle, le *logos* est l'« amour ».

Le *logos* ou le *tao* est donc un « pattern qui rassemble », un « pattern qui engendre » ou l'« amour qui rassemble le monde ». Cette dernière définition est, pour moi, une vision inspirante à la fois de l'amour et de la nature du monde. Le *dialogue* est, d'après ces définitions, « une aventure, une expérience, une exploration à travers le pattern qui engendre le monde ».

Durant les années 1980, la pratique ou la discipline du dialogue a été redécouverte et adaptée au niveau sociétal par le physicien quantique anglais David Bohm et le sage indien J. Krishnamurti, trouvant ici un écho entre l'Occident et l'Orient[23]. Elle a ensuite été appliquée aux groupes et aux organisations par des personnes associées au Tavistock Institute, en Angleterre, et à la Sloan School of Management du MIT, au États-Unis[24], par Peter Senge. La description que je donne ici du dialogue est basée sur ces origines anglaises et américaines.

L'utilisation de la pratique du dialogue en entreprise a commencé de manière expérimentale à la fin des années 1980, en tant que partie intégrante des pratiques en « apprentissage organisationnel ». Elle est actuellement utilisée dans de nombreuses organisations en Europe, aux États-Unis, ainsi qu'au Canada par, notamment, la Banque Impériale, Ford, IBM, Motorola, Ressources humaines Canada, Shell, Xerox, etc.[25] La pratique du dialogue a aussi déjà été utilisée dans le secteur de la santé à Grand Junction, au Colorado, et à la Régie de la Montérégie, au Québec[26]. De même, des cercles de dialogue ont été mis en place depuis 1998 dans le réseau de la santé au Saguenay-Lac-Saint-Jean, touchant des centaines de personnes[27].

La nature du dialogue

Il n'est pas aisé de décrire précisément ce qu'est le dialogue[28]. Ce qui se passe dans les groupes est souvent découvert, redécouvert et, parfois, redécouvert de nouveau par l'expérience personnelle au sein du groupe. Il semble que la capacité d'expliciter ce qu'est le dialogue soit limitée par la nature même de cette pratique, laquelle tend à reproduire cette même complexité à laquelle nous sommes confrontés. Pour reprendre une notion introduite précédemment, la nature du dialogue est en *adéquation* avec la nature complexe des enjeux, ce qui ne simplifie pas sa définition. Il est parfois plus aisé de préciser ce que *n'est pas* le dialogue ; le tableau I, ci-dessous, cherche à le faire en quelques points. Toutes ces précautions ont pour but de faire comprendre que la pratique du dialogue ne peut être ramenée à une simple technique destinée à améliorer la communication. Réduire le dialogue à un outil de communication serait en dénaturer l'essence.

Tableau I   Ce que n'est pas le dialogue

1.	Le dialogue n'est ni une discussion, ni un débat, ni une négociation.
2.	Les groupes de dialogue sont différents des groupes de thérapie ou de soutien.
3.	Un groupe de dialogue n'est pas un comité chargé de trouver des solutions à des problèmes à court terme ou chargé de résoudre des conflits particuliers.
4.	L'esprit du dialogue est différent de celui d'un «salon» et ne se résume pas seulement à des réunions informelles.
5.	L'objet du dialogue n'est pas obligatoirement d'atteindre un consensus général.
6.	L'objet du dialogue n'est pas non plus de former une communauté ou une secte, ni d'encourager la formation d'un groupe immuable.
7.	Le dialogue n'est pas une pratique de «petit groupe», mais de «grand groupe».
8.	La pratique du dialogue ne se résume pas à un processus intellectuel mené par un groupe d'experts.
9.	Le dialogue est différent du brainstorming et des réunions de *focus group*.
10.	Comme toute pratique de changement, le dialogue n'est pas une panacée et doit être jumelé à d'autres processus.

1. *Le dialogue n'est pas une discussion, ni un débat, ni une négociation.*

Dialoguer n'est pas « marquer des points », convaincre ou gagner des avantages, comme c'est le cas dans beaucoup de réunions ou d'échanges plus traditionnels entre les personnes. La pratique du dialogue permet plutôt de s'écouter soi-même et d'écouter les autres et de mieux réaliser les valeurs profondes et les présupposés qui sous-tendent les interventions, les réactions et les actions.

**2. Les groupes de dialogue ne sont pas des groupes de croissance person-
nelle.**

Si certains aspects psychologiques transparaissent durant le dialogue,
ces aspects ne sont pas le centre des échanges. De plus, l'objectif du
dialogue n'est pas orienté vers l'aide thérapeutique, bien que des
effets thérapeutiques puissent émerger de cette pratique.

**3. Les groupes de dialogue ne sont ni des comités, ni des groupes de
résolution de problèmes ou de conflits.**

Vu l'absence d'un agenda spécifique, le dialogue ne vise pas à résoudre des problèmes ou des conflits *particuliers à court terme*, comme
le ferait un comité habituel. Pourtant, l'ouverture d'esprit réalisée à
travers le dialogue mène à la longue à l'émergence de nouvelles
compréhensions et d'actions qui sont de nature systémique.

**4. L'esprit du dialogue est différent de celui d'un « salon » et ne se résume
pas seulement à des réunions informelles.**

Si le dialogue n'a pas d'agenda spécifique, ce qui tranche avec la
majorité des processus de décision en groupe, il a cependant un but
auquel les participants souscrivent. Ce but doit être assez général
afin de ne pas trop contraindre les échanges, comme, par exemple,
« retrouver du sens dans son travail », « définir une stratégie globale
de développement » ou encore « établir une vision et une mission
pour l'entreprise ». Les échanges sont donc plus orientés sur l'influence
des valeurs et des présupposés que ceux tenus dans un « salon ». De
plus, l'exploration profonde par les participants distingue le dialogue
des réunions seulement informelles. Utiliser la métaphore de la mouche serait ici trop réducteur, car il ne s'agit pas, dans le dialogue, de
seulement « voler de sujet en sujet ». Les sujets explorés doivent
rester en relation, bien que non contraignante, avec le but général
poursuivi, et un travail réel, en profondeur, sur les valeurs et les
présupposés doit être accompli.

5. L'objet du dialogue n'est pas obligatoirement d'arriver à un consensus.

Si certains consensus peuvent dériver du dialogue, la recherche d'op-
tions acceptables pour la majorité n'est pas sa fonction première.
Autrement dit, la pratique du dialogue suppose qu'une collectivité

puisse agir ensemble, même en l'absence d'un consensus, et ce grâce au respect profond des différences. Souvent, la recherche de consensus aboutit à ne retenir que le plus petit dénominateur commun entre les personnes et le groupe, ce qui réduit d'autant la complexité et la subtilité des actions retenues.

6. La fonction du dialogue n'est pas de former une communauté, une secte ou un groupe plus uni que les autres.

Les phénomènes dangereux de la pensée de groupe, du corporatisme et de la formation de sectes abusives dans les organisations sont bien connus. Dans le dialogue, le nombre élevé de personnes et leur diversité vont volontairement à l'encontre du développement d'une pensée de groupe trop homogène. Une affirmation trop corporatiste, par exemple, sera vraisemblablement mise dans un contexte plus large par les autres membres, aucun groupe ne dominant dans le cercle. De plus, les cercles de dialogue ne sont pas soumis à l'épreuve du temps. Ils sont démantelés quand leur fonction générale est remplie, si jamais elle l'est, évitant ainsi qu'ils ne deviennent eux-mêmes des organisations immuables qui, à travers le temps, peuvent tenter de justifier leur existence.

7. Le dialogue n'est pas une pratique de « petit groupe », mais de « grand groupe ».

Non orienté vers la thérapie et tentant de contrer la pensée de groupe, le dialogue est une pratique de « grand groupe », rassemblant entre 20 et 40 personnes. Ce nombre relativement élevé de participants représente en partie la complexité présente dans la société. Cela permet d'explorer les valeurs profondes présentes dans une organisation ou une culture particulière et de dépasser, de nouveau, le corporatisme. Si l'influence des intérêts particuliers et collectifs n'est pas totalement absente d'un dialogue, ce qui apparaît impossible, la nature du dialogue permet cependant de l'amoindrir.

8. La pratique du dialogue ne se résume pas à un processus intellectuel mené par un groupe d'experts.

« Dialoguer » est beaucoup plus que « mieux penser ». Les échanges durant un dialogue ne sont pas dirigés pour trouver « une meilleure idée », mais ils le sont afin d'*explorer les influences positives et négatives de toute idée*. De plus, le dialogue permet différents modes d'intervention, et non seulement l'usage de la pensée logicomathématique ou de la rhétorique. Enfin, le dialogue étant une pratique résolument démocratique, le groupe n'est pas seulement composé d'experts, ce qui tend à diminuer l'influence de la pensée technocratique, et tous ses membres sont volontaires.

9. Le dialogue est différent du brainstorming et des réunions de focus group.

Comme nous le verrons, une des caractéristiques essentielles du dialogue est de « ralentir la pensée » afin de pouvoir réaliser davantage son influence sur les compréhensions et les actions, individuelles et collectives. Si le dialogue peut contribuer à la créativité, celle-ci n'est pas générée par l'accélération des échanges, comme dans le brainstorming, mais par leur ralentissement. Cela donne alors le temps d'examiner plus en profondeur l'influence et les effets de chaque idée ou action. Aussi, le dialogue est différent des réunions de *focus group* qui permettent de collecter des informations précises sur des enjeux particuliers.

10. Comme toute pratique de changement, le dialogue n'est pas une panacée.

Comme nous le verrons, dialoguer est particulièrement exigeant. Cette pratique demande le désir sincère des participants de contribuer à l'effort de groupe de façon constructive. Parfois, les mécanismes de défense, d'origine politique ou psychologique, nécessitent le recours à d'autres processus afin de « débloquer » le groupe. Aussi, il est obligatoire de jumeler la pratique du dialogue, processus divergent, à des pratiques décisionnelles plus traditionnelles, comme celles utilisées dans des comités de direction ou conseils d'administration, afin d'assurer une certaine convergence, permettant de retrouver ainsi un équilibre entre l'exploration et l'action.

Les buts du dialogue

Tel qu'énoncé précédemment, le dialogue est une approche *systémique*, particulièrement en adéquation avec des enjeux complexes. La pratique du dialogue est donc tout à fait pertinente lorsqu'on fait l'expérience d'une crise, comme c'est le cas actuellement dans le système de santé. Comme l'a suggéré David Bohm :

> Le dialogue, comme nous l'entendons, est un moyen d'explorer les sources des crises multiples auxquelles fait face l'humanité aujourd'hui. Il permet une recherche et une compréhension des types de processus qui fragmentent une communication réelle entre des individus, entre des nations et même entre les différentes parties d'une organisation et qui interfèrent avec elle [...] Dans le dialogue, un groupe de personnes peut explorer les présuppositions, les idées, les croyances et les sentiments individuels et collectifs qui contrôlent d'une manière subtile leurs interactions [...] Le dialogue est un moyen d'observer comment des valeurs et des intentions cachées peuvent contrôler notre comportement[29].

Autrement dit, les groupes de dialogue tentent d'offrir une complémentarité aux processus de décision habituellement utilisés dans les organisations, les entreprises et la société, et ce, particulièrement face à des problématiques complexes. Au lieu d'être orienté vers une définition et une résolution à court terme de problèmes spécifiques et bien définis, orchestrées par une structure hiérarchique et basées sur un petit nombre de perspectives, le dialogue est un processus résolument démocratique, lent, sinueux, divergent, et parfois mystérieux, dont la visée est à la fois plus large et plus profonde.

Pour employer une métaphore utilisée par David Bohm en physique quantique, le dialogue peut être comparé à la supraconductivité, où les électrons, refroidis à très basse température, interagissent plus comme un ensemble cohérent que comme des particules séparées. Les groupes de dialogue sont donc des espaces privilégiés qui favorisent une exploration commune et intentionnellement ralentie des modes de pensée, et sont basés sur la participation volontaire, l'échange, l'observation et l'écoute réciproques. En entreprise, leur fonction n'est pas de tenter de réaliser les objectifs traditionnellement poursuivis, comme la recherche de gains en compétitivité, productivité ou efficacité. Leur fonction est plutôt de rechercher les fondements qui font que ces objectifs particuliers sont souvent fort partagés dans une organisation excluant, parfois, d'autres considérations aussi légitimes.

Selon mon expérience, la pratique du dialogue opère simultanément à plusieurs niveaux. Le tableau II ci-dessous présente sept de ces niveaux, allant d'une perspective à une autre, du microscopique au macroscopique.

Tableau II   Niveaux de contribution du dialogue

1. Développement personnel et collectif
2. Nouvel espace et temps démocratique de parole
3. Réalisation des conséquences de la culture organisationnelle
4. Réalisation des conséquences de la culture sociétale
5. Développement d'une nouvelle démarche scientifique et managériale en adéquation avec des enjeux complexes
6. Émergence d'une éthique du dialogue
7. Développement de la transcendance

1. — *À un premier niveau*, les groupes de dialogue ont tendance à générer des aspects fort positifs dans le développement personnel de chaque individu. Bien que l'objet de ces groupes ne soit pas thérapeutique, leur format, l'attention particulière donnée à chaque personne qui parle, le sens de l'écoute, l'exploration partagée, la possibilité d'être en désaccord avec quelqu'un tout en respectant son point de vue, sont des caractéristiques très similaires à celles de l'approche thérapeutique connue sous le nom de « psychothérapie dialogique[30] ». Ce mode thérapeutique, d'origine existentielle, présuppose qu'un « je » a besoin de la rencontre empathique avec un « tu » afin de se développer psychiquement, de développer son niveau de conscience.

2. — *À un deuxième niveau*, les groupes de dialogue offrent une plate-forme différente et complémentaire aux espaces de parole traditionnellement offerts dans une collectivité, comme une organisation. Par exemple, la diminution relative des rapports hiérarchiques et le fait que des employés subalternes puissent participer à un groupe en même temps que la direction de l'organisation, accroissent la possibilité, pour des personnes qui se côtoient souvent fort peu, d'échanger sur de multiples sujets. Cette pratique démocratique est particulièrement utile car elle permet à chaque personne de mieux comprendre les aspirations et les contraintes de chacun, que cette

personne soit un employé ou un membre de la direction. Souvent, la gêne de s'exprimer librement devant son supérieur diminue avec le temps, selon le degré de confiance émergeant dans le groupe. De même, le ralentissement de la pensée inhérent à ces groupes offre aux participants un havre salutaire dans un monde où on ne prend plus souvent le temps de réfléchir à des sujets fondamentaux.

3. — *À un troisième niveau,* les groupes de dialogue permettent aux participants de mieux réaliser l'influence qu'exerce sur eux la culture organisationnelle ou celle d'un système, comme le réseau de la santé et des services sociaux. Comme nous le verrons dans les dialogues inclus dans ce livre, les participants dénoncent en particulier la tendance du réseau à imposer une vision unilatérale de l'efficacité, au détriment d'autres valeurs. Le groupe de dialogue, se refusant d'utiliser un agenda trop précis et remettant en cause la pensée fonctionnaliste, ne permet pas seulement de solutionner les « comment », mais explore aussi les « pourquoi ».

4. — *À un quatrième niveau,* les groupes de dialogue permettent une exploration des présupposés issus de la culture de la société ambiante. Celle-ci est rendue possible par la diversité et le nombre de personnes du groupe, qui constituent une sorte de « micro-culture » de la société environnante. Comme pour la culture organisationnelle, le dialogue permet de mieux réaliser les effets, positifs et négatifs, des éléments culturels dans la société.

5. — *À un cinquième niveau,* les groupes de dialogue permettent le développement d'une démarche scientifique originale, comme je l'ai suggéré précédemment à l'aide de la métaphore de la mouche, démarche qui mène à d'autres pratiques organisationnelles. Certains auteurs ont défini ce type de démarche comme étant *dialogique.* Par exemple, le sociologue français Edgar Morin, fort connu pour ses travaux sur la complexité, écrit :

> Aujourd'hui, la présence de la dialogique de l'ordre et du désordre nous montre que la connaissance doit essayer de négocier avec l'incertitude. Cela veut dire du même coup que le but de la connaissance n'est pas de découvrir le secret du monde, ou l'équation maîtresse, mais de dialoguer avec le monde. Donc, premier message : « Travaille avec l'incertitude ». Le travail avec l'incertitude trouble beaucoup d'esprits mais

il en exalte d'autres : il nous incite à penser aventureusement et à contrôler notre pensée. Il nous incite à critiquer le savoir établi qui, lui, s'impose comme certain. Il nous incite à nous auto-examiner et à tenter de nous autocritiquer nous-mêmes[31].

6. — *À un sixième niveau*, la pratique du dialogue permet potentiellement de faire émerger dans le groupe une éthique, sans cesse mouvante et incertaine : une « éthique du dialogue » ou « éthique dialogique ». Cette éthique émerge du tissu humain à travers la recherche commune, les disputes, la compréhension, l'empathie, la compassion, l'écoute de l'autre et de soi-même. Je reviendrai sur ce sujet dans la conclusion de ce livre, en proposant que l'éthique est moins l'établissement rigide de concepts sur le « bien » et le « mal » — conceptions basées sur une recherche de « l'équation du monde », comme le dit ci-dessus Edgar Morin — que le produit d'une conversation réellement humaine et profonde.

7. — Enfin, *à un septième niveau*, la pratique du dialogue peut mener à un développement de la transcendance, vue non pas comme un suivi de dogmes rigides, mais comme une méditation spirituelle sur la beauté et la fragilité du monde, comme une expérience de la totalité, de faire partie du tout, du *logos*, du *tao*. Simone Weil a bien décrit ce phénomène de transformation profonde qui intègre l'individuel au collectif, le sujet à l'objet, le local au global :

> Il arrive qu'une pensée, parfois intérieurement formulée, parfois non formulée, travaille sourdement l'âme et pourtant n'agit sur elle que faiblement. Si l'on entend formuler cette pensée hors de soi-même, par autrui et par quelqu'un aux paroles de qui on attache de l'attention, elle en reçoit une force centuplée et peut parfois produire une transformation intérieure. Il arrive aussi qu'on ait besoin, soit qu'on s'en rend compte ou non, d'entendre certaines paroles, qui, si elles sont effectivement prononcées et viennent d'un lieu d'où l'on attende naturellement du bien, injectent du réconfort, de l'énergie et quelque chose comme une nourriture. Ces deux fonctions de la parole, ce sont, dans la vie privée, des amis ou des guides naturels qui les remplissent ; d'ailleurs, en fait, très rarement. [...] Cela fournit la possibilité d'une action qui, tout en ayant pour objet tout un peuple, reste par essence une action, non pas collective, mais personnelle[32].

Il est, bien sûr, entendu que les groupes de dialogue contribuent de façon fort diverse à ces différents niveaux. La recherche scientifique conduite sur la pratique du dialogue suggère d'ailleurs qu'il existe des contributions différentes, selon les personnes et les groupes. Il est intéressant de noter que plusieurs études empiriques que je connais sur ce sujet ont été réalisées au Québec. De nombreuses publications étrangères sont, bien sûr, disponibles sur le dialogue et son utilisation en organisation, et elles suggèrent toutes que cette pratique est fort bénéfique, bien qu'exigeante. Mais plusieurs études qui rapportent de façon détaillée, documentée et rigoureuse les effets du dialogue sur un groupe sont québécoises[33]. Mario Cayer, professeur de management à la Faculté des sciences administratives de l'Université Laval, a conduit la première de ces études dans une thèse de doctorat et introduit la pratique du dialogue au Québec en 1990. Christine Laberge, dans le cadre d'une maîtrise en management aux HEC que j'ai dirigé, a étudié a posteriori les effets de la pratique du dialogue. Marie-Ève Marchand, dans le cadre d'une thèse de doctorat à la Faculté des sciences de l'éducation de l'Université de Montréal, a analysé le processus d'un groupe ; et Johane Patenaude, professeur d'éthique médicale à la Faculté de médecine de l'Université de Sherbrooke, a étudié les fondements éthiques du dialogue dans une thèse de doctorat en philosophie.

Le dialogue démocratique

Il est important de replacer le dialogue dans un contexte de démocratie. On oublie souvent que la parole a été associée à la démocratie, dès sa naissance. Jacques Dufresne, philosophe et éditeur du journal *l'Agora*, nous rappelle que le génie grec, inventeur de la démocratie, est parvenu à concilier deux talents qui semblent incompatibles : l'art de la parole et l'habileté à l'action. Pour les Grecs, ces deux talents étaient indissociables. D'après eux, la parole devenait *verbiage* sans action, et l'action *agitation* si elle était coupée de la pensée liée à la parole. Commentant l'accélération actuelle des prises de décisions, « faire » étant aujourd'hui souvent plus valorisé que « débattre », Jacques Dufresne s'inquiète de la qualité de notre démocratie actuelle : « Le discrédit du parlementarisme, et donc de la parole, au profit du pouvoir exécutif, et donc de l'action, est l'un des symptômes inquiétants que l'on peut observer dans les démocraties actuelles[34]. » Comme nous le verrons dans les dialogues de ce livre, le besoin de prendre le temps de parler, d'échanger, de se ressourcer, d'explorer les valeurs, de « jouer à la mouche », fut l'une des motivations fondamentales qui poussèrent certaines personnes à former un cercle de dialogue, bien qu'elles étaient aussi toutes engagées quotidiennement dans l'action.

On oublie parfois aussi que la démocratie est, à l'origine, une tentative de remplacer le conflit armé par le débat oratoire, de substituer la parole à la violence[35]. Comme l'a bien dit Gilles Vigneault, « la violence, c'est un manque de vocabulaire », un manque de parole. À travers les siècles, cette volonté démocratique s'est raffinée. Il ne s'agissait plus seulement de trouver une alternative à la violence physique, mais aussi de garantir pour tous et toutes ce droit à la parole. À travers l'histoire, l'esprit démocratique s'est d'abord attaché à garantir des droits élémentaires, comme le droit à l'association, le principe d'égalité, la liberté d'expression, la liberté de conscience, etc. Il s'est ensuite concentré à définir les modalités d'une démocratie dite « indirecte », rendue opérationnelle par les principes actuels de représentation et de vote. Ce n'est que dans un troisième temps que l'esprit démocratique a tenté, et tente encore aujourd'hui, de définir les modalités d'une participation plus directe, diminuant ainsi les frontières entre l'État et la société civile, entre les groupes d'intérêt et les citoyens, entre les détenteurs du pouvoir ou du capital et le public[36]. Dans les milieux politiques, de vastes programmes sont actuellement lancés pour mieux comprendre, par exemple, la contribution potentielle de l'Internet à cette démocratie plus directe.

La pratique du dialogue s'inscrit dans cette troisième voie avec, peut-être, un accent supplémentaire. Comme nous l'avons déjà vu, le but du dialogue n'est pas seulement de *redonner la parole*, mais aussi *d'explorer les valeurs*. Il ne s'agit pas, dans un dialogue, de simplement débattre des idées par la parole, enrichissant ainsi l'action. Il s'agit, en plus, d'explorer ensemble les valeurs et les présupposés qui fondent les idées et ainsi de transformer, petit à petit, la conscience de soi et des autres ainsi que les attitudes et les comportements.

La conduite du dialogue

D'après les expériences réalisées en Angleterre, au Canada et aux États-Unis, il semble que le dialogue soit plus riche lorsque les groupes sont composés de 20 à 40 personnes et que l'insertion et la participation de celles-ci dans le groupe soient tout à fait volontaires. Il est important que ces personnes proviennent de différents services et paliers hiérarchiques à l'intérieur de l'organisation, ainsi que de l'extérieur de celle-ci, surtout dans le cas d'un système comme le réseau de la santé. Assises en cercle, sans table devant elles, les personnes se rencontrent à intervalle régulier, par exemple une ou deux fois par mois, et dialoguent sur des sujets de leur choix, suivant un but commun défini, mais de façon très large. Une durée de deux heures par rencontre semble être adéquate et l'expérience gagne à être poursuivie durant une période d'un an au minimum, les effets du dialogue étant « homéopathiques ». Les sessions ne doivent avoir ni ordre du jour spécifique, ni leader désigné, et demandent l'aide d'un ou de plusieurs facilitateurs. Ces personnes n'agissent pas en tant que leaders, mais sont choisies pour aider le groupe à mieux comprendre le processus et l'esprit du dialogue.

Il n'existe pas, actuellement (et je dirais heureusement), de consignes strictes pour la conduite du dialogue. Par exemple, si certains auteurs proposent qu'un but précis soit défini, d'autres avancent le contraire. D'après mon expérience, le dialogue, comme toutes les activités humaines complexes, ne peut être codifié ou, pour utiliser une notion introduite précédemment, *systématisé*. Une personne, par exemple, qui utiliserait mécaniquement les principes de Carl Rogers pour obtenir une meilleure communication, ne pourrait susciter une réelle communication. Ces principes — la conhérence personnelle, la considération positive et la compréhension empathique — sont cependant des habiletés essentielles au dialogue[37]. De même, un novice en méditation a souvent tendance à observer strictement les consignes de posture ou de respiration et, ce faisant, se ferme l'accès à l'essence de la méditation.

Cependant, j'ai constaté que certaines habiletés et activités favorisent la richesse du dialogue. Elles sont résumées dans le tableau III ci-dessous et sont accompagnées de quelques commentaires. Cette liste, qui n'est certainement pas un énoncé de principes rigides et immuables, a été bâtie à partir de mon expérience du dialogue auprès de divers groupes et organisations depuis 1991 (éducation, entreprises privées, fonction publique, groupes communautaires, groupes de recherche, organisations publiques, etc.).

1. Poursuivre un but commun défini très largement, rendre les présupposés plus explicites en les commentant ou en posant des questions et partager ses réactions de façon cohérente avec les autres.

D'après mon expérience, un groupe de dialogue ne peut fonctionner longtemps si les participants ne poursuivent pas un but commun. Ce but doit être, cependant, défini de façon très large. Il est la « colle » qui unit le groupe par une volonté commune, même si les perceptions des enjeux et les propositions d'action peuvent y être fort différentes. Ce but général est souvent de nature stratégique comme, par exemple, celui de « redonner du sens à notre travail » ou « réinventer la mission du réseau de la santé ». Chaque participant peut alors explorer les présupposés et les valeurs profondes en relation avec ce but général, soit en les commentant, soit en posant des questions. La notion de cohérence est importante, chaque participant étant encouragé à exposer de façon tout à fait *volontaire* son point de vue personnel, et non seulement corporatiste.

2. Suspendre son jugement durant la parole et l'écoute, et découvrir, par empathie, le point de vue d'autres personnes et leurs sentiments.

En plus d'être invité à être cohérent avec lui-même, chaque participant est appelé à ne pas juger les vues des autres personnes et à tenter, chose très difficile, d'explorer par empathie leur sens profond. Ces trois points — cohérence personnelle, considération positive des autres et compréhension empathique — sont communs avec les pratiques thérapeutiques centrées sur les personnes et élaborées, par exemple, par Carl Rogers, bien que le but premier du dialogue ne soit pas thérapeutique.

3. Cerner les conséquences, pour les personnes, l'organisation et son environnement, des conceptions entretenues et des actions entreprises.

Les participants sont invités à explorer les conséquences des conceptions et des actions organisationnelles sur les personnes, leur organisation, leur système d'appartenance, tel le réseau de la santé et des services sociaux, et sur leur environnement social et naturel. Souvent, durant un dialogue, l'exploration de ces conséquences n'est pas seulement dirigée vers les groupes d'intérêt qui ont du pouvoir sur l'organisation, tendance fort commune dans les approches plus tradi-

Tableau III   Habiletés et activités qui favorisent la richesse du dialogue

1. Poursuivre un but commun très largement défini, rendre les présupposés plus explicites en les commentant ou en posant des questions, et partager ses réactions de façon conhérente avec les autres.

2. Suspendre son jugement durant la parole et l'écoute, et découvrir, par empathie, le point de vue des autres personnes et leurs sentiments.

3. Cerner les conséquences, pour les personnes, l'organisation et son environnement, des conceptions entretenues et des actions entreprises.

4. Ralentir la vitesse de la pensée et acquérir une attention subtile aux interactions complexes existant entre les interventions, la pensée, les émotions, les réactions corporelles, les valeurs, les intuitions, etc.

5. Ne pas tenter de capturer la pensée par la pensée et accepter la diversité des modes d'intervention (intellectuel, émotionnel, imagé, etc.).

6. Respecter le caractère sacré de la parole en réduisant le temps des interventions, en permettant des moments de silence et en n'intervenant que lorsqu'on est «mû par une force intérieure».

7. Suspendre le plus possible les rôles et les statuts, incluant ceux des dirigeants, des employés subalternes ou du facilitateur.

8. Diriger les interventions davantage vers le centre du groupe que vers des personnes en particulier, et tenter d'éviter les échanges trop politiquement corrects ou trop «confrontants».

9. Résister au désir de vouloir être bien compris et de vouloir défendre son point de vue; acquérir la confiance que quelqu'un d'autre puisse enrichir l'intervention qu'on vient de faire.

10. Acquérir de la patience en mettant davantage l'accent sur le processus d'apprentissage collectif offert par le dialogue que sur ses résultats à court terme, acceptant les «hauts» et les «bas» de certains dialogues.

11. Organiser des séances de dialogue régulièrement (par exemple, un dialogue de deux heures tous les mois) durant une période minimum d'une année, et tenir ces seances dans un cadre accueillant.

12. Organiser les séances de groupe avec un minimum de 20 personnes (processus de «grand» groupe), utiliser un facilitateur d'expérience et mettre à contribution la haute direction de l'organisation.

13. Joindre aux séances de dialogue une documentation écrite sur le dialogue ainsi que des processus de décision plus traditionnels et convergents.

14. Préparer pour les participants un rapport de synthèse toutes les deux ou trois séances, mettant en évidence les paradoxes dans les vues exprimées et les conséquences des conceptions et des actions sur les personnes, l'organisation et l'environnement. Organiser une séance de synthèse quand il est décidé d'abolir le cercle de dialogue.

15. Avec le temps, ouvrir le cercle de dialogue à des personnes ne travaillant pas pour l'organisation mais représentant le système global touché par les décisions et activités de l'organisation.

tionnelles, mais sur les groupes, les personnes et les éléments naturels qui n'ont pas de « voix », utilisant alors, pour les intégrer, le sentiment de compassion.

4. Ralentir la vitesse de la pensée et acquérir une attention subtile aux interactions complexes existant entre les interventions, la pensée, les émotions, les réactions corporelles, les valeurs, les intuitions, etc.

Cette habileté est aussi différente, mais complémentaire, de celles encouragées par les pratiques thérapeutiques. Elle s'apparente plus aux pratiques méditatives, comme le yoga, le zen ou la « prière contemplative », qui sont dirigées vers le développement de la conscience. Si l'ouverture à l'autre, de façon empathique, est déjà très exigeante, le développement d'une conscience plus subtile requiert toute la diligence et la rigueur d'une discipline méditative. Sans aller jusqu'à affirmer qu'un groupe de dialogue est un groupe de méditation, l'habileté à ralentir la pensée fait cependant partie de cette tradition.

5. Ne pas tenter de capturer la pensée par la pensée et accepter la diversité des modes d'intervention (intellectuel, émotionnel, imagé, etc.).

Le but du dialogue n'est pas seulement de « mieux penser », mais aussi de pouvoir utiliser toutes les facultés humaines, incluant la pensée, et ce, afin d'accroître l'adéquation entre le mode d'investigation utilisé et la complexité des enjeux rencontrés. Suivant ce but, tous les modes d'interaction sont encouragés durant le dialogue, et pas seulement la pensée logicomathématique et la rhétorique, les deux modes les plus utilisés dans les approches plus traditionnelles.

6. Respecter le caractère sacré de la parole en réduisant le temps des interventions, en permettant des moments de silence et en n'intervenant que lorsqu'on est « mû par une force intérieure ».

Ces actions et habiletés sont liées à celle de ralentir la vitesse de la pensée (voir point 4). La notion de « n'intervenir que lorsqu'on est mû par une force intérieure » est dérivée de pratiques de groupe utilisées, par exemple, chez les Quakers. Cette habileté amène souvent une personne à ne pas intervenir « pour seulement intervenir », comme on le fait souvent dans les approches plus traditionnelles. Les participants sont invités à n'intervenir que lorsque leur intervention peut sembler bénéfique pour les membres du groupe. Cette habileté est subtile et souvent lente à acquérir.

7. *Suspendre le plus possible les rôles et les statuts, incluant ceux des dirigeants, des employés subalternes ou du facilitateur.*

Le dialogue étant une pratique démocratique, il est important de pouvoir suspendre les statuts et les rôles, sachant pourtant qu'ils ne disparaîtront pas complètement. Le format du dialogue (voir point 11) est important à cet égard, ainsi que le fait de l'associer à des processus de décisions plus traditionnels (voir point 13), dans lesquels les différences de statuts sont affirmées de nouveau.

8. *Diriger les interventions davantage vers le centre du groupe que vers des personnes en particulier et tenter d'éviter les échanges trop politiquement corrects ou trop «confrontants».*

Ces habiletés et actions permettent de diminuer les mécanismes de défense, surtout en présence d'enjeux très chargés émotivement ou politiquement. Lorsque ces mécanismes font surface, par exemple lors d'un conflit sur un sujet d'intérêt corporatiste, le facilitateur, ou un autre membre du groupe, peut alors intervenir, servant alors de troisième partie plus neutre, non pour arbitrer le conflit, mais afin de resituer les positions de chacun dans un contexte plus large et moins défensif. Avec le temps, les membres du groupe se permettent de faire de même.

9. *Résister au désir de vouloir être compris et de vouloir défendre son point de vue : acquérir la confiance que quelqu'un d'autre puisse enrichir l'intervention qu'on vient de faire.*

Si le dialogue est basé avant tout sur le développement de la conscience de chaque participant, sa fonction est aussi collective, permettant un développement de la communauté. En ce sens, la pratique du dialogue tente d'éviter les deux tendances extrêmes souvent encouragées dans des approches plus traditionnelles qui accentuent soit l'individualisme, soit le corporatisme. Pour ce faire, l'acquisition d'une certaine confiance, qui se construit à travers le temps, doit se faire à un double niveau : la confiance qu'une personne ne va pas être jugée sévèrement par les autres membres du groupe (voir point 2) ; et la confiance que la contribution de chaque membre sera intégrée, quoique souvent modifiée et enrichie, dans le groupe.

10. *Acquérir de la patience en mettant davantage l'accent sur le processus d'apprentissage collectif offert par le dialogue que sur ses résultats à court terme, acceptant les « hauts » et les « bas » de certains dialogues.*

Cette habileté est reliée à la précédente (voir point 9) ainsi qu'au fait que le but poursuivi par le dialogue est large et à plus ou moins long terme (voir point 1). Ces caractéristiques sont différentes des approches traditionnelles qui mettent l'accent sur l'efficacité à très court terme, au détriment d'autres valeurs. Le dialogue privilégie *à la fois* le développement à court terme et à long terme (voir point 13).

11. *Organiser des séances de dialogue régulièrement (par exemple, un dialogue de deux heures tous les mois) durant une période minimum d'une année, et tenir ces séances dans un cadre accueillant.*

Le travail effectué durant un dialogue peut-être comparé à l'homéopathie : il doit être pris à petite dose de façon régulière, et ce, durant un certain temps, avant que l'effet apparaisse. Le cadre spécial (cercle, absence de table et de notes, édifice et pièce accueillants, etc.) requis pour le dialogue tend à confirmer symboliquement la différence entre ce dernier et les approches plus traditionnelles, tout en favorisant un processus plus démocratique (voir point 7). D'autre part, un exercice de mise en contexte en début de dialogue ainsi qu'une période de silence, et un moment de rétroaction à la fin du dialogue, non sur le contenu des échanges mais sur le processus du dialogue lui-même, sont recommandés.

12. *Organiser les séances de groupe avec un minimum de 20 personnes, utiliser un facilitateur d'expérience et mettre à contribution la haute direction de l'organisation.*

Afin de refléter la diversité présente dans la société et d'éviter le phénomène de la pensée de groupe, comme le corporatisme, le dialogue doit se pratiquer en « grand groupe ». Le rôle du facilitateur n'est pas de diriger le groupe, mais de l'aider à respecter l'esprit du dialogue. Enfin, comme dans tout processus de changement, il est utile d'avoir le soutien, sinon la contribution, de la haute direction, à condition que celle-ci ne tente pas trop d'orienter le processus.

13. *Joindre aux séances de dialogue une documentation écrite sur le dialogue ainsi que des processus de décision plus traditionnels et convergents.*

Le dialogue étant une pratique fort particulière, il est important de fournir aux participants des documents à lire à son sujet et de les discuter ensemble (Voir l'Annexe 1 dans ce livre pour une bibliographie commentée de ces lectures). Aussi, le jumelage du dialogue avec des processus plus traditionnels vise à ce que les activités profitent aux participants à court et à long terme (voir point 10). Le dialogue étant une pratique divergente, il est nécessaire de lui adjoindre des processus plus convergents, surtout quand il est pratiqué en organisation. On peut, par exemple, utiliser le dialogue en parallèle avec des réunions plus traditionnelles et exécutives, se réservant alors l'espace et le temps du dialogue pour la réflexion et l'espace plus traditionnel pour les décisions. On peut aussi créer un sous-comité dans le groupe de dialogue dont la tâche est de proposer certaines applications pratiques. Aussi, les rapports de synthèse (voir point 14) peuvent contribuer à cet équilibre entre le court et le long terme, le local et le global, la réflexion et l'action.

14. *Préparer pour les participants un rapport de synthèse toutes les deux ou trois séances de dialogue, mettant en évidence les paradoxes dans les vues exprimées et les conséquences des conceptions et des actions sur les personnes, l'organisation et l'environnement. Organiser une séance de synthèse quand il est décidé d'abolir le cercle de dialogue.*

Ces rapports de synthèses peuvent être rédigés par les facilitateurs ou des membres du groupe et touchent à la fonction même des dialogues concernant les conséquences complexes des conceptions et des actions (voir point 3). Si on décide d'abolir le groupe de dialogue après un temps donné ou de le transformer en en changeant certains membres (voir point 15), il est important d'utiliser un processus de « fermeture », comme, par exemple, une « conférence d'exploration et de décision » (*search conference*).

15. *Avec le temps, ouvrir le cercle de dialogue à des personnes ne travaillant pas pour l'organisation mais représentant le système global touché par les décisions et activités de l'organisation.*

Cette dernière activité vise l'ouverture du cercle à travers le temps, incluant ses partenaires, clients, fournisseurs, etc., et l'environnement social et naturel. D'après mon expérience, les personnes préfèrent habituellement commencer la pratique du dialogue dans un groupe relativement restreint et sentent, après un certain temps, la nécessité de l'élargir.

Les dialogues retranscrits dans ce livre.

Les dialogues retranscrits dans les chapitres qui suivent portent sur le sens et le non-sens du travail et des services dans le secteur de la santé et des services sociaux. Le sens est une notion particulièrement large et complexe. Il se prête bien, pour son exploration, à la pratique du dialogue. Comme l'a suggéré la psychologue industrielle Estelle Morin, le sens est formé de trois composantes : la cohérence, la signification et l'orientation[38]. Ces trois composantes touchent à des conceptions intellectuelles (« cela a-t-il du sens ? »), à des conceptions émotives (« cela va-t-il à l'encontre de mes valeurs ? »), et à une invitation à l'action, le sens fournissant une direction pour agir (« Dans quel sens dois-je aller ? »). Nous retrouvons donc, dans la notion de sens, trois composantes importantes reliées au dialogue démocratique, soit la pensée, les valeurs et l'action.

Après la publication du livre *La quête du sens*[39], j'ai souvent été appelé à intervenir dans le système de la santé et ce, à différents niveaux (ministère, régies, corporations professionnelles, institutions, conseils d'administration, etc.). Sous l'impulsion de Constance Lamarche, alors conseillère en formation et développement à la Confédération des centres d'hébergement et de réadaptation du Québec, et maintenant présidente d'une firme conseil, il fut décidé de former un cercle de dialogue sur cette problématique du sens. Un groupe de 26 personnes œuvrant dans le secteur de la santé fut donc créé avec un souci de diversité, comme en fait foi la liste ci-dessous :

> 3 directeurs dans différentes régies
> 2 directeurs d'institutions
> 4 directeurs et cadres de CLSC
> 4 directeurs et cadres de CHSLD

2 cadres de fédérations
3 médecins
2 infirmières
4 professeurs en sciences sociales
2 personnes travaillant en dehors du secteur de la santé

Après une séance d'introduction, ce groupe a conduit 10 dialogues d'environ deux heures chacun. Dans le but de dépasser les enjeux purement ponctuels, ces dialogues ont été enregistrés à deux époques différentes, soit en 1997, au milieu des coupures budgétaires, et en 2001, au cœur de nos questionnements actuels. Enregistrés sur bandes audio, ces dialogues ont été dactylographiés et ils sont reproduits intégralement ici. Afin d'en faciliter la lecture, je n'ai pas inclus les différents exercices que nous avons effectués avant chaque dialogue[40], ni les rétroactions faites par le groupe à la fin de chaque dialogue. Afin d'alléger le texte, j'ai aussi omis mes interventions en tant que « facilitateur », mais j'ai laissé celles que j'ai faites en tant que membre du groupe. Chaque intervention est précédée du nom de son auteur. Un nom d'emprunt est parfois utilisé pour les personnes qui désiraient garder l'anonymat. Le profil de chaque personne est indiqué en annexe à ce livre (voir *Présentation des participants et des participantes*).

Conseils pour la lecture de ces dialogues

Lire des dialogues n'est pas habituel. Le texte ressemble à celui d'un roman ou d'une pièce de théâtre, présentant les interactions entre plusieurs personnes. Cependant, un dialogue n'ayant pas d'auteur unique, la logique des échanges y est beaucoup moins ordonnée. Ce « désordre » du dialogue est représentatif de la complexité des enjeux exprimés et du sens différent ressenti par les personnes. Il est souvent déconcertant de suivre ce désordre apparent, ou, pour reprendre la métaphore introduite précédemment, de suivre le vol aléatoire d'une mouche ! La méthode du dialogue est, en effet, inhabituelle et vous allez, en tant que lectrice ou lecteur, ressentir ce caractère inhabituel et, peut-être, un certain inconfort.

Afin de faire face à cette complexité, je vous propose de vous inspirer, comme les participants au dialogue l'ont fait, des habiletés présentées au tableau III. Je pense, par exemple, à la nécessité d'être patient. Peut-être serait-il sage d'espacer la lecture de ces dialogues d'une ou deux semaines, en vous rappelant leurs effets homéopathiques. Je vous conseille aussi d'essayer de suspendre votre jugement durant cette lecture. Nul doute que certaines affirmations vont vous faire sursauter ! Mais, l'objet du dialogue n'est pas de juger ; il est de pouvoir accueillir le sens d'une autre personne, tout en restant cohérent avec soi-même. Il serait même peut-être utile de noter certaines questions que vous auriez voulu poser ou certaines interventions que vous auriez voulu effectuer à certains moments.

Je vous souhaite donc une bonne lecture, tout en sachant qu'elle ne sera peut-être pas toujours de tout repos... Je vous donne rendez-vous à la conclusion de ce livre, non pour une synthèse des dialogues, mais pour vous proposer les bases de l'*éthique du dialogue*.

Premier dialogue
Les cercles du sens et du non-sens au travail

(Silence)

France Dolan. — J'aimerais partager des réflexions que j'ai eues ces derniers jours. Je trouve qu'il est étrange pour moi de venir faire ici une démarche de quête de sens avec des gens que je ne connais même pas, des personnes avec qui je n'ai pas de rapports de travail. Il y a Pierre que je connais un peu, plutôt par réputation... Il y a André Savoie aussi, parce que j'ai suivi une session de formation avec lui, il y a quelques années... Mais je ne connais personne d'une façon significative. Je n'ai pas l'habitude de faire une quête de cette profondeur avec des gens que je ne connais pas. C'est important pour moi d'établir avec les gens des rapports et de savoir sur quoi ces rapports sont fondés.

Je peux transcender un peu ceci en me disant que nous sommes tous des êtres humains et que nous sommes en train de faire une démarche collective. Mais cela n'est pas suffisant pour moi. J'ai un processus nécessaire à faire avec les gens de ce groupe, pas juste de familiarisation.

Je trouve étrange aussi que nous soyons rendus à organiser de tels dialogues. Cela m'indique qu'il y a beaucoup de carences dans notre milieu régulier de vie, où ces dialogues ne se font pas... Mon père dirait : « As-tu besoin d'aller faire ça avec des étrangers ? » *(Rires)* Je ne sais pas comment vous vous sentez face à ceci. Peut-être que vous vous connaissez plus entre vous ? J'aimerais bien entendre une personne me dire si elle peut plonger dans une quête de sens avant que ses liens avec les autres personnes soient plus réels.

Mireille Tremblay. — Moi, je pense que nous avons quelque chose en commun qui est à la fois une espérance, une utopie. Nous présumons que nous sommes tous « en quête de sens ». Pour tous ceux qui sont présents, cela veut dire quelque chose. L'étrangeté qui m'apparaît personnellement est une étrangeté dans le sens d'une aliénation : notre aliénation dans le travail. C'est cela qui nous rend tellement « étranges ». Un groupe d'étrangers prend du sens parce qu'il y a quelque part quelque chose que nous recherchons, une souffrance commune ou un non-sens commun, ou quelque chose qui nous rend étrangers à nous-mêmes. Et, en même temps, c'est cette étrangeté qui nous permet de prendre contact... et cela, même avec des étrangers.

Lorraine Brault. — Pour moi, cette quête en groupe représente une curiosité, une ouverture et du courage. J'ai déjà fait un peu ce genre de chose avec deux personnes que je connais bien. Alors pour moi, c'est finalement le faire aussi avec des gens que je ne connais pas. Je connais certains d'entre vous, mais très peu finalement, des noms, des lectures... Je ne sais pas vraiment ce que vous pensez. Je me dis que pour embarquer dans une affaire comme celle-ci, c'est dans le fond une espèce d'« aventure ». En fait, peu importe le résultat. Pour moi, ces dialogues, c'est de l'« ouverture ».

Je me dis aussi que les personnes qui ont le goût de cette aventure l'ont pour toutes sortes de raisons. Une recherche d'ouverture, du courage... Je pense qu'on parle peu actuellement du courage, mais cela existe encore ! Pour moi, c'est une marque de courage que d'aller vers quelque chose d'inconnu et de se dire : « Qu'est-ce que les gens vont penser de moi ? », « Qu'est-ce que je vais penser des autres ? », « Est-ce que je vais bien m'exprimer ? », « Est-ce que je vais réussir à exprimer ce que je veux dire ? », etc.

Yves Neveu. — Dans un certain sens, est-ce que le fait justement de dialoguer avec des gens que l'on connaît moins n'ouvre pas la porte à un éclairage nouveau ? Si on dialogue avec des gens que l'on connaît très bien, il me semble qu'il y a un plus grand risque de tomber dans les mêmes sentiers de discussion, de s'enfermer dans le cadre qui va nous ramener toujours aux préoccupations que l'on partage avec le groupe. Quand on le fait avec des gens qui sont neutres les uns par rapport aux autres, il me semble que l'on peut découvrir des choses nouvelles. C'est sûr que nous n'y arriverons pas la première fois. Mais comme on a plusieurs rencontres pour nous permettre d'y arriver, il me semble qu'on a plus de chances de découvrir des choses nouvelles et finalement, aussi, de pouvoir s'exprimer.

Jean-Pierre Gagnier. — Moi, je dirais que c'est la prise de risque qui m'intéresse beaucoup dans cette aventure. En même temps, je ne peux pas m'empêcher de penser qu'avec le nombre de nos rencontres, on a plus de temps que certaines équipes d'intervenants psychosociaux peuvent en avoir pour rencontrer des gens qu'ils ne connaissent pas, se lier à eux, établir une confiance, et puis se parler de choses importantes.

Je pense que le défi que nous essayons de relever dans ce groupe se retrouve partout dans le système de la santé actuellement. Les gens ont à le faire avec des étrangers, sans souvent avoir la chance de se rencontrer sur des bases qui les relient. C'est un défi pas juste pour moi-même, mais pour ceux avec lesquels je travaille aussi, pour les bénéficiaires eux-mêmes. Je travaille avec des milieux où les gens ont changé cinq fois d'équipe dans les trois dernières années ! Ils sont donc toujours dans l'« étrangeté »...

Benoît Lecavalier. — Je sais que les gens avec qui je travaille ne sont pas nécessairement prêts à la même réflexion que moi, ce qui fait que je suis peut-être un peu isolé dans mon milieu de travail. Cela me permet d'aller vers des personnes qui sont prêtes à faire cet exercice de dialogue. En même temps, je trouve cette situation un peu moins « menaçante », en tous les cas c'est le mot que je prendrais, que de former un groupe avec des personnes très proches. L'espèce de distance que nous avons les uns par rapport aux autres fait que demain matin, quand je retournerai au boulot, ce que j'ai dit ici restera comme dans un cercle intime. Avec des collègues immédiats, j'aurais moins de facilité à m'ouvrir.

Maria Vieira. — Moi, je me sentais étrangère en venant ici. N'étant pas du milieu de la santé, je me disais que je ne *fit* pas bien. Mais à quelque part, cela ne me dérange pas. Je suis venue ici d'une façon très, très, je dirais, égoïste. Je suis ici pour le processus, pour apprendre ce processus et voir en termes de communication comment ce processus peut servir à mon milieu de travail.

J'ai déjà tenté de réaliser des démarches similaires dans mon milieu de travail. Je suis de celles qui parlent des émotions, mais ce n'est pas toujours ce qu'on veut entendre… Alors faire la démarche avec un groupe que je ne connais pas, j'allais dire à la limite, pour moi, ce n'est pas très important. Ce qui est important, c'est le processus, comment je vais me sentir. La période de silence au début de ce dialogue m'a permis de me recentrer. J'ai déjà fait cet exercice dans le passé, mais je l'ai mis de côté. Ce matin, je me suis dit que pour commencer de bonnes réunions, c'est un processus nécessaire. *(Silence)*

J'ai l'habitude de dire que je ne suis ni d'ici, ni d'ailleurs. Mes parents viennent d'ailleurs et puis je suis née ici. Je suis donc étrangère et j'ai l'impression que je le serai toujours, comme dans ce groupe. Du moment que je ne suis pas étrangère pour moi-même, ça va.

Yvan Roy. — Moi, ce qui m'a attiré ici, c'est le risque, et le fait que c'est un risque que j'ai moi-même choisi. Dans mon milieu de travail, le réseau de la santé et des services sociaux, il y a énormément de risques qui sont imposés. Ce risque-ci, au moins, j'ai pu le choisir, et cela me fait rigoler un peu quand les gens ici à Montréal me disent: «Eh! tu fais mille kilomètres pour venir, c'est loin le Saguenay!» Mais ici, pour moi, «c'est du bonbon». Parfois, dans mon milieu de travail, j'ai de la difficulté à traverser au bureau voisin, sachant les risques qui m'attendent! *(Rires)* J'ai aussi été attiré ici par le fait que je ne connais personne. J'appréhende plus la fin du groupe que j'appréhende le début, mais ça, c'est plus personnel.

Serge Marquis. — Je me disais qu'il y aurait plusieurs personnes que je ne connaîtrais pas, quelques-unes que je connaîtrais, mais j'ai la croyance que tout le monde a quelque chose en commun. Pour moi, c'est ce qui m'a attiré. Je me suis souvent retrouvé, au cours des dernières années, avec des questions qui m'étaient posées auxquelles je n'avais aucune réponse, et j'imagine que ça va être comme ça toute ma vie. Cependant, je me disais qu'ici la majorité des personnes arrivent avec des questions, aussi par rapport à des choses qu'elles ont vécues au cours des dernières années dans leur milieu, dans le réseau, parfois des culs-de-sac qu'elles ont rencontrés. Si ce n'est que pour partager cela qu'on est là, c'est déjà extrêmement intéressant. C'est cette position que nous avons en commun, ces questions, ces lieux où nous sommes arrivés avec une absence de réponse... C'est intéressant pour moi de partager ceci. Peut-être que de ce partage émergeront certaines réponses à des questions, qui amèneront peut-être d'autres questions, mais, enfin, au moins certains pas auront été faits.

France Dolan. — Je voudrais réagir sur l'idée d'«étrange» et d'«étranger». Je trouve que nous avons joué vite avec les mots et les concepts, trop vite à mon goût. Être étranger ne veut pas dire ici «être unique», «être non en symbiose». Pour moi, la notion d'«étranger» signifie «être significatif». Et pour moi, le processus n'est pas central. Pour ma part, je recherche le contact, comme Maria. C'est ça qui m'intéresse. Le processus, si je l'intègre, tant mieux! Mais si je ne l'intègre pas, je prendrai un autre atelier. Je ne suis pas trop intéressée par la méthode non plus, et si on s'attardait trop longtemps sur la méthode, je ne resterais pas, parce que ça ne fait pas de sens pour moi.

On est tous étrangers à quelque chose ou à quelqu'un. On est toujours l'Iroquois de quelqu'un d'autre! *(Rires)* Mais dans un dialogue, pour moi, le sens, c'est le contact, c'est la personnalisation, c'est le devenir «significatif». J'espère connaître les noms de tout le monde à un moment donné et savoir que si je m'adresse à Maria, la réponse sera différente que si je m'adresse à Jeannine. Parce que si le processus devient trop important, nous allons tous avoir l'impression d'avoir la bonne ou la mauvaise réponse, et cela n'aurait pas de sens pour moi.

Je trouve de valeur d'être obligée de faire mille kilomètres pour venir ici! Je trouve cela de valeur, car ce genre de rencontres devrait faire partie intégrante de notre milieu de travail. On devrait pouvoir avoir des dialogues avec notre monde! Je trouve aussi de valeur que monsieur soit obligé de dire: «Là, je veux être dans un cercle anonyme...», parce que ça serait le fun si vous n'étiez pas obligé de trouver un groupe anonyme où vous pourrez exister pour dire vos choses et puis après, revenir chez vous. On s'exile toujours comme ça. Je suis certaine que si on faisait le tour, on verrait combien de fois dans notre vie professionnelle on s'exile puis on revient avec quelque chose de relativement dilué dans notre milieu de travail, parfois dilué complètement. Cela devient du lait écrémé à 1 %... *(Rires)*

Je ne vais pas m'étendre, mais je voudrais juste dire à Jean-Pierre que ça me touche beaucoup l'idée que nos clients sont tous étrangers avec nous et que nous autres, nous sommes obligés de trouver un sens très rapidement, dans un temps très court. Ceci me fait beaucoup réfléchir... Avec une démarche comme celle-ci, on peut « ralentir la pensée ». Mais avec nos clients, on ne peut pas ralentir grand-chose, et cela me préoccupe beaucoup. C'est peut-être cela qui n'a pas de sens...

(Silence)

Jeannine Tremblay. — Moi, je dois dire que je n'ai pas l'impression d'être à ma première démarche de quête de sens. Je conçois que cette quête est nécessaire pour tout humain qui veut évoluer et cheminer, à différentes étapes de sa vie et pour différentes raisons. Donc j'ai l'impression que, pour moi, ce n'est pas quelque chose qui est inconnu. Je me rappelle qu'à mon travail en soins palliatifs, j'avais affiché un singe qui se grattait la tête et c'était marqué : « Juste au moment où j'avais toutes les réponses aux questions de la vie, ils ont changé les questions ! » *(Rires)* Quand je regarde comment je me trouvais des réponses à mes quêtes de sens, c'était par le biais du contact ; par des relations dans lesquelles, spontanément, il me semblait qu'on partageait les mêmes valeurs, les mêmes préoccupations. Et souvent, cela n'arrivait pas dans de grands groupes. Dans mon milieu de travail, j'ai ce petit groupe qui me permet de refaire le point sur la quête du sens au travail. Sauf que, collectivement, on s'aperçoit qu'actuellement, nous sommes obligés de former des groupes à l'extérieur de notre milieu de travail parce que la crise que nous subissons est assez importante et imposante.

Pour faire une recherche qui soit vraie, il faut être « en confiance » ; il faut être capable de se mettre à nu ; il faut prendre le risque de vivre ou de mourir dans les organisations si on va jusque-là. Au début, le noyau nous permet d'être un peu anonyme, mais pas pour longtemps, si on veut que le groupe génère une réflexion sur la quête du sens dans les organisations. Je pense qu'il y a des menaces importantes à être en recherche, en quête de sens, et à vouloir le partager.

Hélène Laurin. — Moi, je trouve cela grave que l'on soit rendu à être obligé de sortir de nos organisations pour explorer la quête du sens au travail ! Je trouve qu'il faudrait, et je ne sais pas comment, développer cette possibilité de dialogue dans nos organisations, de dire vraiment ce que l'on pense. On est toujours dans le « politically correct » ! On est pris là-dedans ! J'aimerais trouver une façon que les gens aient assez confiance entre eux dans une organisation pour pouvoir se parler vraiment. Je pense que nous avons complètement perdu cette possibilité dans nos milieux de travail et je ne sais pas comment la ramener.

Quand je lisais le livre *La quête du sens*[1], je me disais que dans le système de la santé, nous n'étions pas des organismes où le travail est morcelé. Je me disais que notre travail, donner des soins, pour moi dans un CLSC, cela avait du sens. Et pourtant, nous devons venir ici pour discuter de notre perte de sens...

J'aimerais donner un exemple. La semaine dernière, une personne qui s'implique beaucoup dans son travail et qui aime cela, avait mis un peu d'heures en dehors du travail pour préparer un texte qu'elle devait présenter. Une autre personne lui a dit : « Écoute, ça n'a pas de bon sens. Fais-toi payer pour ton temps supplémentaire ». Et je me suis dit : « Où en est-on ? », « Que pouvons-nous faire pour changer cela ? »

Pierre Beaulieu. — Moi, je relie beaucoup la quête du sens à une démarche de ressourcement personnel. C'est peut-être moins important pour moi que cette démarche se fasse dans mon milieu de travail. Ma recherche personnelle se fait dans la diversité : je peux aller chercher des choses avec des amis ; je peux aller chercher des choses avec des gens avec qui je travaille ; je peux aller chercher des choses avec des gens que je fréquente, des gens que je vais lire, des gens de qui je vais apprendre. J'ai l'impression que le sens devient de plus en plus personnel dans un monde qui est complètement éclaté.

J'ai peut-être eu de la chance dans ma vie personnelle. Quand je suis arrivé sur le marché du travail, j'ai travaillé avec une toute petite équipe et nous partagions tout. L'évolution professionnelle a fait que je me suis trouvé dans des organisations beaucoup plus grosses, beaucoup plus grandes, dont celle où je suis présentement, et finalement, je ne suis pas sûr que c'est là-dedans que je vais nécessairement toujours trouver des réponses à ce que je cherche. Paradoxalement, la situation est devenue peut-être plus positive. La diversité des gens que je rencontre, la diversité des expériences, la diversité des personnes autres que celles avec qui je travaille, m'amène des éléments dans ma recherche personnelle de sens, et j'accorde moins d'importance à mon milieu de travail.

C'est sûr qu'à partir du moment où j'aurai cheminé (je pense qu'effectivement l'on « chemine » toute notre vie), il va y avoir des impacts dans le milieu dans lequel je travaille. Bien évidemment, si ma personne change, si mon « minding » change, ceci va se traduire dans des actions quotidiennes avec les gens avec lesquels je travaille. Mais la quête du sens, pour moi, c'est comme le sens de ma vie, qui est à la fois une vie de travail, une vie familiale, une vie d'amitié, une vie de loisirs... En ce sens, je me sens relativement à l'aise d'être capable d'aller chercher à plusieurs endroits des éléments de sens qui vont me faire cheminer, mois après mois. Je vais pouvoir réinvestir un petit peu dans mon milieu de travail, un petit peu dans mes relations personnelles, etc.

Je me sens à l'aise dans cette diversité. Quand je regarde la constitution du groupe, je la trouve fort intéressante par ce que nous sommes tous différents ; au niveau du boulot, en termes d'apprentissage de vie, en termes de façon de vivre. Une des raisons qui m'a amené ici est que je trouvais qu'il n'y avait pas de sens dans plein d'affaires que je voyais, et je me disais que c'était positif d'aller m'asseoir avec du monde qui ont des visions différentes, des expertises différentes et qui ont une démarche similaire de quête de sens véritable.

Claude Larivière. — Moi, un peu comme Pierre, je pense que c'est important de faire cette démarche de réflexion de quête du sens dans une diversité de contacts. Bien sûr, comme le disait France, j'ai quelques personnes avec qui je me sens très proche. Le contact est là, la confiance est là, le niveau d'échange est très stimulant, mais en même temps il est limité sur ce que l'on partage. J'ai essayé de créer dans mon milieu de travail, qui est relativement individualiste, un petit groupe comme celui-ci et cela a fait boule de neige. Les gens sont attirés par ce type de réflexion et ils partagent... En même temps, je sens qu'au fur et à mesure que le groupe grossit et puis se transforme, les contacts qui étaient particulièrement significatifs au départ le deviennent moins, parce qu'en acceptant de s'ouvrir, nécessairement, on gagne et on perd en même temps.

À l'inverse de ces rapports très proches dans mon organisation, je trouvais intéressant la diversité de ce groupe, la richesse des expériences réunies, et c'est cela qui m'a attiré particulièrement. Je pense qu'autant il faut pouvoir développer ce genre de réflexion dans nos propres milieux de travail, autant il est important *aussi* d'être influencé positivement, d'être nourri, d'être stimulé et d'aller vérifier si les autres vivent la même chose ailleurs.

Lorraine Brault. — J'espère qu'il n'y a pas juste nous autres qui pensons à dialoguer. Alors que l'on fait l'éloge de la diversité dans nos établissements, actuellement on ne tente que d'uniformiser ! On ne juge pas l'utilisation de la technique par rapport au sens, mais on attribue automatiquement à la technique du sens, et cela m'agace.

Yves Neveu. — Est-ce que la vitesse du changement, l'ampleur du changement, les perturbations de l'environnement ne rendent pas très difficile cette quête de sens collective dans nos environnements de travail ? Il me semble que les premiers effets de ces changements nous amènent à une situation où les individus sont très isolés, sont en quête, à la recherche d'un sens pour eux-mêmes d'abord. Il est plus difficile actuellement de trouver un sens commun dans notre milieu de travail que lors d'une situation de stabilité. Il me semble que les contacts personnels à l'intérieur du groupe peuvent avoir plus de signification, mais que le développement d'un contact collectif à l'intérieur d'un groupe dans un environnement en perturbation devient presque impossible par le fait de l'isolement de chaque individu, chaque individu ayant une tendance à chercher pour lui-même un sens, avant de chercher un sens collectif.

Mireille Tremblay. — Pour moi, nous pouvons chercher un sens et une signification par une démarche rationnelle. Simone Weil disait que quand la pensée est malheureuse, quand l'intelligence est malheureuse, l'affect est malheureux et le reste, la spiritualité, est aussi malheureux[2]. On ne peut négliger ni l'un ni l'autre ; ni la pensée, ni l'affect, ni la spiritualité. La notion d'enracinement ou de déracinement avancée plus tôt (faire 1000 kilomètres pour venir ici...) est peut-être une tentative de réenracinement, mais sans savoir où planter ces racines. Les moyens de communication, que ce soient les voitures, que ce soient l'Internet ou n'importe quels autres moyens qui nous permettent de nous rapprocher rapidement, nous permettent d'effectuer un réenracinement. L'idée de « racine » implique aussi une « affection ». Ce n'est pas seulement l'intelligence qui est partagée. L'affection, c'est-à-dire le respect réciproque, une admiration réciproque, une vérité réciproque, une valeur réciproque, est de plus en plus absente dans notre travail et dans le réseau. Par exemple, l'ensemble des employés de l'État, les fonctionnaires, sont souvent perçus comme des personnes qui ne font rien et que, dans le privé, c'est beaucoup mieux et coûte moins cher.

Culturellement, il y a vingt, trente ans, quand nous avons commencé à travailler, pour beaucoup d'entre nous, il y avait du sens. On croyait que cela avait de la valeur. Un certain dévouement s'ensuivit et c'est pour cela, entre autres, qu'on s'était engagé. Mais maintenant, nous nous faisons dire, nous les employés de l'État, que nous profitons, que nous coûtons trop cher, que nous ne faisons rien, que nous ne travaillons jamais assez. Ceci est la nouvelle rupture. La rupture n'est pas juste dans la crise. Elle se retrouve aussi dans notre perception de l'État. C'est ce réenracinement-là que nous n'arrivons plus à trouver. Ce n'est pas seulement dans notre travail que nous n'avons plus de sens. Individuellement, on peut trouver un sens. Mais nos racines n'ont plus de sens. Nous ne sommes plus enracinés dans nos collectivités, notre milieu, notre famille ou dans l'État. C'est cet enracinement que nous tentons de retrouver. Les liens se développent à partir des choses qui nous tiennent à cœur.

France Dolan. — Mireille, j'aimerais te donner un feed-back sur ce que tu as dit. Quand on parle des fonctionnaires, je pense que l'un des ingrédients essentiels de la crise actuelle est la perte du sens critique. Pour ma part, je ne sais pas encore s'il faut enraciner ou non, et où, et comment. Mais je me souviens que quand les corporations apparurent, les travailleurs sociaux, les psychologues, tous ceux qu'on a appelés par après « les nouveaux curés », furent associés à des solutions qui devaient « sauver le Québec et toute l'affaire ». Ce n'est qu'après coup que nous nous sommes rendu compte qu'on entrait dans une crise fondamentale de la connaissance.

C'est quand vous avez cité Simone Weil que j'ai fait le lien avec l'intelligence attristée ou l'intelligence souffrante. Je pense que dans la critique de la connaissance, il y a déjà un début d'enracinement du sens. Pour moi, dans le réseau actuel de la santé ou celui de l'éducation, je trouve que nous avons une faille importante, celle de la critique. On se rend compte actuellement que la plupart des théories qui étaient à la base des interventions psychosociales n'ont pas livré la marchandise. Les études sur le travail fait par les humanistes dans le milieu carcéral, par exemple, ont montré des résultats très décevants.

Finalement, au Québec, tout ceci coûte très cher. Nous sommes en train de développer une masse de maladies mentales impressionnantes et je trouve que là il y aurait un début de courage dans une recherche sur le sens, c'est-à-dire revenir à l'esprit critique. Moi, je n'entends pas nécessairement que les fonctionnaires coûtent trop cher. Mais je trouve que l'on n'entend pas assez de prises de position par des professionnels qui ont réalisé un retour sur leurs expériences et leurs connaissances. Ils pourraient dire : « O.K., peut-être au début des années 1960, avec la Révolution tranquille, on a demandé un chèque en blanc et nous autres, nous disions comment le dépenser. On l'a eu le chèque en blanc, puis on a les trous que nous avons actuellement. » Je trouve que c'est très honorable d'être capable de dire qu'on a essayé des choses, celles qui ont marché, celles qui n'ont pas marché du tout. Cela apporterait un enracinement sérieux dans la critique.

Pierre Beaulieu. — Est-ce que le sens du travail ne serait pas plus limitatif que ça ? Est-ce que, si l'on veut trouver un sens, ce n'est pas dans la plus petite action que l'on fait chez soi ? À quelque part, je m'« en fous » bien de ce que les gens pensent de ce que nous sommes, nous les employés de l'État. Moi, là où j'essaie de trouver du sens, tous les jours, dans ma vie professionnelle, c'est l'objet pour lequel je travaille et les clients pour lesquels je travaille. Mes clients, ce sont les personnes qui travaillent dans le réseau, les gens des ressources humaines, les directions générales. Ce qui fait que ma vie a du sens, c'est d'être capable de faire cheminer un objet qui est le mien, qui s'appelle le développement, qui s'appelle la formation, avec mes clients. Il me semble que quand j'ai réussi à faire ça, je commence à avoir du sens.

Je ressens une perte de sens quand j'essaie de faire des choses et que des forces extérieures viennent les arrêter, les contorsionner, les annuler. De nouveau, et je suis peut-être un peu déconnecté, mais je « m'en fous » un peu de ce que les gens pensent de ce qu'on est, nous « les fonctionnaires de l'État ».

Je vais juste finir mon intervention en faisant un parallèle. J'ai un de mes grands amis, quelqu'un que j'adore beaucoup, qui est pompier à la ville de Montréal. Tout le monde sait que cela ne va pas bien dans ce milieu... *(Rires[3])* Il y a deux semaines, je lui ai posé la question : « Où tu te situes, toi, dans ces conflits-là ? » Ce jeune de 27 ans m'a répondu : « Moi, je suis pompier pour aller éteindre les feux et pour sauver des vies. Tout ce qui compte quand j'arrive à la caserne, c'est ça. » Je me suis dit alors que, peut-être, le sens du travail pour un pompier, ce n'est rien que cela ; et finalement, cela est peut-être la clé de leur bonheur : se sentir utile pour une cause qui en vaut la peine pour soi, d'après son propre travail, son propre effort. Moi, à l'inverse, dans « ma job », je ne suis pas tout seul dans mon milieu. Je suis en étroite interaction avec l'extérieur, et c'est peut-être dans cette interaction que se trouve ma perte de sens.

Mireille Tremblay. — C'est peut-être vrai pour les pompiers. Mais toute personne qui veut croire à l'objet de son travail ne peut rentrer dans une caserne ! La différence est la reconnaissance. Le travail est rémunéré. C'est un contrat. On ne peut pas faire quelque chose qui soit rémunéré à moins d'entrer en contrat avec quelqu'un d'autre, que ce soit un contrat entre deux parties ou que ce soit un contrat avec l'État. Le problème est que l'objet générera du sens ou non pour un individu, au-delà du contrat.

Malgré tous les aléas dans mon travail, je trouve toujours un sens à ce que je fais et je guide mon action en fonction de ce sens-là. Le problème ne se situe pas au niveau du sens, mais quand j'arrive à négocier ce sens-là. La quête du sens est une chose, mais la quête du sens dans le travail pose le problème autrement. Et c'est dans cette relation de travail que je suis heurtée car parfois je ne peux pas faire les choses qui ont du sens pour moi. Je me sens heurtée par mon rapport aux autres personnes, par le fait que mon contrat de travail assure que je vais manger ou que je vais crever de faim...

Thierry Pauchant. — J'ai des images qui m'arrivent dans ma tête, d'après les interventions que j'entends. Ce sont des cercles. Il y en a des petits. Il y en a des gros. Il y en a des immenses. Des personnes ont beaucoup insisté que le cercle dans lequel elles trouvaient du sens, c'était elles. D'autres ont insisté que ce cercle était des relations, les amis, la famille. D'autres personnes ont dit que ce cercle, c'était leur organisation, et que ce cercle générait du sens ou non. D'autres encore ont situé ce cercle au niveau des fonctionnaires, de l'État...

Ce qui m'habite actuellement, ce sont tous ces cercles concentriques, entremêlés les uns et les autres, certains plus grands, certains plus petits ou de taille moyenne. C'est fascinant de voir l'existence et l'interaction de tous ces cercles. On a même parlé du Québec, de l'enracinement dans la planète, dans le cosmos, des cercles encore plus larges afin de « s'enraciner »... Je suis fasciné par cette interaction de cercles et je me demande où est la connexion entre « sens » et « cercle ». Je me demande si l'on doit avoir un cercle pour avoir du sens, et vice versa. Cela m'interpelle beaucoup.

Yves Neveu. — Dans la foulée de ce que tu dis et de ce que Pierre disait, il me semble que, moi aussi, je trouve toujours un sens à ce que je fais. Sans cela je ne le ferais pas. Mon problème n'est jamais dans ma capacité de donner un sens à ce que je fais. C'est dans mon cercle. Mais d'autres cercles, ce que moi j'appelle « l'environnement », remettent en question ce que je fais, questionnent le sens de ce que je fais, et fragilisent ce sens. Il me semble que plus le cercle est large, plus il génère de la perturbation, plus il rend le sens fragile. Il me semble aussi que, finalement, il faut toujours essayer d'abord de bien définir, bien asseoir le sens que l'on donne à ce que l'on fait. J'ai le sentiment que si je n'avais pas cette capacité à donner du sens à ce que moi je fais d'abord, je n'aurais pas de sens, je ne pourrais résister à la pression des autres cercles.

France Dolan. — Il existe un grand paradoxe dans cette idée-là. Vous parlez des petits cercles et des grands cercles. Moi, j'ai commencé ma carrière au gouvernement fédéral, à Ottawa. J'arrivais d'un milieu moyennement pauvre. À la sortie de l'université, le gouvernement m'a recrutée. Mon bureau se trouvait dans un grand immeuble au vingt-troisième étage. Vue presque dans les nuages. C'était absolument magnifique et ça payait très bien. Mais je vivais une vie de travail qui n'avait absolument pas de sens. Je marchais pour rentrer chez moi et je me souviens que je pleurais en m'en allant et je pleurais en revenant. C'était tellement insensé. Je me suis dit : « Et si ce n'était que cela, le marché du travail... ; et c'est à perpétuité, jusqu'à ce que mort s'ensuive... » *(Rires)* C'était épouvantable, vraiment épouvantable. Je faisais des petits gestes de délinquance, comme, par exemple, essayer d'être en retard un petit peu.

Moi je faisais partie du personnel dit « précaire », mais je me forçais à la délinquance parce que je sentais que je mourrais. C'était vraiment une prison dorée. On voyageait de bord en bord au Canada avec des comptes de dépenses. Un jour, je revins avec de l'argent non dépensé. Et mon patron m'a dit : « Fais-moi plus jamais ça ! Si tu n'es pas capable de dépenser cet argent-là, on va nous le couper sur le prochain ! » *(Rires)* C'était compliqué de dépenser cet argent, parce que je venais d'un milieu où l'argent était rare. Alors, pour moi, ces dépenses, c'était du gaspillage. J'ai beaucoup d'exemples de ce type...

Et, en même temps, je faisais des apprentissages fantastiques. Mais la sensation de sens dans mon travail, je ne pouvais pas la sentir au quotidien. Mon travail servait à peu près à personne, sauf peut-être à moi-même. Je pouvais apprendre des choses. Je suis alors montée dans la fonction publique. J'ai même rencontré mon président pour essayer de trouver où se trouvait le sens. Il m'a expliqué à quoi servait le gouvernement, à quoi servait la fonction publique, puis l'espèce de grand slogan du Canada, de « créer un foyer heureux pour les citoyens », des choses comme cela... J'arrivais à m'accrocher après ce morceau, mais c'était tellement loin des mes activités quotidiennes... Il existe un paradoxe dans nos bureaucraties. Dans une vie « sans bon sens », souvent le sens est beaucoup plus loin. Si j'étais restée dans ce travail, je n'aurais jamais trouvé ce sens.

Tranquillement pas vite, la seule chose qui évoluait dans notre milieu de travail était que le monde s'en allait en thérapie, systématiquement ! Les fonctionnaires comptaient les jours : « Il me reste quatorze ans et six mois *à aller*, c'était ça l'expression avant la retraite. » Tout le monde avait des petits livres cochons en dessous de leurs documents de travail... Toutes sortes d'affaires qui étaient du non-sens !

J'ai quitté ce travail et je suis partie en pratique privée. Là, je me suis dit, un peu comme vous : « Ça me prend mon petit cercle. Il faut que je me trouve un sens quelque part, puis revenir dans les organisations comme consultante ou autrement, afin de tenter de redécouvrir le bon sens. » Moi, je ne suis pas sûre que le sens vienne du proche. Il existe un paradoxe. Si l'on peut survivre dans les actions quotidiennes, cela n'est pas du sens, mais de la survie. Le sens ou le non-sens est plus lointain. Comme, par exemple, pourquoi existe-t-il des régies régionales ? Peut-être que cela n'a pas de sens ? *(Rires)*

Mireille Tremblay. — Peut-être que le sens est comme un oignon, avec différentes couches ? Moi, je peux accorder une signification à l'ensemble des gestes que je pose dans ma vie. Ces gestes peuvent avoir une signification très personnelle, parce que je sais que c'est ce que j'ai d'unique à apporter, indépendamment des contextes. Quand tu dis que lorsque tu étais au gouvernement fédéral tu as appris, cet apprentissage-là était quelque chose qui t'était très personnel et qui, de façon minimale, avait un sens pour toi. Il y a quelque chose entre la signification que l'on donne individuellement et la signification qui est accordée ou négociée avec d'autres et qui rend légitime ce que l'on a à faire. Peut-être que moi, dans mon travail, je peux trouver une signification que personne d'autre ne trouve, par exemple la qualité des rapports. Pour moi, cette qualité est très importante et pourtant je ne suis pas payée pour avoir des rapports de qualité avec les gens autour de moi… Ce n'est pas dans mon contrat. Mais, pour moi, cela est suffisant pour donner un sens à mon travail et à ma présence au travail.

Serge Marquis. — Il y a des choses qui me rejoignent beaucoup dans ce que vous dites. Par exemple, d'essayer de se raccrocher à quelque chose de très, très élevé, parce que vous n'étiez pas capables de vous raccrocher à quelque chose d'immédiat autour de vous… Cela rejoint peut-être la notion de cercles de Thierry. Cela peut dépendre des jours, des contextes, des moments. Pour moi, il existe des moments précis où ce que je vais faire va générer du sens, où je vais trouver que cela sert à quelque chose, un rapport très étroit que j'ai avec une personne, par exemple… Et « woops », cela va faire monter en moi un plaisir immense, alors que le lendemain cela ne sera pas là, et il va falloir que je me raccroche à quelque chose de beaucoup plus lointain.

Cela me rappelle une expérience. Hier, par hasard, j'ai observé de ma voiture trois personnes d'affilée qui ont baissé leur vitre et jeté leur mégot de cigarette dans la rue. Cela m'a rejoint et je me suis dit: « Mais qu'est-ce que c'est que cette histoire ? Ils n'ont pas encore compris que si tout le monde jetait son mégot de cigarette dans la rue comme cela, éventuellement nous allons tous vivre d'une façon épouvantable ? » Dans ce cas, le besoin de sens que j'avais a été raccroché à quelque chose de beaucoup plus grand, qui est l'environnement naturel dans lequel je vis, et non plus juste le geste que j'ai pu poser en tant que médecin, en rapport avec une personne toute proche qui avait une question, qui n'allait pas bien…

Un autre exemple. Il y a aussi les mots que je prononce et le fait qu'une personne me dise « Merci beaucoup ». Cela, aussi, génère du sens à ce moment-là.

Je pense que, effectivement, le sens est découvert dans l'ensemble. Il n'existe pas un élément précis. C'est une question de contexte, de circonstances, de moments. Personnellement, je fais beaucoup d'efforts pour le trouver le plus proche de moi possible. Mais je réalise, au fil des jours, que ce n'est pas toujours possible. Il faut effectivement que j'ouvre des horizons beaucoup plus grands, parfois. C'est peut-être ce que la personne au gouvernement essayait de faire...

Pierre Beaulieu. — Il existe peut-être plusieurs niveaux de sens. En écoutant, moi, je réalise qu'il y a peut-être le sens de la vie quotidienne de tous les jours. Celle qui fait que je me lève le matin, puis que j'ai le goût d'aller travailler, puis de faire quelque chose, puis de revenir pas trop amoché.... Il y a peut-être un sens là. J'aime bien l'idée des cercles. Je trouve cela intéressant. Il existe peut-être d'autres sens, d'autres niveaux de sens. Il y a peut-être le sens de la collectivité, le sens de la société, et comme nous sommes des individus qui vivons tous dans une société globale, nous avons peut-être tous accès, ou tous le goût, d'aller chercher du sens dans tous ces niveaux. Pour moi, le niveau minimum, c'est mon cercle individuel : quel est mon sens journalier, quotidien à ma vie. Et après cela, je recherche le sens plus global, plus collectif. Vos interventions me font réfléchir sur les attentes que j'ai sur la quête du sens global. Je suis peut-être chanceux, mais je pense que j'ai un sens quotidien !

Serge Marquis. — J'ai beaucoup *souffert* — le mot est juste, je crois, — dans les dernières années, de constater, et cela rejoint quelque chose que Pierre a dit tout à l'heure, qu'il y a eu beaucoup de décisions prises à l'extérieur de moi, à des moments où je ne m'y attendais absolument pas. Ces décisions extérieures vinrent comme mettre un frein à des élans que j'avais eus, aux directions que j'avais choisies. Ces décisions apparurent soudainement un peu comme des trappes qui s'ouvraient devant moi et je n'avais, en aucune façon, la possibilité de les influencer. J'étais complètement perdu devant cela. Cela n'avait pas de sens. Ce qui me faisait souffrir, c'était qu'il n'était pas possible de s'ouvrir, à l'intérieur de l'organisation, à un dialogue pour questionner ces décisions-là. Elles avaient été prises. C'était fini, définitif. Après, j'essayais de trouver des moyens de passer à côté de ces décisions, ou par-dessus, ou je tombais dans la trappe, et cela me bousculait énormément.

Globalement, je n'ai entendu que peu de critiques face aux décisions qui ont été prises dans notre système de la santé ou celui de l'éducation. Cela m'a énormément heurté de voir qu'il n'y avait que peu de réflexions profondes sur certaines décisions qui étaient prises, et qui avaient fait apparaître ces trappes un peu partout; et qu'il y avait plein de gens qui s'engouffraient dans ces trappes, et qu'on devait simplement en accepter la présence. C'est pour ces raisons que la création d'un cercle de dialogue me plaît beaucoup. J'étais estomaqué par le fait qu'une trentaine de personnes décident d'investir autant de temps, parce que c'est beaucoup de temps dans notre échelle moderne du temps, dix demi-journées, pour échanger. Il faut qu'il y ait un besoin profond chez ces personnes pour décider de consacrer leur énergie, leurs réflexions, leur temps, de bousculer leur horaire, etc., pour arriver à trouver quelque chose, ou à être présents à une autre réalité que la leur.

Le fait qu'il y ait ce besoin de rencontre m'a beaucoup touché. Je l'associe au fait qu'il y a bien des souffrances dans le milieu du travail à cause des trappes présentes, et de l'impossibilité pour les personnes au sein de leur milieu de trouver actuellement l'opportunité de faire émerger un dialogue à leur sujet. J'espère qu'un groupe comme celui-ci va permettre à des gens de prendre cette initiative à leur retour dans leur milieu de travail.

Benoît Lecavalier. — Moi, j'aurais le goût de dire qu'il y a des choses qui font du sens dans mon milieu du travail, et il y a des choses qui ne font pas de sens. Je trouve cela réconfortant de penser qu'il y certains cercles, malgré tout, où le sens est présent. Même si nous avons une crise de valeurs, dans le milieu du travail ou dans le milieu personnel, c'est sur ces valeurs que nous pouvons le plus facilement nous rejoindre. Quand on commence à jaser avec des collègues ou avec des amis, on se retrouve au niveau des valeurs.

Quand nous parlions tantôt du sens ou du non-sens de la régie régionale, pour moi, la régie est un système que nous avons mis en place afin de remplir notre mission de servir un patient. Quand nous nous asseyons, les dirigeants, les médecins, le personnel, les infirmiers, les intervenants, tout le monde converge vers la même chose.

La crise que nous vivons, n'est-elle pas autant une crise de système qu'une crise de sens? Et la crise de sens est-elle si profonde? Pour reprendre le même exemple que tout à l'heure, j'ai mon neveu qui est pompier, et son petit frère veut être pompier aussi, parce que « ça fait du sens ». Ce n'est pas trop compliqué. Tu prends une échelle, tu prends un boyau pourvu qu'il ne soit pas percé... *(Rires*[4]*)* Tu fais des choses simples et cela bouge tout le temps.

Personnellement, je trouve cela lourd de ne parler que de perte de valeurs. Il me semble qu'il y en a des valeurs dans notre société. Mais nous n'avons pas, peut-être, les moyens pour les actualiser, comme nous l'avions fait dans les années 1960, 1970 et 1980. Je suis convaincu qu'il y a un besoin de dédramatiser cette crise-là.

Une des choses que j'espère, et que je ressens déjà, c'est qu'à travers nos dialogues, ma réflexion va cheminer. J'entends plein de choses, des fois que je partage, des fois que je ne partage pas. Je peux vous dire que dans les gens que je côtoie au quotidien — je suis en ressources humaines dans le système de la santé — tout est identique à la situation décrite au gouvernement fédéral: « Ils tombent comme des mouches en dépression... » Et tout le monde se pose des questions sur cette situation, mais ne sait quoi faire. Pourtant, le fait que ton neveu fut très heureux de devenir pompier, c'est aussi un exemple du sens de la vie. Il me semble qu'il ne faut pas juste regarder le côté sombre. D'après ce que j'ai compris dans la quête du sens, il existe aussi un côté lumineux.

Jeannine Tremblay. — Depuis tantôt je me dis: « Mais qu'est-ce que nous cherchons? », « Qu'est-ce qu'on est venu faire ici tout le monde? » Nous reconnaissons avoir des réponses sur le plan quotidien, mais je ne sais pas si l'on peut appeler cela un sens ou même une satisfaction. Je ne suis pas sûre que les personnes qui ont affirmé « Moi, je trouve ma satisfaction dans ce que je fais, donc il y a un sens », ou « Quand je manque mon coup, je perds mon sens », parlent vraiment du sens.

J'ai personnellement l'impression que tout le monde peut le trouver son sens dans la vie. Je vois la notion de cercle comme on jette une pierre à l'eau: il y a des petits cercles, puis il y a une vibration qui fait que, selon la profondeur ou la grosseur de la roche, on va avoir des cercles qui se déplacent et puis qui se contaminent. Je ne suis pas sûre que ce que nous sommes venus chercher ici est une quête de sens personnel, en tout cas, pas pour moi. Cette quête personnelle n'est pas pour moi la question de fond.

Pour moi, la quête du sens dans les organisations, c'est de pouvoir partager, de pouvoir parler de nos perceptions, de nos significations du sens. Malheureusement, dans nos organisations, nous avons beaucoup plus de directives qu'un partage réel de valeurs et de philosophies. On devrait pouvoir se dire : « Voilà notre philosophie de gestion. Voilà nos valeurs d'organisation. » Mais les personnes ne voient pas ces valeurs, ne les sentent pas partagées en regard du travail. C'est *collectivement* qu'il y a manque de sens. Moi, je trouve que si l'on appartient à une organisation — je travaille dans une régie régionale —, on essaie de mettre en application le sens partagé dans cette organisation. C'est cela qui m'alimente. Il est anormal que le sens devienne individuel et non pas collectif dans une organisation, mais, pour moi, c'est mon actualisation de ce sens collectif qui m'alimente.

Thierry Pauchant. — Ce que vous venez de dire me rappelle une histoire. J'étais un jour à Toronto avec le président-directeur général d'une entreprise multinationale qui emploie plus de 50 000 personnes. Nous parlions de missions d'entreprise. Quand je lui ai demandé « C'est quoi votre mission ? », ce P.d.g. a levé les yeux au ciel et il m'a décrit sa mission en 15 points : le premier, le deuxième, le troisième, etc. Je n'arrivais pas à prendre des notes tant il parlait vite... À la fin de l'entrevue, je lui ai dit : « Merci beaucoup, monsieur, de votre temps, etc. » En me retournant, je me suis rendu compte que derrière moi, collée au mur, il y avait une affiche qui décrivait point par point la mission de cette entreprise. En fait, ce P.d.g. avait lu le texte de cette affiche pour répondre à ma question, alors que j'avais eu l'impression qu'il avait levé les yeux au ciel afin de rassembler son inspiration ! *(Rires)*

Je suis alors sorti de son bureau en me disant : « Si le P.d.g. de cette entreprise doit lire quelle est la mission de son entreprise, au lieu d'en parler du fond du cœur, du fond de son âme, quelle est la réalité concrète de cette mission ? » ; et aussi : « Comment ce P.d.g. va-t-il pouvoir communiquer cette mission à son personnel, et surtout la faire vivre au jour le jour ? » Cette expérience m'a beaucoup touché. Je me souviens, en sortant de ce bureau, de la tristesse qui m'habitait, ce P.d.g. devant répéter sa mission un peu comme un singe : 1, 2, 3, 4, 5, 6... Où se trouve l'appartenance dans cet exemple ?

Jeannine Tremblay. — Je pense qu'au-delà de nommer les valeurs, il faut que les gens sentent à l'intérieur d'une organisation qu'elles sont vraies, qu'elles habitent l'organisation, qu'elles soient *la* préoccupation dominante dans l'organisation. Quand elles ne sont pas tangibles, c'est là où la fantaisie, les illusions, font toutes de sortes de ravages et de pirouettes. Ce qu'on demande aux gens, ce qu'on attend d'une organisation, c'est la transparence, l'intégrité. C'est cela qu'il faut mettre de l'avant et il faut pouvoir vérifier l'application de ces valeurs, sinon on devient tous des petites têtes schizophréniques qui vont mettre n'importe quoi là-dedans...

Colette Talbot. — Quand vous mentionnez que ces organisations ont une gestion ou une philosophie de gestion, est-ce que vous êtes en train de dire que les gens qui y travaillent croient à ces philosophies et qu'ils les adoptent, ou qu'ils n'y croient pas et qu'ils ne les adoptent pas ?

Jeannine Tremblay. — Je vais reposer la question par rapport à ce groupe. Depuis tantôt, nous essayons de définir notre quête de sens. On parle à la fois de notre quête au niveau individuel et au niveau collectif. J'ai tenté de préciser pourquoi nous étions ici et j'ai posé la question de la quête du sens au niveau des organisations. À l'intérieur d'une organisation, à mon avis, peu de gens sentent qu'ils font partie d'une mission, qu'ils collaborent à une œuvre collective. Chacun s'est donc développé un sens personnel et j'ai donné des exemples. Je pense que dans notre réseau de la santé, il y a des gens qui ne croient plus aux valeurs organisationnelles dans le travail, que ces valeurs sont axées sur la qualité en même temps que sur la compétence, la qualité des relations, la valeur humaine, la reconnaissance... Même pour les gens qui sont dans des milieux où l'on doit intervenir auprès d'autres individus, je ne suis pas sûre que, collectivement, ces personnes ont l'impression de bâtir quelque chose qui est positif, actuellement dans le système de la santé.

Il faut peut-être débâtir des choses, ou changer des choses. Mais fallait-il que cela se fasse d'une façon aussi brutale ? Où se trouve, dans les restructurations actuelles, la préoccupation des organisations et la préoccupation des individus ? Je me questionne souvent sur cette nouvelle forme de gestion. On a provoqué une crise suivant l'hypothèse que c'est comme cela que l'humain bouge et change, évitant ainsi les résistances au changement. Je pense que cette hypothèse est fausse. Il existe aussi le danger contraire. Je pense que les gens expriment actuellement leur mécontentement et disent que « C'est trop, c'est trop vite ; cela ne fait plus de sens. » Pourtant, on voit beaucoup de restructurations dans nos organisations. L'hypothèse est qu'il faut faire le changement maintenant parce que, demain, l'humain va résister au changement, ou que l'être humain est paresseux, ou que l'on n'évolue que lorsqu'on est mis au pied du mur… Ce n'est pas une très bonne opinion d'une image collective, et je n'y crois pas. Présentement, on détruit. On fait « table rase » et puis après on recommence. On va réinjecter en santé des fonds, du personnel, mais actuellement, pour toute l'équipe, des directeurs aux individus, aux patients, le bouleversement a été traumatique.

Lorraine Brault. — J'ai été élevée dans une société axée sur l'individualisme. Or, les démarches collectives viennent un peu menacer l'individualisme. Je me demande si les organisations ne donnent pas actuellement le sens à des individus, ce qui serait vu comme une espèce de nouveau « guide moral », le travail étant très présent dans notre société.

La question devient alors pour de nombreuses personnes : « Est-ce que mon établissement ou mon organisation va me donner le sens ? » Mais, en même temps, il me semble que nous vivons dans une société individualiste et, en quelque part, nous en sommes partie prenante. Je veux dire que nous avons été élevés dans cela. J'exprime ici le débat de fond entre l'individualisme et le collectivisme, leurs bons côtés, leurs mauvais côtés…

Jean-Pierre Gagnier. — Je vais raconter quelque chose qui a du sens, et ensuite une autre chose qui est plus difficile pour moi. Un petit bébé est né avec une trisomie. Il a été opéré pour le cœur. Je donne beaucoup de formation en déficience intellectuelle et je suis très sensible à cette problématique. Je vais à l'hôpital avec les parents et je suis fasciné par la qualité d'intervention des intervenants et par leur présence vis-à-vis des parents. Fasciné par le fait que les nouveaux services qu'ils reçoivent sont beaucoup plus adéquats que ceux qui existaient il y a plusieurs années. Même dans un contexte de grande crise, il y a à la fois de la solidarité, des gens qui continuent à travailler avec leur cœur.

Malgré tous les changements que nous avons connus, il reste des choses extraordinaires... Là où cela fait du sens pour moi, c'est dans l'occasion de pouvoir partager quand je vais travailler avec les intervenants. Il y a quelque chose de moi qui est transformé, passant du petit cercle et qui rejoint un plus grand cercle, dans ma sensibilité face à ce que font les intervenants, dans ma façon de les soutenir et de les observer au travail.

Ce que je trouve le plus difficile dans ma vie actuellement, c'est mon degré de conscience, c'est-à-dire essayer d'élargir ma conscience au fait que l'univers, ce n'est pas mon organisation, ni les services sociaux, ni les services de santé. L'univers est pas mal plus vaste que cela ! Et plus je m'informe sur ce qui se passe au niveau économique, sur ce qui se passe au niveau des choix politiques, plus je tombe en souffrance. Je suis pris avec la contradiction d'un système qui donne quelque chose d'une main pour racheter ce qu'il fait de l'autre continuellement.

Je donne un exemple : un système qui encourage le « gambling » parce que cela rapporte, mais qui subventionne en même temps des organismes qui font de la recherche sur comment aider ceux qui vont s'y engouffrer et qui vont engouffrer leurs familles... C'est un exemple parmi des centaines d'exemples que je pourrais donner... Moi, je suis pris dans ces contradictions et je pense que cela rejoint de nombreuses personnes partout. Les gens ne croient plus tout ce qu'ils croyaient. Ils voient bien que, pendant que des gens ne savent pas où l'on s'en va, d'autres le savent très bien et en profitent pour accumuler. Je pense que ce qui se passe dans le contexte plus large a rejoint d'une façon importante toutes les personnes qui travaillent et même celles qui ne travaillent pas. Et ceci a affecté les systèmes de croyances, affecté comment on donne sa confiance, comment on dépiste les faux langages.

Il y a des choses tellement belles qui se passent actuellement en termes de complicité que j'en suis admiratif, mais en même temps, et c'est de plus en plus souffrant, le mensonge s'accroît... Je trouve cela difficile d'être « amnésique » quotidiennement... J'ai des questions qu'on me pose auxquelles je ne peux pas répondre actuellement. J'ai des choix difficiles à faire comme formateur actuellement, par ce que les questions sont réelles et corsées.

Estela Rios. — Moi j'aimerais bien parler de « mission ». J'aimerais savoir combien d'organisations informent leurs employés de leur mission. J'ai travaillé dans toutes sortes d'organisations ici au Québec, et en aucun cas on ne m'a donné la mission. Après mon arrivée dans une organisation, on m'a dit quoi faire, je l'ai fait, et c'est tout. J'aimerais savoir combien d'organisations le font. Combien d'employés sont au courant de la mission de leur organisation. Maintenant, j'enseigne à l'UQAM et par hasard, je me suis rendu compte que la nouvelle rectrice a une nouvelle mission ! J'ai appris cela durant une conférence. Quelqu'un m'avait invitée, la rectrice était là, et nous avons été informés que l'UQAM avait une autre mission. Mais personne ne le savait auparavant...

France Dolan. — J'ai un problème. Nos échanges vont trop vite. Je suis encore sur ce qu'a dit Jean-Pierre...

Mireille Tremblay. — J'aime beaucoup le lien que Jean-Pierre a fait entre souffrance et quête de sens. Le thème de la souffrance est, pour moi, essentiel à poser actuellement quand on parle du travail dans le milieu de la santé. Je pense qu'il y a un rapport étroit entre souffrance et quête de sens. Quand tout va bien, quand on a l'impression d'être en harmonie, on ne se met pas en quête de sens. Quand un enfant arrive, quand un bébé naît, le sens est là. Il y a une espèce d'harmonie qui fait qu'il y a du sens.

Quand on se met à consciemment chercher du sens, c'est qu'il y a une conscientisation de l'existence de paradoxes, que quelque chose se désorganise. En même temps que je dis que la quête de sens va avec la conscience de la souffrance, je crois que l'on n'arrive jamais à trouver le sens une fois pour toutes. Cela dépend des jours... J'ai déjà travaillé en thérapie comme intervenante. On aide les gens et on voit leurs souffrances s'alléger. Mais quand on termine avec un, on recommence avec un autre, et on a l'impression que le système produit cette souffrance-là, et qu'on n'y peut rien. Un jour, on peut se dire : « Oui, ça a du sens parce que j'aide quelqu'un. » Le lendemain, on peut se dire : « Non, ça n'a aucun sens, parce que ça ne changera jamais l'ensemble des cercles sur lesquels nous n'avons pas d'effet. »

Je ne m'attends pas à ce que l'on puisse un jour trouver le sens du travail ou le sens d'une organisation. Mais je crois que nous devons pouvoir nous exprimer sur ces choses. Un enfant, sur une plage et qui fait un château de sable, peut le détruire et le recommencer s'il ne lui plaît pas. Ce n'est pas grave. Je trouve que la situation est identique dans nos organisations. Nous avons construit des châteaux de sable avec de nombreuses pièces. Des fois, cela colle et des fois, cela ne colle pas. Un jour, on dira : « Ce n'est pas vraiment ce que nous voulions, nous pouvions détruire le château et le recommencer. » C'est souffrant, mais cela fait partie de la vie.

Jeannine Tremblay. — J'ai beaucoup de difficulté à saisir ce que tu veux dire quand tu dis que la quête du sens peut être quotidienne, qu'elle varie entre des états de bien-être et de souffrance, et puis qu'elle peut être remise en question. Pour moi, ceci est impensable. Quand je suis en quête de sens, c'est parce que je suis en recherche. Oui, il y a de la souffrance. Mais si je donne du sens à quelque chose, cela doit être sur une chose qui est importante quotidiennement. Cela me permet de passer des périodes difficiles.

Je vais m'expliquer par un exemple. Quand je travaillais auprès de patients qui étaient mourants, c'était bien important qu'on ait clairement identifié quels étaient nos objectifs, parce que, à l'opposé de la médecine traditionnelle qui veut que tu guérisses, tu accompagnes les gens avec deux objectifs : atténuer leurs problèmes et les symptômes, et puis les accompagner pour diminuer leur souffrance. Quotidiennement on avait des situations qui étaient très difficiles. Des fois, oui, c'était quelque chose qui était agréable. On voyait les bienfaits du support apporté à une famille, on sentait qu'on l'avait aidée. Et des fois, on se disait qu'on n'avait pas réussi. Mais pour moi, cela ne remettait jamais en question le sens de mon travail, parce qu'il était « clair ». J'ai de la misère à saisir que la quête du sens ou le sens que l'on cherche soit à courte vue et dans le quotidien. C'est peut-être que j'ai mal compris ?

Mireille Tremblay. — Ce n'est pas parce que c'est à courte vue. Ce que je veux dire, c'est que cette quête n'est jamais définitive. Elle est dépendante des niveaux de sens que l'on attache aux gestes que l'on fait. Il y a des choses qui sont fondamentales et on a l'impression qu'à un moment donné, notre vie a vraiment un sens. Dans mon cas, dans mes interventions individuelles, cela faisait du sens. Mais comment se fait-il, qu'un jour, le sens a disparu, alors que c'était toujours les même activités ? Je pense que ce sens a disparu car je me suis rendu compte, et c'est là que je fais le lien entre conscience et souffrance, que je ne pouvais faire cela pour le reste de mes jours. Je me suis rendu compte qu'il y aurait toujours des gens qui rentreraient et qui viendraient en souffrance me rencontrer et que cela ne serait pas réglé, que le problème était « ailleurs ».

Je suis donc allée « ailleurs ». Où se trouve cette perte de sens ? Est-elle dans l'événement ? Est-elle dans la personne que je rencontre ? Est-elle dans le contexte ? Ou est-elle dans une souffrance liée au développement de ma conscience ? Je ne sais pas. Je ne sais qui est l'œuf et qui est la poule, mais il y a des matins où, oui, le sens fluctue, et je pense que sa présence n'est jamais définitive.

Serge Marquis. — J'ai l'impression que je suis en quête du sens depuis que je suis venu au monde, que c'est une quête fondamentale. D'ailleurs mes parents m'ont dit récemment que j'avais été bien fatigant parce que la question « Pourquoi ? », je la posais sans arrêt lorsque j'étais enfant... *(Rires)* Je pense effectivement que la question « Pourquoi ? » est une quête de sens chez l'enfant.

Cela me rappelle une histoire. Un petit bonhomme arriva à côté d'une flaque d'eau et il la contourna, marchant un peu plus loin. Il faisait un soleil radieux. Revenu deux heures plus tard au même endroit, il constata que l'eau avait disparu. Il était complètement estomaqué : « Qu'est-ce qui s'est passé ? Ça n'a pas de sens, se dit-il, l'eau a disparu. » Il a fallu qu'il se trouve une explication. Il a fini par se dire : « Le soleil l'a bu. » Ceci est intéressant. Cette réponse lui a donné tout à coup *un sens*. Il était content de ça. Pour moi, la quête du sens est aussi un besoin de sécurité, et là se fait le lien avec la souffrance. Quand l'enfant a une réponse sensée à la question « Pourquoi ? », il me semble qu'il vient d'apprivoiser un peu plus son environnement. Il se sent un peu plus en sécurité dans un environnement qu'il pourrait peut-être percevoir comme hostile. Donc, pour moi, cette quête est perpétuelle. Mais il y a des jours où elle ne trouve pas d'issue, où il n'y a pas de liens qui se font entre un événement qui se produit et cette quête qui est à l'intérieur.

J'ai une autre image que je voudrais partager. J'ai eu la chance d'aller, il y a quelques années, en Haïti pour un petit bout de temps. À un moment donné, on faisait la visite de divers centres de santé, et je suis arrivé dans un endroit qui a été mis en place par Mère Teresa. C'était une bâtisse qui était grande comme la salle ici. Il y avait là

uniquement des enfants qui mourraient du sida, de zéro à trois ans.
À la porte de la bâtisse les mères attendaient avec leurs enfants parce
qu'il y avait quarante couchettes dans la bâtisse et beaucoup plus
d'enfants que le nombre de couchettes... Alors les mères attendaient
à la porte qu'il y ait un enfant qui meure pour pouvoir donner leur
enfant et s'en aller, afin que l'enfant ait une couchette...

Ce qui m'a frappé, lorsque je suis rentré dans cette bâtisse, c'est
l'extraordinaire énergie portée par les personnes qui travaillaient.
J'étais absolument fasciné. Moi j'arrivais là et je voyais cette souffrance. Je pleurais déjà comme un veau avant d'entrer dans la bâtisse. Après être entré, je fus submergé par une espèce d'énergie, de
force. Quand je suis sorti, c'est avec cette énergie que je suis resté. Je
me suis alors demandé ce qu'il y avait de si spécial pour que ces
personnes qui travaillaient arrivent à vivre au quotidien avec cette
force, cette énergie, cette joie. Je me suis dit qu'il y avait un élément
de foi, bien sûr. Mais c'était aussi un élément de sens : à savoir que
leur travail *avait un sens pour elles*. Ce sens, c'était de soulager la
souffrance avec le peu de moyens qu'elles avaient. Cela rejoint ce que
Jean-Pierre disait. Et quand ces personnes voyaient qu'il y avait un
soulagement, un sourire de l'enfant, elles trouvaient cette énergie-là.

Je vous raconte cette expérience, car elle se rapproche de ce que
vous avez exprimé. Au fond, dans le travail que vous avez eu avec les
mourants, il y a un sens qui était raccrochable à un élément d'utilité.
Et on peut peut-être raccrocher ceci à ce que France disait : cela
servait à quelque chose, au fond. Il existe une souffrance que l'on
rencontre beaucoup dans nos milieux de santé actuellement. Plein de
gens disent : « Ça sert à quoi ? » On s'en va vers quelque chose puis,
tout à coup, un obstacle arrive, et c'est comme si ce qu'on avait fait
depuis des années ne comptait plus, que cela n'avait servi à rien. Je
pense qu'une grosse partie de la souffrance vient de cette situation.

Je termine en revenant à une dimension collective. Je pense que les
gens ont besoin de partager cette souffrance parce qu'ils se sentent
totalement isolés quand les obstacles émergent. Il n'existe plus d'espaces pour pouvoir échanger sur ces sujets-là. Ce manque d'espaces
approfondit encore davantage l'absurdité des situations, l'envers du
sens.

Colette Talbot. — La semaine dernière, j'ai assisté à une conférence organisée dans le cadre du programme d'aide aux employés. Cette conférence fut donnée par une théologienne de l'Université de Montréal, Solange Lefebvre[5]. Elle a parlé de l'importance des générations. Elle disait que, suivant l'âge, une personne aura un discours différent. Quand j'entends parler ce matin d'individus, d'individualisme, de collectivité, je me dis que nous n'avons pas tous été élevés durant la même période, dans la même pensée de ce que devait être la société. Pour les gens qui ont entre 40 et 55 ans, et même 45-60 ans, il semble qu'on était des « challengers », que nous voulions construire une société. Peut-être, nous n'avons pas laissé tellement de place aux jeunes. Il y avait tellement de places où l'on pouvait travailler qu'il s'agissait de se mettre de son meilleur côté pour travailler et éviter de faire des gaffes pour ne pas être éjecté. Tandis que, pour les plus jeunes, vous êtes entrés en disant « Je veux créer ma place » et vous avez dû vous battre.

Nous avons évoqué aujourd'hui que des gens sont « morts » dans nos organisations, en tombant dans une « trappe ». Pourtant, je me suis dit : « Ils ne sont pas vraiment morts, ceux qui sont tombés dans la trappe. Ils sont juste tombés ! Cela a fait bien mal. Ils ont eu de grosses poques, mais ils ne sont pas morts. » À quelque part, il paraîtrait que ces survivants sont les « challengers », et qu'ils vont peut-être ressortir de la trappe...

Dans le réseau de la santé, actuellement, que l'on soit jeune ou que l'on soit vieux, on le voit, de nombreuses personnes tombent comme des mouches en burn out, en dépression émotionnelle... La théologienne a suggéré dans sa conférence que les gens qui tombent en burn out — et je trouve ceci très rafraîchissant — sont en fait des personnes qui croient beaucoup au sens de leur travail. Si tu ne crois pas à ce que tu fais, si tu n'es pas très investi... Une trappe va s'ouvrir, mais tu vas la voir venir, et tu vas passer à côté. Cependant, si tu es très investi, tu vas te dire qu'il ne se peut pas qu'il y ait une trappe là, parce qu'elle n'aurait aucun sens, tu vas continuer à avancer et tu vas tomber dedans !

Aussi, je me dis que certains jeunes qui arrivent dans le système de la santé sont peut-être contents qu'il y ait des gens engagés qui tombent dans les trappes. Cela fait de la place. La théorie de Maslow[6] me revient aussi à l'esprit. Certaines personnes vont vouloir juste survivre ; d'autres vont rechercher de l'estime de soi ; d'autres encore vont estimer que leur accomplissement est adéquat; d'autres ont voulu avancer encore plus, ils ont commencé à «challenger» le système, et on leur a ouvert la trappe... Je pense que ce n'est pas vrai que nous pouvons vivre avec juste un sens qu'on se donne petitement. L'humain n'en est pas capable, et le nombre de burn out que nous connaissons actuellement dans le réseau de la santé le prouve, ou le nombre de gens qui sont tombés dans une trappe, car ce qu'ils proposaient n'était pas «politiquement correct».

Dans le moment, et je le dis comme je le pense, je crois qu'il y a des jeunes dans le réseau de la santé qui bénéficient de la situation de crise. Cela vient du fait que, pour survivre, les gens ne peuvent parler. Ce silence permet en fait des comportements malhonnêtes, la tenue de certains discours, la poursuite d'une certaine mission... En quelque part, cela devient complètement incohérent, car les gens qui se taisent essaient de continuer dans le sens de la mission à laquelle ils croient, mais ils sont gérés par des gens qui gèrent pour autre chose; ou les gens qui recherchent l'argent, d'une façon politiquement correcte, ne parlent pas «d'argent», mais de «mission»... Le message devient alors complètement incohérent. L'élément d'intérêt est peut-être que nous allons rebâtir quelque chose. Mais ce qui me fait un peu peur, et c'est probablement de la nostalgie, c'est que nous avons les raisons pour lesquelles nous avions bâti un réseau de la santé et des services sociaux. Pourquoi est-on allé vers l'assurance maladie universelle, par exemple? Qui se rappelle que cela s'est fait parce que des gens ne pouvaient se payer des soins? J'aimerais que le balancier qui a été dans un extrême n'aille pas dans l'autre... Nous devrions avoir assez de mémoire pour empêcher au moins qu'il y ait trop d'extrêmes. Des professionnels dans le milieu de la santé ont quitté pour les États-Unis. Entre autres, une professionnelle m'a dit, avant de partir: «Je n'étais plus capable de traiter un traumatisme crânien qui était remboursé par l'assurance alors qu'un autre, aussi important, ne l'était pas». J'ai peur qu'on oublie notre «raison d'être» dans le réseau. Notre gestion actuelle est très préoccupée par le court terme. Il semble que la seule préoccupation de certaines personnes soit leur survie personnelle et leur volonté de pouvoir.

En quelque part, mais là, j'aimerais qu'il y ait des gens savants qui me le disent, est-ce possible que les humains deviennent solidaires durant une crise? C'est une question que j'ai en ce moment. Il semble que le silence se soit installé dans notre réseau. Pourquoi vient-on parler ici, dans ce groupe de dialogue ? Parce que c'est moins menaçant... Parce que si l'on parle dans nos organisations à celui qui est à côté de nous, c'est trop dangereux pour la survie. Lorsque tu arrives dans la trappe, tu tombes dedans, tu te dis « Crime ! Pouf ! », il y en a d'autres qui viennent derrière moi, il y en a beaucoup qui vont tomber dans la trappe et il y en avait déjà qui étaient tombés... Comment se fait-il, si nous sommes si intelligents, que nous ne fermons pas ces trappes ? J'ai l'impression, peut-être, qu'elles vont se fermer d'elles-mêmes, car c'est pas mal plein dedans.... *(Rires)*

Benoît Lecavalier. — J'ai parlé dernièrement avec un ancien ministre de la Santé, qui a quelques années de plus que moi, et il m'a dit : « Mais, monsieur Lecavalier, vous détruisez le système... » Je lui ai répondu : « J'ai besoin d'un avenir. Le système qui est en place ne marche plus. Il faut trouver quelque chose d'autre. »

Je trouve intéressante la notion de génération. Des personnes ont construit quelque chose ; et moi, je suis le gars qui détruit, mais pour bâtir quelque chose d'autre. Je trouve cela très pertinent de ne rien reprocher à ceux qui résistent aux changements, car ils sont de l'époque de la construction du système. C'est comme mes parents. Ma mère a bien de la misère à son âge à utiliser un guichet automatique, et elle espère qu'ils vont au moins garder une petite caissière à la caisse pop, parce qu'elle n'est pas prête à s'investir et à commencer à apprendre à pitonner dans un guichet. Elle aime cela, aller voir la petite fille. Cela lui fait une petite sortie, et puis elle jase, elle la connaît. En tout cas, moi je trouve cela très rafraîchissant d'imaginer notre système de la santé avec des échanges multigénérationnels et peut-être multivocationnels un jour, parce qu'on a l'air de s'enligner vers cela, si j'ai bien compris la régie régionale... *(Rires)*

Deuxième dialogue
La nécessité d'une vision afin de préserver la noblesse du travail

(Silence)

Colette Talbot. — J'aimerais commencer. Des fois, je me demande si le futur de notre réseau de la santé et des services sociaux est utopique ou s'il reste de l'espoir. Par exemple, on pouvait lire dans les journaux cette semaine que des hôpitaux fermés pourraient être rachetés par des compagnies d'assurance, soit américaines, soit ontariennes, pour donner des soins de très haute qualité à des gens provenant de l'extérieur de la province. Je me demande si les gens voient cela comme un stimulant, comme un espoir, comme une possibilité d'utiliser nos ressources et d'amener de l'argent dans la province ; ou si les gens voient cela comme une menace pour le réseau. Toute la question revient à l'introduction d'un « régime à deux vitesses » dans le système de la santé. Comment le public peut-il s'arrimer à des entreprises privées tout en préservant la notion « d'universalité des soins » ?

À mon avis, quoi qu'il advienne comme changement dans le réseau, l'universalité des soins devrait être conservée. Je ne sais pas comment exactement. Je ne sais pas non plus quel en sera l'impact. Mais, pour moi, l'arrimage avec le secteur privé ne peut être seulement vu d'une façon complètement négative. Cet arrimage permet des entrées monétaires. Il permet aussi des possibilités d'expertise. Mais je me questionne sur ce type de changement pour l'avenir du réseau. Est-ce que ce type de changement pourrait être un élément de sens pour le futur ?

Maria Vieira. — Afin de tenter de répondre à Colette, je vais vous raconter une expérience. J'étais avec des amis en fin de semaine.

L'une d'entre eux est une très jeune femme médecin, de 25 ans environ. C'est quand même un quart de siècle... C'est non négligeable. Et ce qui m'a étonnée dans la conversation que nous avons eue, c'est le besoin d'illusion que moi j'avais par rapport à sa notion de réalité ainsi que celle de son « chum ». Selon eux, l'idéal n'existe pas mais, s'ils tombaient malades, ils bénéficieraient du réseau existant car ils le connaissent intimement et ils y ont des « relations ». Mais ceci n'est ni vrai pour moi, ni pour d'autres, ni pour tous ceux qui ne connaissent pas ce réseau personnellement. Cela m'a beaucoup frappée, cette espèce de deux pieds dans la réalité très directe... Moi, avec mon illusion de perfection et eux, avec leur sens pratique ! Je sais que cela ne répond pas à la question posée, mais...

Colette Talbot. — C'est tout à fait dans le sujet parce que, effectivement, quand on parle d'universalité, on peut se faire répondre qu'on a complètement la tête dans les nuages. Pour moi, une interrogation intéressante serait, comme l'a suggéré Thierry, de se demander : « Comment réussir à avoir la tête dans les nuages en gardant les pieds sur terre ? » Sommes-nous complètement rendus dans les nuages ? La notion d'universalité, est-elle complètement irréelle, surtout avec tout ce qui s'en vient ? Je pense qu'il faut aller vers quelque chose de nouveau dans le réseau. On ne pourra pas réappliquer continuellement les mêmes solutions... Il va falloir avoir une ouverture.

Pour moi, c'est la discussion que nous avons eue un peu la dernière fois, quand nous disions que les jeunes qui arrivent dans le réseau, qui a été bâti d'une certaine façon, n'ont pas beaucoup d'espace. Peut-être devrions-nous retrouver notre mémoire collective et leur expliquer les raisons pour lesquelles ce réseau a été construit de la manière actuelle ? Si on leur communiquait ce qui était vraiment important pour nous, on pourrait peut-être permettre le changement d'autres éléments ? Je ne sais pas. C'est peut-être cela la sagesse : être ouvert au changement... mais essayer de garder l'essentiel. Mais, c'est quoi l'essentiel ?

Nous pourrions aborder aussi la notion de la « permanence ». Je comprends que cela ne soit pas un sujet léger... Mais le fait que nous ayons instauré la permanence ne laisse pas beaucoup d'ouverture pour les jeunes... Cela peut même les rendre un peu cyniques : « Il faut que vous disparaissiez pour que nous ayons de la place... » Des questions d'aménagements se posent alors... Je pense aux multiples congés qui ont permis que des gens qui avaient la permanence s'en aillent de certaines organisations de façon temporaire, ou plus ou moins temporaire, et qui ont permis l'arrivée des jeunes.

Dans le service que je gérais, par exemple, nous avions le tiers de nos ressources qui étaient continuellement en congé de tout ordre, ce qui nous permettait d'engager un tiers de jeunes. Mais c'est évident que ces postes étaient temporaires. Moi, je trouvais que c'était un aménagement essentiel afin de contrebalancer la permanence, sinon nous aurions été complètement sclérosés. Était-ce de la créativité, finalement, d'avoir accepté de faire vivre les deux systèmes en même temps ? Était-ce une bonne vision ? Je pense qu'il faut absolument que l'on se regénère une vision, sinon on va se la faire imposer. Par qui ? On va se la faire imposer par des obligations économiques, par d'autres démographiques, par la nécessité du quotidien. Ces contraintes vont peut-être apporter des choses extraordinaires. Je n'ai pas de problème avec cela. Mais, peut-être aussi, pourrions-nous garder à notre esprit notre vision de « l'essentiel ».

Je ne sais pas comment vous vivez le quotidien. Mais dans les endroits où j'ai travaillé j'ai observé que je prenais d'abord en compte ce qui était en place, puis j'essayais de générer une idée de ce que cela pourrait être cinq ans après... Et puis, graduellement, j'ai rallié les gens à cette idée-là, en tout cas, certains de ses éléments. Il y en a qui appelleront cela de la visualisation, mais... Imagine-t-on encore le système de la santé dans cinq ans ou dans dix ans ?

(Silence)

Hélène Laurin. — Cela me ramène 20 ans en arrière, ce que tu viens de dire... à la création des CLSC. Nous avions alors une vision de la santé. Nous nous disions que ce qui était essentiel, pour nous, c'était la *prévention*. Ce que l'on a vécu depuis ce temps-là est bien différent : on a « tassé » la prévention, « tassé » l'enseignement, pour aller vers des structures plus lourdes. Je ne sais pas, c'est peut-être cela la vision de la santé maintenant...

La question des raisons pour lesquelles nous avons bâti ce réseau et comment il est bâti aujourd'hui, m'interpelle fortement. Actuellement, nous sommes en train de le bâtir, à mon sens, sur la notion non plus du *préventif*, mais celle du *curatif*. Il y a 20 ans, nous voulions changer le monde, changer le réseau. Nous n'avons pas réussi à le faire à cause, je pense, des pouvoirs économiques. Ils étaient trop forts. Comment peut-on repenser le réseau maintenant ? Je ne sais pas trop. Je ne sais quel pouvoir il faudrait mobiliser. Est-ce qu'il y a encore de la place pour changer les choses ?

Jean-Pierre Gagnier. — Moi, je me demande qui est ce « on » dans le « on doit ». Est-ce les malades qui vivent les choses ? Est-ce les familles qui doivent maintenant absorber chez elles une partie importante des soins ? Est-ce les intervenants eux-mêmes, qui ont toutes sortes d'expertises et d'expériences ? Qui sont les « on » et qui sont les « nous » ?

Personnellement, je ne crois pas à une modification de l'ensemble du système qui passerait du « on » au « nous ». L'un des défis les plus importants n'est-il pas que nous ne soyons pas parvenus à créer des espaces où les expertises sont réellement prises en considération et non seulement invoquées ? Je ne sais pas qui est ce « on ». L'avenir du réseau est décidé par quelques-uns, du haut de la planète... Mais moi je suis très inquiet, au nom des patients, des familles, et puis au nom des intervenants eux-mêmes. Qui est ce « on » ?

Hélène Laurin. — Mais, en même temps, cette question présuppose toujours la réponse que l'on attend d'un expert. C'est comme si l'expertise, ou l'expert, était devenue l'élément « moral » dans notre société. Pouvons-nous considérer quelque chose qui n'est pas dit par un expert, lui attribuer de la valeur ? Cela me questionne beaucoup.

Constance Lamarche. — L'expert est-il toujours en haut ?

Hélène Laurin. — Pas nécessairement. Je ne penserais pas.

Constance Lamarche. — Moi, je voudrais faire un bout de chemin sur l'idée de la « vision ». Je trouve que cela prend du courage, et puis cela prend de l'humilité pour redonner une vision. Dans les activités de formation que j'ai animées un peu partout dans la province, j'ai véhiculé l'importance d'avoir une vision au sein d'une organisation. L'importance de se dire vers où l'on veut aller, c'est quoi nos orientations. Il me semble que plus il y a du changement, plus cette vision devient importante. Mais à force de le dire, à force de sentir la résistance des gens vis-à-vis cette idée, je me suis demandé : « Constance, es-tu naïve ? » Je me suis même déjà fait dire que j'étais un peu angélique de penser cela, de vouloir développer une vision dans les organisations. Actuellement, je me pose de nombreuses questions à ce sujet. À l'échelle nationale, ce n'est pas rien de développer une vision ! Qui la donne ? À partir de quoi et pour combien de temps ?

Durant le dernier dialogue, nous avons parlé d'un projet partagé, du sens, de la direction que le réseau a prise... Je ne sais pas d'où cette vision doit émerger, mais il me semble qu'elle nous fait terriblement défaut dans le réseau. Sans elle, on se laisse porter par les événements, par les changements, ce qui peut-être heureux ou malheureux. Je trouve que nous prenons un grand risque en nous laissant porter par les événements.

Mireille Tremblay. — Moi, je trouve que la vision, c'est quelque chose qui est nourri par le rêve. Le problème de la crise actuelle (il y a certes beaucoup de place à l'interprétation), c'est toute la question de l'efficacité : faire toujours plus avec moins ! Le culte de la performance, dénoncé dans le livre *La quête du sens*[1], est aussi nourri par une certaine idéalisation de l'expertise dans la gestion publique. Nous avons acquis une expertise technocratique. Ceci est positif, sauf qu'il ne faut pas que cette expertise réduise et tranche le rêve. Rêver est perçu actuellement comme *non efficace*. Juste pour prendre le temps de faire un cercle de dialogue, il faut aller un peu à contre-courant, parce que l'on juge, actuellement, qu'il est inefficace de prendre le temps de réfléchir...

Je pense que le rêve, ce n'est pas juste une question de courage. C'est une question d'impulsion, c'est une question d'espace, c'est une question de temps. J'ai l'impression que la vision vient de là. Et au-delà de son émergence, il faut que cette vision soit partagée.

Je trouve aussi qu'il existe une tendance, que je trouve très triste, de faire actuellement une opposition stricte entre les jeunes et les vieux, comme si les jeunes rêvent et les vieux ne rêvent plus... Le rêve existe dans toutes les générations. Les jeunes rêvent et développent une réalité sur la planète qui est différente des autres générations... Mais vous et moi, nous continuons à vivre sur cette même planète !

Je trouve que nous sommes enfermés dans une boîte, et dans cette boîte, nous sommes deux, trois, quatre ou cinq générations, sans partager réellement nos réalités. Je pense que rêver, c'est ouvrir la boîte, briser les barreaux de cette cage. Et l'on se rend compte alors, jeunes comme vieux, que nous voulons vivre. Faire la place aux jeunes ? Cela me tue d'entendre ça ! Faire de la place à quel prix ? Au prix de mourir ? Je sais bien que l'on va tous mourir, les jeunes comme les vieux, mais...

Quand mes enfants me disent : « Maman, que tu es vieille ! » quand je fête mon anniversaire, je réponds : « Si tu es chanceuse ma fille, ou chanceux mon fils, tu vas te rendre là. » C'est vrai qu'il y a des différences, et des différences illimitées entre les âges, entre les races, entre les cultures, entre les expertises... Mais nous vivons tous sur la même planète et nous devons partager nos rêves.

Jean-Marc Gagnon. — Par rapport à la vision, je vois peut-être un paradoxe entre la vision officielle et la vision quotidienne vécue à tous les jours. Moi, quand j'ai fait mon cours d'infirmier dans les hôpitaux, il y a déjà très longtemps, le système de santé à deux vitesses existait déjà... et à pleine vitesse ! Il existe encore aujourd'hui : si vous avez des sous, on peut vous donner un numéro de téléphone et vous allez être opéré dans la semaine à Montréal. Ce n'est pas dans une autre ville lointaine que ce système à double vitesse existe... Je connais de nombreuses personnes qui l'utilisent, et tant mieux pour elles.

La notion « d'universalité », celle de la « vraie mission » du système de la santé, face aux pratiques quotidiennes, moi je trouve cela fort paradoxal. Et quant au fait de faire de la place aux jeunes, moi qui ne suis plus jeune, je n'en ai aucune envie. Je veux vivre comme eux. Quant aux milliers de personnes qui ont pris leur retraite récemment, j'ai bien l'impression que plusieurs tomberont en dépression bientôt... Moi, j'ai 54 ans et j'ai envie de continuer à travailler encore longtemps !

Pierre Beaulieu. — J'ai été confronté, lors du dernier dialogue, à un certain nombre de concepts et de théories que je tenais pour acquis. Ce matin, j'ai l'impression d'être confronté sur deux plans : le premier concerne la vision, le sens. Je fais partie des « baby-boomers ». Je fais partie des personnes qui ont bâti le système dans les années 1970. Ce dont je me rends compte, c'est que nous avions dans la société de l'époque un consensus beaucoup plus large sur comment il fallait bâtir la société québécoise. D'aucuns étaient en éducation, en fonction publique, mais tout le monde travaillait à construire quelque chose. J'ai vécu avec cette idée de bâtir, de construire... le bonheur total !

Sauf que nous sommes maintenant rendus à l'an 2000, et la société actuelle est fort différente de celle des années 1970. On est « pogné » avec une société où nous n'avons plus de consensus, où plus personne n'a de vision, plus personne n'a d'objectif commun, et, en plus, nous sommes en crise économique ! La plupart de ceux qui sont ici, ou à peu près, n'ont pas du tout connu les crises économiques. Moi, mes parents m'en ont parlé, mais personnellement, mettons que j'ai été plutôt gâté... Je me retrouve donc actuellement avec des valeurs, une idéologie sociale, une vision personnelle de construction d'une société dans un contexte où cela ne marche plus du tout. Ceci est mon premier niveau de difficulté.

Mon second niveau de difficulté — je ne veux pas faire une conférence mais le sujet est interrelié — est l'opposé du premier. Il concerne ma propre contribution personnelle là-dedans... Où puis-je trouver mon sens personnel ? Je pense que c'est toujours dangereux, et en même temps trop facile, de trouver que les autres sont des gros méchants... Les « on »... Tous ceux qui ont décidé à ma place ! Excusez-moi, mais, « batinsse », mon sens à moi, mon bonheur à moi, c'est moi qui le fais et je ne veux pas attendre que les autres me fassent mon bonheur ! Et c'est pour cette raison que je parle d'un paradoxe : je suis en même temps celui qui a bâti le gros « kit » qui ne marche plus dans le système de la santé, et je suis aussi celui qui, en même temps, est confronté à son sens personnel...

Durant le dernier dialogue, quelqu'un a donné l'exemple de la roche qui tombe dans l'eau et qui fait des cercles... Je peux bien être préoccupé par le huitième cercle... Mais la roche, c'est moi ça ! En quelque part, où puis-je trouver mon propre sens ? Mon sens, il faut d'abord que je le trouve en moi, avec mon équipe de travail, au quotidien, au journalier, dans ma vraie vie. C'est d'abord là où je vais commencer à trouver un sens à ce que je fais. Si je n'ai pas trouvé cela, j'aurai bien de la misère à aller dans les autres cercles dans l'eau. Et c'est pour cette raison que je reviens à la notion de la Révolution tranquille au Québec. C'est que nous avions tous un sens individuel parce que nous étions tous en train, collectivement, de bâtir des affaires. Mais, aujourd'hui, nous avons perdu ce sentiment.

Pour moi, le premier travail à accomplir est de revenir au premier cercle, centré sur la personne. Je travaille sur moi actuellement, bien humblement, bien timidement... Je me dis que si je réussis à ce niveau, je serai alors capable de «switcher» sur le huitième cercle...

France Dolan. — J'aimerais réagir à Pierre. Cela me fait du bien que tu ramènes un peu ce que tu as vécu dernièrement. J'ai, personnellement, beaucoup de difficulté à plonger dans le dialogue. J'ai trouvé le questionnement intéressant, mais pour moi il était beaucoup trop rapide, sans que nous ayons pris le temps de nous dire: «Et puis, comment ça va? La semaine? C'est dur ce matin? La température...» Je pense que ceci est la première place où l'on perd la vision: quand on commence à ne même plus se voir...

Ce qui fait qu'après, on cherche la vision dans le quinzième cercle, parce qu'on n'a même pas pris le temps de se dire bonjour correctement... J'ai exprimé, durant le dernier dialogue, combien il était important pour moi d'avoir un groupe *signifiant*. Discuter pour discuter, je ne ferais pas le trajet pour venir le faire ici. Merci Pierre d'avoir interrompu le dialogue et d'avoir parlé un peu de toi dans tout ceci...

Aussi, je voudrais dire que, pour moi, après la Révolution tranquille, ce n'est pas seulement le consensus que nous avons perdu: c'est aussi la vision. La motivation de base de justice sociale n'est pas née d'hier. Elle était fort actuelle dans le temps de Platon, et elle est encore actuelle aujourd'hui. Sauf que les «baby-boomers», avec leur volonté de permanence, de sécurité, d'égocentrisme, etc., nous ont fait perdre la vision, le sens critique. Aujourd'hui, la crise nous oblige à devoir partager de nouveau la parole, et si nous n'arrivons pas à faire cela, nous ne partagerons plus le reste. Je pense que la vision n'existe pas dans le «on». En ce qui me concerne, elle existe ici, dans ce groupe, avec des gens qui sont en train de se repositionner dans leur vie et de décider d'investir dans des choses qui ont du sens et dans quel ordre cet investissement doit se faire, parce qu'il y a des priorités plus urgentes que d'autres.

Oui, je pense que le secteur de la santé est prioritaire. Mais peut-être pas la notion de la santé comme on l'a exprimée jusqu'à maintenant, avec des expertises si pointues qu'elles n'ont plus de sens. Aujourd'hui, le fait de mourir dans un hôpital n'est plus considéré comme important, car les médecins sont là pour sauver des vies, et non pour accompagner des mourants à mourir dignement... Ce n'est pas drôle de penser à cela... J'ai vu un reportage sur les vieux cette semaine où de vieilles dames disaient : « Qu'est-ce que vous voulez ? On ne peut plus se défendre nous autres, on est vieux, on n'a plus la capacité... » Mais le message qui était véhiculé, c'était bien : « Vous êtes vieux, vous ne servez plus à rien, allez vous trouver un trou quelque part... »

La vision, nous l'avons eue, nous l'avons partagée, nous l'avons même essayée, mais nous l'avons perdue...

Madame Julie. — Je suis peut-être la plus jeune du groupe. Moi, effectivement, je n'ai pas de vision sur le système de la santé. En vous écoutant, je me dis : « Mon Dieu qu'ils ont l'air d'avoir "trippé" ! » Je suis née après l'Expo. Moi, l'Expo, je l'ai lue dans des livres, et cela avait l'air « trippant ». Vous avez l'air d'avoir eu un « trip écœurant »...

Quand je suis arrivée sur le marché de travail, j'étais dans la dernière « gang » à se trouver une « job ». Ceux qui ont essayé après moi, deux ans après, il n'y avait déjà plus de jobs. Quand j'ai eu mon emploi comme coordonnatrice, où je suis actuellement, c'était pour faire du ménage, pour que les « baby-boomers » prennent un nouvel élan, pour dire : « Ça va faire, il faut changer ! » J'ai toujours eu une « job » comme cela, où la notion de rentabilité était prioritaire. Les « trappes », dont nous parlions durant le dernier dialogue, chez nous, elles sont financières : pas de rentabilité, plouf, dans la trappe ! *(Rires)*

Je vous admire d'avoir « trippé » autant. Mais, effectivement, cette vision ne s'est pas vraiment transmise, en tout cas, pas chez moi. Je crois aux raisons pour lesquelles vous avez agi ainsi, mais quand je suis née, l'assurance-maladie était là. C'était déjà fait... Vous avez l'air d'avoir pu « tripper » sur quelque chose, d'avoir eu du « fun »... Si nous autres, les plus jeunes, nous pouvions connaître un de ces « trips », cela nous aiderait peut-être à ne pas voir seulement qu'il faut rentabiliser nos services... Mais, je peux vous dire que, chez nous, nous sommes une petite boîte et que nous réussissons. Moi, je suis en changement constant. Les Centres de jour sont nés il y a quinze ans, et ils sont en changement perpétuel. En sept ans, nous avons déjà changé trois fois notre alignement stratégique... Cela doit être parce que je n'ai jamais rêvé à quelque chose de très idéaliste que je peux m'adapter à tous ces changements... Je ne sais pas. Mais moi, j'ai résisté à la vague. D'après ce que j'entends, cela n'a pas dû être évident pour vous de vivre ces vagues, de rêver à quelque chose d'idéal, et puis, plouf, de tomber... Moi, j'ai toujours été assise...

Lorraine Brault. — J'ai un peu de misère à comprendre le sens de « trip ».

Serge Marquis. — Moi, j'ai vraiment « trippé ». Quand j'ai fini mon cours de médecine, j'ai pratiqué dans un CLSC, en 1977. C'était dans les débuts des CLSC et je vivais une vie communautaire incroyable. Aussi, dans l'organisation, il y avait une vision : les gens étaient orientés vers une même direction, on croyait profondément à la prévention et on avait l'opportunité de la vivre. On échangeait aussi beaucoup, durant des avant-midi... Je suis allé entendre Paule Pelletier récemment. En parlant de sa vie de théâtre, elle fit l'observation suivante : « Il y a eu une époque où l'on vivait la création collective, maintenant cette expression n'existe même plus dans le monde du théâtre... Il faut ramener la création collective. » J'ai trouvé cela intéressant.

Cette remarque m'a ramené dans l'univers des CLSC où, à leur début, existait une « création collective ». Je pense que je peux l'appeler comme cela et que cela ne sonne pas trop faux. Mais après cette époque, j'ai vécu de désillusions en désillusions. Nous avons heurté, dans les CLSC, une contrainte incroyable. Pressés par une demande de la population qui était nouvelle, nous avons dû être disponibles 24 heures sur 24 pour dispenser des soins curatifs. Cette demande n'allait plus avec notre vision collective de prévention, mais elle était soutenue par notre conseil d'administration qui engagea un nouveau directeur pour favoriser le curatif. Nous n'avons eu aucun droit de parole sur ce changement : il y a eu mise à pied de médecins, du jamais vu à l'époque, un lock-out, la boîte fut fermée pendant un an, etc.

J'ai quitté cet univers-là et je suis allé travailler dans un département de santé communautaire. Encore une nouvelle vision extraordinaire de prévention... Mais en 1993, on a fait disparaître le département de santé communautaire... Une autre désillusion qui arrivait dans ma vie... et qui m'a fait souffrir. Durant des années, j'étais convaincu du sens des gestes que je posais, de mes croyances, de ma volonté d'aider les gens à se responsabiliser, à se prendre en charge. Cela fait un peu prétentieux de dire cela, «aider les gens à se responsabiliser», mais...

En quelque part, nous nous disions : «Nous avons des outils et il y a des gens qui n'en ont pas. Nous allons les distribuer et les gens pourront créer plus de sens.» Et tout à coup, on fait disparaître cela, sans que nous ayons l'opportunité d'exprimer quoi que ce soit. Nous nous sommes alors retrouvés dans une régie régionale, sous la forme de la Direction de la santé publique. Il a fallu, de nouveau, encore une fois, essayer de retrouver du sens à cela. Mais, on sentait que cela n'avait plus aucun rapport avec le sens vécu dans les années 1970.

Vingt ans plus tard, après avoir fait tout ce cheminement, je me trouve encore une fois avec l'obligation de me positionner, dans un univers où je recherche le sens. Le rêve, la vision, le sentiment d'appartenance à un collectif, j'ai beaucoup de difficulté à le retrouver actuellement...

Bon, c'est fantastique, il y a ce cercle de dialogue où je peux échanger à ce niveau... Je rejoins ce que Colette disait tout à l'heure. C'est peut-être ce à quoi la crise va nous mener : l'obligation de trouver de nouveaux espaces de parole, de nouveaux lieux où l'on va créer des solidarités. Je pense profondément que nous sommes des êtres *seuls*, depuis notre naissance jusqu'à notre mort. Mais je pense que nous ne sommes pas des êtres *d'isolement*. Je pense que nous sommes des êtres seuls qui pouvons nous rejoindre dans ces solitudes-là et que nous avons l'opportunité de faire ceci à travers le travail. J'ai trouvé cela *difficile*, le mot est juste, difficile, de voir des décisions faire s'écrouler ces rêves, *mes* rêves...

Richard Lachapelle. — Moi, j'ai envie d'ajouter que c'est pas tant le changement qui détruit le sens, mais le manque d'influence qu'on a sur le changement. Je travaille en déficience intellectuelle. Cela fait plus de vingt ans qu'on fait des désinstitutionnalisations, de l'intégration... On a toujours été dans des chambardements ou des changements. Mais il y avait comme une influence sur le changement. Il y avait comme une idéologie qui conduisait à quelque chose qui donnait un sens aux personnes qui travaillaient. Depuis quelques années le changement est toujours là, mais il est imposé. Il y a une différence entre «influencer» et «subir». C'est comme «choisir» ou «ne pas choisir». Moi, dans le non-choix, je me sens contraint et je n'ai plus cette espèce d'élan de liberté où j'ai l'impression que j'apporte quelque chose. Je suis contraint par des situations administratives et économiques. Alors la clinique en prend un coup. Avant, ce qui conduisait le changement, c'était une idéologie, des valeurs, un projet de société pour les personnes. Ces valeurs sont encore là, mais chapeautées par des valeurs économiques contraignantes. Je me sens actuellement sans influence sur ces valeurs-là et je trouve cela fort souffrant...

Lorraine Brault. — D'où sortent-ils ceux et celles qui nous désillusionnent ? J'ai l'impression qu'il existe tout de même « le monde des méchants » et « le monde des gentils ». Je pense que chaque être humain a des rêves, des façons de voir. Et puis tout d'un coup, il y a quelque chose ou quelqu'un qui vient restreindre ces rêves, que cela soit pour des raisons économiques ou autres. C'est comme si nous ne faisions pas partie de notre société...

Claude Vézina. — Pierre, tantôt, disait qu'il n'y a plus actuellement de consensus, alors qu'il y en avait un très fort il y a 25 ans. Moi, je dirais qu'il y en a un encore aujourd'hui, mais il est complètement différent. Il y a 25 ans c'était un consensus de « trippeux » qui avaient une vision sur quelque chose, qui voulaient bâtir une société idéalisée. Le commentaire de Julie m'intéresse hautement. Lorsqu'on élargit cela à toutes les strates de la population, autant les jeunes que les personnes moins jeunes, on se rend compte que nous sommes tous sensibles à ces idéologies, mais que la réalité économique nous a vite rattrapés.

Dans le système de la santé et des services sociaux, on a cherché à définir une nouvelle vision, il y a deux ou trois ans, dans un système qui n'avait plus de sens. N'oublions pas que si l'on veut marcher, il faut se mettre en déséquilibre, sinon on reste sur place... J'ai l'impression que pendant 25 ans, il y a eu un sens. On a « trippé » sur quelque chose, et, tout à coup, on a réalisé que le rêve n'était plus réalisable, à cause d'un gouffre économique terrible ; et les personnes âgées vieillissantes demandent de plus en plus de services ainsi que les jeunes.

Je contribue actuellement à trouver un nouveau sens à quelque chose de nouveau qui est en train de se construire. La difficulté, c'est que je ne sais pas quelle direction cela va prendre. N'oublions pas, cependant, que quand notre ministre ferme un hôpital, il y a consensus... Les politiciens fonctionnent avec le consensus qui est autour d'eux. Si le premier ministre a réussi à convaincre la nécessité du déficit zéro, c'est pour la même raison. La difficulté, dans le système actuel de la santé, c'est qu'on est en train d'essayer de trouver un sens qui n'est pas nécessairement évident.

Benoît Lecavalier. — Je trouve que c'est dans le compromis qu'on a le plus de difficulté. Le « on », je le place souvent dans le résultat d'un compromis. Au quotidien, quand on est plusieurs joueurs qui regardent une situation, il faut toujours que je laisse aller quelque chose. Je suis en relation de travail et souvent, travaillant avec les syndicats, les docteurs et les administrateurs, le « on », c'est moi.

J'ai commencé ma carrière dans un hôpital qui a fermé dernièrement dans la ronde des fermetures. À l'époque, ils n'avaient pas réussi à le fermer parce que la communauté était contre. Cette fois-ci, la communauté a été écrasée par la société qui disait « oui ».

Moi, je suis à la fin de la queue de la comète des « baby-boomers » qui se doivent, aussi, d'être présents. Le « on » n'est finalement pas si méchant que ça... Il a peut-être une certaine utilité puisque c'est l'effet d'un compromis entre différentes forces.

Richard Lachapelle. — J'aimerais revenir à ce que Claude disait. Oui, je pense que, quelque part, il y a nécessité de faire autrement. J'aimerais prendre un exemple et poser une question. Comment se fait-il que les banques génèrent autant de profits ? Depuis que le méchant communisme n'existe plus, le néocapitalisme croît ! Je vis peut-être sur une autre planète, vous me le direz, mais j'observe que le néolibéralisme génère des monopoles. Marx avait proposé que le pire serait le capitalisme monopolistique d'État. Nous sommes peut-être près de cela... Aujourd'hui, on célèbre les organisations qui ont le plus grand pouvoir et font le plus d'argent.... et l'on blâme le système de la santé et des services sociaux car il semble coûteux... Et pourtant, il y a des gens qui sont dans la misère, qui ont des problèmes réels de santé et qui ont besoin d'aide. Oui, aider ces personnes coûte cher. Oui, il y avait du gras dans notre système. Mais ne perdons pas de vue que le système de la santé *s'occupe de la santé des personnes* ! Il est très différent de la Banque Royale qui fait des milliards de dollars de profits.

Claude Vézina. — Quand on voit les banques faire des milliards de profits, tous les détenteurs d'un REÉR sont alors bien contents! On obtient un meilleur taux de rendement, et c'est tant mieux. On peut voir une banque comme seulement des milliards. Mais ce sont des actionnaires qui ont investi cet argent. Nous sommes tous plus ou moins associés à ce jeu-là...

Personnellement, à chaque jour que je travaille, j'ai l'impression d'avoir à prendre des décisions qui vont contribuer positivement au changement. Nous influençons tous un peu ces changements. J'ai l'impression que nous ne sommes jamais totalement déconnectés des choses qui nous arrivent. C'est vrai que nous sommes très individualistes, très solitaires. Mais, en même temps, nous sommes toujours très conscients de vivre au sein d'une collectivité. Il faut essayer de trouver notre compte là-dedans, parce que si la collectivité se détruit, nous sommes détruits aussi.

Mireille Tremblay. — C'est le capital qui change. Avec le nombre de gens qui ont pris leur retraite récemment, il va y avoir de plus en plus de rentiers, c'est-à-dire de gens qui vivent des revenus de leur capital. Et c'est cela, le capitalisme. Le capital est actuellement régulé par la Bourse et par d'autres échanges économiques qui ne sont pas réellement négociés. Si l'on parle d'un cercle de dialogue ou d'une régulation sociale, il en va tout autrement. Dans ces groupes, on négocie entre nous un projet collectif: on négocie la valeur du travail, la valeur des rêves...

Nous devons exiger le droit de parole parce que c'est lui qui est précieux. Cette négociation ne peut passer par quelque chose d'automatique, par la Bourse, ou par des mécanismes impersonnels qui font que les affaires s'ajustent. Les problèmes que pose la volonté éternelle d'efficacité est un peu là. La logique seule est pauvre dans un système social qu'est celui de la santé et des services sociaux.

Jean-Pierre Gagnier. — Moi, je suis pris dans le paradoxe des «bonnes idées». Ce qui m'a fait le plus souffrir depuis que je suis sur le marché du travail, c'est que lorsqu'une idée brillante est trouvée, on veut l'appliquer partout et en même temps, même s'il faut déconstruire tout ce qui existait de particulier dans un territoire, dans une région, dans un service particulier. Maintenant, je me méfie des «bonnes idées»! Leurs applications universelles me font souffrir parce qu'elles ne peuvent respecter les réalités locales et deviennent des obligations pour tout le monde en même temps. Il existe une espèce de tendance à penser que ce qui est généralement bon pour une situation l'est automatiquement pour toutes les autres. Alors on nivelle, on « bulldoze » : on bulldoze des expertises, des particularités, des qualités d'ajustement, des contextes et des tissus sociaux ; on bulldoze le temps, en augmentant le rythme. Nous n'avons même plus le temps de discuter avant que le bulldozer ne passe... Des fois, des initiatives sont prises et, deux ou trois semaines après, la machine est partie pour l'appliquer partout, sans respecter ce qui existait avant.

Une des souffrances que je vis depuis que je travaille, c'est d'être obligé de faire autre chose que ce que nous étions en train de développer, sans même s'intéresser à ce que nous faisions déjà. Je rejoins Yves à cet égard. Ceci est une souffrance qui crée beaucoup de démotivation progressivement chez les gens qui s'investissent dans des projets, dans des rôles, dans des ajustements. C'est une souffrance à la grandeur du réseau : le « bulldozer sans droit de parole »...

Pierre Beaulieu. — Je trouve intéressant ce que tu dis. Cela rejoint la réflexion que j'ai eue cette semaine. Je me disais : « Il faut que je retrouve un sens dans mon travail, mais dans mon travail individuel. » Pour ma part, quand je regarde ailleurs, je ne vois aucun consensus. Je trouve que plus on avance, plus on s'en va vers le chaos. Non pas parce que tout le monde veut le chaos, mais parce que tout le monde essaie de trouver des choses qui semblent bonnes sans se poser trop de questions.

J'ai bien aimé la remarque sur la montée du capitalisme et de la disparition du communisme. On a vraiment pensé avoir gagné quand l'autre a perdu... On s'est dit : « Tiens, voilà la preuve ! L'autre système est tombé et, donc, forcément, on avait raison. » Mais moi, j'ai toujours prétendu, de façon très pessimiste je l'avoue, que nous faisons là une erreur de jugement. Non pas que le communisme était meilleur, mais que nous pouvons disparaître nous aussi...

Plus je vous écoute, depuis que nous avons commencé nos dialogues, plus je renforce mon opinion que, collectivement, nous sommes en train de nous diriger vers le gouffre. À mon niveau, j'ai souvent à mettre des comités de réflexion en place. Je n'ai jamais de difficulté, ou presque pas en tout cas, à trouver du monde qui embarque avec moi là-dedans pour essayer de trouver du sens. Même si je suis convaincu que nous nous préparons une grande catastrophe de société ; en même temps, je trouve que de mois en mois et d'année en année, il y a de plus en plus de monde qui désire s'asseoir ensemble pour essayer, à travers tout cela, d'inventer quelque chose d'autre. Et ce groupe de dialogue est un exemple...

Mais, et je reviens à mon idée initiale, durant ces temps difficiles, j'ai besoin d'un sens personnel. Sinon, je vais me suicider, ce n'est pas compliqué... L'an passé, j'ai entendu une conférence de Thierry, que Constance avait organisée, sur *La quête du sens*. Effectivement, tu donnais toutes sortes d'exemples pour illustrer que la situation empirait... Mais, alors, il ne me restait que le suicide pour m'en sortir ! *(Rires)* Non ! Je peux trouver mon noyau à moi ! L'autre jour, Constance disait qu'elle se sentait un peu « nounoune » en proposant d'organiser un cercle de dialogue. Constance n'a pas utilisé ce mot-là, « nounoune », mais en tout cas... *(Rires)* Ce n'était pas évident. Pourtant, c'est dans ces gestes que je puise ma confiance : pendant que je travaille tout seul, je sens qu'il y a d'autres personnes, à d'autres niveaux, qui font exactement la même chose. Cela me donne de l'espoir. La difficulté, le paradoxe, et je termine là-dessus, c'est de trouver le moyen en même temps de travailler sur moi tout en gardant espoir dans un contexte négatif. Difficile pour un « baby-boomer » qui est habitué à bâtir...

Thierry Pauchant. — Cette semaine, j'étais dans un parc, assis sur un banc. Il y avait du soleil. Il faisait chaud. Il y avait un grand arbre devant moi. Je pensais à ce qui avait été dit lors du dialogue précédent. Moi, je ne suis pas du système de la santé et des services sociaux, faisant partie de celui de l'éducation et du secteur des affaires. J'ai pourtant toujours trouvé que la mission du système de la santé, de s'occuper du monde, de leurs souffrances, des fois pour les guérir, d'autres fois pour prévenir, que cette mission, ce métier, était noble.

Et pourtant, malgré le caractère noble de cette profession, nos dialogues suggèrent qu'il y a des gens qui trouvent du sens dans ce système ou qui essayent d'en trouver, et que d'autres n'en trouvent plus. Durant le dernier dialogue, la référence type d'un métier qui avait du sens, fut celle du pompier : « Eux, au moins, ils ont du sens », ont dit certains. Pour moi, si les personnes qui travaillent dans le système de la santé construisaient des bombes atomiques ou inventaient le douzième chewing-gum à la saveur de l'ail de Tombouctou, je comprendrais qu'ils y trouvent un manque de sens... Mais ce n'est pas le cas! Votre métier est noble et votre système tente de faire quelque chose qui devrait avoir du sens...

Alors, sur mon banc, devant mon arbre, avec le soleil, je suis devenu très triste. Je me suis demandé: «Comment pourrait-on, dans nos systèmes humains, préserver ce qui est précieux et noble?» Et en me demandant cela, j'ai pensé au poids lourd de nos règles, de nos bureaucraties, de nos solutions toutes faites, de l'arrogance, de l'expertise, etc. Nous pourrions mettre des noms sur le «on» dont nous avons parlé. Mais je ne suis pas sûr que ces personnes agissent en tant que «personnes». Elles agissent plutôt en tant que machine, en tant que robot. Et cette pensée m'a rendu encore plus triste, car je sais qu'un changement social se fait d'abord et avant tout par un individu réel, une vraie personne qui pense, sent et agit, non pas une machine ou un rouage d'un système. A-t-on perdu cette capacité dans le réseau de la santé? Se souvient-on de la noblesse de votre métier?

Serge Marquis. — Cette semaine, moi aussi j'ai pensé à ce qui s'est passé dans le dernier dialogue. Une image me revenait constamment. C'est un livre que j'ai lu à plusieurs reprises, et j'ai vu le film qui a été fait à partir de ce livre: *L'homme qui plantait des arbres*[2]. Pour moi, c'est un livre magique sur le sens. Il y a une phrase très belle: «Il avait trouvé une merveilleuse façon d'être heureux.» Bon, il y a évidemment la main qui est en contact avec la semence; il y a les résultats aussi, les arbres qui poussent, et puis, plus loin, l'impact de tout cela sur une communauté. Tout ceci m'a évidemment beaucoup touché.

Mais ce à quoi je me raccrochais, c'est que beaucoup de personnes, il me semble, dans notre réseau, ont essayé de «planter des arbres». Et ces personnes se sont fait dire, un jour: «Cette forêt-là, on va la couper...» Ceci rejoint ce que disait Jean-Pierre tantôt.

Je vais donner un exemple. L'année dernière, j'étais à la pêche sur le bord d'une petite rivière où il y avait des grosses machines. C'était dans le coin de La Malbaie. J'ai trouvé cela incroyable, parce qu'il y avait des centaines et des centaines de petits arbres qui étaient prêts à être plantés. Je me suis dit: «Cela va être fantastique ici dans quelques années... » Je suis retourné à la pêche cette année, à la même rivière, et il y avait encore la grosse machine. Je me suis dit : « Qu'est-ce qu'ils font cette année ? » On m'a répondu que la plantation de l'année dernière n'avait pas pris, qu'il fallait recommencer complètement avec, de nouveau, la grosse machine. Cette histoire est fascinante parce que, s'il y avait eu un homme qui avait planté des arbres, probablement que cela aurait pris ! Je ne veux pas dénigrer la technologie, mais cet exemple m'a fait faire cette réflexion-là.

Je vais continuer à faire un bout de chemin là-dessus, en rapport à ce que Julie disait tout à l'heure. Quand j'étais au CLSC, dans les années 1970, j'avais le goût, prétentieusement, de changer le monde. Je me faisais dire : « N'essaie pas de changer le monde, voyons donc, tu vas te faire mal un jour. » Et je suis arrivé à une étape de ma vie où je me suis dit : « C'est vrai, cela serait vraiment une bonne idée que j'arrête d'essayer de changer le monde, mais que je commence plutôt à planter des arbres. » Mais quand j'ai vu Paule Pelletier, en plein milieu de sa pièce de théâtre, crier : « Moi je veux continuer à changer le monde ! », cela a rallumé ma flamme... Peut-être que s'il y avait d'autres personnes qui disaient la même chose et que si nous échangions ensemble sur ce sujet, peut-être que nous trouverions effectivement des moyens de changer une partie de ce qui va mal ?

Pourquoi ai-je encore le goût de changer les choses autour de moi ? C'est parce que j'ai vu des gens pendant 10, 12, 15 ans qui sont venus me voir et qui souffraient et que, en quelque part, cela donne du sens à ma vie d'essayer de rendre service à ces personnes, d'essayer de leur donner un coup de main en tant que médecin. Cette souffrance-là, je n'ai pas le goût de la nier parce qu'elle existe réellement : je l'ai bien entendue, je l'ai vue, je l'ai sentie ; elle est là, elle existera toujours. Je pense même qu'elle est porteuse de messages.

France Dolan. — Je ne peux pas arrêter le dialogue. Mais si je pouvais, je l'arrêterais un petit peu, en réponse à Thierry, pour... peut-être pleurer, ou, tout au moins, avoir une minute de silence pour la perte de la noblesse du travail. Parce que le sens est là, dans le travail... *(Silence)*

Ce dialogue va fort vite, trop vite pour moi... J'entendais Pierre expliquer sa pensée. Pierre, je pense que tu mets en place *un système de survie*. C'est un système de « bunkers », puis on va se mettre des *cans.* Par chez nous, il y avait une femme qui croyait à la fin du monde et elle mettait des cannages dans sa cave, parce que, quand la bombe atomique sauterait, elle pourrait avoir à manger pour un petit peu de temps... On riait bien d'elle car on se disait: «Voyons donc!» Mais elle devait pressentir ce que nous sommes en train de vivre aujourd'hui. Je pense qu'elle doit avoir 80 et quelques maintenant, et qu'elle doit avoir besoin de ses *cans*, finalement. Ce n'était pas si fou!

Mais, je pense que c'est la noblesse du travail que nous avons perdue par-dessus tout. Parce que nos parents venaient du milieu agricole, et il y avait de la noblesse dans leur travail.

Benoît Lecavalier. — J'ai besoin de réagir. Moi, j'ai le sentiment de faire un travail noble. Le système est peut-être mal organisé et il faut ajuster le tir... Mais, de là à dire que nous avons perdu la noblesse dans le geste...

Dans mon travail, je côtoie des professionnels de la santé, comme nous tous, qui sont exceptionnels, dans leur technique et dans le don de soi. C'est dans le système où on les fait fonctionner qu'ils perdent du sens.

France Dolan. — Nous, non en tant qu'intervenants, mais en tant que gestionnaires, nous avons perdu du sens...

Lorraine Brault. — La noblesse du métier est aussi visible où je travaille. Je la vois auprès des intervenants qui posent des gestes. Il y en a du monde qui entre dans un CLSC, qui souffre et qui y vient pour toutes sortes de raisons dans une journée, mais qui, finalement, est reçu par des gens qui ne calculent pas leur temps.

France Dolan. — Mais parle-moi de toi, comme gestionnaire.

Lorraine Brault. — Moi aussi, comme gestionnaire, je trouve de la noblesse dans mon travail. C'est sûr qu'il y a peut-être des choses qui ne fonctionnent pas bien dans le système. Mais ensemble on essaie de trouver des solutions. Moi, comme personne, je trouve du sens, parce que d'abord et avant tout je suis une personne, une personne qui est gestionnaire, mais qui ai aussi plein d'autres choses...

Benoît Lecavalier. — J'aimerais ajouter quelque chose. Je ne suis pas clinicien. Mais que cela change-t-il dans la mesure où je gère dans un secteur où l'on doit organiser le travail des cliniciens ? Je me sens fort proche d'eux, même si je n'en suis pas un. Je ne sais pas si le clinique sans l'administratif pourrait réussir à s'organiser. Pourtant, je sens comme un clivage, comme si les cliniciens étaient d'un bord, et les administrateurs de l'autre : les bons, les méchants, les jeunes, les vieux...

Moi, j'ai de la difficulté à ne pas chercher la complémentarité, les accords mutuels. L'administratif coûte cher et on le réduit actuellement afin de préserver le système. Je pense qu'aucun administrateur ne serait contre cela. Mais on ne peut pas non plus basculer dans l'excès inverse, c'est-à-dire surdéployer le clinique. Il faut bien l'organiser ce système-là !

Colette Talbot. — J'aimerais réagir à votre intervention. La gestion devient importante quand on parle de la maladie comme un moyen *lucratif*. Je pense qu'il faut aborder ce sujet avec beaucoup de sérénité. Vous êtes un professionnel de la santé et vous traitez quelqu'un qui a mal. Jusque-là, tout va bien. Mais allez-vous traiter celui qui a mal et qui a de l'argent, ou celui qui a aussi mal, mais qui n'a pas d'argent ? C'est là qu'est la difficulté dans le système, et nous avons vécu des choses dramatiques dans le passé. Moi, j'ai en mémoire... des gens, au Québec, qui ne pouvaient se faire soigner parce qu'ils n'avaient pas d'argent. Il y avait des professionnels de la santé dans ce temps-là, comme aujourd'hui, qui traitaient pareil ces gens-là en se disant : « Je serai pauvre, je ferai 75 heures, je ferai 100 heures par semaine, mais mon Dieu, ce n'est pas vrai qu'avec la science que j'ai, que je vais laisser mourir du monde ! » D'autres ont dit aussi : « Moi, je vais traiter juste ceux qui ont de l'argent, parce que moi aussi, il faut que je vive, que je me réserve du temps, à moi et à ma famille. » Peut-être que la famille du professionnel qui se donnait trop manquait de biens essentiels ou qu'elle ne voyait jamais ce professionnel.

C'est cette complexité-là qui a fait que nous avons voulu inventer une structure en proposant un objectif commun : que les professionnels de la santé puissent vivre décemment en donnant des soins à tous les gens, riches ou pauvres. Moi, en tout cas, c'est cette signification-là que j'ai retenue. Mais, on ne peut le nier, nous sommes dans un système capitaliste. On achète les soins... aussi, et cela serait naïf de pas se rendre compte de cela.

Moi, je ne serais pas dans le système de la santé aujourd'hui si je ne croyais pas que l'humain croit au travail qu'il accomplit. Je vous le dis bien honnêtement. Les jeunes se rebiffent quand on dit qu'il n'y a pas de noblesse dans leur travail, et moi je trouve cela le « fun ». Mais d'autres voient le réseau de la santé comme une opportunité de faire de l'argent. Pour soigner, on peut acheter de la technologie, on peut accroître la formation, on peut devenir ultra-spécialisé, on peut devenir compétitif... Et dans ces visions, on perd de vue la souffrance de l'être humain. Si l'on acceptait officiellement que le système à deux vitesses est une réalité et qu'il a toujours existé, on pourrait commencer à mieux pouvoir le gérer en répondant à des questions de fond : « Comment veut-on voir ce système s'instaurer ? Comment allons-nous être confortables, en tant qu'humains et en tant que professionnels, pour vivre avec un tel système ? Comment les professionnels qui travaillent dans ces systèmes rendront-ils leurs familles confortables aussi ? » Le problème de la diversité des intérêts a toujours existé...

Lorsqu'on plante un arbre, on peut le planter pour sa verdure, pour son ombrage, ou aussi pour en faire des cahiers qu'on vendra... Il faut couper des arbres pour avoir des cahiers. Mais si certains veulent de l'ombrage et d'autres des cahiers, ils pourraient peut-être s'unir et planter de beaux arbres et décider lesquels garder et lesquels couper !

Peut-être que je me trompe, mais je pense que les « trippeux », les « penseux », les « naïfs » ont tous laissé la place à des gestionnaires abusifs qui sont venus à la hache couper la forêt. C'est triste à mourir, car il nous a fallu vingt ans pour les faire pousser, ces arbres-là. Je crois aussi que, actuellement, nous n'avons pas dans le réseau de la santé de moyens pour faire face à ces gestionnaires abusifs. Il va falloir développer une forme de courage élémentaire, comme dans le livre *La quête de sens*, dans l'exemple de la banque qui fait faillite[3], où la décence d'un seul employé aurait pu empêcher la faillite collective... Il va falloir, sans devenir un don Quichotte, avoir un minimum d'affirmation et régler le déséquilibre actuel existant entre les cliniciens et les gestionnaires, déséquilibre qui nous coûte fort cher, non seulement en termes financiers, mais aussi en termes de souffrances inacceptables. Julie, quand tu agis comme coordonnatrice et qu'il faut que tu tiennes en laisse les « baby-boomers » qui dépensent trop, trouves-tu qu'ils exagèrent ?

Madame Julie. — Non, je n'ai pas la prétention d'être un chien de garde, loin de là… Quand j'ai obtenu ce poste, c'était vraiment pour faire du ménage dans le Centre de jour, dans toute sa mission et son fonctionnement, et non pour tenir en laisse les « baby-boomers »… Il fallait que le centre puisse répondre aux nouvelles exigences du milieu et on m'a dit : « À 24 ans, tu es capable. Laisses-y ta peau toi aussi, si tu veux ! »… parce que je n'étais pas plus « smart » que les autres, dans le fond…

Colette Talbot. — Voulais-tu préserver certaines valeurs dans le système de santé ? Voulais-tu des changements ? C'était quoi tes principes ?

Madame Julie. — Je n'ai pas été aussi loin que ça. J'étais au CLSC et je voyais que le Centre de jour ne roulait pas du bon « beat », car encore beaucoup trop communautaire, avec peu de réponses aux besoins de santé. Quand nous avons parlé plus tôt de la vision de la prévention, il y a 20 ans, ce centre opérait toujours de la même façon : aucun soin n'était donné à la communauté ! Le centre était hyper-décentralisé, avec neufs points de services qu'on ne voyait qu'une fois par deux semaines… Il fallait qu'un virage soit pris. Est-ce que j'avais une vision à long terme ? Non. Mais je savais que les besoins du milieu n'étaient pas remplis. J'avais la vision des besoins de ma MRC, mais je n'avais pas la vision du Québec au grand complet, loin de là…

Chez nous, je savais où je m'en allais. Je savais où il fallait qu'on se rende pour répondre à des besoins. J'ai toujours eu à répondre aux besoins de la population, et c'est encore cela. Peut-être qu'à un moment donné le bulldozer va passer chez nous, mais il n'est pas encore passé… Dans notre cas, nous avons encore une table de concertation régionale par municipalité. Et je n'ai pas l'impression que j'ai viré le monde à l'envers ou que j'ai pris quelqu'un en laisse. Mais pour faire des virages, je pense que cela prend du sang neuf.

Colette Talbot. — Une nouvelle interprétation… une nouvelle interprétation des besoins finalement ?

Richard Lachapelle. — J'ai la chance de rencontrer des jeunes de 23, 24 ans, dans un cours au niveau de la maîtrise sur le changement et la gestion clinique. Ces jeunes ont une vision. Ils «trippent» aussi, mais ils sont à l'extérieur du système et, pour eux, ce système a des portes closes. Ces jeunes vivent des désillusions et des non-possibilités. Ils se disent: «Je ne rentrerai jamais dans un centre de jeunesse, mais les CLSC commencent à donner des services en psychoéducation, je vais travailler là où il y a des ouvertures.»

Ces jeunes vivent aussi de la colère, car ils pensent que nous avons tous pris la place. Ils sont nobles dans leur espoir de bien travailler, de faire du bon travail. Mais, en même temps, ils sont coincés. Néanmoins, ils ont une volonté extraordinaire de bien faire les choses et de continuer à travailler avec la souffrance, comme nous, il y a un certain nombre d'années, mais avec des moyens différents. Je trouve important de partager cela, parce que nous sommes en train de faire un dialogue de *l'intérieur* du système, alors qu'eux, ils sont à *l'extérieur...*

Peut-être que la crise que nous vivons en est une, comme on le dit au sujet des crises en thérapie familiale, qui sera «salutaire». Cette crise peut libérer des énergies nouvelles, faire que la vie recommence à bouger. Elle peut aussi nous aider à nommer les dysfonctionnements... Je ne sais pas. Actuellement, dans cette turbulence, je ne vois pas la lumière...

Benoît Lecavalier. — Quand j'étais petit gars, il fallait communier tous les vendredis... On se mettait en ligne et on suivait la consigne. Pourtant, tout cela a été changé du jour au lendemain avec l'introduction de la catéchèse. Je trouve que la situation est similaire dans notre système de santé. Nous nous sommes fait un peu bousculer par la Révolution tranquille, durant laquelle des choix différents furent pris. C'est comme si l'histoire se répétait... Le système que nous avons instauré est lui-même en évolution. Et suivant cette évolution, des gens vont perdre leurs illusions, s'ils ne les ont pas déjà perdues, et d'autres vont y trouver une place. La vie continue...

Cela me réconforte d'entendre qu'il existe des cours sur le changement et qu'une volonté de faire évoluer les choses est en marche. Je fais moi-même partie de cette évolution. Un jour, je vais sûrement me faire ébranler par un jeune qui va me dire que je suis un peu encroûté dans mes méthodes de gestion et que je devrais évoluer... Mon représentant syndical m'a déjà suggéré cela... On ne peut arrêter l'évolution et le changement... Le fleuve coule...

Pierre Beaulieu. — Tantôt, j'écoutais Colette, et j'ai senti que j'étais un peu mal à l'aise sur un élément. Moi, comme Benoît, je fais partie du « on ». J'influence... À tous les jours, je prends des décisions, je jase avec du monde et nous avançons. Mon malaise vient du fait que je ne me considère pas en dehors du système, influencé par un « on ». Je me considère comme faisant partie du système et, même plus, que je l'influence.

À mon niveau, je ne cause pas avec le ministre tous les matins... *(Rires)* Je parle avec « ma gang »; je parle avec mon boss; je parle avec Constance; je rencontre du monde; j'influence du monde. Quand, tantôt, je parlais de la société, je parlais de la société d'une façon générale, et non comme de quelque chose qui me dicte des choses...

Dans mon milieu, dans mon organisation, dans le système de la santé, je suis actif et présent, et ce ne sont pas les autres qui décident tout le temps. Je fais partie du fameux « on » et du fameux maudit « ils ont décidé quelque chose ». Je pense que la plupart des gestionnaires, à notre niveau, font partie de ce « on ». Jeannine, par exemple, dans le milieu des CLSC, influence des choses. Cette reconnaissance de notre influence est d'autant plus importante que, quotidiennement, nous influençons les autres autour de nous, le système, son sens. Moi aussi, je ressens les choses comme Jean-Marc: j'ai 51 ans et je n'ai pas le goût d'arrêter tout de suite. Je veux continuer à influencer... Et si mon influence était trop négative, je me le ferais dire...

Yvan Roy. — La situation est peut-être plus claire pour les pompiers de Montréal: ils ont un objectif clair. Il y a un incendie et il doit être éteint. Présentement, ils sentent que leur situation n'a plus de sens... Il est probable que quelqu'un d'entre eux est en train de percer les boyaux d'incendie... Et en plus d'aller à l'encontre de leur mission, cela les met eux-mêmes en danger. Ils se souviennent aussi du week-end rouge, en 1975, où ils ont laissé brûler un quartier de Montréal, et que cela n'avait pas de sens.

Je suis d'accord avec Serge que les « trippeux », et je fais partie de cette gang-là, avaient beaucoup d'enthousiasme et que nous avons fait beaucoup de choses. Mais, à certains moments, nous avons fermé des hôpitaux ; nous avons aussi eu des actions très sauvages pour la clientèle. Je ne suis pas sûr que, entre le règne des « trippeux » que nous avons vécu, et celui des « comptables » que nous connaissons actuellement, que l'un vaut plus que l'autre...

Quand je regarde les pompiers de Montréal et le fait qu'ils réagissent aujourd'hui aux problèmes vécus, alors qu'ils l'avaient pas fait il y a 20 ans, laissant brûler tout un quartier, je pense que nous sommes capables, dans le réseau de la santé, de faire de même. C'est peut-être cela qui est en train de se passer... Sauf que, pour nous, nous n'avons pas le fait concret des boyaux troués, et il est plus difficile de poser un diagnostic. Les départs à la retraite, ce sont peut-être nos trous dans nos boyaux... Nous ne savons pas cela encore. Notre situation est moins évidente. Mais, aujourd'hui, quelque chose se passe au niveau social qui signifie quelque chose d'important.

France Dolan. — Je voudrais enchaîner là-dessus. Tu sembles dire que l'autocritique a commencé. Moi, je ne l'entends pas fort. Mais je pense, effectivement, que c'est cette autocritique qui pourrait nous permettre de développer une vision. Je n'aime pas la notion de « trippeux ». Je préfère celle de la « noblesse du travail »... et cette noblesse a pris un sérieux coup. Non pas dans le sens que les gens ne croient plus à leur profession... Mais quand l'on est capable de faire brûler des quartiers, de fermer des hôpitaux, de fermer des écoles, quand l'on s'insensibilise à l'engorgement des hôpitaux.

Je ne comprends pas qu'on ne crie pas plus fort afin de protéger l'universalité des soins et les choses non négociables dans notre système de santé. Nous acceptons trop vite l'existence de ce système à deux vitesses. Il n'y a pas eu de débat. On le prend déjà comme un fait accompli... Si l'on dit, un peu comme Claude, que le système de la santé avait un sens, il y avait aussi, à mon avis, de nombreux abus, comme, par exemple, la généralisation de la permanence. Je ne sais si nous pouvons renverser cela. Mais d'autres critiques, comme la déshumanisation des soins, par exemple, sont aussi possibles...

Malheureusement, je n'entends cette critique ni dans notre système, ni dans celui de l'éducation, dans lequel j'interviens aussi comme consultante. En éducation, j'ai vu dans le passé des personnes adorer leur métier, adorer le contact avec les étudiants. Mais aujourd'hui, peu de monde dénonce la bêtise qui s'est installée dans ce système, la bêtise des programmes, la bêtise d'un système qui fabrique des décrocheurs! Et personne n'intervient, car on a peur de perdre des avantages, comme des mois de vacances ou d'autres privilèges...

Dans le système de la santé, pourquoi des gens qui se demandent s'ils ne sont pas trop payés pour leurs gestes, ne font-ils pas du bénévolat? Combien de professionnels de la santé sont actuellement impliqués dans leur communauté? Combien de personnes ici même, dans ce cercle de dialogue, font partie d'un groupe dans leur quartier? Nous étions présents dans nos quartiers dans le passé. Je travaille dans le milieu communautaire très ardemment ces temps-ci, et je peux vous dire qu'heureusement des personnes bâtissent. Le Québec ne s'est pas arrêté de tourner depuis que nous sommes rentrés dans nos bureaux et avons oublié la vie dans nos quartiers!

Mais, aujourd'hui, l'implication dans la vie communautaire est plus héroïque qu'auparavant car, dans le passé, nous avions une vision et des moyens associés à cette vision. Actuellement, le milieu communautaire doit ramasser des bouteilles avec les scouts et vendre du chocolat et des t-shirts. Notre système communautaire est devenu le tiers-monde... Nous avons perdu la noblesse du travail, la noblesse de faire un geste avec le don de soi, la noblesse de la vie et de l'action communautaire...

Claude Vézina. — J'ai l'impression que l'autocritique du système a commencé avec la Commission Rochon, en 1985, alors que Guy Chevrette était ministre de la Santé. Tout à coup, nous avons réalisé que, non seulement on s'en allait vers un gouffre financier, mais que l'on ne réussissait pas non plus à soigner l'ensemble de la population. À mon avis, la Commission Rochon a été mise en place afin de, justement, amorcer une réflexion, de décider comment orienter le système de la santé afin de répondre à des problématiques majeures, comme le vieillissement de la population, comme l'avancement des technologies, etc.

J'ai l'impression que nous sommes actuellement dans une grosse machine à linge, qui a commencé à brasser depuis sept ou huit ans. Et puis, demain, quand les jeunes vont arriver, « watchons-nous », car la machine va passer à « spin » et elle va tourner encore plus vite... *(Rires)* Ces jeunes, qui arrivent de l'extérieur, sont très critiques...

Tantôt, quand nous parlions du Centre de jour qui ne répondait pas aux besoins du milieu, je pense qu'il était correct de changer les choses et de répondre à ces besoins. Je pense qu'en général, c'est un peu cela qui s'est passé dans tout le système : la réalisation qu'on s'endettait et que le système ne répondait pas aux vrais besoins... Et, à partir de ce moment, s'est installée une perte de sens...

Ce dialogue a commencé avec l'intervention de Colette sur la privatisation et le système à deux vitesses. C'est un sujet qui me préoccupe beaucoup. D'un côté, je me dis que cette privatisation serait une bonne chose, afin de rentabiliser nos installations et nos compétences en ressources humaines et même d'économiser de l'argent. Mais j'ai fort peur que ces économies ne soient pas réinvesties dans le système de la santé, mais utilisées pour autre chose, comme financer la dette ou combler le déficit de l'État !

Mais mon inquiétude première concerne l'accessibilité des soins à tous les citoyens du Québec, et je vais donner un exemple concret. Dans le passé, j'étais le directeur d'un établissement qui donnait de la réadaptation physique. Au début des années 1980, on a commencé à se dire que, pour la clientèle externe, les frais de physiothérapie seraient remboursés par la CSST. Aujourd'hui, tous les plans de restructuration des hôpitaux vont dans ce sens. Les hôpitaux n'offrent plus de services de physiothérapie à leur clientèle externe, mais seulement aux patients qui sont hospitalisés. Et dans le fond, ce qu'on dit à ces patients, considérés comme clientèle externe, c'est : « Avez-vous des assurances ? Organisez-vous ! » En fait, nous nous sommes tous associés à cet état des choses et moi aussi, en tant que directeur.

Je pense que c'est dans chaque petite décision de ce genre que le danger nous guette. Cela va se faire tranquillement, mais, tout à coup, dans dix ans, nous allons découvrir qu'une partie complète de la population n'a plus aucun accès à des services gratuits, mais pourtant essentiels, car ces services seront alors seulement disponibles pour une population qui peut les payer. Nous serons tous associés à cette situation et cela sera très problématique...

Colette Talbot. — Et ce glissement est une grande crainte ! Mais j'irai même encore plus loin que cela. Aujourd'hui, par exemple, des hôpitaux n'acceptent des patients qui souffrent de traumatismes crâniens que si ces patients sont couverts par la Société de l'assurance automobile du Québec... Comme si on ne pouvait plus tomber sur sa tête autre part que dans un accident de voiture! Le problème, c'est que l'on demande à des gestionnaires de couper. Et ils coupent... sans consulter les cliniciens ni leur demander comment on pourrait modifier la façon dont les soins sont donnés afin de devenir plus rentable... Des services entiers ont été coupés de cette façon et je trouve cela absolument inadmissible. Et, bien sûr, le clinicien dont le service a été coupé veut sauter dans la face de quelqu'un, perd son sens du travail, tente de se révolter et, après un moment... se retire. Cela fait trop mal, après tant d'années de travail!

Je suis aussi une gestionnaire et ceci est la raison pour laquelle j'ai joint ce cercle de dialogue. Je veux que, comme gestionnaire, nous prenions des décisions communes avec des cliniciens sur comment organiser la privatisation et éviter ses problèmes. L'externat, dans les hôpitaux, est une problématique très difficile à gérer. Vous savez tous cela. Mais au lieu d'essayer de gérer cet externat, nous l'avons expulsé de nos hôpitaux, car c'était plus facile. Il fallait couper des coûts au plus vite... Vous êtes tous conscients qu'il y a des endroits où l'on hospitalise des patients afin qu'ils puissent bénéficier de soins qu'ils ne pourraient payer... Et ceci entraîne des cercles vicieux: au lieu de diminuer le nombre d'hospitalisations, en offrant des soins à l'externe, on hospitalise de plus belle!

J'ai de gros problèmes à laisser aux gestionnaires seuls le pouvoir d'organiser le virage ambulatoire. Souvent, les décisions ne sont prises que par rapport à des conflits de pouvoir, et non par rapport à la santé de la population. Je ne sais pas comment nous allons y arriver, mais il faut changer cela. Peut-être que les incohérences que nous vivons actuellement, que le fait que de nombreuses personnes « tombent comme des mouches », va nous faire réaliser l'absurdité de nos décisions actuelles. Est-ce qu'il faut encore que le balancier aille jusqu'à une limite extrême avant que nous considérions la question?

Une autre question me préoccupe. Certains ont suggéré tout à l'heure que la prévention avait disparu dans notre système. Ceci n'est pas vrai dans mon organisation. Chez nous, on pense tout de suite aux facteurs qui influencent une maladie, comme par exemple le type de comportement ou le type d'alimentation qui favorisent un état cardiaque, et l'on tente de réduire ces facteurs. Et il me semble que nous avons fait de grands progrès dans cette voie. Par exemple, au Québec, on mangeait dans le passé beaucoup de porc frais et de cretons, qui favorisent le cholestérol et donc les maladies cardiaques; alors que maintenant, la culture favorise davantage une alimentation plus légère. Mais peut-être que les personnes qui ont suggéré que la prévention se perd dans notre système de la santé ont une autre vision de la prévention que nous avons perdue lors de tous nos changements? Ceci me mène à une question plus générale, que je voudrais vous soumettre: doit-on détruire pour être capable de reconstruire?

Constance Lamarche. — J'aimerais tenter de réfléchir à cette question. Lorsque j'écoutais Julie tout à l'heure, sur les changements qu'elle avait effectués dans son organisation, je me suis reconnue. En 1985, j'ai été responsable d'un Centre de jour pour personnes âgées. C'était le bonheur total! Je voyais évoluer des personnes âgées plutôt autonomes, et pourtant il y avait une liste d'attente de personnes réellement en perte d'autonomie. Nous avons orienté les plus autonomes vers des organismes communautaires pour accueillir des gens qui étaient plus souffrants, qui demandaient plus de soins. Je pense que nous avons tous fait des choses similaires. En fait, nous avons détruit un projet qui, initialement, avait sans doute un sens! J'ai détruit afin de construire, afin de créer. Est-il possible de créer sans détruire? Il y a une phrase, je cherche depuis tantôt son auteur, qui dit: « Changer, c'est détruire ce qui existe. » Je trouve cela pénible et cela m'a pris du temps avant d'apprivoiser cette réalité. Moi, j'ai souvent détruit, car je suis une agente de changement dans le réseau, en tout cas, je me définis ainsi.

Et une autre réflexion me revient. Un de mes anciens patrons me disait souvent: « Constance, tu ne peux jamais analyser une décision sans prendre en compte le contexte dans lequel cette décision a été prise. » Cela doit faire du sens quand on prend telle ou telle décision. Il doit y avoir une logique, un rationnel. Nous ne sommes pas fous. On ne détruit pas pour détruire. On détruit parce que l'on pense que ce que nous allons proposer est meilleur pour les gens. Je trouve cela difficile, d'admettre qu'il faille détruire pour créer quelque chose.

France Dolan. — J'aimerais offrir un témoignage sur ce sujet, concernant un organisme communautaire dont les subventions venaient d'être coupées, il y a quatre ou cinq ans. D'après un diagnostic organisationnel, il avait été déterminé que l'atmosphère était « pourrie » dans cette organisation, pour toutes sortes de raisons. Mais un filet de lumière existait: deux intervenantes qui étaient là depuis longtemps. Ces intervenantes avaient connu la fondation de cet organisme et détenaient de l'expertise. Le conseil d'administration se posa alors la question: « Faut-il détruire cet organisme, le fermer, afin de le rebâtir dans le futur ? »

Moi, en tant que gestionnaire, j'ai proposé une autre alternative. L'alternative de donner une chance à ces deux personnes, et c'est après cette expérience que j'ai appris que l'on pouvait fondamentalement changer sans détruire. Je me suis mise plus en position d'observation, afin de comprendre ce que ces deux intervenantes voulaient bâtir et leur apporter du support administratif.

Il s'agissait là de *supporter* l'expertise par de l'administratif et non d'*encadrer* l'expertise par de l'administratif. Et cela n'a pas été long. Après un certain temps, les conflits qui avaient été identifiés se sont évanouis, car ils se trouvaient en fait dans l'administration elle-même... Cette expérience m'a amenée à penser qu'il faut peut-être détruire pour construire quand on est face à un blocage administratif. Mais quand on applique cette logique non à l'administration mais à l'expertise, on ne fait pas que détruire... On tue ! Pour moi, la question importante est de pouvoir rendre l'administratif *au service de l'expertise*, sinon l'administratif va encadrer l'expertise et va tout tuer... C'est peut-être dur à dire, mais, oui, il faut éliminer notre système actuel de gestion.

Mireille Tremblay. — Au lieu de parler de « détruire », j'aimerais mieux parler de « faire le deuil ». Nous devons faire de multiples deuils. Nous faisons le deuil de quelque chose auquel nous avons tenu, auquel nous avons cru. Tout à l'heure, j'ai été frappée quand nous parlions de la perte de noblesse dans le travail et quand, pourtant, d'autres personnes affirmaient trouver encore du sens dans leur travail. Peut-être qu'on ne sait pas comment parler de cette perte de noblesse. Je crois que nous avons un deuil à faire. J'aimerais savoir lequel. J'aimerais savoir ce que je dois abandonner, ce que je dois quitter.

Nous parlions aussi tout à l'heure de changer le monde, de planter des arbres... Qu'est-ce que cela veut dire, « changer le monde » ? Quand on est marié, à un moment donné, on se rend compte qu'à force de vouloir changer son conjoint, cela ne marche pas ! On arrive alors à définir pour soi-même ce que l'on veut et ce que l'on ne veut pas. Ceci est vrai pour toutes les relations. On se dit : « Ceci est négociable, mais cela ne l'est pas. » À partir de ce moment, on peut alors trouver du sens, entrer en relation avec le monde, partager, donner, négocier, travailler avec d'autres, créer, construire... On peut alors, quand on a fait des deuils, mais aussi quand on a affirmé ce qui n'était pas négociable, retrouver la noblesse du don de soi, du travail, de la relation à l'autre...

Je peux contempler le monde et ne pas trop agir, ce qui est plus oriental ; ou je peux vouloir changer le monde, trouver la place que je peux prendre pour contribuer, ce qui est plus occidental... Peu importe. Ce qui est important, ce sont les choix et les deuils que nous avons faits pour nous-mêmes !

Troisième dialogue
La réduction des espaces et du temps pour que l'humain s'ajuste

(Silence)

Maria Vieira. — Des effets homéopathiques des dialogues précédents ont commencé à se manifester dans mon cas. Ces dernières semaines furent remplies de paradoxes, de contradictions, de recherches. J'ai juste envie de dire ceci, et si cela n'est pas repris par la suite dans le dialogue, ce n'est pas grave.

J'ai eu des problèmes de santé liés à mon travail. Des questions m'ont hantée : « Est-ce que je génère du sens dans cette organisation ? Est-ce que je contribue à faire une différence ? » Je suis dans le domaine de la communication. J'étais supposée croire que les gens communiquaient bien et j'avais du mal à exprimer ce que je voyais et sentais dans l'organisation. Ce qui m'a amenée à des réflexions profondes et très lointaines dans mon passé.

Pour revenir à aujourd'hui, j'étais un peu morte en fin de semaine. J'ai passé des nuits blanches à travailler en me demandant pour quelles raisons je faisais cela. Je suis dans une organisation en réflexion majeure. Nous tentons de nous restructurer dans un contexte où l'union des municipalités agit en syndicat, où l'on reproche au syndicat de faire son travail et où l'on ne sait trop quels sont les objectifs du gouvernement pour l'an prochain. Pour ma part, je me sens très responsable de ne pas savoir comment nous ou me réorganiser. Cette nuit, j'en suis arrivée à la conclusion que, de toutes façons, ce n'était pas si grave : je compte donner le meilleur de moi-même et j'espère que cela aidera.

Serge Marquis. — Hier matin, j'ai participé à un atelier sur le deuil dans une organisation où les gens avaient perdu leur poste ou n'avaient pas obtenu celui qu'ils auraient voulu. En réfléchissant sur le deuil, je me suis dit que le deuil prend nécessairement du temps. On ne peut pas faire un deuil de façon instantanée. Cela n'existe pas, enfin pas à ce que je sache. Ce que je constatais hier matin, c'est qu'une bonne partie de la souffrance exprimée par les personnes présentes était associée au fait qu'elles n'avaient pas eu la chance de terminer un deuil alors qu'elles étaient obligées d'en commencer un deuxième. À partir du moment où elles ont changé de poste, ces personnes ont commencé à construire un sens nouveau et là, tout de suite, une nouvelle réorganisation s'est imposée. C'était intéressant de savoir qu'on parlait du « deuil ». On ne parlait plus de « réorganisation ». Ces personnes cherchaient à savoir comment faire pour arriver à passer ou franchir différentes étapes pour pouvoir se préparer à vivre à nouveau quelque chose de créatif.

Ceci m'a amené encore une fois à réfléchir à quelque chose qui m'est très cher : la notion du *temps*. Je me dis qu'il va falloir qu'on se donne la chance de ralentir un peu, si ce n'est que pour que les deuils puissent se faire...

(Silence)

Richard Lachapelle. — C'est intéressant ce que tu dis, moi je suis en processus de deuil actuellement. Il y a trois semaines j'ai perdu mon poste et c'est souffrant parce qu'il y a des pertes là-dedans. Je réalise que j'ai un poste quand même, mais j'ai perdu l'ancien. Souvent, j'entends des gens qui me disent : « Au moins tu as un poste. » Mais moi, je suis en perte ; je suis dans les pertes de ce qu'il y avait avant et je sens que j'ai besoin de prendre du temps...

Thierry Pauchant. — D'où elle vient cette accélération ? Pourquoi ne peut-on pas se permettre de ralentir ? Qu'est-ce qui nous pousse à accélérer dans notre travail et nos organisations ?

Solange Dubé. — Il y a des gestionnaires chez nous qui disent : « Si je ne fais pas ce que mon patron me demande... » Par exemple, il y a un gestionnaire qui vient de prendre la responsabilité de trois services. Au départ, il avait un service ; on lui en a ajouté un deuxième, puis un troisième, et maintenant notre établissement est fusionné avec un autre établissement, Mont-Laurier, qui offre ces mêmes services. Souvent les gens disent qu'une personne, si elle obtient un poste qui est affiché, doit fonctionner avec les services qu'elle a déjà. En quelque part, les gens acceptent facilement ce genre de situation. On ne dit plus « non ». On accepte ces responsabilités supplémentaires, et, de plus, il y a des compressions supplémentaires à faire dans tous les services...

Hier, mon patron m'a dit : « Ça n'a plus de sens. Est-ce qu'on va pouvoir fonctionner avec ce que nous avons ? Nous ne pouvons offrir tous les services. » On parle même de nous fusionner avec un CLSC ainsi qu'avec un centre d'accueil de la région, en plus d'offrir des services administratifs pour 1500 employés... On dit « oui, oui, oui »... Cela n'arrête pas. Justement, nous nous faisions cette réflexion-là hier, mon patron et moi : plus personne ne dit « non ».

Je travaille dans le domaine de la formation et du développement. Je cherche à aider les personnes avec qui je travaille à « ralentir ». Mais j'ai l'impression que si je propose des séances sur ce thème, les gens vont me dire qu'ils n'ont pas le temps de venir ! Des personnes travaillent le soir, même la nuit....

Colette Talbot. — Est-ce que vous avez chez vous des cadres qui sont partis ou tombés en congé de maladie prolongée ?

Solange Dubé. — Oui, il y en a eu.

Colette Talbot. — Quand vous dites que les gens ne disent pas « non », est-ce que ces gens-là auraient voulu dire « non », mais le manque de solidarité a fait en sorte qu'ils n'ont pas eu d'autre choix que de quitter ou d'être malades ?

Solange Dubé. — Ils n'avaient pas d'autre choix que d'être malades.

Colette Talbot. — « Ils n'avaient pas d'autre choix que d'être malades ou de quitter... » Actuellement, avec ce qui arrive dans le réseau, si on continue comme cela, la courbe va être tellement évidente pour les compagnies d'assurances qu'elles vont devoir faire quelque chose... *(Rires)*

Ma lecture de la situation n'est pas que les gens refusent de dire « non ». C'est plutôt qu'ils n'ont qu'une façon d'agir : être malades ou disparaître. Il n'y a aucune solidarité qui permettrait effectivement d'empêcher ce mouvement perpétuel. Pourquoi il n'y a pas de solidarité ? J'ai des hypothèses, mais je n'ai pas la réponse. Je me dis que l'histoire a peut-être été témoin de moments où l'on pouvait être solidaire, et d'autres moins propices... Mais votre lecture de cette situation m'interpelle. Pour moi, les personnes disent en fait « non », mais elles le font d'une façon très, très coûteuse, au prix de la maladie ou même de la mort. Aussi, partir du réseau ou être en congé de maladie prolongée, c'est très coûteux dans le C.V. d'un gestionnaire... On se rappelle des gens qui sont se sont fait couper la tête dans une organisation... C'est parce qu'ils avaient dit « non ».

Benoît Lecavalier. — J'aurais le goût de dire qu'il y a de l'espoir. Hier, j'ai essuyé un refus d'augmentation de tâches dans un poste de cadre. Un cadre intermédiaire a refusé un poste sous prétexte que les tâches étaient trop lourdes. Je suis complètement « dé-sor-ga-ni-sé » ce matin. *(Rires)*

Pierre Beaulieu. — J'ai une vision pessimiste et une optimiste de ce genre de situations. La pessimiste, c'est que bien que nous nous croyions en contrôle, ce contrôle est illusoire. Moi, je n'ai pas le choix ; mon patron, le patron de mon patron, la régie, le ministère, n'ont pas le choix non plus ; et le gouvernement du Québec n'a pas plus de choix. Dans le fond, je me rends compte que c'est rêver en couleurs que de s'imaginer que, dans un petit noyau, on va pouvoir changer quelque chose. Nous sommes tous impliqués dans une « bebelle » qui est forcément plus grosse. Ceux qui ont eu l'occasion de parler avec le ministre savent que l'objectif du « déficit zéro » n'était pas son choix personnel. De même, le premier ministre n'a pas décidé de cela tout seul...

Le problème de vouloir aller toujours plus vite, de n'être pas capable de dire « non », d'être toujours pressé, est devenu un problème de société. Et moi, comme individu, je n'ai pas beaucoup de poids dans la balance sur ces pressions mondiales.

Par contre, et ceci est mon point optimiste, j'essaie de me rattraper en me demandant où je me situe : si je suis incapable d'agir sur des causes externes, que puis-je faire pour me donner du sens dans ce que je fais et préserver ma vie ? Toutefois, je suis bloqué par une affaire. C'est très personnel : j'ai bien de la misère à faire des deuils. Moi, je voudrais ne pas embarquer dans cette course folle, mais tout en gardant mon salaire, mon chalet, ma capacité d'aller au cinéma, de manger au restaurant, de voyager, d'acheter des choses, etc. ; et le prix à payer pour garder tout cela, c'est de garder ma job. En quelque part, j'ai moi-même un problème. En d'autres mots, le problème ce n'est pas les autres, ce n'est pas la « pression mondiale ». C'est aussi *moi*. La question est : quel prix suis-je prêt à payer pour être bien dans ma peau ? Qu'est-ce que je suis prêt à faire à chaque jour en termes de perte de mode de vie pour être en harmonie avec moi-même ?

Je vis donc un paradoxe. D'un côté, je désire « changer la société », mais la tâche est trop grosse et je n'ai pas le contrôle ; et où j'ai le contrôle, les décisions me font peur... Je me dis qu'il faudrait que je me trouve une porte de sortie ailleurs. Je raconte cela parce que, de plus en plus, en rencontrant des gens, c'est ce qui m'habite et c'est là-dessus que j'essaie de trouver du sens à ce que je fais. Ce sens, je pense que je dois arrêter de vouloir le trouver chez les autres, je dois travailler sur moi, mais j'ai bien de la misère... Fin de mon monologue... *(Rires)*

Yves Neveu. — Est-ce que la réalité ce n'est pas cela ? Est-ce que, dans le fond, on ne tente pas à chaque jour, dans un mouvement d'ajustement de la réalité, de tirer le meilleur des situations pour survivre dans les meilleures conditions possibles ? Oui, ça peut conduire à une absence ou à une perte de solidarité, mais pas nécessairement. On peut le faire pour soi, en pensant d'abord que, le faire pour soi, cela permet aussi de considérer les autres, de tenter d'aider les autres à survivre aussi. Pour moi, c'est ça la vie, une lutte dont les ingrédients changent à chaque jour et à laquelle je dois m'ajuster constamment. Si s'arrêter signifie risquer d'être dépassé par la vie et les événements, j'aime autant ne pas m'arrêter pour longtemps. J'aime autant prendre du recul sans m'arrêter d'agir. Le sens, pour moi, c'est ça : donner un sens à quelque chose malgré le fait que tout bouge autour de moi.

Yvan Roy. — Je suis touché par ce qui a été dit par Pierre et par Solange. J'ai comme l'impression qu'avant je me définissais comme un optimiste. Maintenant, je ne sais plus si je suis un optimiste, un pessimiste ou un fataliste. Je vois qu'il se présente des choses dans mon organisation et dans mon environnement que je considère inacceptables, bien que d'autres personnes les jugent comme acceptables.

C'est quoi la différence entre les deux? On nous a beaucoup dit: «Il faut couper dans le gras!», et je suis d'accord avec cela. Mais à ce que je vois, on coupe un peu de gras, un peu de muscle et un peu de cerveau! Pour moi, quand nous allons recommencer à construire, ce qui va revenir le plus vite, c'est le gras; le muscle, je ne suis pas sûr, et le cerveau, à mon avis, est perdu définitivement! J'ai à me positionner par rapport à cela. Quelles sont les situations que je juge inacceptables et acceptables?

Claude Larivière. — Je me suis toujours perçu comme un agent de changement. J'aurai bientôt 50 ans, et quand je regarde ce que j'ai fait et ce que je voulais faire, il y a un écart. Au fond, si j'avais voulu que l'écart soit plus petit, il aurait fallu que j'en fasse encore plus. Bien sûr, si réduire l'écart est une motivation importante, en même temps, peut-être parce que j'approche les 50 ans, je me dis que je ne peux pas tout faire, et il faut donc que je fasse des choix. Le grand dilemme de ce que je vis est de savoir si je fais les *bons* choix, les *bonnes* choses, celles qui vont servir le plus à ce que je crois et au changement auquel j'aimerais contribuer. Je n'en suis pas toujours certain.

Par exemple, parfois, il y a des pressions effectives du système qui nous obligent à écrire des articles que personne ou très peu de gens liront, mais qui sont publiés dans des publications valorisées... À l'inverse, quand je suis sur le terrain près des gens et que je fais des choses avec eux, là, j'en retire des satisfactions d'un tout autre ordre qui, de plus, sont motivantes.

Je suis d'accord aussi avec Pierre pour dire que, malheureusement, la pression externe (mondiale) est très forte. C'est probablement pour cela que je dis que pour s'en sortir, il faut accepter de faire des choix personnels.

Jeannine Tremblay. — Quand j'entends que nous en sommes réduits à des choix personnels, cela me rend très triste. Moi, je peux bien sentir la pression mondiale, mais si collectivement on ne se donne pas les moyens pour répondre à notre quête de sens collective, où s'en va-t-on? Quand vous posez la question «Pourquoi on va si vite?», il existe certainement de nombreux facteurs. Mais je sais une chose: quand je m'en vais sur une route à 150 km/h, je n'ai pas le temps de regarder ce qui se passe autour de moi. Je ne peux que regarder en avant et tenir mon volant. Dans la vitesse, il y a aussi une échappatoire ! Je suis convaincue que si nous nous mettions à penser et à sentir collectivement, nous aurions plus de « non ».

Cela me rend triste qu'on soit rendu à faire constamment des choix individuels qui entraînent souvent des pertes collectives. On ne devrait pas faire seulement des deuils personnels, mais aussi des deuils collectifs. Et nous ne prenons pas le temps de faire ni l'un ni l'autre. Qu'est-ce qu'on fait avec notre peine dans notre petit coin ?

Pierre Beaulieu. — J'aimerais aller plus loin sur ce sujet, c'est-à-dire dans les choix personnels. Je me dis qu'il faut d'abord qu'on commence là, mais cela n'exclut pas le partage avec les autres. Par contre, je ne vois pas ce partage clairement. Je pense qu'on veut trop souvent régler le problème de la masse en oubliant de regarder nos propres problèmes... Une autre échappatoire !

Depuis deux ou trois semaines, je réfléchis, et j'ai moi aussi tendance à dire qu'il faut avant tout régler ses propres affaires. Il faudrait donc d'abord que je règle *mes* problèmes. Ce qui n'exclut pas que je peux les partager avec les autres et faire des actions qui dépassent mes propres intérêts. Mais je ne commencerai pas à vouloir régler la solidarité du système de santé au Québec avant d'avoir d'abord réglé mes petits problèmes. Pour moi, ce n'est pas exclusif !

Je me rappelle la deuxième fois où nous nous sommes rencontrés, j'ai été impressionné par les propos qui ont été tenus et cela m'a amené à réfléchir... Finalement, si j'ai perdu le sens dans mon travail, c'est d'abord en moi que je dois le retrouver. Lorsque je l'aurai trouvé et que je serai plus à l'aise, je pourrai inévitablement le partager avec ceux avec qui je dois travailler, ceux avec qui je dois partager et cela, à un moment donné, fera boule de neige, et des choses changeront, collectivement.

Richard Lachapelle. — Je ne trouve pas cela si simple. J'ai été habitué dans un système où la vitesse était rapide. Puis, à un moment donné, j'ai senti qu'il fallait que je ralentisse, que je prenne du temps. Mais je ne sais pas quoi faire avec ce temps... Je ne sais pas comment réfléchir... Je trouve cela difficile et j'ai le goût de partager cette difficulté avec d'autres personnes, mais cela n'est pas toujours bien reçu !

Ce n'est pas dans la culture des organisations. Je n'ai pas eu le choix de me brancher sur moi-même, de regarder ce qui se passe à l'intérieur. Avant de réorganiser l'entreprise, il faut se réorganiser dans sa tête ! Mais cela ne se partage pas ou se partage peu... Cette réalité ne fait pas partie de notre culture occidentale. Ressentir l'émotion, on fait ça en catimini, en petit groupe... On n'a pas d'espace réservé pour cela parce qu'il existe de nombreux préjugés au sujet du processus, des émotions, des résultats qu'il faut atteindre, etc.

J'en suis arrivé à cette réflexion. Et pourtant, j'aime aussi la vitesse, bouger, regarder en avant, faire des choses....

Jean-Pierre Gagnier. — J'ai une expérience à partager sur cette notion. Je donne beaucoup de formations ces temps-ci. J'en suis venu à la conclusion que si on se met à ralentir, on va se mettre à sentir... Quand je m'assois avec une équipe, par exemple, et que j'essaie de ralentir, ces équipes tombent dans le silence. Ça ne parle plus ! Plus un mot ! Il existe un niveau de détresse et d'isolement incroyable. Les gens sont dans une agressivité défensive épouvantable. Je vois beaucoup de souffrances collectives. Les équipes n'ont pas de porte de sortie...

Par exemple, j'ai travaillé récemment avec une équipe qui a vécu changement sur changement, sur changement... Les gens n'ont pas même pas un seuil minimal de sécurité pour la prise de risques, mais on leur demande d'en faire encore plus !

Je pense que l'une des choses qui font qu'on ne ralentit pas, c'est le fait que nous soyons peu nombreux à vouloir vraiment ralentir... C'est très difficile... Il va falloir se donner des occasions de partage, et ce qu'on va entendre, ce n'est peut-être pas ce qu'on voudrait... Il va falloir y mettre du temps.

On parle souvent de changements sans soigner les transitions. On finit par payer cela par des problèmes de santé, des problèmes de motivation, d'engagement. Moi qui suis dans le domaine de la formation, je me demande parfois ce que je fais là. On cherche souvent le contenu à l'extérieur de nous, comme s'il fallait nourrir les gens avec des choses abstraites extérieures à eux. On ne travaille plus avec ce qui est plus près de nous. Mais si les gens apprenaient à relever le défi collectif de reformer des équipes solidaires, où il y a des espaces pour la sensibilité et la parole, ils deviendraient beaucoup plus capa-

bles de gérer les transitions. Moi, je souffre beaucoup comme formateur actuellement.

(Silence)

Colette Talbot. — C'est peut-être vrai que les gens trouvent que si
on va plus lentement, ils vont devoir sentir... Mais il y a le danger de
juger les personnes dans leurs actions. Je discutais dernièrement avec
une personne et lui ai dit qu'à mon avis, l'intervention qu'elle avait
faite durant une réunion n'avait pas d'autre but que de se protéger
elle-même. La personne m'a répondu : « C'est vrai, je l'ai faite pour
désamorcer une situation qui aurait pu nous entraîner dans une
situation où on aurait dû dire ce que l'on pense. Oui, j'ai été peut-
être lâche... Je n'ai pas permis qu'on aille vers un changement, mais
j'ai sauvé ma peau. »

Pour moi, la grande difficulté dans cette « game » de réorganisation,
c'est qu'actuellement, dans le système de la santé, ces changements
entraînent des coupures de budget et de personnel. C'est bien évident
que toutes les personnes dans le système, gestionnaires comme professionnels, qui avaient une vision de contenu, d'équipe, d'avancement,
de prise en charge, d'idéologie, de missionnaire, sont maintenant complètement déboussolées. Elles sont en précarité d'emploi... Elles
essayent de survivre en laissant, par exemple, passer des choses...

Je ne suis pas capable de juger quelqu'un qui me dit : « Oui j'ai fait
consciemment telle ou telle action pour sauver ma job. » On ne peut
juger quelqu'un si on sait qu'il a une maison, qu'il a des enfants et
que cela fait 25 ans qu'il travaille dans le réseau et qu'il est à tant
d'années de sa pension. En plus, cet individu a souvent perdu une
valorisation importante dans son travail... Mais si on ne peut juger,
alors on ne peut agir contre ces personnes, et la situation s'aggrave...

Pour ceux qui ont des enfants, je ne sais pas s'il est meilleur de
leur conseiller d'utiliser de la force, ou si l'important, c'est d'avoir
des valeurs, comme le civisme...

Robert Capistran. — Il me semble que le changement, il y en a eu
avant, il y en aura après et puis il y en a maintenant. On est continuellement dedans. Le changement fait partie de la vie. On change
personnellement... Lorsqu'on vieillit, on change dans notre mentalité, etc.

J'ai de la difficulté car, depuis que la séance a commencé, on parle de deuil, de pessimisme et ce n'est pas ce que je vis. Je me dis que je suis peut-être dans un autre monde. Je vis un changement, mais je ne le vis pas d'une façon négative. Je ne suis pas du tout porté à « brailler ». Est-ce que c'est parce que je vis dans un CLSC qui va bien ? Je pense qu'il va bien. Il n'y a pas encore eu de cadres qui ont fait un « burn out ». Il y a même des gens qui ont pris leur retraite et je pense que la majorité a pris cette retraite d'une façon heureuse et souhaitée. Il n'y a pas d'employés fatigués parce qu'ils travaillent trop. Je ressens même encore beaucoup d'enthousiasme chez eux et chez les cadres. Peut-être est-ce parce que c'est un CLSC qui est neuf ? Nous avons commencé avec rien, il y a à peu près six ou sept ans. Et maintenant il y a un peu plus de budget et on est bien content d'avoir un peu plus. De la pression il y en a, mais la seule pression que j'accepte, c'est celle de la clientèle. Le reste, je me dis que ce sont des contraintes, des obstacles. Je suis comme un coureur qui ne doit pas passer par-dessus les obstacles. J'essaie de les éviter, j'essaie de composer avec. Cela ne me rend pas généralement dépressif.

Je réalise qu'avec le temps, on vieillit. Personnellement, j'ai vécu dans ma vie des emplois et des périodes beaucoup plus difficiles que maintenant, où il y avait énormément de pression. Et maintenant, ma philosophie, c'est de ne pas vouloir tout faire en même temps. On a cette manie comme cadre, peut-être parce qu'on est créatif et qu'on veut donner beaucoup de sens à ce qu'on fait, à en faire beaucoup trop, et trop vite. C'est là le gros problème. D'abord, on se met une pression énorme sur nous-mêmes. On se met des échéanciers. Je ne sais pas si vous vous rappelez la période des « grands échéanciers », de « direction par objectif » avec échéanciers, c'était épouvantable ! Je pense qu'il ne faut pas aller dans ce sens-là. Il faut se fixer des objectifs, des échéanciers, mais aussi, il faut être capable de vivre avec le changement, parce qu'on ne peut plus planifier pour trois ou quatre ans, c'est évident.

Je pense que si on a des cadres et des employés, il faut savoir leur dire qu'il faut se fixer des choses à faire, sans non plus se mettre des limites épouvantables qui conduisent à des dépressions : « Si tu ne ramènes pas ton rapport à telle date, tu vas être pénalisé ! » On n'est pas dans l'armée ! Il faut changer de style ! Je pense que pour gérer avec du monde intelligent, il faut surtout les orienter sur la clientèle, et si le rapport arrive deux jours plus tard, généralement, ça ne change à peu près rien dans notre vie.

Je trouve aussi que, dans le système de la santé, on met énormément d'importance dans les structures. Mais si, dans les changements de structures, les gens restaient plus préoccupés par l'humain, par la clientèle, cela irait peut-être mieux. La structure, on peut s'arranger avec. J'essaie, en tant que Directeur général, de ne pas préoccuper mes employés et mes cadres avec ce qui se passe au niveau de la structure. Mais je ne peux pas enlever la pression de la clientèle aux employés parce qu'elle est là ; et c'est eux qui rencontrent la clientèle, ce n'est pas moi. La structure, ce n'est pas tellement cela que je trouve qui a de l'importance. C'est plutôt de se centrer sur les gens et de se dire qu'on a une clientèle à desservir. En tout cas, je ne suis pas de nature pessimiste. S'il y a une adaptation à faire ou un changement, il ne faut pas dire : « Je braille dessus », sinon on va brailler longtemps. Le changement est inévitable.

Serge Marquis. — C'est probablement relié à ce que je vis, mais je rencontre beaucoup de gens qui vivent énormément de pertes, et ces pertes sont réelles. Ils ont perdu leur job. Ils en ont une nouvelle, c'est vrai, mais ils ont quand même perdu le lieu où ils travaillaient. Les gens sont obligés de déménager parce que l'institution a fermé ; ils ont perdu les lieux et la tâche qu'ils faisaient, les amis qu'ils avaient et le sentiment d'appartenance qu'ils avaient dans cette institution-là, depuis 25 à 30 ans. Il y a beaucoup de pertes, et comme chacune d'elle requiert un deuil, les gens disent : « Je n'ai même pas le temps de faire mes deuils parce que je passe d'une perte à l'autre et quand je retrouve un bout de lumière, pof ! cela éclate encore une fois. »

Hier soir, je suis arrivé à la maison. J'ai appuyé sur le bouton de mon ordinateur parce que je voulais écrire un texte sur lequel je travaille depuis plusieurs années. Il était disparu... J'ai eu du mal à le trouver. Heureusement que j'avais fait des *back-up*, mais je l'avais pas fait depuis deux ou trois semaines. Je me suis dis bon, voilà une nouvelle perte, voilà un autre deuil que j'ai à faire. Je ne me suis pas couché dans le même état que d'habitude...

En ce qui concerne le phénomène de l'accélération, c'est curieux mais aussi loin que je me souvienne, j'ai constaté que l'intelligence humaine s'est évertuée à trouver des moyens pour gagner du temps. Toutes sortes de choses qu'on a mises en place pour essayer d'avoir plus de temps à nous, et c'est là qu'on tombe dans le paradoxe. Plus on en a, moins j'ai l'impression d'avoir un temps que je voudrais avoir! Il y a comme une plus grande présence de l'éphémère: les couches jetables, les stylos jetables, les montres jetables, les caméras jetables, les conjoints jetables... *(Rires)* Il y a effectivement plein de choses qui sont devenues jetables. Je me suis même demandé si on n'est pas tombé dans un piège à s'être entouré de «jetables» pour avoir plus de temps et faciliter davantage notre existence. Je me demande si on s'est pas fait coincer dans une espèce de mimétisme avec le jetable, dans le sens où on s'est mis à considérer que même les employés étaient jetables...

Mireille Tremblay. — Il n'y a pas seulement que la perte d'un emploi qui nécessite des deuils et, oui, le changement est normal. Mais une perte que je ressens comme importante, ou qui me déboussole, c'est la perte de sens dont on a déjà parlé. On pensait qu'on travaillait et qu'on consacrait nos efforts pour aller dans une certaine direction: plus de justice, plus d'égalité, plus de liberté, plus de services pour la population... Mais on constate aujourd'hui une médecine à deux vitesses, la pauvreté qui augmente... En quelque part, c'est une perte de temps et une perte de vie, c'est une perte de la signification qui fait que je ne comprends plus tellement ce que je fais et que je suis fatiguée... Je me fatigue moi-même à force de chercher du sens...

Quant à l'accélération, elle n'est la faute de personne. C'est ma propre accélération. Cette accélération est aussi une accélération de ma conscience, de ce que je vois, sens, et qui est inversement proportionnelle à mon degré de puissance et à ma capacité d'agir. Je veux accélérer parce que je vois des affaires qui n'ont pas d'allure et je désire faire quelque chose en transmettant de l'information.

Je me demande aussi, quand je regarde ma fille, si je veux qu'elle vive comme nous. Je me questionne également sur la place du don, parce que c'est quelque chose de très important qui a donné du sens à mon travail, un sens que personne ne peut acheter. C'est quelque chose qui m'appartient à moi! Mais quelle est la place du don dans notre monde actuel? Albert Camus refusait que le travail soit aliénant[1]. Il prêchait la liberté, la joie et le plaisir de vivre. Peut-être qu'à trop vouloir «donner du sens», on se fatigue... Peut-être que juste respirer, se promener dehors, revenir à des sensations, est suffisant...

Je rejoins l'intervention de tout à l'heure qui disait qu'on en fait trop...

Claude Larivière. — J'ai le sentiment que notre adaptation à la performance a renforcé notre individualisme et a brisé les petits réseaux avec lesquels nous échangions spontanément ou, à l'occasion, de façon plus structurée. C'est peut-être ça qu'il faut retrouver et essayer de reconstituer pour qu'il y ait des éléments qui, tranquillement, amènent d'abord des changements près de nous puis, progressivement, par vagues successives, au niveau collectif...

Lorraine Brault. — On a peut-être donné toute la responsabilité aux organisations d'être porteuses de ces valeurs. Je pense qu'on a besoin de relativiser beaucoup l'importance que nous donnons à nos organisations. Actuellement, c'est comme si les organisations donnaient le sens et on est en train de se rendre compte que ce n'est pas vrai parce qu'on s'en va de plus en plus vers la mondialisation. Je pense qu'on a donné beaucoup trop d'importance à notre lieu de travail, comme si c'était lui qui devait être porteur du sens et des valeurs. Par rapport à mes enfants, je ne cesse de me demander comment ils vont faire pour embarquer là-dedans, parce que ce « là-dedans » est pour moi très relatif : il a beaucoup moins de sens à trouver ! En tout cas, il m'en donne de moins en moins.

Pour moi, ce n'est pas l'organisation du travail qui va m'apporter du sens. L'organisation dans laquelle je travaille tente de me dicter les valeurs sur lesquelles il faut que je m'aligne. Il y en a dans le réseau des gens qui croient que c'est l'organisation qui donne l'orientation. Mais à mon avis, ce n'est pas juste cela. Le sens provient de situations où il y a mélange, un décloisonnement. Ce n'est pas l'affaire d'une seule organisation, mais l'affaire de lieux multiples.

Constance Lamarche. — J'ai un copain un jour qui m'a dit : « Tu sais Constance, moi, je travaille en toxicomanie. Les toxicomanes ont une dépendance importante vis-à-vis de la drogue. Tout le monde leur dit qu'il faut se défaire de cette dépendance-là, parce qu'elle est nocive pour la santé. Moi, je suis en train de réfléchir dans un autre sens. Je commence à me dire qu'il faudrait peut-être leur proposer de développer d'autres dépendances. » Cette approche est connue sous le nom de « multidépendance ».

En transposant cette notion à nos situations de travail, je me demande si nous n'avons pas développé une dépendance trop grande à notre travail, au détriment des autres aspects de notre vie. Ou, en posant la question différemment, quelles devraient être nos autres dépendances ? Je trouve que c'est une façon différente d'aborder la vie, versus ce qu'on fait d'habitude.

(Silence)

Pierre Beaulieu. — Je reviens sur ce que Serge disait. On est peut-être juste en train de vivre nos deuils. Ma génération s'est peut-être créé, à partir des années 1970, une dépendance affective vis-à-vis d'un système de services en santé que la vie, pour toutes sortes de raisons, économiques, politiques, sociales, est en train de chambouler. La difficulté que nous avons actuellement est d'accepter de vivre un deuil face à ce changement.

Je réalise également que les politiciens ont de la vision, ils en ont du sens, ils savent où ils s'en vont. La seule différence est que cette vision est différente de la mienne... Demandez à Lucien Bouchard pourquoi il a décrété son objectif « déficit zéro » pour l'an 2000. C'était clair dans son esprit. Il tentait de modeler une société comme il l'entendait ; il a été élu pour ça. Les transformations, dans le réseau, ne se sont pas faites n'importe comment. Mon grand *boss*, lorsqu'il a présenté les technostructures, avait du sens lui aussi...

Dans le fond, ce que je réalise, c'est que peu importe où on se situe, les gens en ont du sens mais peut-être *différent* du nôtre. C'est peut-être qu'il faut revenir à nous : comment peut-on vivre notre deuil de l'image qu'on s'était faite depuis 20 ans du réseau qui est actuellement en train de disparaître ?

Benoît Lecavalier. — Je vais un peu dans le sens de Robert et de Pierre. Au début des années 1990, c'était insensé dans le réseau de la santé. On laissait aux individus la liberté de faire n'importe quoi, les contraintes étaient minimes. On a vécu sur une « balloune » durant des années... C'est dramatique quand l'environnement n'offre pas de feed-back. On en arrive alors à des aberrations, des idéalismes irréalistes.

Depuis quelques années, l'environnement parle enfin, dans certains secteurs plus rapidement que dans d'autres et là, au moins, il y a des questions. Avant, on ne se posait pas de questions ! On pouvait faire n'importe quoi !

France Dolan. — Je voudrais réagir à ce que vous dites. Je ne peux pas laisser passer cela. Nous n'avons pas vécu dans le même monde ! Je pense que vous avez raison et que, dans le groupe que vous définissiez, vous décrivez la réalité. Toutefois, je pense que les femmes de mon âge qui ont vécu le début d'une certaine accessibilité au milieu du travail ont constamment affronté des contraintes et que l'environnement, pour ces femmes, a été plus que parlant. Nous n'avons pas vécu tout à fait les mêmes « ballounes » que vous, et ce n'est pas étonnant que nous ne posions pas les mêmes questions ! J'accepte que les deux réalités se côtoient, mais je ne peux pas accepter votre vision de la réalité comme l'unique, ce n'est vraiment pas le monde dans lequel j'ai vécu.

En vous répondant, je vais aussi revenir sur la notion de deuil. Moi, avant de faire un deuil, je veux récupérer ma vie. Cette crise que nous traversons va peut-être me rendre ma vie, parce que quand j'ai commencé sur le marché du travail, ces fameuses questions de sens se posaient pour moi. Quand je suis revenue du fédéral à Montréal, je travaillais dans un CLSC. J'étais en âge d'être mère, mais être mère était mal vu dans le milieu. Le jour où j'ai dit : « Je prends une année sabbatique, je viens d'avoir un petit bébé », le milieu a réagi : « Mais pour qui tu te prends ? ! Les femmes viennent d'embarquer sur le marché du travail, mais elles ne sont pas fiables… Un bébé arrive et là… »

J'ai eu, après, à donner une formation pour une banque importante et les principales préoccupations tournaient autour du même sujet : « Qu'est-ce qu'on fait avec les femmes au travail ? Ça veut tout le temps faire des bébés. » Ces questions étaient des questions qui touchaient le sens profond de la vie… En fait, l'arrivée des femmes sur le marché du travail a amené de nombreuses questions, comme la place des enfants, le besoin de communication, le besoin d'avoir des hommes qui nous parlent et des patrons qui disent des choses qui ont de la cohésion dans la vie, etc.

La question du discernement, pour moi, se pose aussi d'une façon centrale dans la recherche du sens. Il me semble que la question n'est pas de dire non ou oui à un employeur, mais plutôt de dire « autrement ». Il faut arrêter la course en avant, arrêter d'accélérer. Pour moi, c'est une pensée tout à fait masculine, cette idée d'aller toujours plus vite, puis d'être toujours en «char» et puis de toujours «performer», de toujours faire un «trip». Je trouve ça bien «le fun» que les «balounes» pètent et qu'enfin des contraintes vont, peut-être, nous faire ralentir! Ceci va peut-être nous permettre de récupérer nos vies avant de mourir?! L'idée d'aller toujours en avant sous-entend qu'il existe un intemporel... C'est tout à fait irréel...

Moi, ce matin, contrairement au dernier dialogue, je me sens bien parce que je côtoie des visages et des personnes qui disent des choses vraies. Je sens de la vérité dans vos interventions. Pour moi, c'est le début de tout le reste. Ça a l'air drôle d'être contente quand le monde parle de ses peines, mais il y a du mal qui fait du bien.

Colette Talbot. — Des fois, c'est aussi «le fun» d'aller vite, même si on est une femme...

J'ai une question importante à poser sur les différences de perception. Pour moi, l'influence de ces différences est la principale raison pour laquelle j'ai joint ce cercle de dialogue. Cette question concerne monsieur Capistran. Imaginons que vous changiez de conseil d'administration et que, bien que ce conseil reconnaisse vos compétences en tant que DG, il vous demande de montrer davantage une image d'efficacité, de parler plus de façon administrative et non pas comme un clinicien qui ne parle que de clients. Que feriez-vous?

Robert Capistran. — Il me semble qu'il n'y a pas de contradiction entre efficacité et clientèle. La vraie efficacité, c'est dans le service à la clientèle.

Colette Talbot. — Mais, moi, je suis votre présidente du conseil d'administration. J'ai un baccalauréat en administration, une maîtrise en administration et un Ph.D. en administration. La régie a confiance en moi. Je vais bâtir un système de santé qui va marcher. Et je ne veux plus vous entendre parler comme un clinicien de «clients»... Qu'est-ce que vous allez faire?

Robert Capistran. — Cela me surprendrait que dans un conseil d'administration où il y a une douzaine de personnes, tout le monde pense comme cela.

Colette Talbot. — Je trouve que vous réagissez très bien. Vous réagissez comme le réseau qui est actuellement confronté à cet enjeu. L'idée est d'aller chercher des appuis...

Thierry Pauchant. — Moi, j'ai un baccalauréat en administration, une maîtrise en administration et un Ph.D. en administration! *(Rires)* J'aimerais partager ce qui m'anime en suivant nos échanges. Deux mots se combinent dans mon esprit: *emploi* et *travail*. Il me semble que nous avons parlé beaucoup d'emploi et peu du travail. Pour moi, le travail est une notion très large. C'est avant tout la rencontre avec la matière concrète et naturelle et la rencontre avec les autres, que ce travail soit rémunéré ou non. L'emploi ne représente que l'aspect économique, qui est essentiel pour survivre et vivre, mais qui se restreint à une composante financière.

D'après ces définitions, perdre son *emploi* n'est pas obligatoirement perdre son *travail*. France est intervenue tout à l'heure sur le sujet des femmes. Quand une femme accouche, c'est un *travail*. Cet accouchement, non rémunéré, est un travail car il nécessite une rencontre entre la vie naturelle et celle des êtres humains. C'est la rencontre avec « l'environnement », pour reprendre le terme de Benoît. Et il parle cet environnement! Je peux donc perdre mon emploi, mais toujours travailler...

Quand Pierre nous parlait tout à l'heure de l'argent nécessaire pour avoir une maison, un chalet, une voiture, etc., il nous a fait revenir à *l'emploi*, c'est-à-dire à l'aspect économique du travail.

Pour moi, durant ce dialogue, nous *travaillons*. Aussi, pour moi, le don, un des thèmes que Mireille a apporté, est un travail. Le don nécessite une rencontre avec l'autre et une rencontre avec la matière. La notion du travail étant plus large que celle de l'emploi, elle est, potentiellement, porteuse d'un sens plus large, plus conséquent, plus signifiant. Cela ne veut pas dire que l'aspect financier des choses, l'emploi, n'est pas important, mais au-dessus d'un certain minimum vital, il devient plus relatif... Maslow, entre autres, savait cela.

Dans nos sociétés, il me semble que nous parlons surtout d'*emploi* et peu de *travail*. Le travail est surtout vu comme une valeur marchande, le réduisant ainsi à *l'emploi*. Le « marché de l'emploi », l'offre et la demande de « jobs », pourra ou non permettre à une personne de réellement travailler, c'est-à-dire de générer une signification, dériver du sens. Mais là n'est pas son but. La « civilisation des loisirs », qu'on nous a promise dans les années 1960, fut aussi une tentative de dénigrer l'importance du *travail*. C'était justement l'abandon du travail où les relations avec les autres et avec la matière sont amoindries, atrophiées. Un terrain de golf est une nature dénaturée, mais cela ne veut pas dire que de jouer au golf ne soit pas « le fun ». Le parc de Disneyworld n'est pas la réalité, car tout y est pensé, orchestré, mesuré, présenté... Même les relations humaines y sont surfaites... On sourit un peu trop... On est un peu trop poli. « Oui monsieur, bien monsieur, merci monsieur, au revoir monsieur ! »...

Pour moi, c'est par le *travail* que l'être humain peut se développer, grandir, devenir plus mature, s'ouvrir à la transcendance... L'emploi a un rôle plus restreint, bien qu'important.

Colette Talbot. — Mais qu'est-ce qu'il fait votre monsieur lorsqu'il dit : « Oui monsieur, etc. » ? Il est à l'*emploi* ou au *travail* ?

Thierry Pauchant. — Il est à l'emploi. Il gagne un salaire. Il joue un rôle. Jean-Paul Sartre dirait qu'il exerce « une mauvaise foi[2] ».

Mireille Tremblay. — Il me semble que selon la différence entre le *travail* et l'*emploi*, le choix des femmes, quand elles sont entrées sur le marché, a été de trouver du *travail*, c'est-à-dire d'exercer une activité qui avait une signification. En général, les hommes ont une plus grande tolérance à ce que leur travail ne soit qu'un *emploi* parce qu'ils sont considérés traditionnellement comme des pourvoyeurs...

Aussi, des études récentes montrent que 60 % des gens occupent un emploi, c'est-à-dire œuvrent dans un *emploi* pour lequel ils n'ont fait aucun choix, qui relève des exigences du marché ! Je suis d'accord que ce qui fait la différence entre le *travail* et l'*emploi*, c'est la signification. Je trouve que faire le deuil de cela, de cette signification, de ce sens, c'est intolérable, parce que cette signification est à la base même de la vie.

Il y a aussi une notion d'engagement dans le *travail*. C'est une vision du monde et de ce que moi je veux apporter au monde. C'est cette entente-là, qui m'est unique et qui met l'interaction entre moi et le monde, c'est ce qui me donne du sens. Par rapport à une femme qui choisit de rester à la maison, celle qui commence à avoir accès à l'interaction sociale peut se dire : « J'ai une expertise et je peux agir sur l'univers dans lequel mes enfants vont vivre. » Les enfants ne sont pas en dehors de ces préoccupations-là. Et je trouve que de perdre cette possibilité d'action, à travers le *travail*, c'est ça le deuil le plus épouvantable.

Solange Dubé. — Dans mon organisation, lorsqu'on parle de *travail* et d'*emploi*, un emploi, c'est quelque chose qu'on choisit, qu'on aime et dans lequel on est bien. Comme disait Richard, j'ai perdu mon *emploi*, mais j'ai encore un *travail*. Dans notre organisation, ces deux termes-là sont différents. Avoir un *travail*, c'est bien, mais c'est plus limité que d'avoir un *emploi*. Chez nous, il y a des personnes qui se sont fait supplanter cinq ou sept fois, et d'autres même jusqu'à dix fois ! Et ces personnes disent : « J'ai encore un *travail*. » Il y a des gens qui sont sur la liste de remplacement et qui travaillent maintenant sur des horaires de jour, de soir et de nuit. Des infirmières auxiliaires qui avaient un horaire de jour en gériatrie, travaillent maintenant durant le soir ou la nuit en médecine, en chirurgie, en psychiatrie, en se disant qu'elles ont un travail.

Là où ça va bien, ce sont des situations où les gens ont trouvé une alternative intéressante, où ils ont trouvé un nouvel *emploi* qui les intéresse. Il y a des gens qui sont sortis du réseau, qui ont décidé qu'ils ne pouvaient pas vivre la réalité de faire du remplacement le jour, le soir et la nuit. La plupart des gens vont pourtant préférer rester sur la liste de remplacement et vivre toute cette insécurité-là, de travailler un peu partout, avec tout ce que cela entraîne.

Il y a les gens qui sont bien dans toutes sortes de choses. Des infirmières peuvent travailler sur tous les horaires et ne s'en plaignent pas. Elles sont seules, n'ont pas de mari ni d'enfants ; cette situation leur convient. Mais collectivement, on ne peut s'y retrouver...

Richard Lachapelle. — J'ai l'impression qu'on parle aussi de la mutation du travail, de l'organisation du travail. Pour moi, l'*emploi* correspond à un poste ou à une fonction alors que le *travail* engendre des relations avec d'autres personnes et du sens.

On discutait récemment avec des amis sur le fait que les travailleurs autonomes ont moins de relations. Où est la relation quand ils parlent seuls sur l'Internet ? Pour moi, dans le *travail*, il y a une relation, un contact qui se réalise. Avec la nouvelle organisation du travail, il y a de plus en plus de gens qui travaillent à domicile, et ceci est une mutation importante. Ces changements de fond me font peur, mais je me dis que je ne suis pas le seul dans cette situation.

Mireille Tremblay. — Dans quelle mesure a-t-on un espace pour *donner*, dans notre société ou nos organisations, indépendamment de la rémunération ? L'*emploi*, c'est une transaction associée à une valeur monétaire et où il y a un échange. A-t-on des espaces pour donner à la société ? L'espace de donner ou de créer, que ce soit par la peinture ou l'écriture, l'espace de quelque chose qui n'est pas réductible à l'efficacité et à l'efficience, parce que l'efficacité et l'efficience sont des transactions qui demandent une mesure.

J'ai l'impression qu'il n'y a plus de place pour tout ce qui n'est pas mesurable ! La parole est gratuite et il n'y a plus d'espace pour la parole. Si j'ai une idée que je trouve intéressante, il devrait exister autre chose que juste la transaction marchande pour la partager !

Lorraine Brault. — Moi, je ne pourrais pas donner sans être payée. Pour moi, un don, ce n'est pas nécessairement quelque chose de gratuit. La créativité n'est pas nécessairement gratuite. Les acteurs et les artistes n'ont pas besoin de mourir de faim pour créer. Dans ce sens-là, je pense que je suis encore plus créative dans mon travail quand je suis rémunérée. J'ai un peu de misère à voir la différence entre l'*emploi* et le *travail*...

Benoît Tremblay. — N'y a-t-il plus d'espace de don ? Moi, j'en vois plein de ces espaces. Par contre, il existe peu d'espaces pour recevoir. Dans mon travail, je donne, et dans ma vie personnelle, je donne et je reçois. J'ai de la misère à comprendre qu'on puisse affirmer qu'il n'y a plus d'espaces de don, à moins que je n'aie pas bien suivi...

Colette Talbot. — C'est qu'il y a une question d'éducation. Avant, les femmes et les hommes étaient éduqués à « s'oublier » pour les autres. C'était très catholique, le Québec... C'était ce qu'il fallait faire afin de pouvoir « bien vivre ». Ce n'était pas catholique d'être riche. C'était protestant. Nous ne devons pas oublier ces faits historiques ! Comme nous ne devons pas oublier l'influence de la Révolution tranquille. Quand des femmes et des hommes dans la cinquantaine parlent du « don », ils en parlent avec la même signification. Les autres générations n'ont pas cette signification. C'est là où je dis qu'on a tous des perceptions différentes sur le travail. Il existe des éléments qui sont fondamentaux. On ne les a pas encore vraiment décortiqués.

France Dolan. — Pour moi, quand on parle de « don », cela veut dire la vie en général... Dans le travail, qu'est-ce qui est détourné ? Qu'est-ce qui est endigué ? Qu'est-ce qui est attrapé ? C'est la vie ! C'est l'expression de la vie ! Par exemple, parler au travail est souvent vu comme une perte de temps ou d'efficacité.

Quand je travaillais au fédéral, on n'avait pas le droit d'avoir plus qu'un petit poster dans nos espaces ; le fait que ma chaise avait des bras ou non, des roulettes ou non, dépendait d'une décision hiérarchique ! Toute la vie était étouffée. Rire, parler, manger dans les bureaux, cela était interdit ! Même pas une petite collation... Tous nos sens étaient coupés. En gestion, tous les adjectifs étaient supprimés dans les textes parce que « les adjectifs, cela fait trop subjectif » ! L'adjectif, ça met de l'émotion, ça met de la vie... « Aseptise-moi ça, « pis » vite, et si t'as pas compris cette fois-ci, « j'te » ne le dirai pas trois fois, parce que ça demande du temps pour réviser tes affaires... » *(Rires)*

Ce que je trouve de réjouissant dans cette crise actuelle du réseau de santé, c'est qu'on a une chance d'y récupérer notre vie. On a la chance de récupérer notre parole, un espace, des rapports humains... Et cette chance nous est donnée parce que la colère gronde et la colère, c'est de la vie. Il me semble que l'ère de passivité s'achève. C'est pour ça que je me dis que si on continue cet espace de parole pendant un certain temps, nous passerons à l'action. On ne pourra plus rester assis et même moi, cela commence à me fatiguer. Il y a tant à faire...

Jean-Pierre Gagnier. — Les transformations actuelles dans le monde du travail nous suggèrent comment notre monde sera demain. Moi, comme d'autres, j'essaie de comprendre quelle est l'importance de l'humain dans l'univers de la production, quelle est son importance par rapport au profit, quelle est son importance quand les choses vont vite, etc. J'essaie de voir où est ma place en tant qu'homme dans un monde qui bouge.

Les gens à qui j'enseigne actuellement, qui ont en moyenne 20 ans, suivent les échos de l'univers du travail et essayent d'entendre des indices de la place de l'humain dans cet univers ainsi que de leur propre place. Ils utilisent les transformations que nous subissons comme une sonde. Nous sommes donc responsables des messages que nous envoyons.

Claude Larivière. — J'ai le goût de faire un commentaire sur la notion d'*emploi* et de *travail*. Je suis un peu inconfortable, car je sens un mal de vivre, une souffrance dans le groupe. Et j'ai l'impression que cette souffrance est reliée à la notion d'*emploi*.

Aujourd'hui, ce n'est pas le travail qui est en train de changer, c'est l'*emploi*. La crise dont on parle, c'est la perte d'*emploi*. J'ai changé souvent d'*emplois* dans ma vie, mais j'ai toujours continué dans le même domaine et, pour moi, ce qui était important, c'était d'avoir l'occasion de me réaliser.

Ma charge de *travail*, d'ici un mois ou deux, me semble inquiétante. Mais quand je regarde les tâches dans lesquelles je suis impliqué et dans lesquelles je me sens concerné, je me sens bien. Dans mon organisation, nous sommes en train de nous recentrer sur les besoins des clients et je me dis que ça va finir par aller dans le bon sens.

Quatrième dialogue
Le développement de la conscience et de l'attention en organisation

(Silence)

Serge Marquis. — La semaine dernière, j'ai beaucoup pensé au groupe. Je suis allé à une conférence et quelqu'un est venu me voir pour me dire qu'il était allé à Disneyworld et qu'il avait observé un phénomène assez intéressant. Dans des restaurants, il y a des appareils pour commander la nourriture et, si on revient le lendemain, l'appareil enregistre un message, grâce à je ne sais quel mécanisme, pour nous demander : « Voulez-vous ce que vous avez mangé hier ? » Un peu comme si la personne était tout à coup reconnue par l'appareil. Je me suis dit que pour qu'on ait pensé à cela au niveau marketing, il fallait qu'on sache que c'était très rentable de le faire. Il paraît que si on revient une année plus tard, c'est encore dans la mémoire de l'appareil, la question devenant alors : « Est-ce que vous voulez la même chose que l'année dernière ? »

Cette histoire m'a fait pensé à notre réseau de santé et à nos organisations et je me suis demandé où se trouvait ce genre d'attention, dans le sens d'avoir effectivement remarqué quelque chose de précieux chez quelqu'un, un geste qui a été posé, une attitude qui a été utile et qui peut être retenue et reconnue. Je me suis dit que si ce géant américain a compris cette nécessité, cela serait peut-être intéressant que l'on fasse une réflexion du même style au niveau de nos organisations.

Lorraine Brault. — Moi, c'est plus que ça qui me fait réagir. C'est la peur de l'uniformité. C'est tellement plus facile, quand quelqu'un te demande : « Veux-tu manger la même chose qu'hier ? », de répondre : « Bien oui ! »

Benoît Lecavalier. — Moi, je trouve que cela n'a pas d'allure ! *(Rires)* C'est comme lorsque j'entre dans un magasin et que la personne me demande avec un grand sourire : « Comment ça va ? » J'ai l'impression que c'est factice, que « c'est l'heure de la récupération ». *(Rires)* Cela ne devrait pas être permis au Québec, cette machine-là !

Thierry Pauchant. — Pour moi, cette histoire exemplifie ce que j'appelle « le manque de limites ». La question que j'ai entendue poser par Serge est : « Souffrons-nous tellement de manque d'attention et de reconnaissance, qu'une machine, maintenant, doit nous dispenser cette chaleur humaine, même d'une façon froide, automatique, normalisée ? »

Il y a quelques dialogues, nous avons suggéré que certaines personnes avaient « trippé » lors de la formation du système au Québec. Je comprends la motivation derrière ce « trip », mais je comprends également qu'il a peut-être engendré des abus, des manques de reconnaissance des limites à ne pas dépasser. D'ailleurs, le mot « trip » le dit bien, « un voyage sans contraintes »... Je ne suis pas du système de la santé, mais j'aimerais exprimer l'une des choses que j'ai entendues durant nos dialogues. Dites-moi si je me trompe...

Avec ce trip, cette absence de limites, certains éléments dans ce système ont été construits un peu trop grands, un peu trop chers, un peu trop beaux... Si le docteur Tremblay a obtenu son équipement de 3 millions, c'est en partie parce le docteur Lafortune avait obtenu sa « bebelle » quelque temps auparavant... Et le même phénomène de boulimie, d'absence de limites, s'est développé, dans certains cas, dans le système au complet, entre les services, les établissements, les régions, la vision de la santé en général, l'utilisation abusive des soins dans la population, etc.

Et puis est venu le temps des coupures. Le chèque en blanc était remis en question. Là aussi, dans certains cas, on a oublié les limites et on a coupé des services essentiels. D'où, en partie, la perte de sens, les problèmes dans les services, la désorientation actuelle...

Vous connaissez certainement le film *Being There,* avec Peter Sellers. Dans ce film, Sellers joue le rôle d'un jardinier qui rappelle la nécessité d'élaguer et de tailler un jardin et ses arbustes afin de faciliter leur croissance. Cette leçon est tellement oubliée dans nos organisations, que ce jardinier, pourtant complètement déconnecté de la vie, devient conseiller du président des États-Unis, qui applique ses conseils à la finance internationale... À la fin du film, Peter Sellers marche même sur l'eau...

Je me demande les raisons pour lesquelles nous n'avons pas élagué le système quand il était temps. Au lieu de cela, dans de nombreux cas, on a décimé, tronçonné, *déraciné*. Il y a, bien sûr, une différence importante entre *élaguer* et *déraciner*[1]. Le déracinement tue toute vie future alors que l'élagage encourage la vie. Je me souviens que ce thème de l'*enracinement* a émergé durant nos dialogues, en connexion avec l'œuvre de Simone Weil[2]. Comme Weil, je suis convaincu qu'il ne peut y avoir de sens sans enracinement... « Les personnes enracinées enracinent [...] », disait-elle. Et une organisation enracinée, enracine... Et une organisation déracinée, déracine...

Cette absence de limites, cet abus des limites, peut être à la fois constaté dans la formation du système comme dans sa réforme actuelle. Le balancier, décidément, balance trop... Je me demande comment un système comme celui de la santé pourrait retrouver la notion de limite. Que faudrait-il pour que nous, humains, qui orientons nos organisations, puissions reconnaître effectivement la présence de limites et de points de rupture et faire en sorte que nous ne les dépassions pas ? Comment pourrions-nous mieux élaguer de temps en temps ?

Claude Larivière. — Quelque part, entre la dimension très macro que tu viens d'évoquer, en faisant référence à l'ensemble du Système avec un grand S, et la dimension très micro exprimée au niveau des relations interpersonnelles et de l'attention aux autres, il me semble qu'il y a d'autres dimensions où l'on manque d'attention. Par exemple, je vois fonctionner, très souvent, des équipes d'intervenants là où des gestionnaires ont beaucoup de difficulté à gérer, malgré leur formation étendue en sciences humaines et sociales. On trouve donc à la fois des dimensions liées au macro et d'autres au micro, et cela me questionne beaucoup. Je ne comprends pas que, bien préparés, du moins en théorie, nous ne soyons pas capables de mieux fonctionner.

Lorraine Brault. — C'est comme si notre difficulté à être raisonnable, à reconnaître les limites, faisait partie de la façon dont le système fonctionne... Peut-être que profondément, les êtres humains, ne sont pas raisonnables ? Comme on veut toujours se sentir en sécurité, on aimerait bien tout avoir... Puis, à un moment donné, on n'est plus capable de fournir... Est-ce que cela veut dire que ça va continuer comme cela ? En tout cas, il me semble que malgré la technique, malgré l'avancement de la science, nous sommes encore dans des situations difficiles. On a de la misère à s'arrêter par soi-même. L'autorégulation ne se fait pas...

Maria Vieira. — Ce qui me fascine, c'est de voir qu'on a beaucoup d'aisance à développer des techniques et des technologies de communication entre les gens, mais beaucoup moins pour se comprendre soi-même, pour rentrer en communication avec soi-même. Peut-être parce que je fais un processus avec moi-même depuis longtemps, ce qui me fascine, c'est l'importance de la connaissance portée aux phénomènes externes comparée au peu de développement accordé, souvent, à la dimension interne, à la connaissance de soi. Je trouve que de me connaître, ce qui s'améliore en vieillissant, me permet de mieux connaître les autres et de leur être plus attentive, d'être plus sensibilisée...

Souvent les médias, dont l'objet est de sensibiliser les gens à une cause, ont l'effet inverse. Ils m'amènent à être très désensibilisée par la même occasion... Du fait que je lis les journaux tous les jours, j'en suis venue à être désensibilisée envers la souffrance, les tragédies, etc. « Oui, c'est effrayant », je me dis, mais c'est tout. « C'est effrayant », mais je tourne la page... En fait, l'attrait de la technologie et le culte de l'excellence, que je mets tous les deux dans le même bain, nous jouent des tours. Il me semble que nous nous sommes tiré dans les pieds.

Mireille Tremblay. — Nous essayons de comprendre l'histoire, d'identifier l'endroit où nous nous sommes trompés, où nous avons été déraisonnables. Je me demande si cette question ne vient pas du fait que nous cherchons à établir ce qui est raisonnable et ce qui est déraisonnable. Si le jardinier doit tailler son jardin et émonder ses arbres, c'est parce qu'il est sous-entendu que la nature ne détient pas en elle-même l'ordre que le jardinier voit pour son jardin. C'est-à-dire qu'il imagine un jardin avec sa propre harmonie de jardinier. Cela ne veut pas dire que la nature est chaotique... Ça pousse comme ça pousse... Mais le jardinier a une vision de son jardin.

Dans notre système de santé, c'est la même chose. Peut-être qu'à un moment donné, le jardinier se rendra compte qu'il a un arbre en trop, à tort ou à raison. Cette vision-là est émergente tout le temps. Et cela se complique s'il y a deux jardiniers, puis trois, puis 6 millions... Pour avoir une vision du jardin, il faudra maintenant composer avec toutes ces différentes visions !

Moi, j'aime beaucoup la question du micro et du macro. Quand je me suis mariée, mon mari était en sciences politiques et moi en psychologie. Je disais que pour changer le monde, il fallait partir de l'individu, que l'individu soit heureux, etc. Et mon mari me disait le contraire. Il fallait partir du système ! *(Rires)* J'aime cela parce que dans le groupe, nous avons des réflexions à ces deux niveaux. J'ai l'impression que le macro, c'est l'univers à l'extérieur de nous sur lequel nous n'avons aucune prise ; et que le micro est notre vie intérieure, notre vision du monde sur laquelle on peut agir à travers notre travail. Quand on voit un jardin qui se défait, c'est la vision du jardinier pour ce jardin qui se détruit, et cela est extrêmement souffrant. Je souffre actuellement de voir l'état de notre système de santé...

Mais, peut-être que c'est comme cela que l'on change le monde, en partant d'une souffrance qui nous mobilise ? Cette souffrance disparaît quand on retrouve l'harmonie intérieure parce qu'on a harmonisé les images que l'on a intérieurement avec la réalité extérieure. Pour moi, il y a toujours une interaction avec le contexte extérieur et la vision du monde que nous portons intérieurement. Cet échange n'est ni raisonnable, ni déraisonnable. La question n'est pas là.

Pierre Beaulieu. — Moi j'ai l'impression que ce manque d'équilibre est normal. J'ai l'impression que ce manque provient de la nature humaine. La nature humaine est composée, je dirais, de deux extrêmes, puis d'un équilibre. Quand on regarde l'histoire, on est toujours passé d'un extrême à l'autre. Il n'y a jamais eu, selon moi, d'équilibre « parfait ».

En fin de semaine, je regardais un livre sur l'Espagne. J'ai été étonné de voir que dans les années 700, 800 et 900, on avait bâti des châteaux d'une beauté extraordinaire. De fil en aiguille, cela m'amena à ce que j'ai déjà vu en Europe, des monuments extraordinaires, bâtis durant des époques où le monde crevait de faim... Et aujourd'hui quand on regarde cela avec du recul, c'est sûr que l'on pourrait poser un jugement sévère : « Comment ont-ils pu bâtir des affaires avec des métaux précieux d'une beauté absolument incalculable, en tuant du monde pour aller les poser?» Pour nous qui sommes «fins», c'est épouvantable. Mais pourtant, c'est toute l'histoire de l'humanité qui est faite de même!

Je pense que le point d'équilibre vient constamment de l'environnement dans lequel on est, et, en même temps, de la réflexion individuelle et collective des gens qui vivent dans cet environnement. On retrouve ici le micro-macro... Donc, si on revient à ce que nous vivons dans le réseau, je pense que nous avons bâti quelque chose qui correspondait à un besoin collectif des années 1960 et 1970.

Contrairement à ce que tu dis, Thierry, je ne crois pas qu'on déracine le système actuellement. On est en train de l'émonder.. sauf qu'on coupe de grosses branches! On est en train de faire le retour du balancier. Et puis, probablement, ce mouvement-là va créer un équilibre en quelque part. Actuellement, on a de la misère à voir le produit final... Mais à un moment, on va le trouver. Et puis quand on va l'avoir trouvé, cela ne sera pas pour bien longtemps, parce que la nature étant ce qu'elle est, on va repartir de l'autre côté...

Je termine par une image. Je ne sais absolument pas pourquoi j'ai eu cette image-là, mais je l'ai eue cette nuit. S'il y a des psychologues dans la salle, vous pourrez m'aider... *(Rires)* J'ai vu l'image du pape Jean-Paul II, puis, je voyais un vieillard chancelant qui lisait quelque chose... Je me suis dit alors: «Quand il a été élu pape, ce gars-là, toute la planète a "capoté" parce qu'on avait un pape jeune, dynamique, fringant. Et là, 30 ou 20 ans plus tard, on est "pogné" avec un vieillard, mais on ne se pose pas de questions. Pourquoi faut-il absolument l'aimer? La personne ou l'image qu'on a aimée, il y a 25 ans, ne correspond plus du tout à celle d'aujourd'hui...» Alors, les psychologues, allez-y... *(Rires)*

Cela étant dit, je trouve que le temps change les perspectives. Dans le réseau, nous sommes actuellement à la recherche d'un équilibre entre des perspectives différentes.

Constance Lamarche. — Les propos de Pierre font émerger en moi une réflexion sur le sens que l'on donne à la vie, que l'on donne à la mort aussi. Ceci est évident dans le cycle de la nature. Mourir pour renaître... Je me demande si nous n'avons pas effectivement, dans le réseau, de la misère à assumer qu'on ne fait pas juste donner la vie, mais que l'on met aussi fin à la vie, d'une façon ou d'une autre. C'est ça qui émerge quand j'entends Pierre parler du pape. Oui, on fait naître quelqu'un, on le glorifie, puis après ça, au bout de 15 ou 20 ans, ce n'est plus ça, on veut autre chose.... On veut faire mourir cette image-là qui ne correspond plus aux besoins du contexte. On veut quelqu'un d'autre, alors on tue, et puis on nomme quelqu'un d'autre...

Je trouve cela souffrant de me dire : « Oui, moi je pense que j'ai fait naître des choses, je pense que j'ai créé, mais je pense que j'ai fait mourir aussi. » Je me demande si la difficulté qu'on a à vivre présentement dans le réseau de la santé réside en partie dans cette difficulté.

Estela Rios. — Hier soir, je parlais avec un ami. Il me disait qu'il faut mourir chaque jour pour aimer, afin de recommencer le lendemain. Il faut tout le temps mourir... Il faut tuer tout le temps pour recommencer à un nouveau moment. Il me racontait qu'il est allé en Europe et il a rencontré une dame charmante. Quand ils se sont quittés, il fut bien triste... Il faut recommencer chaque jour... Je me rappelle des paroles d'un cantique que l'on chantait à l'église : « Si les grains de blé restent en terre, comment le blé pourra-t-il pousser ? »

Jeannine Tremblay. — Moi, je me sens beaucoup interpellée et, en même temps, je ne sais pas trop comment dire ce qui m'habite. Ça me décourage un peu de penser qu'on est impuissant à ce point-là, ballotté par les instincts de notre « nature humaine ». Dans le fond, je me demande si nous ne sommes pas en train de nous donner bonne conscience. Puis, je pensais à votre arbre de tantôt et je me disais que ça prend un certain nombre d'éléments pour pouvoir dire : « Il y a un arbre, puis il va falloir que je l'entretienne pour lui permettre de grandir d'une façon harmonieuse. » Ça prend une conscience que cet arbre-là est en place ; ça prend une volonté de dire : « A-t-il besoin de plus de soleil, de moins de soleil, d'ombre... ? », donc de juger de ce qui est de trop... Je suis très émotive... parce que je trouve que c'est gros ce qu'on dit.

Moi, si je regarde l'arbre, ça va me prendre une conscience, puis une volonté pour subordonner mes intérêts personnels aux intérêts collectifs du jardin, pour arriver à éviter le désastre. Je ne sais pas, mais je suis comme un peu découragée. C'est peut-être la vie qui nous transporte... On n'est peut-être pas capable de se donner la force collective dont on a besoin. Mais moi, je ne veux pas que ma vie soit ballottée comme cela ! Il me semble que j'ai travaillé à ne pas me laisser aller à toutes mes faiblesses parce que... je ne sais pas pourquoi, mais ceci vient me chercher beaucoup... Il me semble que nous ne savons pas où nous allons...

(Silence)

Mireille Tremblay. — Quand mon père est mort, on avait pris cette phrase-là, celle du grain de blé qu'Estela a mentionnée, pour l'inscrire dans le faire-part. C'est bien sûr que le deuil, surtout quand il s'agit des gens qu'on aime, ça nous touche beaucoup... Finalement, ce qui a du sens pour moi, c'est l'amour. Les gens qu'on aime le plus sont nos enfants, nos parents, nos amis et on sait qu'un jour ils vont mourir ou nous allons mourir, qu'alors on va se quitter. Comment la vie peut-elle avoir un sens si ce qui a le plus de sens n'a pas de durée ?

Mais, par ailleurs, quand on fait un deuil, qu'il s'agisse du système de santé, d'un changement d'emploi ou d'un deuil de n'importe quoi, j'ai toujours remarqué qu'on se débarrassait, à tort ou à raison, d'un tas de choses. Peut-être qu'il ne devrait rien rester, mais moi j'ai toujours remarqué qu'il restait quelque chose. Dans un deuil, on retrouve l'essentiel.

J'ai, par exemple, remarqué que lorsque je changeais d'emploi, je conservais l'essentiel. D'un emploi à un autre, j'ai toujours gardé mes amis et les projets qui étaient les plus importants pour moi. Mon problème dans le système actuel de la santé, c'est de savoir ce qui donne un sens à ce que l'on fait, ce qui est essentiel. Même si c'est la triste réalité, cela ne me suffit pas de dire que l'on naît, puis que l'on meurt. Entre naître et mourir, il y a la vie, et quel sens lui donner.

Serge Marquis. — Moi, je voudrais revenir sur la question de la désensibilisation. Il existe un parallèle entre la réalité de la conscience et celle de « l'attention ». Il faut que le jardinier soit conscient et attentif pour pouvoir s'occuper de l'arbre. Si on arrive à une désensibilisation, à un moment donné, l'arbre ne sera plus important... « bof »...

Il y a une histoire que j'ai entendue un jour et que je trouve très belle. Je vais essayer de la faire courte. C'est l'histoire d'un père qui amène sa petite fille pour aller chercher un cadeau de Noël. Elle voulait une poupée. Ils marchent ensemble et un instant plus tard, le père se retourne pour s'apercevoir qu'elle n'est plus à côté de lui. Il la voit plus loin devant la vitrine d'un magasin d'antiquités. Elle est en admiration devant des vieux meubles. Alors il lui dit: «Veux-tu rentrer?» Et elle dit: «Oui.» Comme elle admirait des vieux métaux, le propriétaire du magasin lui dit: «J'ai quelque chose à te montrer.» Il ouvre une boîte. Des cristaux se trouvent à l'intérieur. Il prend un cristal, puis il le met devant la fenêtre. La lumière frappe le cristal et produit un arc-en-ciel. Éblouie par cela, la petite fille dit qu'elle ne veut plus une poupée, mais le cristal pour cadeau. Et son père le lui achète donc pour Noël. Alors, chaque fois qu'il y a de la visite, elle court dans sa chambre, met le cristal devant la fenêtre et montre l'arc-en-ciel. Tout le monde est ébloui...

Après quelques semaines, son père se rend compte que lorsqu'il y a de la visite, sa fille ne va plus chercher son cristal. Alors il lui demande pourquoi et la petite fille lui répond: «Bof!» Alors là, il place le cristal devant la fenêtre de sa chambre, et encore une fois, le matin lorsqu'elle se réveille, elle est encore émerveillée par l'arc-en-ciel. Au bout de quelques semaines à nouveau... «Bof!» Son père lui dit alors: «Écoute, si tu ne le veux plus, on va le jeter. Mais il faut que tu le jettes vraiment.» Elle le prend donc dans sa main et le jette par la fenêtre. Et l'été suivant, son père s'aperçoit qu'il est encore sur le gazon, il le prend et se rend compte qu'il est craqué. Il demande à sa petite fille de le regarder à nouveau et, en le mettant dans la lumière, la fente créait une multitude d'arcs-en-ciel. De nouveau fascinée par son cristal, la petite fille le ramène dans la maison. Quelques semaines plus tard, alors que le père est en train de travailler, elle lui dit: «Papa, est-ce qu'on a un marteau ici?» Comme il ne fait pas attention, il dit: «Oui, en bas, dans le sous-sol». Après y avoir pensé, il se demande ce qu'elle voulait faire avec un marteau, alors il descend en bas. Sa fille était en train de casser son cristal. Il lui dit: «Mais qu'est-ce que tu fais là?» Elle lui répond: «Je veux fabriquer des millions d'arcs-en-ciel!»

J'aime bien cette histoire. Elle montre bien l'espèce d'usure de l'«attention» avec le temps, menant à une forme de désensibilisation. Pour moi, je raccroche cela à la conscience. Je me demande comment on peut maintenir cette attention aux autres au niveau micro dans un système comme le nôtre où le niveau macro est effectivement bousculé. Et je pense qu'à travers cela, il y a quelque chose qui rejoint une possibilité de générer du sens, mais cela demande un effort. Il faut faire *attention*, parce qu'il y a une espèce d'usure et de désensibilisation qui se produit à travers le temps...

France Dolan. — J'aime bien l'image de la lumière mais j'ai, à tort ou à raison, une croyance. Je crois que l'attention ne vient pas d'un effort, mais d'un désir. L'arbre, pour moi, c'est un désir de l'humain de voir la beauté, de voir la vie, de participer à cela. Je pense que si on revient au système de la santé, il y a peut-être eu des « trippeux » de systèmes et pas assez de « trippeux » de vies! Je n'entends pas beaucoup dans le système de la santé le désir que le monde aille bien... On a plutôt le désir que le système soit fonctionnel! On est rendu avec des fleurs de soie et de plastique, et on les confond... *(Rires)*

Je pense que de prendre soin d'un arbre, c'est bien de l'ouvrage. La vie, c'est un investissement constant. Il faut avoir le désir de vivre. Je pense aussi que l'on déracine actuellement dans le système, et en pensée aussi. Les journaux nous le disent: les racines crient; les infirmières crient; les médecins crient; les patients crient. Ce n'est pas des chuchotements... Ça crie! Et ça dit: «Nous *rushons*, Monsieur Rochon!» Eh! c'est gros. Les gens sont fatigués. Ils n'en peuvent plus. Tout le monde a peur de tomber malade...

Pour faire écho à ce que Pierre disait, moi, je ne suis pas sûre que c'est le ballottement des instants. Ce que je sens, c'est de la démission. Et c'est ce que je sens ce matin dans ce groupe. La théorie de l'instinct humain n'est même pas une tentative de se donner bonne conscience... C'est de la démission, et ça, moi, je n'en fais pas partie... J'ai envie de faire un gros *delete* là-dessus...

Qu'est-ce qu'il nous reste après la santé et l'éducation? Nous sommes rendus pas mal à terre: les problèmes dans le système de l'éducation, ceux du système de la santé, la diminution de la sécurité du revenu, l'éclatement de la famille... En quelque part, il va falloir se reprendre! Il va falloir voir si c'est dans le micro ou dans le macro, si on a encore envie de vivre, si on a encore envie du Québec, si on a encore envie de planter des arbres. Peut-être qu'il faut se remettre à planter?

Je n'entends pas beaucoup le goût du Québec dans le réseau de la santé... Les derniers échos que j'ai entendus dans le système, c'était le slogan «Un Québec fou de ses enfants»! J'ai dit: «wow»! Il y a un projet de société là-dedans! Je ne comprends pas qu'on ait mis cela sur les tablettes. On aurait dû monter aux barricades avec une affaire comme celle-là! On aurait dû aller faire la bataille, ça méritait cette bataille-là. J'ai revu dernièrement la personne à l'origine de ce slogan, Camille Bouchard, en relation avec la réforme de la santé. Je me suis demandé comment il se sentait. Il a inventé une belle affaire, il l'a proposée, puis tout le monde a applaudi, mais l'affaire est restée là...

Constance Lamarche. — Nos héros ne sont pas toujours des héros... Ce n'est pas parce que je constate les réalités de la vie, de la mort, de l'existence d'un cycle, que je démissionne pour autant. Je trouve que ce n'est pas une démission que de comprendre ces réalités.

En même temps, si on parle, entre autres, de Camille Bouchard, c'était un héros, mais pourquoi faudrait-il qu'il soit toujours un héros? Est-ce qu'il doit l'être toute sa vie? Est-ce qu'il n'y en a pas d'autres qui vont prendre la relève? Je me dis que ces changements font partie de la vie. Il y a des héros qui meurent, et d'autres qui naissent. Je pense qu'il ne faut pas se décourager, il ne faut pas démissionner. Il faut accepter qu'il y ait un héros pour un certain temps, puis qu'après il ne le soit plus. On le crucifie, ou alors il devient complètement épuisé, ou encore il se régénère. Je pense que c'est cela, aussi, renaître.

Pour ma part, je ne suis pas démissionnaire, mais pas une seconde. Je ne me sens pas impuissante non plus. D'ailleurs, ce matin en venant ici je me disais: «Il me semble que j'ai le goût, avec ce groupe-là, de faire quelque chose... Est-ce qu'on peut construire quelque chose avec les réflexions qu'on a faites jusqu'à maintenant? Quels impacts peut-on avoir sur nos collègues?» Je pense que nous avons la possibilité de créer quelque chose, ici. Maintenant, il faut le décider, mais c'est peut-être trop tôt... Je ne veux pas non plus que cela soit une formule magique...

Benoît Lecavalier. — Moi, je n'ai pas besoin, ou en tous cas, je n'ai pas le goût de construire quelque chose... Je trouve qu'il y a déjà beaucoup d'affaires en construction... Pour moi le groupe représente un temps d'arrêt, un temps de réflexion privilégié. J'aimerais macérer cela un bout et m'imbiber de cela...

Quand j'ai acheté mon condo, j'ai hérité d'un arbre devant chez nous. J'ai fait le choix de le laisser là, de l'entretenir et d'y mettre du temps. Il y a eu réellement un processus de choix et le fait de choisir d'émonder notre arbre, cela ne veut pas dire qu'on ne le respecte pas. Je fais l'analogie avec notre système de santé. L'héritage qu'on a de notre système de santé, ce n'est pas qu'on le respecte pas. C'est qu'il faut le faire évoluer. Je rejoins Pierre là-dessus. Il existe un mouvement de balancier. Il faut qu'on s'ajuste, c'est une nécessité. Pourquoi ne pas regarder plutôt l'aspect positif de ce que ce système nous donne actuellement et nous a donné dans le passé ? Je suis impressionné par ce qu'il a pu créer et donner comme qualité de soins et de services à la population dont je fais partie comme citoyen. Mais il y a des modalités nouvelles à trouver... J'aime bien mon héritage, mais je veux le faire fructifier. Je veux le faire avancer, mon héritage, pour qu'il corresponde à la réalité d'aujourd'hui.

Pierre Beaulieu. — Je m'interroge sur la balance qui doit exister entre l'individualisme et le collectif. On est six millions à avoir une perception, une vue de notre jardin. Si on fait l'analogie avec le système de la santé, pour moi c'est évident. Ça fait plusieurs fois que j'entends ici des opinions différentes sur ce que pourrait être le système et je pense que c'est là que l'on rencontre la grande difficulté.

Je reviens à la quête du sens au travail. On retrouve, dans cette quête, cette même difficulté. Je vis cette difficulté tous les jours quand je suis en réunion, quand je suis en discussion sur un dossier. Elle provient de la différence entre ma perception et celle de mes voisins sur ce qui « devrait être », en parlant du même objet. Moi, j'ai la prétention de dire que notre ministre, les directeurs généraux, les gens qui travaillent dans les régies, sont tous aussi intelligents que nous, ici présents. Comment se fait-il alors que ces personnes sont en train de faire quelque chose que d'autres qualifient de « catastrophe planétaire » ? Je pense que c'est toute la différence, ou la dualité, entre ma perception et celle des autres...

Le sens, pour moi, c'est de me retrouver dans ce que je fais avec mes convictions, tout en tentant de tenir compte des autres, afin d'essayer d'élaguer le fameux arbre. Nous ne sommes pas tout seuls et je pense que c'est là notre difficulté. En tout cas, ce matin, je ressens cette difficulté et ce n'est pas la première fois. On voudrait tous être des petits dictateurs, mais ça en prend juste un à la fois... À quelque part, je pense que le sens de notre travail, c'est un peu ça : comment moi, avec mes convictions, je peux faire avancer quelque chose tout en sachant que cela va avoir des limites, et que ces limites sont les convictions de ceux autour de moi, des gens aussi intelligents que moi. Je crois que c'est sur l'équilibre entre sa propre vision et celle des autres qu'il faut travailler. Je sens que je suis confronté avec la vraie réalité et c'est pour cela que je dis que la nature humaine, dans le fond, est bien importante. Collectivement, on risque de tomber dans un extrême ou un autre, parce que c'est un peu ça « la job » de chaque individu... Chacun de nous doit émonder la branche qui, d'après nous, devrait être émondée...

Richard Lachapelle. — Des images me viennent à l'esprit. Ce sont des images de rupture et de continuité. Comme si les deux ne pouvaient exister en même temps. Mais, dans le fond, elles existent en même temps. On vit avec de l'attachement, puis on meurt quand on se détache... C'est ça la vie. C'est une image de rupture et de continuité... Et pourtant, on les voit souvent comme dissociées, comme si elles ne pouvaient pas exister en même temps.

Mais les humains réagissent différemment à la rupture et à la continuité. Quand on est dans la rupture, on peut être en souffrance ; et quand on est dans la continuité, on est dans le statu quo, parce que c'est l'équilibre. Le principe d'homéostasie reflète ce besoin d'équilibre : dès qu'on recherche le changement et quand on est dans le changement, on recherche l'équilibre... Et dans nos organisations, nous faisons la même chose. Quand on était dans des périodes de développement, on se disait : « Consolidons » ; on cherchait, on développait, on avait de l'argent. Nous sommes actuellement dans un moment de changement, autrement dit en *break down*. Nous cherchons alors à revenir à des valeurs de base.

Aussi, quand je pense aux ruptures ou à la continuité, ces notions sont associées à des choses très particulières pour moi et très personnelles, c'est-à-dire le niveau micro, et, en même temps, à des choses plus générales, c'est-à-dire le niveau macro. Je ne sais pas, c'est des idées qui me viennent comme des flashs ce matin.

Mireille Tremblay. — Les questions d'attention et de désensibilisation sont importantes pour moi. C'est quoi *l'attention* ? Est-ce un effort, un désir, un intérêt, être attentif au cristal tout le temps ? Pourquoi le père s'attendait-il à ce que l'enfant reste toujours attentif au cristal ? Quand on est attentif au système de la santé, à quoi est-on attentif ? À l'arbre ou au jardin ? Si je suis attentive aux journaux et aux mauvaises nouvelles qu'ils annoncent, au point de me faire du mal, pourrai-je encore passer à l'action ? Je suis convaincue qu'il doit y avoir une certaine souffrance afin de passer à l'action. Et il me semble que l'« attention », le fait de ne pas être désensibilisé, est génératrice de sens.

Alaoui Abidelal Belghiti. — Pour moi, le sens commun est relié à la notion de responsabilité. Quand j'ai commencé à pratiquer, je travaillais dans les urgences. J'avais appris en médecine que c'est de la qualité de la relation médecin-malade que dépend la qualité des soins. J'étais convaincu que plus j'étais bien avec mon patient, plus la qualité des soins augmenterait... Mais, dans les urgences, les questions de délai et du nombre de patients sont importantes. Il y a quelqu'un qui m'a dit : « Écoutez, vous n'êtes pas ici pour faire des réussites... Nous, nous mesurons votre performance en fonction de l'attente. Pour nous, être "efficace", c'est quand la salle d'attente est vide. » *(Rires)* Je me suis alors dit : « Il y a une autre logique, un autre sens... »

Je vous donne un autre exemple. Lorsque j'étais responsable d'un programme de santé, j'ai demandé au secrétaire général quelle était ma mission dans cette fonction. Il m'a répondu qu'il désirait ne pas avoir de problèmes avec la police ! Voilà donc un autre sens, une autre signification qui venait de se rajouter...

Je me suis rendu à l'évidence avec le temps que, finalement, la quête d'un sens commun n'était pas l'affaire d'un seul sens. Chacun a sa propre logique, dont il est absolument convaincu de la vérité, comme les orientations plus micro et plus macro dont nous avons discuté. Le sens commun est multiple...

France Dolan. — Je trouve que c'est une belle histoire, parce qu'elle évoque tout le travail d'intégration que nous tentons de faire dans ce cercle de dialogue ! Quand on travaille dans une organisation, on veut participer au tout, mais on veut être en même temps aussi une partie qu'on respecte. Les perspectives macro et micro se combinent. Je pense aussi que la tournure de nos discussions est en train de nous polariser sur nos convictions : il y a ceux qui pensent que le système de la santé la doit juste être amélioré, et ceux qui croient que la réforme actuelle est radicale et met le système en danger...

Tantôt j'allais dire que nous avons des conflits d'idées. Mais il me semble que nous ayons aussi des conflits d'intérêts. Nos convictions dépendent aussi des postes que l'on occupe et du degré de survie que nous avons dans le système. Cette situation est tout à fait normale. Je pense aussi que le dialogue, pour qu'il puisse exister dans le système de la santé, devra permettre aux gens de mettre réellement les enjeux sur la table et non seulement des positions qui émanent de l'autorité en place. Nous ne devons pas fabriquer des héros, mais mettre en place des plates-formes dans lesquelles nous pourrons réellement échanger et participer.

Je ne sais pas si le système de la santé est un « héritage », comme on l'a dit. Pour moi, on reçoit un héritage quand la mort a frappé. Quand mon père est mort, j'ai reçu un héritage que je n'avais pas quand il était vivant...

Enfin, je suis convaincue qu'il existe un certain nombre de personnes qui désirent se battre pour le système. Il faut aider ces personnes. Je suis convaincue qu'il existe des cycles, comme le cycle d'une forêt qui, après avoir brûlé, se régénère et pousse de nouveau avec de nouveaux arbres. Il faudrait peut-être revoir les cycles de notre système de santé et élaguer des morceaux importants. Mais décider de déraciner des arbres, ça, c'est une décision grave.

Jean-Pierre Gagnier. — J'aimerais repartir de la formulation de Serge au tout début du dialogue. La machine qui nous demande si on veut la même chose que la dernière fois me fait penser que, dans notre système de la santé et des services sociaux, nous sommes confus sur les relations existant entre le contenu et les relations humaines. Souvent, on remplace une relation par un contenu! Aussi, tous les changements de structure ont des implications sur les relations, entre le patient et sa famille, entre l'intervenant et ses collègues, entre les dirigeants et les intervenants.

Il nous faudrait examiner nos degrés de conscience. C'est très exigeant de prendre soin des relations et de suivre leur évolution. Qu'est-ce qu'un changement de contenu va apporter comme changements dans la famille, dans les équipes de travail, dans les rapports de gestion? Ce que je trouve difficile dans le réseau, c'est que beaucoup d'énergie est dirigée vers le changement de contenu, avec pourtant beaucoup d'inconscience des impacts sur les relations et peu de mesures de soutien pour ces relations.

Je vais terminer avec une histoire magnifique que m'a racontée une amie. C'est un fait réel concernant une déficiente intellectuelle et une intervenante. Une intervenante avait entraîné un adulte pendant des semaines à prendre l'autobus, pour qu'il soit autonome, pour qu'il puisse se déplacer. Alors, le matin même où ils vont prendre l'autobus pour la première fois, l'intervenante va se placer à la destination au bout du trajet, puis elle attend la personne. Ils sont tout près, l'apprentissage est fait, le contenu est installé, mais la personne n'arrive pas... Trois quarts d'heure, une heure, et elle n'est toujours pas arrivée ! L'intervenante prend sa voiture puis revient au premier poteau, et elle voit la personne qui hésite quand l'autobus arrive et qui n'embarque pas. Elle s'approche, puis elle écoute la voix de la personne qui dit en pleurant : « Maman, maman, maman... » L'intervenante l'embarque dans sa voiture, puis elle reconduit cette personne à sa maison.

Lorsqu'ils arrivent, la mère de la déficiente intellectuelle est là, et elle demande : « Mais qu'est-ce qui se passe ? » L'intervenante lui répond : « On est revenu. Votre fille n'a pas pu prendre l'autobus. Elle était prête, mais elle s'inquiète de vous terriblement ce matin. » En fait, même si le contenu avait été appris et répété, prendre l'autobus, pour cette déficiente intellectuelle, demandait une adaptation au niveau relationnel pour les deux personnes, la fille et la mère, un besoin d'être rassurée, des permissions à se donner, afin que les contenus puissent être utilisables.

On ne peut, dans notre système, considérer le contenu et le relationnel comme identiques et croire qu'en changeant le contenu, les relations vont s'ajuster automatiquement. Et travailler sur les relations demande un niveau individuel et un niveau collectif.

Thierry Pauchant. — Ton histoire, Jean-Pierre, pose bien le problème de la mesure. Dans nos organisations, on peut mesurer les contenus assez facilement. On peut mesurer le nombre de gens dans une salle d'attente, le temps que prend un acte médical standard, etc. Mais il est beaucoup plus difficile de mesurer le relationnel. Il est trop subjectif, non palpable, moins concret que le contenu...

Nous sommes dans une société, et le système de la santé n'échappe pas à cette réalité, qui met beaucoup de valeur sur la « mesure ». Cette mesure est à la base des notions d'efficacité et de performance. Pas de mesure, pas de possibilité de déterminer une performance...

Le problème est le suivant, et ceci est une problématique classique en gestion : faut-il développer des mesures du relationnel, ce qui risque d'évacuer sa subjectivité, parce que mesurer ce qui est difficilement mesurable évacue souvent l'essentiel ? Ou faut-il ne pas tenter de mesurer ce relationnel, au risque qu'il ne soit pas pris en compte et que l'on mette encore l'emphase sur le contenu, les procédures, les structures, les budgets, etc. ?

Lorraine Brault. — Ce que Jean-Pierre a dit me rejoint aussi énormément. Dans le réseau, il y a toutes sortes de peurs auxquelles on ne touche pas. Il faut montrer que l'on est brave, qu'on va passer à travers de toute façon... Pour moi, il va falloir que nous prenions en compte les peurs qui nous paralysent et qui nous empêchent d'agir.

Richard Lachapelle. — C'est comme si, dans le système, on considérait que de passer du temps sur les relations, ce n'est pas rentable !

Claude Larivière. — Et en même temps, on assiste à une transformation qui a tendance à marchander ces relations, à marchander les rapports. La pression extérieure pour calculer le coût des services est très forte, quelle que soit la valeur de la relation qui se bâtit à l'intérieur d'un service. On n'est pas toujours conscient de ça, mais, en fin de compte, ce sont surtout ceux et celles qui travaillent le relationnel qui vont payer la note parce qu'on ne tient pas compte des transformations relationnelles. Les impératifs considérés comme importants, comme le disait Thierry, sont de façon globale définis en termes d'efficacité, de contrôle de coût, de systèmes d'information de gestion, etc. Les modèles de gestion nord-américain et européen vont dans ce sens-là.

Je regarde le prix que doit payer le secteur communautaire actuellement, à qui l'on demande toujours plus en termes de services... Les personnes doivent y devenir de plus en plus polyvalentes ; elles doivent être disponibles pratiquement 24 heures sur 24, 7 jours par semaine. Il est possible que nous allions détruire l'énergie qui était disponible dans le relationnel en la marchandant...

France Dolan. — Et l'effet de retour est présent aussi. Parce que maintenant, quand le communautaire n'est pas capable de prendre le relais, la demande se redirige vers l'institutionnel qui ne peut plus y répondre non plus !

Mais je pense que nous commençons à pouvoir mesurer certains aspects du relationnel. La motivation au travail, par exemple, est très mesurée et mesurable maintenant. L'état de la santé au Québec, la montée des maladies mentales et des névroses, sont de même mesurées, et l'on se rend compte, par ces mesures, que tout cela coûte cher... Le fait que nous n'ayons pas supporté la famille au Québec, quand les femmes sont massivement entrées sur le marché du travail, coûte aussi très cher... L'éclatement de la famille a entraîné de nombreuses problématiques dans les écoles, au niveau du taux d'apprentissage, etc.

De nombreuses mesures existent donc actuellement. Nous devons développer le *désir*, dans le réseau, d'utiliser ces données, mais nous le faisons fort peu. Par exemple, si tout le monde dit : « Nous *rushons* monsieur Rochon, ça va trop vite », on tente encore d'accélérer le processus... Les notions de démission et de mobilisation sont là, et je ne parle pas de la notion de « mobilisation » comme le militantisme que nous avons connu dans les années 1960 et 1970 ; pour moi, le militantisme est aujourd'hui désuet. Il nous faut non pas un militantisme d'idéologie, mais un militantisme plus intégré. Il nous faut développer le désir de participer à un collectif, d'avoir le goût d'« un Québec fou de ses enfants », d'avoir le goût de développer une population en santé, et non pas seulement de sauver sa peau. Comment susciter ce désir ?

Benoît Lecavalier. — Je suis directeur des ressources humaines. Et je me rends compte qu'on ne m'a jamais autant écouté ou posé des questions qu'actuellement, en tant que professionnel. Ce qui était considéré auparavant comme « l'angle mort » de la gestion, la gestion des ressources humaines, est en train de faire surface. On est actuellement obligé de s'occuper des impacts humains.

Et pourtant, il me semble que je parle encore chinois aux financiers de mon organisation, ou à mon directeur général qui s'inquiète du climat qui ne va pas bien. C'est comme si on pouvait mettre en lumière la dimension humaine au travail... Dans le système de la santé, plus on s'occupe des structures administratives géantes, plus on s'éloigne des notions de proximité et d'intimité que j'ai dans mon établissement. Par exemple, on oublie la crédibilité qui se développe quand on regarde quelqu'un dans les yeux tous les jours, quand nos rapports quotidiens font que nous n'allons pas pouvoir nous dire n'importe quoi...

La gestion, c'est aussi assurer et développer la santé d'une main-d'œuvre. Moi, je vois dans ce domaine émerger des étincelles de lumière, comme dans l'histoire du cristal de tout à l'heure. Mais plus d'efforts dans ce sens sont encore nécessaires.

Pierre Beaulieu. — Je regarde ce cercle de dialogue et je me dis que, dans le fond, nous ne sommes pas les seules personnes à faire partie d'un groupe qui s'interroge sur le sens au travail dans notre système. Nous sommes peut-être dans une période « préréflexive », où l'on commence à essayer de trouver un sens à ce que l'on veut comme société.

Cependant, si j'analyse les nouvelles de ces derniers jours, je me rends compte que nous sommes encore aussi au niveau des batailles entre différents groupes d'intérêts. Les employés disent qu'ils sont en train de mourir ; les municipalités revendiquent des investissements supplémentaires ; les syndicats défendent leurs intérêts ; les directions d'établissements ne veulent pas mettre en commun leurs services... La société québécoise est encore à l'étape d'être un nombre infini de corpuscules qui demandent des choses pour chacun individuellement. Si l'on veut devenir « fou du Québec », nous sommes encore bien malades...

Peut-être que la crise que nous vivons n'est pas encore assez importante pour passer à la seconde étape et réellement se demander comment on pourrait dépasser ce corporatisme ? Si on coupe présentement dans le système de la santé, j'espère que tout le monde le sait ici, c'est parce qu'il y a quelqu'un, et beaucoup de monde aussi quelque part, qui voulaient un « déficit zéro » !

J'ai été touché par ce que Abdel disait tantôt, que le critère que nous utilisons pour juger de l'efficience d'une salle d'urgence n'est plus réellement la santé, mais le nombre de personnes en attente... On s'indigne tous de voir les engorgements dans les salles d'urgence, et le réflexe que cela entraîne, c'est que l'on tente de vider ces salles afin d'éviter de passer aux nouvelles à la télé... Mais ceci va au détriment de la santé en général ! Peut-être sommes-nous encore seulement à l'étape du « criage ». On agit sur ce qui est plus visible, et les cris, c'est visible, un peu comme Thierry le disait... Nous ne sommes pas encore arrivés à l'étape de nous demander comment on va réellement gérer l'ensemble, au lieu que de n'être seulement que réactif aux cris les plus visibles.

C'est pour cela que je reviens à l'importance d'un cercle de dialogue. Pour moi, il représente une étincelle, un arc-en-ciel qui provient du cristal et de la lumière... Et j'espère que d'autres groupes feront de même, commenceront à s'asseoir ensemble et tenteront de retrouver un sens commun.

(Silence)

France Dolan. — Je suis « mue » ! *(Rires)* Est-ce que je peux me permettre ? D'abord, je veux te dire quelque chose, Pierre. Je trouve que tu es un déclencheur fantastique pour me faire penser si vite *(rires)*, et même que tu es un agent provocateur qui va allumer des foyers d'incendie. Tu me fais prendre conscience qu'on est plus mûr qu'on pense au Québec... Et pourtant, je pense que nous avons trop toléré l'intolérable. Même un groupe comme le nôtre est un groupe d'une grande civilité. Nous essayons d'élaborer un grand changement, comme on l'a déjà fait durant la Révolution tranquille, sans faire la guerre ni engendrer le chaos, mais par le dialogue. Moi, je trouve que c'est un grand signe de maturité pour le Québec.

Et pourtant, j'ai l'habitude des groupes communautaires. Je trouve que le monde est tellement civilisé que, des fois, je me demande si nous ne sommes pas rendus trop « domestiqués », dans le sens que l'on tolère beaucoup trop... Présentement, qui ne demande pas le dialogue ? Tous les groupes revendiquent ce dialogue ! Pour moi, il n'existe plus beaucoup de groupes d'intérêts. Nos politiciens ne sont plus crédibles, nos journalistes et nos leaders non plus, et il y a des bonnes raisons pour cela... Nous sommes en train d'effectuer dans la société ce que nous avons fait dans nos organisations, c'est-à-dire inverser la pyramide, redonnant ainsi la parole à ceux et celles qui étaient au bas de cette pyramide. Mais inverser la pyramide dans la société entière, ce n'est pas évident !

La semaine dernière, j'étais en réunion dans le communautaire, et nous parlions de la réforme de la sécurité du revenu. L'affirmation qui en est ressortie était celle-ci : « Nous autres, on est à un point "tanné" qu'on veut aller tirer des roches dans les vitrines ! » Cela a pris plus de la moitié de la réunion au groupe pour en arriver à la conclusion que si des actes de violence étaient commis, des personnes débarqueraient du comité. Mais ce désir de violence est bien présent, car l'impression de certaines personnes est que personne ne les écoute, que tout le monde s'en fout... Ce sont des exemples qui suggèrent que le Québec est mûr pour un changement profond.

Hélène Laurin. — Hier, je suis allée à une présentation organisée par la régie sur un sondage qui a été fait auprès de la population. Les gens qui ont utilisé nos services, soit dans les CLSC, soit dans les centres hospitaliers, soit dans les cliniques médicales, ont une image plus positive du système et se déclarent satisfaits comparés à ceux qui n'ont pas utilisé ces services. Pour moi, on devrait se centrer davantage sur ce qui est la réalité plutôt que sur des perceptions, influencées par les médias.

Je ne pense pas que nous sommes en train de déraciner le système. Je pense qu'on émonde, mais que nous sommes malhabiles dans notre façon de le faire. Ce sont les clients qui sont au bout de l'affaire, les patients, et il faut les écouter. Cependant, comme gestionnaires, nous avons d'autres clients qui sont nos employés. Et là, je trouve que la situation est plus difficile... Tantôt Jean-Pierre parlait des niveaux du contenu et de la relation... Je trouve qu'on n'en tient pas compte de cette relation, mais je ne sais pas comment travailler ce niveau-là, je ne sais pas comment amener cette dimension pour que les personnes la partagent.

Il me revient une phrase de Félix Leclerc, en connexion avec ce que nous disions tout à l'heure : « C'est beau la mort, il y a beaucoup de vie dedans. » C'est exactement ce que nous sommes en train de vivre dans le réseau, mais ce n'est pas facile à aborder. Je n'ai pas encore trouvé comment aider les gens à se mobiliser afin qu'ils puissent donner du sens à ce qu'ils font. Je pense que nous avons perdu ce sens dans l'émondage. Pour moi, les gens qui me préoccupent le plus actuellement, ce sont les employés.

Je pense que nos clients, les usagers, ont finalement un assez bon service quand ils l'utilisent. La situation est plus préoccupante pour les employés, parce qu'ils sont vraiment déstabilisés... et ce sont eux qui créent la relation... Par contre, ce qui était intéressant dans ce même sondage, c'est que les usagers pensaient que la relation intervenant-client s'était améliorée. C'est quand même rassurant de savoir cela.

Thierry Pauchant. — Je voudrais revenir à la notion de corporatisme. J'interviens beaucoup ces temps-ci dans le milieu de la santé et j'ai observé que cette fragmentation est importante. Chaque corporation a ses propres colloques, ses propres études, ses propres défenses de ses intérêts. Je pense aux médecins, aux infirmières, aux CLSC, et à beaucoup d'autres corporations. Dans un livre important, qui a gagné le prix du Gouverneur général, John Saul a dénoncé ce corporatisme et défendu l'opinion que le corporatisme va à l'encontre de la démocratie[3]. Chaque corporation défend, par définition, ses intérêts propres, et cela va souvent au détriment de la société en général.

John Saul propose que nous développions, dans un souci démocratique, des mécanismes qui permettraient à chaque personne d'exprimer son opinion et de pouvoir contribuer, par le débat, à des décisions communes. C'est un peu ce que nous essayons de faire dans ce cercle de dialogue : diminuer la fragmentation, en dépassant le corporatisme et en permettant à chaque personne de contribuer à la définition d'un sens commun, tout en respectant les différentes perceptions.

Quelqu'un proposait tout à l'heure de créer des plates-formes différentes d'échange. Pour moi, ces plates-formes devraient réunir les personnes qui constituent le système de la santé et des services sociaux, c'est-à-dire des médecins, des infirmiers, des universitaires, des intervenants de toutes sortes, des représentants des syndicats, des régies, du ministère, des patients, des centres de recherche et d'intervention, des gestionnaires, etc. C'est ce que nous essayons de faire, dans ce cercle de dialogue, en tentant de dépasser les points de vue purement corporatifs, la défense de sa propre « chapelle », et aussi en observant, en tant qu'individu et en tant que groupe, comment nos perceptions, nos idées, nos préjugés, nos réflexes, notre éducation, notre profession, etc., influencent nos jugements et nos actions. Et peut-être qu'en faisant cela, on pourrait déterminer collectivement une *éthique* afin de mieux gérer le système...

Je ne suis pas en train de dire qu'il faudrait abolir les corporations. Les corporations ou les fédérations professionnelles sont essentielles pour maintenir et développer un sens d'identité et cela est fondamental. Mais il me semble que pour développer une approche de système, une approche de réseau, il nous faut aussi créer des mécanismes qui dépassent ce corporatisme qui, livré à lui-même, est antidémocratique et engendre la fragmentation des enjeux.

Je rêve d'un système de la santé et des services sociaux, et nous pourrions aussi parler du système de l'éducation ou d'autres secteurs, qui respecterait les différences personnelles et professionnelles, mais qui, aussi, fonctionnerait comme un système, comme un réseau, comme un tout.

Pour moi, c'est cela l'« attention » : être conscient de la réalité concrète de la souffrance des gens et y répondre, en dépassant les défenses trop individualistes ou trop corporatistes ou même trop idéologiques. Comme nous le disions tout à l'heure, l'important dans une salle d'urgence n'est pas seulement la longueur de la file d'attente, mais surtout la qualité des soins donnés. Mais, et c'est cela la plus grande difficulté, peut-être, cette « attention » doit être en même temps subtile, permettant la prise en compte du contenu et de la relation, du micro et du macro, de la vie et de la mort, et cette subtilité ne peut se développer qu'au niveau individuel. Nous retrouvons ici la distinction que nous avons faite entre individu et collectif.

Comment rendre un groupe capable de « subtilité » ? Pour moi, les deux niveaux doivent se nourrir mutuellement. Des individus subtils, attentifs, génèrent des groupes attentifs, et des groupes subtils qui, eux aussi, permettent à des individus de développer cette subtilité. Le corporatisme ne peut engendrer cette subtilité, ce degré de conscience « attentif ». L'individualisme et le corporatisme, quand livrés à eux-mêmes, mènent à la fragmentation, la fragmentation à l'absence de subtilité et l'absence de subtilité, au désastre collectif. Mon Dieu, comme nous avons du chemin à parcourir !

Mireille Tremblay. — Ce qui distingue le corporatisme de la démocratie et du projet de société, c'est la signification, le « consenti au travail ». Pour ma part, je consens à être psychologue, c'est l'identification que je construis. De plus, mon accès à la richesse est négocié par rapport à la collectivité, donc une certaine partie de mon implication dans la société est associée à la corporation. Ça peut être une corporation comme le Centre d'adaptation en déficiences intellectuelles ou la Fédération en déficiences intellectuelles. Quand le ministre Rochon parlait du « corporatisme », il parlait de tout ça. Le paradoxe provient de cette tension, c'est-à-dire d'un côté la signification du travail consenti et, de l'autre côté, le projet de société.

Ce qui me désole dans le système de la santé et des services sociaux, c'est l'absence de projet de société qui nous permettrait de répartir l'ensemble de la richesse collective à l'ensemble des personnes. D'après moi, ce qui se détériore avec la recherche politique du « déficit zéro », c'est la distribution de la richesse collective. Mais cette recherche du déficit zéro est un projet collectif, ce n'est pas un projet corporatif. C'est là où le secteur de la santé rentre en conflit avec le projet politique.

Qu'il s'agisse de la répartition de la richesse, du « déficit zéro » ou de la question de la souveraineté, qui est très étroitement reliée à la nécessité de réduire le déficit, c'est difficile de trouver l'équilibre entre ces projets politiques. Moi, c'est le projet politique qui me fait de la peine. Lorsque nous avons rêvé, nous n'avons pas rêvé que tout le monde serait en santé. C'était un idéal... C'était un projet de société où tout le monde aurait eu accès à la santé et à une certaine qualité de soins, et c'est ce projet-là qui s'effrite.

Dans ce groupe de dialogue, je trouve qu'on a travaillé, à travers les semaines, au niveau de la conscience, de l'analyse des structures, du contenant et du contenu. Nous avons également parlé des émotions, travaillé beaucoup sur le deuil, sur la tristesse, sur notre apport personnel au système, comment on y est entré, comment on pourrait en sortir, etc. Mais aujourd'hui, je trouve que nous avons exploré d'autres types d'émotions qui m'ont extrêmement frappée. Nous avons parlé de peur. C'est la première fois que nous parlons de peur. Et puis nous avons parlé de la colère et d'une possibilité de révolte. Colère, tristesse, révolte, peur... c'est comme si nous étions encore là-dedans. J'imagine que nous allons explorer au cours des prochains dialogues ces différentes émotions par rapport au système. C'est peut-être ce degré d'« attention » qui nous permettra d'avancer.

Pour moi, les pistes de l'attention et du désir sont importantes et engendrent des questions fondamentales : « Que souhaite-t-on ? Quel est l'enthousiasme que nous avons face à nos activités ? Qu'est-ce qui nous attire ? Qu'est-ce qui nous alimente ? » C'est très légitime, la colère. En quelque part, il faut être en colère pour changer les choses. Mais la question demeure : comment allons-nous arriver, et par quel chemin, à trouver quelque chose qui retienne notre attention, notre désir, notre enthousiasme ?

Technicien du son. — « Ma job » c'est de vous écouter, mais pas juste vous. Hier, j'étais à la conférence de presse du ministre Landry et je dirais qu'en bonne partie, si vous avez des problèmes, c'est en quelque part un petit peu de sa faute. *(Rires)*

Je ne sais pas si vous avez remarqué, mais le déficit est en train de disparaître, au niveau du Québec et au niveau fédéral. C'est un fait très important. Cela fait 25 ans qu'on en parle, qu'on en rêve, et ça va finir par arriver! Dans le fond, les problèmes que vous avez et que nous avons, c'est parce qu'on a mis le chapeau sur la marmite... Et quand on étouffe une marmite, on étouffe du monde aussi...

Peut-être nous allons constater bientôt que les gens vont recommencer à dépenser. Il me semble que nous devrions nous préparer maintenant à répondre à des questions qui, bientôt, pourront avoir des réponses. Les gens qui sont dans la «trappe», comme maintenant, sont comme pris. Ils ne sont pas nécessairement morts; ils sont juste comme «enfermés». Il va falloir que ces trappes s'ouvrent de nouveau à un moment donné, c'est certain.

Claude Larivière. — On peut être d'accord avec l'objectif du « déficit zéro » pour bien des raisons. Cependant, il reste, comme cela a été souligné tout à l'heure, qu'il y a des groupes qui ne sont pas passés à la caisse et il y a d'autres groupes qui étaient déjà relativement défavorisés et qui ont plus subi. Je pense, entre autres, aux assistés sociaux, si on les compare au traitement administré aux médecins, par exemple.

Je vais revenir sur les données citées concernant la satisfaction de la clientèle. Je crois, effectivement, que les gens qui utilisent les services sont globalement satisfaits. Mais cette satisfaction provient en grande partie du fait que la majorité du personnel s'efforce de bâtir des relations et de compenser par la relation et par le professionnalisme les problèmes de structure et d'inadéquation entre les services. Mais ces personnes, si elles compensent des manques, elles s'épuisent aussi. Je constate cet épuisement dans des organisations du réseau, et les données sur la satisfaction de la clientèle n'en font nullement mention!

Benoît Lecavalier. — J'aimerais corriger une chose. À ma connaissance, la rémunération des médecins a aussi été touchée!

Serge Marquis. — Je voudrais enchaîner sur ce qui a été dit à propos des personnes qui travaillent dans le système actuellement. Ces personnes essaient de compenser les manques par la qualité de la relation et elles essaient d'offrir d'excellents services. Mais elles n'arrivent pas nécessairement à faire ce qu'elles souhaiteraient faire. Ce qui est intéressant, c'est l'espèce d'impression que ces personnes ont de ne pas vraiment faire le travail comme elles pensent qu'il devrait être fait. Cette situation laisse une profonde insatisfaction chez beaucoup et cela contribue à leur épuisement.

Cela me fait penser à l'étude qu'Isabel Menzies a conduite dans les années 1950 dans un centre hospitalier[4]. On avait demandé à des infirmières-chefs, dans des départements de chirurgie de centres hospitaliers, de faire un effort particulier pour apporter du soutien aux infirmières qui travaillaient avec elles. Cela prenait deux formes: le support pour s'assurer qu'elles avaient tout ce dont elles avaient besoin pour faire leur travail, et la reconnaissance pour s'assurer qu'on portait suffisamment attention à la qualité de leur travail. Puis on a demandé aux infirmières-chefs, dans d'autres départements, de faire volontairement l'inverse. Le but de cette étude était de mieux comprendre l'impact de la présence ou de l'absence du soutien, du support et de la reconnaissance. Ce qui était intéressant, c'était que dans les départements où il y avait du soutien aux infirmières, les patients guérissaient plus vite et faisaient moins d'infections secondaires dues aux interventions chirurgicales que dans les départements où il n'y avait pas de soutien.

Ils ont fait par la suite la même étude dans des écoles et ont demandé à des directeurs de faire un effort particulier de support, de soutien aux enseignants et enseignantes, puis à d'autres de faire l'inverse. Ils ont aussi découvert que les étudiants qui réussissaient mieux étaient dans les écoles où il y avait du soutien. Mais, comme nous l'avons déjà dit, souvent, on ne mesure pas cet impact-là...

Pour ceux qui, parmi nous, ont été malades, et cela m'est arrivé plusieurs fois dans ma vie, une grande partie de ce qui nous a aidé à guérir, c'est la relation que nous avons eue avec la personne qui nous a soignés, au-delà de tous les médicaments qu'on a pu nous donner. On doit protéger cette relation, bien au-delà des budgets qui seront, peut-être, de nouveau disponibles dans le futur. Même si nous avons de nouveaux budgets, le système de santé que nous avons mis en place restreint dans le temps, et d'une façon très serrée, la durée de contact avec le patient et n'encourage que le développement d'une relation purement technique. Le problème est beaucoup plus large que le seul problème des budgets. Même avec des argents supplémentaires, si nous conservons la même philosophie dans le système, cela engendrera des problèmes pour la santé des personnes, autant pour le personnel que pour les clients.

Hélène Laurin. — Dernièrement, j'ai appris qu'un supermarché faisait donner des massages à son personnel pour qu'il soit plus aimable avec les clients... Cela m'a interpellée sur nos pratiques dans nos établissements. Nous autres, pourtant du système de la santé, nous rejetons de telles initiatives du revers de la main en nous disant que ce n'est pas si important... On se dit alors : « On ne travaille pas avec des clients pour vendre des choses, c'est sur la relation qu'on travaille. » Et pourtant ! Je me questionne sur les moyens que nous pourrions développer dans nos établissements afin d'aider notre personnel.

Robert Capistran. — Si nous faisions cela, un journaliste viendrait nous critiquer, c'est aussi bizarre que cela ! Autrement dit, c'est bien pour l'entreprise privée de développer de telles activités, mais si nous, du système public, nous le faisions, en investissant de l'argent en tant qu'employeur, on se ferait descendre... quelque chose de rare ! *(Rires)*

Benoît Lecavalier. — Nous avons tenté quelque chose de similaire chez nous. J'aimerais en faire part. À la rentrée de l'automne, des massothérapeutes, sous le couvert de leur association, sont venus distribuer leur carte d'affaires pour offrir leur service au personnel. Dans l'espace d'une demi-heure, le personnel s'est « booké », et la journée était remplie. Nous avons donc accepté la venue des masseurs tout en pensant faire rire de nous autres. Mais cela eu « un succès bœuf » ! Toutefois, nous n'avons pas pris en charge le coût de ces massages, car nous gérons des fonds publics. Je pense qu'il existe des moyens pour adopter des nouvelles façons de faire.

Lorraine Brault. — Pour moi, la diversité de ces moyens est quelque chose d'essentiel. Cette diversité doit pouvoir contenter les besoins divers de chacun. Pour moi, ce manque de diversité est de nouveau relié à nos peurs. Nous avons peur que le système nous lâche, peur des journalistes, peur de notre propre impuissance, peur d'affirmer que nous ne savons plus quoi faire avec notre système...

En même temps, je me dis: «qu'on soit intervenant, gestionnaire ou autre chose, nous constituons notre propre outil de travail». Nous nous devons de prendre, aussi, soin de *nous*! Les intervenants compensent énormément actuellement pour les faiblesses du système. Pourtant, on les valorise très peu et la façon dont les statistiques sont collectées et utilisées ne concerne pas les intervenants, mais les établissements!

Robert Capistran. — Un nombre incroyable d'idées sont passées dans ma tête durant ce dialogue... Je fus incapable de les compter ou de les arrêter. Mais il y a continuellement deux choses qui me reviennent maintenant: ce sont les questions de perspective et d'équilibre. Quelqu'un a dit que le temps modifie les perspectives et nous avons aussi parlé des grands châteaux construits dans le passé. On peut, en fait, se poser la question: pourquoi les empereurs et les rois faisaient travailler des gens pour construire ces monuments-là? L'une des raisons, je pense, c'était que pendant que le peuple construisait, il était réuni dans un même objectif et ne pensait pas à faire la révolution ou la guerre. Ce n'était pas si bête... C'était une façon d'assurer la paix dans un pays et de développer un objectif commun.

De plus, les gens étaient fiers de leur construction, même s'ils avaient été exploités selon notre point de vue. Ce qui était bon hier, on juge qu'il ne l'est plus aujourd'hui... Les perspectives changent avec le temps.

Il y a aussi l'endroit où l'on se trouve qui modifie les perspectives. La perspective de l'auxiliaire infirmière d'un CLSC qui doit aider une personne âgée à prendre un bain à 30 degrés Celsius, est sûrement pas mal différente de la mienne, car je suis assis dans mon grand bureau à l'air climatisé! *(Rires)*

Cinquième dialogue
Comment casser
le miroir de Narcisse :
l'affirmation ou la révolte ?

Thierry Pauchant. — J'aimerais ouvrir ce dialogue. Il y a une question qui m'habite et qui s'est renforcée durant nos dialogues précédents. Nous avons touché à de nombreux thèmes : le « trip » de certains, l'apport de la Révolution tranquille, le manque de reconnaissance de certaines limites à ne pas dépasser dans nos organisations, la quête du sens au travail, le système de santé à deux vitesses, nos façons habituelles et culturelles de faire des choses, l'influence des perspectives multiples et leurs changements, et beaucoup d'autres sujets.

La question qui m'habite cependant touche à la remise en question actuelle du système de la santé et des services sociaux et à la réforme en cours. J'aimerais mieux comprendre les raisons qui ont poussé à un tel changement de cap, à ces coupures importantes, et aux déficiences que nous avons discutées dans les dialogues. « Pourquoi en est-on arrivé là ? » serait la question.

Je ne peux croire que tous les changements et les problèmes vécus aujourd'hui dans le système soient simplement attribuables à des coupures budgétaires et à la volonté d'arriver à un « déficit zéro ». L'argument qui suggère que ces changements ne sont qu'une adaptation aux besoins de la clientèle ne me satisfait pas non plus. Enfin, je ne cherche pas à blâmer quiconque. J'aimerais identifier les facteurs, complexes j'en suis convaincu, qui nous ont menés à la situation actuelle afin d'apprendre du passé et, peut-être, de faire mieux dans le futur. Je suis à la recherche d'une éthique différente de l'action.

Maria Vieira. — Moi aussi, je me pose des questions. Plus j'avance, moins je suis sûre et plus je me questionne. Nous sommes en train de faire beaucoup de changements chez nous... et je me pose la question : « Mais où sont ceux pour qui on fait ces changements ? Où sont-ils ? » Tant à l'interne, si l'on parle de restructuration, qu'à l'externe, si l'on parle des besoins des clients ou des citoyens. On dit « connaître » et « savoir » ce que les gens veulent, ce qu'ils considèrent être essentiel et important, mais à chaque fois que l'on propose de mesurer ces demandes ou de mesurer l'efficacité de nos changements face à ces demandes, on ne le fait que partiellement. Je suis dans un lit de sable où l'incertitude est grande…

Mireille Tremblay. — Moi, à travers tous ces changements, j'ai l'impression que j'apprends quelque chose de différent. J'ai l'impression que c'est mon contact avec l'univers qui change, c'est-à-dire avec ce qui est autour de moi. Je ne me demande plus comment on en est arrivé là. Un enfant qui tombe sur le nez quand il apprend à marcher, on ne se demande pas comment il en est arrivé là…

Le changement, c'est comme un jardin qui pousse : des fois il y a de la mauvaise herbe et on la laisse pousser… Puis, à un moment donné, on se rend compte que ce n'est pas ce que l'on voulait comme genre de jardin, et on se remet au travail…

Serge Marquis. — J'ai le goût de dire quelque chose… Hier j'ai reçu un courriel d'un de mes amis. Cela faisait longtemps qu'on ne s'était pas parlé, on s'était perdu de vue. J'ai longtemps questionné les nouvelles technologies et puis hier j'étais content que l'Internet existe. On a commencé une conversation extrêmement intéressante. Il me parlait d'une idée qu'il avait eue en attendant de prendre le tunnel Hippolyte-Lafontaine. Il me disait que la semaine passée, avec tout ce qui s'est passé au niveau de la Bourse, il avait compris qu'on avait comme « inflationné » les valeurs boursières et que, maintenant, on connaissait un réajustement. Il me disait que cela lui faisait penser au phénomène du « burn-out » et de l'épuisement professionnel que nous vivons dans les organisations. Il suggérait qu'au fond, nous avons peut-être vécu collectivement un certain narcissisme et que d'arriver au « burn-out » permet un ajustement par rapport à la réalité.

On a tellement voulu être grands, on a tellement voulu être extraordinaires, montrer qu'on était les meilleurs… J'entends encore cette volonté narcissique dans les discours de beaucoup de gestionnaires : « Nous allons signer des contrats de 500 millions ! » ; « On est les meilleurs, on produit plus vite...» Je me demande s'il n'y a pas une forme de narcissisme profond qui est à l'œuvre en dessous de ces affirmations et qui fait que l'on s'engage dans des directions qui n'ont pas de rapport avec la réalité. Il existe comme une inflation associée à ce narcissisme. Nous sommes peut-être arrivés à un stade où, voulant devenir tellement importants, nous sommes allés beaucoup trop loin...

Narcisse a besoin de voir son visage dans l'eau pour s'admirer; il a besoin d'être admiré par les gens qui l'entourent... Au niveau de nos organisations, pour être admiré en haut lieu, il faut qu'il y ait des personnes en bas qui produisent... Il faut faire travailler les autres pour obtenir de l'admiration. Et là il y a un problème! Celui qui est en haut doit fouetter un peu ses subordonnés pour que les résultats obtenus lui procurent de l'admiration. Je fais du pouce sur la question de Thierry. Je vous demande jusqu'à quel point Narcisse n'a pas été à l'œuvre quelque part, depuis quelques années, et plus que jamais dans la période de l'histoire que nous vivons présentement.

Estela Rios. — Il y a une observation que je voulais partager depuis que les dialogues ont commencé, mais je n'ai pas osé. Mais maintenant, comme l'a suggéré Thierry, je sens que *je ne peux plus ne plus parler.*

Je viens d'un pays de l'Amérique du Sud. Et si vous allez en Amérique du Sud, vous verrez des choses affreuses en matière de santé. Pour moi, le système que nous avons ici, au Québec et au Canada, est... merveilleux! En Amérique du Sud, le peuple donnerait n'importe quoi pour avoir ce que vous avez ici, même dans son état actuel!

Dans mon pays, le Salvador, j'appartenais à la classe moyenne. J'avais un bon emploi, un bon salaire, mon ex-mari aussi. On a eu deux enfants, on avait une maison, on avait deux autos, etc. Quand mon petit garçon de deux ans est tombé malade, nous avons dépensé toutes nos économies parce que là-bas, être malade, c'est un luxe. On a tout vendu, tout... La seule chose que nous n'avons pas vendue, c'était la maison. L'enfant a failli mourir. Dans un hôpital où je l'avais apporté inconscient, un médecin m'a dit: «Ce garçon a besoin d'une chambre particulière, car il a une maladie contagieuse.» Je n'avais pas assez d'argent pour payer cette chambre. Je ne pouvais payer qu'une chambre commune, beaucoup moins chère.

Alors je suis sortie de cet hôpital en pleurant. Je n'ai trouvé aucune compassion chez ce médecin! Finalement, quelqu'un nous a prêté l'argent et nous avons réussi à sauver notre enfant. Mais environ 3000 enfants à l'époque sont morts de l'épidémie qui sévissait parce que leurs parents n'avaient pas eu la chance que nous avions eue, la chance que quelqu'un nous prête de l'argent.

Quand je suis arrivée ici, au Québec, j'ai reçu une petite carte qui s'appelle *assurance-maladie*... C'était merveilleux! Je suis allée ici une fois à l'hôpital avec un de mes enfants et c'était tellement beau, tellement bien... et rien à payer! C'était incroyable! En Amérique du Sud, il faut avoir une fortune pour qu'un médecin puisse voir votre enfant. Si les parents n'ont pas d'argent, l'enfant meurt... tout simplement. Et cette situation est identique dans tout le tiers-monde, que cela soit pour la santé ou l'éducation... Alors je vous dis, vous avez une merveille de système de santé. Gardez-le!

Constance Lamarche. — Le mot qui me vient en ce moment à l'esprit, c'est *immortalité*. Je trouve que nous sommes dans un pays jeune et je suis inspirée par ce qu'Estela vient de dire. Je ne sais pas si l'on peut grandir dans l'abondance... Je pense que nous avons été un peu inconscients de tout ce que nous avions. En grandissant, nous avons pensé que cette opulence durerait toujours. Je trouve qu'effectivement, on s'est peut-être regardé dans un miroir, comme Narcisse. Nous nous sommes crus immortels... Mais si on se regardait aujourd'hui dans ce miroir, on découvrirait que nous avons juste vieilli... Je pense que tout n'est pas perdu. Mais il faut être conscient que nous allons grandir autrement...

Aladin Awad. — Moi, je voudrais intervenir dans un autre sens. Quand on est dans une certaine situation, on a souvent tendance à la juger comme idéale. Maintenant, dans le système de la santé, on pense actuellement avoir perdu des choses, on regrette le passé et on essaie de récupérer les choses que l'on a perdues. Mais peut-être que la situation initiale n'était pas réaliste. Tout est très relatif... Je ne pense pas qu'il faille tenter de revenir au statu quo, à la situation connue «lorsqu'on était jeune... » Il serait peut-être intéressant de comparer le système actuel, non pas par rapport au passé, mais par rapport à la situation vécue dans d'autres parties du monde, par rapport aux pays en voie de développement, par exemple, ou à mon propre pays, l'Égypte... Cette comparaison nous permettrait de sortir du narcissisme, nous permettrait de développer une vision moins focale, plus large que de ne regarder que les problèmes vécus actuellement dans le système.

Mireille Tremblay. — Un pommier, ça fait des milliers de pommes... je ne sais pas si vous avez déjà remarqué. Cela me surprend tellement quand on va cueillir les pommes : le nombre de pommes par terre qui pourrissent est incroyable ! Les pommiers font des pommes indépendamment de ce que nous, les humains, nous faisons des pommes...

Pourquoi un pommier fait-il tellement de pommes, alors qu'il ne faut qu'un pépin pour faire naître un autre pommier ? Parce que la nature est « abondante ». Je ne pense pas que nous sommes nés pour la misère. Je ne sais pas si nous sommes nés pour accomplir quelque chose, mais je pense que nous sommes nés pour l'abondance. Et je pense que cette abondance qui est là est normale.

Richard Lachapelle. — Je pense à la pyramide de Maslow. Que se passe-t-il quand on arrive en haut de la pyramide ? On recommence la pyramide par l'autre bout[1] ? *(Rires)* Il me semble que l'on recommence, mais différemment... En premier, on a des besoins primaires de sexualité, on a des fantasmes... Après un premier tour dans la pyramide, on a toujours envie de manger, mais différemment. On veut manger sur une belle table, avec du bon vin... Et cela ne s'arrête jamais... L'abondance que l'on désire, en fait, nous modifie constamment...

Serge Marquis. — Je reviens à une phrase que Thierry a prononcée au dernier dialogue et qui m'a beaucoup frappé. Tu as dit, à un moment donné, qu'il suffisait qu'un médecin quelque part dans le système dise : « J'aimerais avoir ce dernier appareil », pour qu'on décide d'aller le chercher. On ne s'était pas interrogé sur les conséquences d'acheter ces appareils-là...

Il y a deux choses que je voudrais dire à ce sujet. La première, c'est que l'appareil vient souvent nous émerveiller par ses capacités. Il est capable de faire des choses absolument exceptionnelles qu'on n'aurait jamais été capable de faire avant. Par exemple, un appareil peut permettre d'aller fouiller dans un corps humain des régions qui n'avaient jamais été fouillées auparavant... Et ceci permet au corps médical de dire : « Enfin, on va pouvoir peut-être rendre des services qu'on n'aurait jamais pu rendre au malade. » Oui, il y a une espèce d'émerveillement devant cette capacité technologique.

Mais d'autre part, cette technologie coûte une fortune. Et nous ne savons pas s'il existe une grande quantité de personnes qui vont pouvoir profiter de ces nouvelles technologies. Je n'ai pas vu beaucoup de débats au sujet de l'acquisition de ces technologies et des conséquences liées à leur achat... Je pense qu'on a effectivement acheté un trop grand nombre de ces technologies qui, quelquefois, deviennent désuètes après quatre ou cinq ans. Sous le coup de l'émerveillement, et par le fait aussi que les hôpitaux américains possèdent ces équipements, nous avons investi une quantité phénoménale de fonds dans ces achats-là, sans vraiment réfléchir aux conséquences.

Je voudrais terminer sur le sujet de Narcisse et de l'immortalité. L'émerveillement, parfois, crée un mouvement. J'ai des amis qui sont chirurgiens et qui ont, à un moment donné, commencé à croire qu'on viendrait à bout de la mort par l'utilisation de ces nouvelles technologies. Ils se sont mis à se lancer dans toutes sortes d'interventions... Et quand ils me racontaient ce qu'ils faisaient, je me disais : « Eh, mon Dieu, Seigneur ! Est-ce qu'ils pensent vraiment ce qu'ils disent ? » Pour eux, ces interventions étaient simplement « extraordinaires ». Elles avaient rallongé la vie d'une personne de quelques semaines et cela avait coûté des centaines de milliers de dollars pour une seule personne... qui n'en avait probablement pas conscience. Il y a toutes sortes de choses comme cela, associées à l'émerveillement devant ces nouvelles technologies, qui nous ont amenés dans des directions que nous n'avions pas prévues.

Lorraine Brault. — Émerveillement ou puissance ? En t'écoutant, je me dis que, finalement, c'était une recherche de puissance. Mais je suis très mal à l'aise face à ce type de puissance. Je préfère ne pas trop savoir ce que ces chirurgiens ont fait... *(Rires)* Je n'aime pas ce type de puissance, pour les personnes qui la recherchent et celles qui la subissent.

Hélène Laurin. — Je pense que derrière la recherche de cette puissance, il y a une grande peur de la mort. Comme si nous étions prêts à faire n'importe quoi pour vaincre la mort. Même dans les hôpitaux, on va très loin en essayant de sauver les gens. Et quand on se rend compte qu'on n'est plus capable de les sauver, on a beaucoup de mal à leur donner ce dont ils ont besoin pour bien mourir.

Cette volonté de vaincre la mort est quelque chose qui mine beaucoup notre système de santé. Et c'est pour cet idéal que beaucoup de choses sont faites. On tente de sauver la vie des gens à tout prix et on ne considère pas la mort comme quelque chose qui pourrait être positif.

Thierry Pauchant. — Si je me souviens bien du mythe de Narcisse, ce mythe exprime la recherche de la perfection, l'impossibilité de la relation avec l'autre et le fait que ce manque de relation entraîne la mort... Quand Narcisse voit son visage dans l'eau, il pense voir quelqu'un d'autre et il entre en conversation avec cette personne, sans savoir que cette personne, avec laquelle il tombe éperdument amoureux, est en fait lui-même. Aussi, quand il rencontre une jeune muse qui s'appelle Écho, il ne peut, dans ce cas également, qu'établir une relation avec lui-même. Comme son nom l'indique, Écho ne peut que répéter les paroles prononcées par quelqu'un d'autre. Quand Narcisse dit « bonjour » à Écho, celle-ci ne peut que lui répondre « bonjour », et ainsi de suite. Il y a absence de dialogue, et cette absence mène Narcisse à la mort. Émerveillé par sa propre image, il finit par tomber dans le lac qui lui renvoyait cette image et s'y noie.

J'aime beaucoup la mythologie et en particulier la mythologie grecque. Pourtant très ancienne, cette mythologie exprimait déjà certaines des problématiques que nous vivons encore aujourd'hui : émerveillement narcissique, absence de relation avec l'autre, déni de la vie menant à la mort... Est-on encore victime aujourd'hui du mythe de Narcisse dans le système de la santé ? Charles Taylor a écrit un livre important sur l'influence du narcissisme, l'influence de la technologie et l'influence du manque de dialogue dans nos sociétés. Mais il s'est abstenu de condamner, une fois pour toutes, la montée de l'individualisme ou même l'émerveillement devant la technologie, voyant dans ces tendances la source à la fois de « la grandeur et de la misère de la modernité », le titre de son ouvrage[2]. Pourrait-on parler de la grandeur et de la misère du système de la santé ? Pourrait-on voir dans ce combat contre la mort, à la fois une des raisons fortes qui anime la médecine et la recherche pour la santé, et une source importante pour la montée de l'inflation et de la boulimie dans le système de la santé ?

Jean-Marc Gagnon. — Le rapport à la vie est certainement très influencé par le rapport à la mort. Dans la société dans laquelle nous vivons aujourd'hui, tout nous laisse croire que nous sommes immortels... Pour moi, effectivement, cette approche boulimique que nous avons développée dans le système est influencée par notre déni collectif envers la mort.

France Dolan. — Je ne suis pas sûre que la boulimie soit associée au déni de la mort. Je trouve plutôt qu'elle est associée au déni de la vie. Si je regarde le genre de vie que nous avons dans nos systèmes de travail, nous sommes plus des morts vivants que des vivants qui ont peur de la mort! On ne peut partager la vie, mais on peut partager une relation. Pour moi, le mythe de Narcisse ne s'applique pas aux organisations, car nous ne tolérons pas la communication dans nos organisations. Le milieu du travail ne tolère pas la relation. Il ne tolère pas que les gens entrent en relation *réelle*, qu'ils bâtissent des liens, de peur que ces relations aillent à l'encontre du pouvoir établi; de peur que le développement de ces relations donne de la force à un syndicat; de peur que le petit patron d'un petit service ne puisse pas faire aboutir ses petites stratégies... On dénie plus la vie dans nos systèmes que l'on dénie la mort... Et c'est très difficile de parler ouvertement de ce sujet, car il est considéré comme une maladie honteuse.

Je pensais plutôt à ce qu'Estela a dit. Nous avons vécu au Québec, et il n'y a pas tellement longtemps de cela, la situation vécue actuellement au tiers monde dans le domaine de la santé. J'ai connu, quand j'étais jeune, des soins de santé sans carte... J'ai porté des lunettes très jeune et casser ma paire de lunettes aurait été une tragédie à l'époque! Je savais que mes parents auraient dû les payer et qu'ils n'avaient pas d'argent. Moi, je viens d'une grosse famille et des grosses familles comme on était, il y en avait beaucoup... Quand un enfant tombait malade, c'était la tragédie.

Quand j'écoutais Estela, je me suis aussi demandé: «Qu'est-ce qu'elle est en train de nous dire? Que nous sommes des enfants gâtés qui ne savent pas ce qu'ils ont?» J'espère que ce n'était pas ce qu'elle voulait dire. Parce que je suis convaincue que nous nous souvenons parfaitement de notre situation passée et de sa misère. Ma peine, actuellement, est de constater que nous sommes peut-être en train de nous convaincre qu'il faut maintenant reculer.

Mireille, tout à l'heure, a parlé de «l'opulence» et j'aime bien cela. Pour moi, je m'oppose à l'idée qu'il faudrait considérer la misère comme un état de fait. La bataille que nous avons menée pour gagner cette opulence fut si longue...

Cela me fait penser aux années 1975, durant lesquelles les idéologies sont entrées dans nos organisations. À cette époque, si on n'avait pas une idéologie, on était exclu. Pour des gens comme moi, qui émergeaient d'une classe pauvre, avoir accès à la connaissance, c'était s'affranchir. Et pourtant, dans mon milieu de travail, on me disait de reculer. On me disait d'oublier mon affranchissement et qu'il fallait aller tous travailler dans les usines pour la gloire de Mao! En 1975, c'était cela, le système de la santé. C'était bourré de marxistes-léninistes, de trotskistes... Il y avait à l'époque des conflits de valeurs épouvantables, des conflits d'idéologies. Et il était fort dur d'être un libre penseur. Quel courage cela prenait juste pour se tenir debout et dire : «Écoute, je viens à peine de m'affranchir d'une classe sociale, de l'Église catholique, et toi tu veux m'embrigader là-dedans!» Mais c'était à prendre ou à laisser. Il fallait accepter l'idéologie... Maintenant je trouve que c'est encore la même chose. Le système est en train de nous vendre une idéologie, une énorme «menterie», et nous sommes en train de l'acheter. Oui, nous dénions plus la vie que la mort dans notre système...

Mireille Tremblay. — Tu poses toute la question de l'accès collectif à la connaissance. Nous n'avons plus aujourd'hui le contrôle de l'État comme on l'avait connu dans le passé. C'est peut-être cela, le reflet narcissique qui nous a éblouis, la force de l'État. Mais je pense que ce changement est aussi une richesse. Cela fait partie de notre évolution et je trouverais cela triste qu'on perde cet accès pour la collectivité, pour nos enfants et pour tous. C'est pourtant ce qui se passe en ce moment si vous regardez les statistiques : l'accès à la scolarisation, au cégep, à l'université et à la santé est en train de reculer, parce que cela coûte de plus en plus cher !

Je pense que repartir la richesse est une bonne chose. Mais comme on dit : «apprendre à un pêcheur à pêcher, c'est mieux». Je pense aussi que répartir la connaissance, l'éducation, c'est tout à fait fondamental. Nous sommes peut-être tombés dans un excès de rationalisme. On pensait qu'on triompherait de la mort avec nos machines... Peut-être sommes-nous tombés dans un certain reflet narcissique, mais n'oublions pas l'importance de l'accès individuel et collectif à la connaissance.

Yvan Roy. — La semaine passée, j'ai vécu une expérience marquante. Je travaille dans un édifice qui est partagé par plusieurs organisations et, à un moment donné, j'ai eu à me rendre dans une pièce, à peu près de la grandeur de cette pièce-ci, à laquelle je n'avais jamais eu accès. Et là, sur le pourtour de la pièce, partout, empilés sur trois rangées de haut, il y avait des vieux ordinateurs, des ordinateurs de dix ou douze ans. C'était l'Université du Québec de ma région qui s'était départie, il y a quelques années, de ses vieux ordinateurs. Probablement que cela avait coûté des centaines de milliers de dollars à cette époque-là... Mais ce matériel est tout à fait inutile maintenant.

C'était fascinant, parce que je me disais, il y a dix ou douze ans, si on avait fait un film futuriste, on aurait vu ces ordinateurs-là dans le film... Il y avait là à peu près une soixantaine de Compaq. Il faut se rappeler ce qu'était un Compaq il y a 15 ans ! C'était gros de même, il y avait un écran intégré, pis le couvercle, tu le rabattais en clavier... Ça pesait, je pense, 40 livres, mais c'était à peu près aussi puissant qu'un Commodore 64... *(Rires)* Mais c'était fascinant. Je me suis dit qu'il y a 15 ans, beaucoup de monde a « trippé » là-dessus.

J'ai travaillé dans une organisation où, il y a un an, tout le personnel de bureau a été équipé avec de nouveaux ordinateurs, de nouveaux programmes. Cela a coûté extrêmement cher. Pourtant, des personnes utilisent ce matériel comme des dactylos, en n'utilisant que le traitement de texte ! Je me dis que l'on utilise peut-être 5 % de la puissance de ce matériel... Et quand les personnes vont être rendues à l'utiliser à 30 %, il va être désuet... et il sera « balancé »... Peut-être que c'est cela, la revanche de la vraie vie face à l'émerveillement du jeu...

J'entends parfois des gens qui sont émerveillés par les nouvelles technologies. Ces gens disent que, dans peu de temps, un intervenant social, par exemple, pourra se présenter chez un client avec son ordinateur, se brancher sur une ligne téléphonique, avoir accès aux dossiers... Mais que va faire cet intervenant avec la souffrance des gens ? Que fait-on des gens au-delà de la technologie ? Un bon médecin, c'est un bon médecin, qu'il ait accès ou non à un tomographe ! Mais peut-être que s'il a accès à cette technologie, il sera encore meilleur. Un mauvais médecin entouré d'excellentes technologies, cela reste un mauvais médecin! La technologie est sûrement très importante, mais elle est relative. Je me dis que si nous remettions dans le domaine des relations humaines ne serait-ce qu'un quart des investissements consentis pour du matériel technologique, nous pourrions peut-être réussir à rendre la vie un peu plus intéressante et plus supportable pour nos semblables et pour nous-mêmes...

Thierry Pauchant. — Il y a une statistique qui me fascine sur la technologie. Actuellement, près des trois quarts des sommes investies dans les technologies de pointe, le sont non pour en inventer de nouvelles, ni même les améliorer, mais simplement les réparer, faire en sorte qu'elles fonctionnent[3]! Il est évident que ces technologies nous coûtent énormément cher. La technologie actuelle est tellement sophistiquée qu'elle devient aussi très fragile, et comme elle est très fragile, il faut investir des sommes faramineuses pour la faire fonctionner, et cela, au détriment de l'innovation, de l'invention, de la création de nouvelles choses. Prenez l'exemple de votre voiture. Il n'est plus possible aujourd'hui de pouvoir réparer par nous-mêmes un injecteur électronique... Quand j'avais 20 ans, je pouvais réparer le carburateur de ma voiture. Je ne pourrais plus le faire aujourd'hui...

Je partage le rêve d'Yvan. Je rêve que nous puissions dépenser les trois quarts de nos investissements pour développer une technologie, peut-être moins sophistiquée, mais qui soit réellement utile pour les gens, qui permette aussi d'être plus près des personnes. Je rêve de plus que seul un quart de ces sommes soit dépensé pour remettre en état ces technologies. Si nous renversions ce rapport, ce qui sous-entend une technologie fort différente de celle que nous connaissons actuellement, nous pourrions changer de grandes choses... Mais, actuellement, il semble que l'émerveillement narcissique prend le dessus et que nous sommes dans une espèce de cercle vicieux high-tech qui nous dévore... Ivan Illich, il y a des années, avait déjà relevé ce paradoxe dans le système de la santé[4]. Peut-être pourrait-on revenir à ce type d'analyse et proposer des choses nouvelles?

Estela Rios. — Le drame, avec la technologie, c'est qu'il faut actuellement, dans les secteurs où la technologie est avancée, environ 25 000 $ pour créer un poste de travail. Plus la technologie est avancée, plus l'ouverture d'un poste de travail coûte cher. Cela, bien sûr, n'arrange pas le chômage ! Ceci est un drame ! L'utilisation d'une technologie moins avancée permettrait de créer de plus nombreux postes et de diminuer le chômage.

Serge Marquis. — L'été passé je suis allé à la pêche sur la Côte-Nord, et j'étais avec un guide. Je me suis aperçu qu'il entendait et qu'il voyait un tas de choses que je n'entendais pas et que je ne voyais pas. Et je me suis dit : « C'est fantastique. On a les mêmes sens, j'ai les mêmes oreilles, j'ai les mêmes yeux, mais il possède un espèce de flair que moi je n'ai pas, que je n'ai peut-être pas développé. »

À une époque où les êtres humains circulaient en forêt, ils avaient ce flair-là. Je me suis mis à penser aux personnes qui travaillent dans les services de santé actuellement, avec cette immense technologie, qui au fond est un prolongement de nos sens, qui nous permet d'aller beaucoup plus loin dans le corps humain, d'entendre, de voir des choses que l'on ne voyait pas. Mais je me pose la question suivante : « Quel est l'impact de cette technologie sur nos sens ? » Je pense en particulier aux jeunes médecins : qu'est devenu leur stéthoscope ? Qu'est devenue leur oreille ? Qu'est devenue leur capacité d'entrer en rapport avec le patient pour aller chercher une information que l'on ne peut obtenir qu'à la maison, assis sur le bord d'un lit ?

Je connais ces situations. J'ai travaillé à la campagne à un moment donné, en tant que jeune médecin, et je n'avais pas de tomographe. J'étais avec la personne assise dans son lit et je tentais d'aller chercher de l'information. Ce qui me permettait de développer mes sens. Ce flair se développait dans le rapport qu'on établissait avec l'autre, il générait de l'information utile pour la médecine et, en même temps, il servait dans le rapport qu'on avait avec l'autre. De plus, ce flair pouvait permettre de sauver une quantité phénoménale de dollars. La personne savait avec ses yeux, son nez, à peu près où s'en aller, et quel genre de traitement donner.

Aujourd'hui, je vois travailler les gens dans les urgences, et c'est tout de suite le tomographe, la prise de sang avec les 24 tests, et puis toute l'affaire… Non seulement cela coûte très cher, mais j'ai l'impression que ces personnes n'ont plus confiance dans leurs sens, dans leur flair. Il existe aussi une espèce de peur de faire une erreur, associée peut-être à une recherche de puissance ou une attaque en justice. Il y a la peur de faire une erreur et l'absence de confiance dans ce qu'on est. Cela m'inquiète personnellement. Cela finit par coûter très cher de faire confiance uniquement à des machines ! De plus, si elles ne sont pas supposées faire d'erreur, cela n'est pas toujours vrai.

Maria Vieira. — Ça me rappelle le temps où j'étudiais l'histoire à l'université. Je me rappelle de cette espèce de fascination pour rendre accessible la connaissance. Mais si la diffusion de cette connaissance était importante, la profondeur de sa compréhension importait peu... Cela me fascine encore aujourd'hui, quand je vois mon père qui a peu de scolarité mais qui a développé un sens aigu de l'observation. Par son observation, par son instinct, il avait pressenti il y a quelques années que les gros marchés allaient s'entretuer. Et, pourtant sans diplôme et sans grande « connaissance », il a eu raison !

Cette course à la connaissance, à la technologie, me rappelle aussi la tendance à la boulimie que j'associe au déni de la mort. J'ai expérimenté cela moi-même en fin de semaine. J'ai dû être en repos hier, avec une migraine. J'ai été surprise de constater en moi-même cet espèce de besoin de « faire des choses », parce que j'avais des *deadlines*. En fait, j'ai constaté que je ne pouvais pas « m'arrêter », mais mon corps m'a dit tout à fait autre chose. Et pour une fois, je l'ai écouté.

Technicien du son. — J'aimerais juste vous rappeler un petit quelque chose sur l'argent. On parlait de sous tantôt. C'est pas combien on gagne, mais combien il en reste à la fin de l'année qui compte ! Et ceci est bon pour les individus comme pour les gouvernements. Presque tous les participants, à peu près tout le monde qui est dans cette pièce, gagnent aujourd'hui facilement entre 40 000 et 50 000 $ par année. Êtes-vous plus heureux que du temps où vous étiez étudiants et que vous gagniez juste 10 000 $? Pourtant vous avez plus de possibilités, une plus grosse voiture, une plus grosse télé, une plus grosse maison, mais c'est tout. Tout cela, c'est de la technologie. Il suffit de peu des choses pour que la maison passe au feu ou que la voiture ait un gros accident et que la personne soit plus « cassée » que dans le temps où elle était étudiante.

Dans le fond, le problème du système de la santé, c'est que nous avons un beau système qui a été payé à crédit, et pis là, il faut le payer. Du moment où tu arrives à équilibrer ton budget, tu peux te permettre d'acheter des gadgets qui ne sont pas toujours utiles, mais que tout le monde veut avoir. C'est sûr que tu peux t'en passer et vivre bien quand même. C'est une question de dosage à l'intérieur d'une enveloppe. Le problème, c'est de réussir à rester dans son enveloppe, « dans son budget » comme on dit. Les gouvernements ont toujours tendance à dire : « Oh, ce n'est pas grave... Cela va aller mieux l'année prochaine... » Un particulier ne peut pas se permettre de penser comme cela. En tout cas, cela ne marche pas longtemps.

La dernière année où j'ai été en chômage est l'année où j'ai gagné le moins dans ma vie active et peut-être celle où j'ai été le plus heureux. Je n'ai pas gagné 10 000 « piastres » cette année-là ! Mais j'ai fait plein de choses qui ne coûtaient rien, comme aller à la plage, aller faire du jogging, aller faire du bicycle. Puis quand je revenais, je me sentais comme plus accompli que des fois lorsque je travaillais à gagner beaucoup d'argent. J'avais moins l'impression d'avoir sauvé le monde, mais celle d'avoir sauvé ma santé mentale et physique ! Quand la santé mentale ne va pas, le physique, il ne suit pas souvent...

Mireille Tremblay. — Il y a quelque chose dans la connaissance qui ressemble à de l'amour. Dans un livre que j'ai lu, l'auteur disait comment il avait été ébloui, ravi, et était tombé en extase en regardant un coucher de soleil, tout en sachant qu'il y avait la loi de Max Planck sur la diffraction de la lumière qui explique le processus d'un coucher de soleil... Quand on contemple les étoiles, qu'est-ce que cela ferait de penser que ce sont des piqûres d'épingle dans un tissu tendu sur le toit du monde, comme certains l'ont déjà cru ?

Hier je regardais une étoile. De mon point de vue, c'est elle qui est très petite, mais ma conscience est capable d'imaginer une distance gigantesque, mesurée en années-lumière. Et je la trouvais belle... Il y a quelque chose dans la connaissance qui est amoureux du monde aussi...

Thierry Pauchant. — Moi, je résonne beaucoup avec cette émotion. J'ai été touché aussi tout à l'heure, quand France parlait de l'influence des idéologies. Je crois fondamentalement qu'une organisation en santé repose sur le fait que des décisions et des actions ont été prises par des individus, au profit de la communauté, et non par des idéologies : une éthique décidée collectivement, démocratiquement.

Et ce que je constate, malheureusement, c'est que, dans beaucoup d'organisations, on ne laisse plus, on ne permet plus à une personne de sentir, de connaître, de juger, de réfléchir. On ne permet plus l'amour, on ne permet plus le flair. Je regrette cette tendance profondément.

La discipline du dialogue me séduit beaucoup parce qu'à travers un dialogue, nous essayons de construire quelque chose de collectif. Mais cette construction s'effectue, d'abord et avant tout, personne après personne. L'idéologie souvent « écrase ». Elle est comme une machine trop sophistiquée. Un programme d'ordinateur de 5 millions de lignes « écrase ». Ce programme ne peut plus être compris et contrôlé par une personne ou même une équipe! Le programme dépasse la capacité de ces personnes et peut alors « s'emballer ». Un beau paradoxe! La connaissance nous échappe par la connaissance que nous avons produite... Un grand nombre de mythes grecs a exploité ce thème.

Dans le dialogue, on peut peut-être retrouver une connaissance où nous, humains, pouvons de nouveau utiliser notre pensée, nos actions, nos sentiments, notre amour, notre flair, notre foi, et tenter, petit à petit, de tisser quelque chose ensemble... Simone Weil était aussi convaincue de la nécessité de redonner à l'individu la possibilité d'être un individu et que cela était positif pour la collectivité. Elle a même proposé que l'invention d'une méthode qui permettrait à des personnes de créer quelque chose en commun, sans éteindre la pensée de chacun, mais bâtie sur la pensée de chacun, serait une invention aussi importante pour l'humanité que celle de la découverte du feu ou de la roue[5]! De nouveau, je ne pense pas que le problème du système de la santé et des services sociaux soit seulement un problème de budget. C'est aussi un système, comme la plupart de nos systèmes, où la pensée humaine, le sentiment humain, l'amour humain, sont amoindris et, parfois, « écrasés ».

André Savoie. — Le dialogue d'aujourd'hui m'interpelle beaucoup. Si l'on reprend les propos d'Estela, on serait dans un système de santé « merveilleux ». Et j'imagine que les décisions qui sont prises, c'est pour sauvegarder cette merveille-là. Mais, simultanément, on se rend compte qu'il existe dans le système une perte de sens. Alors je me demande où se trouve le problème. Qu'est-ce qui ne fait pas de sens? Cela m'apparaît sensé d'essayer de sauvegarder la « merveille »!

Et maintenant, il y a comme des pistes que moi je n'avais pas vues jusqu'à présent : ce que disait France tout à l'heure en ce qui concerne les aménagements qu'on fait qui nous empêchent presque d'établir des relations humaines avec les personnes avec qui on transige ; que la technologie crée des déficits sensoriels, ce qui fait qu'on ne peut pas interagir avec nos sens comme on pouvait le faire avant ; que les connaissances qu'on a ou qu'on pourrait avoir, on n'y a plus accès. Est-ce que cela signifie que nous nous orientons à grands pas vers une forme d'incompétence ? Est-ce que c'est ça qui nous met tout de travers ? Qui fait qu'on est mal dans les changements actuels ? Une incompétence dans le sens d'une incapacité, d'une non-utilisation, d'un non-développement de nos savoirs, de nos savoir-faire ? Est-ce que c'est ça qui est au cœur de l'inconfort ?

France Dolan. — Je pense que c'est la prémisse, pour moi, qui fait problème. Si des humains sentent qu'il y a état d'urgence, l'instinct de s'organiser et de se solidariser se réveillera. Mais là, on est en train de nous passer une grosse « menterie », et il faut se mobiliser contre cette grosse menterie ! Quand on dit que nous n'avons plus les moyens financiers, pour moi, c'est une grosse « menterie ». Peut-être est-ce aussi à cause de mon vécu...

Dans la maison chez nous, on était 15 et ma mère disait : « Il y a une chose qui sera jamais négociable, c'est ce qu'il y a sur la table. On va peut-être marcher avec des souliers moins bien, s'habiller avec le linge des voisins... mais ça, on touche pas à ça. » Et je vous dis que quiconque s'amenait pour dire : « On passe un repas de viande... », il fallait qu'il passe à travers Juliette, et pis ça passait pas !

Elle a réussi à sauvegarder la base de quelque chose, et donc on pouvait se solidariser parce que ça, c'était là. On n'avait pas peur de manquer de nourriture. Mais là, on est en train de nous dire qu'on ne peut plus se payer notre système de soins ! Pour prendre soin de nos parents, de nos enfants, de nous-mêmes... C'est pas vrai ! Il y a plein de « fric ». Il n'a pas disparu l'argent, il ne s'est pas volatilisé, il a simplement changé de poche.

Ceux qui « trippent » sur des systèmes informatiques, c'est pas nous autres, le commun des mortels. C'est quelques personnes haut placées qui ont un pouvoir et qui ont des moyens. Des fois, ils ne sont même pas si en haut que ça...

Le peuple québécois est probablement le plus facile à mobiliser. C'est un peuple habitué à être solidaire. Regardez dans le bénévolat! Le milieu communautaire, il m'épate encore aujourd'hui. Avec rien, ils font des affaires. Je pense qu'il faut que quelqu'un dise: « On ne touche pas à ça. » Ça veut pas dire qu'on peut pas faire autrement. On peut arrêter la course folle de l'achat de n'importe quoi pour n'importe qui... Mais il faut établir la base minimum à laquelle on ne touchera pas.

Les deux vitesses, les enfants qu'on ne peut plus envoyer chez le dentiste, etc., ça n'a pas de bon sens! Quelqu'un dans le système, des individus, des libres penseurs, vont devoir prendre la plume et re-créer un fondement possible de solidarité. Mais il faut que le dis-cours soit vrai. Et, actuellement, il est mensonger. D'un côté, on signe des contrats de 500 millions en Chine, et de l'autre on vient nous dire qu'on n'a plus les moyens pour notre système de santé... Pff! Un instant, là! On va couper sur d'autres choses, veux-tu, mais on va garder la bouffe...

Pour moi, il est là l'inconfort. Je suis même assez inconfortable, même ici entre nous, parce que je me dis: « Où est-ce qu'elle est la révolte, je ne la sens pas... »

Dans le dernier dialogue je sentais la démission... et je la sens encore aujourd'hui. Je sens que si on élève le débat pour discuter de la technologie, on va avoir un semblant de dialogue. Mais moi, cela ne m'intéresse pas. Ce n'est pas là que ça se passe, pour moi, « la vraie affaire ». Quand on sort dehors, les gens ne sont pas en train de discuter de ça. Ils sont en train de discuter de choses essentielles et fondamentales. Et le dialogue devrait porter sur ces choses.

Je vous le demande, et ceci n'est pas une provocation: « Est-ce que j'ai affaire ici, moi? » Je ne suis pas sûre... Peut-être que je devrais retourner dans mon milieu communautaire et dire: « Mais savez-vous, là d'où je viens, notre discours ne les intéresse pas. On discute de choses plus sophistiquées que ça. »

Benoît Lecavalier. — Ce qui me fascine actuellement, c'est qu'on a un gouvernement, mais qu'il ne s'occupe plus du collectif. Je trouve que toutes les décisions qui sont prises actuellement sont très bran-chées sur l'économique, le mercantilisme, etc. France évoquait Mao et les marxistes que nous idéalisions hier... Est-ce qu'aujourd'hui on se *shoot* au taylorisme? *(Rires)* Je trouve que cela ressemble beaucoup à de la dépendance... Nous sommes dépendants envers l'affectif, envers la technologie... C'est comme si on ne pouvait plus s'en passer. Moi, j'ai un ordinateur Pentium chez nous, tellement compliqué qu'il y a des affaires que j'ai débranchées... *(Rires)* J'ai lu le livre d'instructions, j'ai passé quatre jours dessus, mais... et il n'y a pas vraiment de service après-vente! Je me suis fait avoir avec mon Pentium...

Mais moi, je vis dans une communauté d'êtres humains dans mon travail, et ils ont du cœur au ventre! Il y en a qui ont des projets merveilleux. C'est drôle, des fois, je me dis que ça n'a pas d'allure, le dernier gadget qu'on s'est acheté... Mais toute l'énergie que cela donne dans l'hôpital... C'est positif. De dire qu'on est allé chercher une technologie qui devrait aider les patients à mieux passer à travers, à faire des diagnostics plus précis... Il y a aussi de la bonté dans cette action... et il y a de la beauté là-dedans aussi.

Présentement, j'entends dire beaucoup de mal de notre système. On dirait qu'on a mis dans l'angle mort toute la beauté. Dans l'exemple du Salvador, ce serait probablement bien pour eux d'avoir notre système... Je nous trouve très sévères. Peut-être que je ne suis pas un révolté, mais je nous trouve très sévères! Peut-être qu'il faut arrêter d'être aussi sévères. Cela nous permettrait de regarder plus en avant, et non en arrière.

Je me suis séparé, il y a quelques années. À deux, on faisait plus en termes économiques que tout seuls et nous avions un super niveau de vie. Quand je me suis retrouvé seul, ma situation a changé. J'ai donc eu à faire des choix, à changer des choses. Est-ce que je suis moins heureux, plus pauvre? Non, parce que j'ai fait le choix de me séparer. Je me dis que dans notre système de santé, nous faisons de même des choix. Je suis convaincu que les gens de la régie, du ministère, etc., ne veulent pas démolir le système. Ils ne veulent nuire à personne! Ils n'ont pas des plans machiavéliques! J'ai beaucoup de difficulté à croire à l'idée qu'ils sont en train de détruire le Québec, de détruire notre système. Je dis pas qu'il n'existe pas une part de destruction dans tout changement, mais il me semble qu'il faille relativiser! Non, nous ne devons pas être révoltés!

Jean-Pierre Gagnier. — J'ai le goût de réagir en lien avec ce que tu viens de dire et aussi ce que France a dit. Je me sens ni déprimé, ni en colère. Bien que je n'exprime pas ma révolte, cela ne veut pas dire que j'en ai pas.

Ce qui est le plus dur actuellement, c'est de réaliser qu'il existe des paradoxes dans tout ce qu'on fait, que tout progrès implique sa part de dangers et de risques, que tout «bon» implique des fois «le pire». C'est ce que je vis, actuellement, dans notre système. Je vois à la fois du meilleur, du beau, du bien, de la solidarité comme j'en ai encore jamais vu auparavant; mais je vois aussi une détresse que je n'ai pas vue souvent; je vois de plus des choses qui sont vraiment de l'ordre du mensonge. C'est vrai qu'il y a des choses qui devraient demander de la révolte, mais il y a aussi de l'extraordinaire.

Ce que je trouve très difficile, c'est qu'on ne donne pas le temps aux gens de s'approprier ce qui passe. Par exemple, on fait des virages communautaires, mais on ne donne que trois semaines aux gens pour fermer boutique, pour penser et travailler autrement, et on n'offre ni soutien, ni aide pendant la période de transition. À mon sens, ce serait comme effectuer un virage technologique où l'on viderait tous les appareils le vendredi, et le lundi suivant on mettrait en marche le nouvel équipement! Je pense que nous sommes victimes d'un effet d'accélération avec une perte de sensibilité. Oui, il y a de la colère. Des fois, j'ai de la misère à la contenir et ça explose.

J'étais dans un groupe, hier, et j'ai entendu des intervenants dire des choses que j'entendais il y a 25 ans. Des préjugés sociaux qui sont encore véhiculés dans les familles. J'étais horrifié par ce que j'ai entendu... Arrêtons de dire que c'est juste la gestion qui est en trouble ou en crise. Certains intervenants sont, aussi, problématiques! Chaque personne devrait réfléchir à l'impact de ses gestes sur les gens avec qui elle est en contact. Hier, j'ai entendu des idées que je croyais disparues et qui ont été maintenues par un système rigide. Je suis inquiet. Nous avons beaucoup de travail à faire...

Richard Lachapelle. — J'ai envie de mettre mon grain de sel là-dedans. Quand j'ai commencé à travailler, j'avais l'impression que mon savoir et mon être étaient associés pour former un tout. Puis, plus le temps avançait, plus on a dissocié le savoir de l'être. On gère les deux affaires comme deux «patentes» différentes... On a enlevé le «et» entre savoir «et» être... On a le savoir, qui s'en va quelque part, et on a l'être, d'autre part. C'est cela qui me préoccupe: comment rallier savoir et être. Nous sommes reliés à des paradoxes.

Lorraine Brault. — J'aimerais exprimer un de ces paradoxes. Je pense qu'à la fois chez les individus comme dans les organisations, nous avons trop de certitudes. Cette certitude est devenue comme « sotte ». Elle nous mène dans une situation d'ultraconfiance et donc d'une non-tolérance.

Mireille Tremblay. — Je trouve que la colère fait partie des choses les plus difficiles dans la vie. Les plus terrifiantes. On ne sait pas ce que ça va faire aux autres et on ne sait pas ce que ça va nous faire. Nous savons que les révoltes et les révolutions ont généré beaucoup de sang. C'est à coup de beaucoup de morts que les choses changent rapidement. Pensons à la Révolution française, russe, américaine... Les révolutions se font dans le sang, même si elles sont fondées sur l'espérance.

Deux choses sont nécessaires pour faire une révolution : ça prend une croyance qui permet une coalition ; et ça prend une colère, qui est souvent justifiée. Et le changement, alors, s'effectue. Mais à quel prix ? Ce dont on a pris conscience plus récemment dans les films sur la Révolution française, est que la colère peut être fort dangereuse. Emmanuel Kant disait que la révolte, c'est un devoir ontologique de l'homme. On doit se révolter contre la misère, contre la tristesse, contre la mort, contre la vie qui est difficile... Mais il faut aussi bien gérer la colère !

France Dolan. — Quand j'ai parlé de *révolte*, je ne parlais pas de *révolution*, au sens idéologique du terme. Nous nous sommes donné, ici, dans ce dialogue, un laboratoire privilégié. Parler, pour moi, c'est déjà un changement profond. Il est important de libérer la parole. Et si je viens ici, c'est pour cela. Quand il existe un endroit où les gens veulent communiquer, je vais y prendre des risques et cette prise de risque empêchera de prendre les armes ou les poings. La communication empêche de s'embrigader dans des systèmes corporatifs ou idéologiques.

Mais j'ai beaucoup de souffrance quand je viens ici prendre des risques et que je sens que peu de personnes en prennent. Si nous étions avec des journalistes, je serais plus réservée dans mes propos. Ici, j'aime mieux me faire dire par Jean-Pierre : « Hey ! Charrie-moi pas... », et puis réfléchir.

Néanmoins, mon intention n'était pas de charrier de toute façon, mais je peux comprendre que je peux heurter. Mais si nous ne sommes pas capables de parler vrai ici... Dehors, on l'a dit, la censure est à peu près totale : « ...les trappes en avant, les guillotines qui tombent... » À un moment donné, il faut plonger, il faut y aller, il faut pas juste être « hyper-prudents ». Est-ce que le système est en train de nous mentir, oui ou non ? On doit répondre à cela !

Benoît Lecavalier. — Je ne veux pas nécessairement te répondre dans ce sens. On n'a pas tous le même agenda, pas tous les mêmes objectifs. J'aime parfois mon silence, j'aime parfois avoir le temps. J'aime le droit de me taire, de ne pas réagir à une question qui m'est lancée. Autant je peux être respectueux de la question posée et être prêt à entendre les réponses, autant j'ai le goût de ne pas me sentir embrigadé dans une discussion. Je veux sentir d'un côté comme de l'autre la tolérance envers un choix différent.

Je voudrais revenir à la technologie. Avez-vous remarqué que quand un fax rentre au bureau, tu te lèves et tu vas chercher le fax ? Tu as une pile de courrier qui traîne sur ton bureau depuis trois semaines, mais le fax rentre et tu vas le chercher ! C'est comme si on déplaçait les affaires. Nous sommes conditionnés à un mode de réaction dans notre système actuellement et l'espace humain n'est plus très grand. J'ai besoin d'un temps d'arrêt, moi. J'ai besoin de mon silence.

Serge Marquis. — Ça fait un bout de temps que j'ai l'impression de la porter, la révolte, à l'intérieur de moi. Je pense que je continue à la porter en sortant d'ici, dans le travail que je continue à faire, là où je suis chaque jour... Ce que je peux faire quand je pars d'ici, de ce dialogue, c'est de partir plus riche, d'avoir compris un peu plus. C'est ce que j'aime dans le dialogue, c'est cette espèce de quête de compréhension qui m'alimente pour mieux porter ma révolte.

À travers les mots que je vais prononcer dans certains endroits, dans certains groupes, dans certaines conférences, et dans certains gestes que je pose, je vais peut-être tout à coup réveiller d'autres consciences. Hier, je regardais au Téléjournal des manifestants qui ne voulaient pas quitter un immeuble. Ils interviewaient des personnes qui ne pouvaient pas entrer. Il y a un gars qui a dit : « Ben moi, ça me rappelle ma jeunesse... » ; et je me suis dit : « Mais il n'a pas compris

qu'il se passe réellement quelque chose.» Y a-t-il seulement que
«...ça me rappelle ma jeunesse...»? Non, il existe des gens qui ont
le courage de dire : «Ça va faire!»

Mais il n'y a pas de contradiction pour moi entre la révolte portée
et le besoin de comprendre. Le besoin de comprendre est toujours là,
en allant plus loin dans la compréhension. Dans ces dialogues, j'ai
l'impression de m'enrichir. Depuis quelques semaines, j'utilise des
choses que j'ai apprises ici dans mon quotidien, avec des gens que je
rencontre. Je cite des gens. Je dis : «Hey! il y a une personne qui a
dit telle affaire...» Et «Bang!», ça cogne le clou encore plus fort.
Alors dans ce sens-là, c'est utile.

Robert Capistran. — Je n'ai pas le réflexe naturel de la révolte. J'ai
plutôt un réflexe de rechercher des solutions. En ce qui concerne le
discours mensonger, je pense que ce sont les gouvernements des dix
dernières années qui ont eu un discours mensonger en nous faisant
croire qu'on était riche alors que nous ne l'étions pas tant que ça.

Je vais vous donner un exemple de recherche de solutions. Sur
notre territoire, nous avons un gros hôpital psychiatrique qui couvre
cinq territoires de CLSC. Cet hôpital a dû faire des compressions de
plus de 10 millions de dollars en peu d'années. Ce qui doit représen-
ter quasiment à peu près 20-25 % de ses budgets! Il est clair qu'en
bout de ligne, il y a des usagers qui y perdent...

Juste pour vous donner une idée, il y a trois ans, pour faire
l'entretien interne des édifices, il y avait 125 personnes! Ce personnel a certainement diminué, mais je suis sûr qu'il y a encore plus
d'employés pour faire l'entretien des édifices qu'il y a d'intervenants
sur le terrain, qui sont au nombre de 40! C'est sûr qu'ils n'ont pas
les mêmes salaires, mais cela n'empêche pas l'aberration! Et ce n'est
pas le gouvernement qui a décidé ça. À un moment donné, les bu-
reaucrates de l'hôpital ont imité la mentalité du gouvernement:
«Nous sommes riches, donc nous allons entretenir nos immeubles.»

Je pourrais me révolter contre cet hôpital parce qu'il nous envoie
du monde à ne plus savoir qu'en faire. D'une certaine façon, c'est
révoltant. Mais même si j'accusais la direction qui est là, même si
j'accusais le gouvernement, cela ne changerait pas grand-chose à la
réalité. Il faut plutôt avoir la mentalité d'essayer de trouver une
solution ensemble : «Vous êtes mal pris, on est mal pris, comment
peut-on faire actuellement?»

Au moins, l'un des avantages des compressions est qu'elles ont permis le rapprochement des têtes dirigeantes et de la base, parce qu'avant, ils naviguaient très très haut... Maintenant, ces personnes ont tendance à se rapprocher du personnel parce qu'elles ont besoin d'aide.

Il faut, plutôt que la révolte, trouver des solutions. Et c'est dans le dialogue, d'une certaine façon, que les solutions existent. Il faut se rencontrer ; et c'est très difficile de trouver le temps de se rencontrer, même au niveau local. Il faut jaser ensemble et être capable d'être ouverts. Il faut organiser le cercle des directeurs généraux d'hôpitaux et trouver des moments où l'on discute sans compte rendu.

Maria Vieira. — Il y a une phrase de Gilles Vigneault qui me vient : « La violence est un manque de vocabulaire. » Je me sens un peu comme ça, pas nécessairement violente, mais certainement pas passive ! Je dirais « en manque de pouvoir ». En manque de connaissances de l'économie, aussi. Je ne comprends rien à l'économie et mes finances personnelles s'en ressentent... *(Rires)* J'ai parfois le sentiment aussi de m'échapper moi-même, de ne pas avoir une connaissance de moi-même si profonde que ça. C'est ce qui fait que quand on parle de révolte ou quand on parle d'agir, je ne le ferai que si je suis en terrain de connaissance. Dans un contexte où j'ai le sentiment que la situation m'échappe, que je n'y comprends rien, ça m'amène un drôle de problème, celui de dire : « Je ne sais pas à quel groupe je vais faire confiance, à quel groupe je vais vraiment m'identifier. » À l'heure actuelle, j'ai l'impression que le menu est en train de s'établir mais qu'on ne sait pas si ça va être de la cuisine nouvelle ou si ça va être de la cuisine traditionnelle. Alors, je fais confiance à moi-même...

France Dolan. — Je suis touchée quand j'entends ça, parce qu'il y a une démarche d'authenticité. Je ne pense pas qu'il faut se raccrocher à des groupes. Je pense que c'est comme ça que notre démocratie est en train de s'effriter. Les personnes n'ont plus de place pour parler. « Si t'es pas dans un groupe qui porte ta parole, t'es personne, et pis t'es rien... » L'individu libre penseur est celui capable de dire : « Je suis complètement heurté comme humain, parce qu'on ne fait plus appel à moi, parce que mon discernement est remis en question sur tout, comme si je n'étais plus capable de faire des choix. »

Mais aussitôt que l'on prend une position, c'est jamais la bonne!
Il y a toujours des coins sombres. Nous n'aurons jamais l'omnis-
cience; nous serons toujours «en cheminement»; nous allons toujours faire des erreurs de discernement... Et pourtant, là est notre
chemin. C'est la définition d'un être humain. Il nous faut donc affirmer cette condition.

Mais quand on n'est plus capable d'affirmer l'humain, là vient le
problème. Par exemple, c'est quand il est plus facile de passer une
facture de réparation en informatique que d'affirmer haut et clair
que les rapports humains sont en train de disparaître, que la tragédie
s'installe. Ce n'est pas «un manque de vocabulaire». C'est une censure! On se tue alors soi-même et on tue l'humain. Je ne crois pas à
la solution du regroupement. Mais je pense qu'il faille reconquérir la
parole personnelle. C'est parfois encore plus dur.

Lorraine Brault. — «Pis» ça prend des breaks des fois...

France Dolan. — Oui, mais c'est compliqué de mettre le break avant
de parler. Risquons de parler et ralentissons tranquillement...

Lorraine Brault. — Pour risquer, il faut au moins que tu aies le
sentiment qu'il y a une place pour ce risque.

France Dolan. — Tout à fait...

Lorraine Brault. — Peut-être qu'à l'intérieur de nos organisations, il
faut faire en sorte qu'il existe de telles places. Mais, actuellement, il
n'y en a pas beaucoup...

Je vais reprendre un peu ce que Jean-Pierre disait tout à l'heure.
Ce n'est pas juste les gestionnaires qui doivent agir, mais les intervenants aussi. Il faut créer un climat de confiance. Il faut créer un
espace de parole. C'est une de mes convictions instinctives, il faut
que je fasse de la place à l'humain. Mais comment?

Maria Vieira. — J'ai juste envie de dire que quand je suis très bien
avec moi, même s'il y a pas d'espace de parole, ce que je veux dire, je
le dis quand même. Et parfois, à mon étonnement, une place se fait.
Par contre, si je ne m'écoute pas ou si je ne suis pas bien avec moi-
même, et que je m'exprime, la place ne se fera pas nécessairement...
et cela va m'affecter d'autant plus...

France Dolan. — D'où l'intérêt du dialogue, car si on parle toute seule....

Lorraine Brault. — Ça te prend toujours un feed-back. *(Rires)*

Serge Marquis. — Je désire retourner à la question du mot « révolte ». Il y a un groupe d'individus qui m'a demandé de lui donner un coup de main pour animer un atelier à cause de problèmes de départ des gens, de la souffrance qui était vécue par les employés. Je leur avais donné des idées pour alimenter un atelier et j'avais pris entre autres des questions du livre de Thierry, *La quête du sens*[6]... Et j'ai vu les gens reculer sur leur chaise! Il y avait comme une espèce de sentiment de panique. Je me suis dit qu'ils ne comprenaient peut-être pas...

Alors j'ai suggéré une question posée par Christophe Dejours[7], en France. Il a l'habitude de poser la question aussi simplement: « Quelles sont vos sources de souffrance et quelles sont vos sources de plaisir au travail? » Mais le groupe recula de plus belle: « La souffrance, on ne va pas parler de ça ici... ça n'a pas de bon sens... Le plaisir non plus... » Je suis pourtant convaincu que si l'on n'est pas capable de reconnaître que les gens peuvent souffrir ou qu'ils peuvent avoir du plaisir, on a un gros problème. On part de vraiment loin...

Au fond, ce que je retiens du mot « révolte », c'est: « Arrêtons d'appeler les choses autrement. Appelons un chat un chat. » Il y a du monde qui souffre, il y a du monde qui pleure et il y en a aussi qui a du plaisir, et c'est correct. Mais il y en a de la souffrance, et il y a des gens qui vivent les conséquences d'un paquet de décisions qui ont été prises sans tenir compte du facteur humain. Quand j'entends le ministre de la Santé dire: « Tout va bien... », là, je deviens révolté et pas à peu près!

Dans les organisations, j'en vois du monde qui a la langue à terre. Il me semble que le ministre pourrait aussi dire: « On reconnaît qu'il y a des gens qui vont pas bien dans le réseau, on est préoccupé par cela, et on y réfléchit aussi. » Là, je me dirais: « Ouf! » Il me semble qu'on ferait un petit bout de chemin. Mais peut-être faut-il aussi partir de nos propres organisations et créer des espaces de parole pour que tout cela soit nommé. Mais même cela, ce n'est pas évident... Quand le mot souffrance fait peur... et que le mot plaisir fait peur... Nous avons du chemin à faire.

Richard Lachapelle. — Je ne crois pas que beaucoup d'organisations seraient prêtes à accueillir des cercles de dialogue à ce moment-ci. C'est impossible. Moi, j'ai appris à commencer à dire « non ». C'est ma révolte à moi, ma colère à moi, c'est comme cela qu'elle s'installe.

Sixième dialogue
La place de l'humour et de l'humain dans nos organisations et nos critères d'évaluation

(Silence)

Alaoui Abidelal Belghiti. — Je me rappelle un professeur en psychiatrie qui, à chaque fois, commençait son cours en faisant une blague. On lui a demandé pourquoi, et il a répondu que l'humour, pour lui, était un besoin vital. Étant donné que dans la société, il y a systématiquement des choses qui vont à l'encontre de l'expression profonde, son idéal était qu'on devait inventer des produits pour faire rire et qu'ils devaient être distribués à tout le monde. Ceci m'amène à me poser la question : quelle est la place de l'humour dans une organisation ou dans le système de la santé ?

Benoît Lecavalier. — L'humour, c'est lié à l'authenticité, alors il ne faut pas que ça soit trop travaillé. Les traits de personnalité y sont pour beaucoup. Il y a des gens qui ont en eux la facilité d'intervenir en faisant rire. Néanmoins, j'ai de la difficulté avec l'humour manipulateur. Le genre d'humour qui veut, en te faisant rire, te passer quelque chose... Lorsque c'est trop travaillé, ce n'est plus de l'humour.

Colette Talbot. — L'humour de Sol par exemple, est très travaillé. Tous les mots sont travaillés et ont un double sens. Mais il existe différentes sortes d'humour. Il y a une grosse différence entre quelqu'un qui fait de l'humour parce que cela lui importe que les gens soient confortables, et quelqu'un qui fait de l'humour pour « planter », pour faire de l'exclusion ou pour établir un pouvoir. C'est un humour que je trouve moins intéressant quoique, des fois, c'est peut-être la meilleure façon de mettre un terme à quelque chose qui n'est pas correct. Mais en général, c'est moins pour rire. C'est pour autre chose.

Lorraine Brault. — Pour moi, l'humour, c'est ce qu'il y a de moins blâmant sur la Terre. Pourquoi tout le monde écoute *La petite vie* alors que tout le monde est visé par cela ? C'est parce que, quand tu regardes l'émission, il n'y a jamais personne qui se sent blâmé. C'est juste drôle. C'est généreux. Pour moi, l'humour, c'est justement cette espèce de générosité. Alors que l'humour manipulateur, ce n'est plus de l'humour. C'est juste des outils pour faire croire que si tu peux en rire, il n'y a pas de problèmes...

André Savoie. — Avant tout, l'humour est une façon de se faire du bien. Dans nos organisations, plus on va se faire du bien, mieux on va être. L'humour, c'est une des façons de le faire, de créer un climat agréable, de partager des choses. Je suis à la recherche de ce genre d'activités ou de situations qui font qu'on va être mieux, qu'on va mieux vivre ce qui nous arrive, que le fait soit de dédramatiser ou de simplement avoir une rigolade... On est bien lorsqu'il y a une situation humoristique ! Un peu comme l'amour qui vise, lui aussi, à se faire du bien.

Thierry Pauchant. — Est-ce que, dans le présent système de la santé, il y a plus ou moins d'humour qu'avant ? Est-ce que cet humour est différent ?

Richard Lachapelle. — Je crois qu'il y a moins d'humour présentement. J'ai déjà connu des équipes où l'on se « bidonnait », c'était très drôle et extrêmement productif. On pouvait rire et, à un moment donné, on devenait sérieux. Comme si plus on riait, plus on devenait sérieux à la tâche. L'humour crée des liens, tisse des choses et je trouve qu'actuellement, il en manque. C'est l'envers de la tristesse. Présentement, il y a comme une tristesse et une morosité qui fait qu'il y a moins d'humour. Je regarde, dans notre organisation, ça rit moins qu'avant. Avant on entendait des éclats de rire, des équipes en réunion qui avaient du plaisir et c'était communicatif. Tout cela créait une belle énergie.

Benoît Lecavalier. — C'est peut-être relié au fait que l'humour est perçu comme une perte de temps. Alors qu'en réalité, c'est tout à fait le contraire. L'humour, c'est un excellent investissement ! J'ai l'expérience d'avoir participé à l'organisation d'un « midi-conférence » sur la gestion du stress par l'humour dans notre établissement. Faire salle comble plus que cela, tu peux pas... Quand on organise des conférences, il n'y a pas plus de sept ou huit personnes... Pour cette conférence, on se ruait aux portes pour pouvoir y assister ! Il y a une espèce de besoin de réhabiliter cette dimension humaine de la vie, qui est de rire.

Richard Lachapelle. — Peut-être que l'humour est passé, lui aussi, dans les compressions ! *(Rires)*

Benoît Lecavalier. — On se punit soi-même, car ce n'est pas vrai, on n'est pas obligé de couper cela aussi.

Lorraine Brault. — Il y a des fois où je me dis : est-ce qu'on n'a pas besoin de réveiller un peu cet humour qui est l'humour simple ? L'humour de tous les jours. Comment ça se fait que tous les comédiens qui œuvrent actuellement dans l'humour soient si populaires ? Je m'interroge aussi sur notre besoin de spécialistes de l'humour : est-ce qu'on en a vraiment besoin ? C'est aussi comme si on supposait toujours que l'humour était à l'extérieur, alors que moi aussi j'ai connu des équipes dans mon organisation, tellement vivantes et productives. C'était une marée d'idées et c'est cela qui était intéressant.

Thierry Pauchant. — Est-ce que l'humour permettait cette marée d'idées ? Est-ce que, par l'humour, on générait d'autres idées ?

Lorraine Brault. — Peut-être parce qu'on était moins centré sur ce qu'on avait à faire, tout en l'étant quand même ?

Alaoui Abidelal Belghiti. — Je me mets souvent dans la peau d'un employé qui est spontané et qui rit lorsqu'il rend service. Pour moi, cette personne est sincère et spontanée. Mais si un projet est mis de l'avant pour obliger le personnel à sourire aux patients, là, le sourire devient artificiel, parce qu'il a été commandé. C'est comme si on tentait de rendre artificiel quelque chose qui est déjà présent chez l'être humain ; et plus on le rend artificiel, plus on sort l'humain de lui-même... Il suffirait de le faciliter...

Claude Larivière. — C'est comme si, après avoir vécu la période de difficultés économiques des années 1980-1990, les créateurs avaient changé leur source d'inspiration pour se centrer plus sur l'identité. C'est un ami qui est producteur de spectacles qui me racontait que souvent, quand il offrait des spectacles en province, tout ce que les gens demandaient, c'était effectivement de l'humour. L'humour spontané, dans un premier temps, est devenu un humour très commercialisé, poussé à l'extrême. On peut se demander si ce n'est pas là la recherche d'une espèce de baume sur les difficultés de vivre qu'on éprouve au quotidien... Peut-être avons-nous perdu le sens de l'humour spontané qu'on avait, peut-être, plus naturellement avant ?

André Savoie. — Est-ce qu'on ne fait pas l'équivalence entre une situation qu'on juge tragique, puis l'impossibilité d'en rire ? Ce n'est pas parce qu'on a des difficultés que ce n'est pas drôle ! *(Rires)* Je pense qu'il n'y a pas de raison de « flusher » le rire, mais, en même temps, je crois que c'est ce que nous faisons.

Colette Talbot. — C'est peut-être parce que c'est difficile. Il y a des seuils, des endroits ou des situations plus difficiles pour le rire. Il existe peut-être un seuil où tu ne peux plus faire cela. C'est comme l'amour : il y a des moments où l'amour donne beaucoup de plaisir et d'autres où c'est très difficile. Je pense que c'est la même chose pour l'humour. L'humour va pouvoir faire beaucoup de bien, mais il y a des moments où c'est très difficile d'arriver à l'humour.

Maria Vieira. — Dernièrement, je suis allée à une conférence à ma chambre de commerce locale sur les nouveaux paradigmes... J'ai trouvé cela super intéressant. Le lendemain matin, j'arrive au travail en disant que c'était « le fun » que des gens se questionnent sur le fun ! Pour moi, l'humour présuppose une confiance des deux parties et une ouverture qui fait que les gens n'ont pas à se questionner.

Serge Marquis. — Je trouve cela intéressant, car c'est une façon de se donner du soutien dans un contexte social. Il y a aussi l'espèce de présupposition qui veut que le rire nous fasse perdre notre temps. D'où elle vient, cette présupposition ?

Jean-Pierre Gagnier. — Cela me fait réfléchir. Je pensais au développement des jeunes enfants. Des enfants qui ont des difficultés à s'amuser ou à jouer, qui hésitent sans arrêt, sont des enfants qui, souvent, ont dû s'ajuster à un environnement plus qu'on s'est ajusté à eux. Devant se réajuster à l'environnement, ils développent une dynamique d'inhibition et des difficultés à jouer. Souvent, on va les aider pour qu'ils découvrent le jeu, parce que le jeu, c'est la santé. Lorsque, dans un environnement, il y a une perte de jeu, de spontanéité, il faut intervenir.

Quelquefois je me vois dans la vie comme un inhibé, puis des fois comme un fou braque. Quand je suis un fou braque, j'ai bien du fun et c'est généralement parce qu'il y a un accordage affectif autour de moi qui fait que je suis assez confortable pour être moi-même et puis là, la vie sort de partout... Pour moi, c'est une qualité d'accordage affectif. Quand j'ai bien du fun avec du monde et que je dérape, c'est souvent parce que je sens une complicité et que je ne me sens pas jugé. Et là, c'est ma vie qui me sort de tous les côtés. Je trouve que c'est difficile de faire de l'humour dans des contextes où on doit tout le temps s'ajuster, dans lesquels on ne sent pas suffisamment l'inverse, un ajustement mutuel.

Il y a beaucoup de gens autour de moi au travail qui disent qu'ils s'amusent moins, qui sont toujours en souffrance d'ajustement, en adaptation continuelle. On dirait que l'insécurité au changement finit par attaquer leur spontanéité.

Solange Dubé. — Il faut une sécurité fondamentale pour rire. Actuellement, dans les organisations, les gens ont de la difficulté à rire parce que la sécurité a disparu. Il faut une sécurité de base pour être capable de s'ouvrir. Je regarde les employés qui ont changé d'emploi, qui n'aiment pas l'endroit où ils sont, ils ont besoin de toute leur énergie pour s'adapter à leur environnement. On a quelqu'un justement qui est venu supplanter une autre employée parce qu'elle pensait que cet emploi-là lui conviendrait, alors que ce n'est pas le cas. Et quand il y a un moment d'humour dans l'équipe, elle, elle ne rit pas. Cela se vit à plusieurs niveaux. Il y a des gens qui ont dû supplanter quatre ou cinq fois. Chez nous, il y avait mille employés, il en reste peut-être huit cents, mais il y a eu souvent un poste qui était aboli après quatre ou cinq supplantations. Il y a des gens qui ont peut-être trouvé des emplois qui les intéressaient. Par contre, pour la moitié des gens, ce n'est pas le cas. Donc, si la sécurité de base n'est pas là, tu ne peux pas utiliser l'humour. C'est fondamental.

Constance Lamarche. — Je pourrais dire l'inverse. Lorsque tu n'as plus rien à perdre... l'humour peut alors devenir un mécanisme de défense. Moi, à un moment donné dans ma vie, je me suis dit : « Vaut mieux en rire, car je ne peux pas aller plus bas. »

André Savoie. — Je propose un vote pour réinsérer des activités humoristiques dans nos organisations. *(Rires)* C'est une chose qui dépend de nous, le plaisir! On sait que le plaisir, ce n'est absolument pas incompatible avec l'efficacité. Au contraire, c'est très lié. Alors qu'est-ce qu'on attend? Qu'est-ce qu'on attend pour être heureux?

Solange Dubé. — D'ailleurs, il y a beaucoup d'articles sur la thérapie par le rire. Dans les organisations, dans les hôpitaux, ils l'ont utilisée à plusieurs endroits et c'était très populaire. Par exemple, on présentait des films drôles à des personnes qui avaient le cancer et le taux de guérison a augmenté à ce moment-là. C'est peut-être quelque chose à promouvoir?

Yvan Roy. — C'est quand même symptomatique de notre société qu'on doive « prescrire le rire ». C'est un geste spontané et quand on en est rendu là, à mon sens, on ne devrait pas le faire. Il faut peut-être plus se questionner pour comprendre comment on en est rendu là. L'humour, c'est un terme passe-partout. On met dans ce terme-là des choses qui s'apparentent à la communication, mais aussi à la dépression, à l'agression. Quand on a fait une blague à quelqu'un et qu'il ne la prend pas, on dit: « T'as pas le sens de l'humour? » Je ne sais pas trop ce qu'on entend par cela. Souvent, les gens qui ont une capacité de faire rire les autres savent d'abord rire d'eux-mêmes. C'est aussi culturel. Dans certains pays, c'est humoristique de jeter des tartes à la crème à la figure des gens; ici, l'« entartage » est supposé être de l'« humour politique »... Mais cela ne fait pas rire celui qui la reçoit... Il y a comme quelque chose à l'intérieur de cela qui est de l'agression et je ne pense pas qu'on puisse donner une définition universelle de l'humour.

Benoît Lecavalier. — Je reviens sur l'idée de la prescription, lorsque tu disais que dans ton organisation, le psychiatre faisait une blague par jour parce qu'il n'y avait personne qui en faisait. Il me semble que c'est un pas dans la bonne direction. Idéalement, on n'aurait pas besoin de cela, mais moi je trouve que ça va quand même dans le bon sens. Moi, je crois qu'on a droit à une niaiserie de temps en temps pour décompresser.

Estela Rios. — Je pense que le rire a toujours été important. Par exemple, le bouffon du roi a toujours été important.

Thierry Pauchant. — C'est un fait que Shakespeare utilise beaucoup le bouffon dans ses pièces. Ce bouffon révèle souvent la vérité nue sur les agissements du roi : le bouffon, il rit du pouvoir du roi, de son omnipotence, de ses faiblesses, de son narcissisme, etc. Parfois, le roi lui coupe la tête, parfois il le félicite car l'humour du bouffon lui a fait réaliser quelque chose de précieux. Je me demande qui, dans nos organisations modernes, joue le rôle de bouffon ? Les directeurs généraux devraient-ils avoir un bouffon ?

Serge Marquis. — On a chassé le plaisir de nos organisations. Je suis en train de penser au sens de la fête dans des lieux où l'humour s'exprime beaucoup. Il y a plusieurs années, dans les organisations où j'étais, il y avait des fêtes qui se répétaient, comme Noël. C'était un *party* que tous attendaient. Les dernières années, c'est comme si c'était difficile à organiser. C'est difficile de rejoindre les gens ; c'est comme si c'était devenu une obligation, un devoir. Il y a une difficulté à trouver quelque chose d'où la fête émergerait... Et dans la fête, il y a une place énorme pour le plaisir, pour l'humour, etc. C'est un autre symptôme, je pense. Ça m'a frappé de voir que les gens aient de la difficulté à se rassembler pour le *party* de Noël, je n'en revenais pas.

Colette Talbot. — Ils se sentent « trompeurs » d'accepter d'aller à la fête. C'est comme dire à quelqu'un qui nous a fait très mal : « Ce n'est pas grave, je vais rire avec toi. » Il y a beaucoup de gens qui ne veulent absolument pas donner ce message-là ; et donc, la première chose qu'ils vont faire, c'est de ne plus aller aux fêtes : « Je ne suis pas obligé, alors je n'irai plus. Je suis obligé d'aller à la réunion, parce que c'est "ma job", mais tout ce qui implique un compromis dans mon intégrité : *no way* ! »

C'est comme tout à l'heure, quand on disait qu'il faudrait prescrire le rire dans nos organisations. L'image qui m'est venue, c'est quelqu'un qui rit, mais qui pleure en même temps. On lui a prescrit le rire, alors il rit, mais en même temps, il a de la peine parce que finalement, il ne veut pas rire. Il va peut-être rire chez lui, s'il est au moins capable de récupérer sur ce terrain-là ; il va peut-être rire avec des amis... mais ce qui se passe dans son organisation, il ne trouve pas cela toujours drôle. Il va même s'empêcher d'être drôle en se disant : « Moi, il faut que je donne le message que c'est le silence maintenant qui m'habite, quand je vois ce qu'on fait ici. » Et quand il va exprimer ce silence, on va lui prescrire le rire... Je le vois vraiment comme cela.

C'est bien différent de quelqu'un qui vit quelque chose de grave, mais qui a vécu cette situation avec cohérence et avec d'autres gens, en se disant : « On n'y peut rien. » Le cas d'un tremblement de terre, par exemple : tu ne peux rien contre cela et tu es content lorsque c'est fini. Tu es avec du monde que tu aimes et tu es encore vivant. Tu peux alors rire.

Benoît Lecavalier. — J'ai vécu la mort des clubs sociaux dans les hôpitaux. On a tenté de s'expliquer pourquoi. Je pense qu'il faut expliquer cela globalement par la vie vécue par une famille monoparentale : le bébé à aller chercher, la course après le travail, etc. Ce n'est pas que les gens ne veulent plus avoir du plaisir ; c'est que leur marge de manœuvre est peut-être moins grande. Toutes leurs obligations dans leur vie font qu'il n'y a plus d'espace. Peut-être, ils auront le temps pour un petit lunch de Noël à la cafétéria. De plus, on doit justifier de telles dépenses. Est-ce qu'on a le droit d'utiliser les fonds publics pour organiser de telles activités ? C'est un débat auquel je suis confronté quelquefois.

Nous avons remis des montres aux gens qui avaient 25 ans de service, mais un article a paru dans *La Presse* où quelqu'un s'insurgeait contre cela parce qu'on avait utilisé des fonds publics pour remercier le personnel ! C'est rendu loin, parce que toute communauté qui veut reconnaître la contribution de quelqu'un va le signaler d'une certaine façon. Maintenant, on voit resurgir les clubs sociaux. Chez nous, on en a deux qui essaient de s'établir parce que, justement, on a tellement évacué les lieux de récréation dans nos organisations que les gens en ont assez. Peut-être qu'on a envie de redonner de la place à cela...

Maria Vieira. — Quand tu parles de reconnaissance, pour moi, il y a deux choses. Il y a « reconnaître » et il y a « connaître celui qui est là ». Si je suis ton exemple avec la famille monoparentale, je me demande pourquoi les fêtes ne sont pas organisées avec les enfants, puisque ces enfants font partie intégrante de ces personnes !

Je me souviens des années de militantisme féministe où on parlait de cela. On est rendu à combien d'années plus tard et le sujet est toujours aussi évacué... J'ai l'impression surtout que l'individu ne sent plus la reconnaissance...

Thierry Pauchant. — Je pense à la différence existante entre « séparer » et « fragmenter ». Dans la vie, on doit souvent « séparer », car on ne peut tout considérer en même temps. Un humain, par exemple, ne peut avoir à l'esprit plus de cinq à sept concepts en même temps... Mais « fragmenter » a, différemment, le sens de « briser », de « casser » quelque chose qui deviendra alors irréparable. Il me semble que nous « fragmentons » beaucoup dans nos organisations : on ne peut pas pleurer dans nos organisations, on doit se cacher dans la salle de bain, car ce n'est pas « professionnel » ; on ne peut plus rire aussi... ; les *partys* ne s'organisent plus ; si un individu travaille pour l'organisation, sa famille ne compte pas et donc son enfant ne peut être invité ; etc. J'ai entendu toutes ces marques de « fragmentation », et je me demande comment nous pourrions les réparer dans nos organisations.

Au Moyen Âge, il y avait 120 jours de fête par année... Il est vrai que les êtres humains mouraient fort jeunes à l'époque, mais peut-être que nous fragmentons trop le travail et le non-travail, l'effort et la fête...

André Savoie. — Au cours des dernières semaines, on a essayé à deux reprises de mettre en place le *party* de Noël au département et ça ne fonctionne pas. Il n'y a pas assez de monde. C'est dans le sens de ce que Colette disait tantôt, un minimum d'honnêteté fait en sorte qu'on ira pas fêter alors qu'on n'a pas le cœur à cela. Il y a quand même un défi qui se pose à nous, c'est qu'on a de moins en moins de plaisir et de récréation. Et le mot « re-création » est bien choisi... Est-ce qu'on ne se prive pas en même temps de la possibilité de « re-créer » quelque chose ?

Je comprends qu'on ne veuille pas le manifester si on n'a pas de fun, mais il faut quand même se prendre en main au quotidien pour au moins avoir du fun, même si on ne veut pas l'exprimer au *boss*. Dire qu'on s'ennuie, qu'on s'emmerde, qu'on va faire « la job » parce qu'on est obligé, ça va. Toutefois entre nous, avec les gens avec qui on collabore quotidiennement, on est en train de se jouer un vilain tour en excluant le plaisir et la récréation. Il n'y a personne qui nous oblige à avoir des faces de carême ! Il me semble qu'on va trop loin dans cette obligation d'être sérieux... sous prétexte que la situation est sérieuse...

Jean-Pierre Gagnier. — Je me demande s'il n'existe pas un lien entre la perte d'espace de parole et la perte d'humour. Je pense aux contextes où l'humour est très présent ce sont des contextes dans lesquels on prend le temps de jaser, d'avoir des moments de parole. Souvent les gens sont tellement occupés à gérer leur carrière ! Lorsqu'on se parle dans les réunions, c'est hyperformel. L'espace de plaisir, je dirais même l'espace de jaser, n'est pas là. Quand arrivent les occasions de fêter, on est comme des étrangers qui s'assoient ensemble... Quand on est ensemble, c'est pour des choses très formelles, très structurées où on se juge les uns les autres, où il y a beaucoup de compétition. Ce n'est pas un climat pour l'humour, sauf pour l'ironie.

Yvan Roy. — À la fin des années 1980, vous vous en souviendrez sûrement, on était plongé dans l'application des sanctions de la Loi 160. J'étais alors dans la position de celui qui les appliquait. Et les gens me disaient : « En tant que personne, on n'a rien contre toi, mais tu ne fais plus partie du gang, car tu appliques une sanction de *boss*... » J'ai vécu cela fort durement.

Aujourd'hui, nous n'avons plus de *parties* de Noël qui, dans le passé, étaient extraordinaires. Au temps de la Loi 160, je ne pensais pas que je pouvais vivre quelque chose de plus difficile. Je pense maintenant le contraire; on peut vivre, de plus, l'indifférence et le désinvestissement! Au temps de la Loi 160, il y avait un braquage «contre quelque chose»; maintenant il y a un désinvestissement. C'est dans les symboles des fêtes que cela se manifeste le plus. Et je m'en rends compte.

Thierry Pauchant. — Les critères qui dictent ce qui est bien ou non, dans une organisation, sont fondamentaux. J'ai un ami médecin qui me racontait cette semaine que, dans son hôpital, les patients ne pouvaient rester plus de deux jours, afin « d'aider les statistiques »... Il a cependant constaté que, quand les gens partent trop vite, ils font souvent des complications et, une semaine après, ils reviennent. Mais quand ils reviennent, on doit encore respecter les fameuses statistiques... Pas plus de deux jours! Comme la personne n'est pas bien traitée, deux semaines après il y a peut-être des complications, et elle revient une troisième fois... Ce cercle vicieux concernant le critère «acceptable» de nuitées contribue en fait à augmenter la maladie...

Il me semble qu'il en est de même avec les autres critères, officiels ou non, qui font qu'il n'y a plus de fêtes, que l'on ne peut plus rire, etc. Comment sortir de ces cercles vicieux? Pourrait-on englober les fêtes dans le temps de travail?

Colette Talbot. — Ce ne serait pas mieux si on les englobait, parce qu'à ce moment-là, les gens le prendraient comme un acquis. L'organisation a toujours payé un repas pour Noël et, dans les hôpitaux, on le sert à midi. Il y a là toute la notion de l'acquis syndical et toute la notion de désinvestissement à la fête. J'ai été à un tel dîner de Noël; et c'était sinistre... Les gens venaient à la cafétéria comme si c'était un dîner comme les autres, mais gratuit. Ils se regroupaient peut-être avec les gens avec qui ils pouvaient parler, mais ce n'était pas une fête de Noël.

Benoît Lecavalier. — Ce n'est pas juste du désinvestissement. Il y a aussi les choix que tu as à faire comme parent, que tu n'iras pas au souper du soir parce qu'il faut engager une gardienne pour les enfants ou parce que ton « chum » travaille de nuit... Aussi, je trouve qu'il y a un autre côté positif au fait que les gens n'y vont plus. Tu es sûr que tous ceux qui sont là, c'est parce qu'eux, ils le veulent. Ce qui fait un *party* plus intéressant, plus stimulant.

Serge Marquis. — Parmi les gens qui n'y vont pas, il y en a qui expriment une certaine agressivité. Les gens qui se disent : « Vous allez être privés de ma présence. » Ces personnes savent qu'il y en a d'autres qui apprécieraient qu'elles soient là, parce qu'elles jouent un rôle dans l'organisation, etc. En fait, ces personnes absentes veulent faire payer un certain prix en s'absentant. Et dans ces cas, la notion de fête disparaît totalement...

Aussi, il y a une chose qui me préoccupe beaucoup par rapport aux présuppositions de base associées au rire : « rire = ne pas travailler ». C'est comme si le rire, pour beaucoup de personnes, marquait l'obligation d'un temps d'arrêt. Lorsque des gens passent à côté d'une pièce où les gens rient, ceux-ci se disent qu'ils ne travaillent pas. Si les gens rient, c'est qu'ils ne sont pas sérieux. C'est comme si « travailler = être sérieux ». Il y a quelque chose là-dedans qui m'échappe. Je n'arrive pas à saisir le lien entre être sérieux et le résultat produit. C'est presque comme un esclave que l'on fouette : « travail = pénible »...

Thierry Pauchant. — Oui, et cette notion négative du travail a été renforcée par une certaine conception de la culture judéo-chrétienne. Le travail est souvent vu comme une punition. D'ailleurs, Adam et Ève furent « punis », dans la Genèse, par la mort et le travail.

Simone Weil le voyait bien différemment. Pour elle, le travail était une rédemption, la seule possibilité pour l'être humain d'accomplir réellement son destin, sa vocation[1]. Nous sommes ici fort loin d'une conception négative du travail souvent acceptée dans nos sociétés et qui nous a conduits, dans les années 1960, à désirer une civilisation de non-travail, de « loisirs ». Le monde protestant a une notion plus positive du travail.

Colette Talbot. — Cette conception est aussi la définition « technocratique » du travail. Selon Patricia Pitcher[2], la personnalité du gestionnaire « technocrate » va considérer le travail comme quelque chose de « sérieux » : il ne faut pas rire, il faut être travaillant et travailler fort ! Tu ne peux pas t'amuser dans le travail ; tu ne peux pas gérer du travail en ayant de la créativité. D'après cette vue, « le travail, c'est sérieux », je pense que la gestion de nos organisations devient trop « technocratique ».

Serge Marquis. — Il faut arrêter de travailler de cette manière...

Colette Talbot. — Tu peux faire semblant de travailler. On dit qu'au Japon, il y a des gens qui arrivent très tôt le matin, qui ne prennent pas de vacances, mais ils ont tout un système avec l'ordinateur pour avoir des loisirs en étant assis à leur bureau... Tu peux avoir l'air sérieux, tu peux avoir l'air de travailler, mais en réalité tu fais moins qu'un autre. Vous allez probablement rencontrer des gestionnaires qui ont cette conception « sérieuse » du travail. Et si cette personne devient ton patron, il est probable que tu vas t'y conformer pour l'apparence ou parce que tu ne veux pas être en danger... Tu pourrais aussi contester cette vision...

Claude Larivière. — Ces gestionnaires-là ne font pas seulement que s'attaquer à l'humour ou au plaisir dans le travail. Ils s'attaquent aussi à tout l'espace d'échanges, à la parole. Ils considèrent que le temps de réunion, c'est du temps perdu, ce n'est pas du travail, alors que ce temps d'échanges est fondamental. Plus nos structures sont complexes, plus il faut se parler pour se coordonner et s'ajuster. Ne pas prendre ce temps engendre de graves problèmes.

Colette Talbot. — J'irais plus loin. Je pense que ce qui est majeur par rapport à une gestion de technocrate, c'est qu'il n'y a pas de contenu. Le technocrate peut « tout gérer ». Il peut gérer un dépanneur ; il peut gérer General Motors ; il peut gérer le réseau de la santé. Il peut tout gérer !

Ce qu'il oublie, toutefois, c'est la notion de la culture. Pour lui, le travail n'est que quelque chose de mesurable. Je pense qu'on touche ici à un point fondamental, si on permet d'avoir majoritairement des gestionnaires technocrates dans nos organisations. Selon le livre de Pitcher, le technocrate a une position importante dans une organisation, mais si on lui permet d'être le gestionnaire, celui qui a le pouvoir de décider dans son organisation, alors on enlève le sens et le contenu de cette gestion. Ce type de gestionnaire ne peut pas générer du sens, c'est un technocrate. Il n'a pas de vision. Par contre, il est très efficace à certains postes.

Comment se fait-il que l'on tolère des technocrates quand on sait comment ils pensent ? Pourquoi ne pas les placer, dans l'organisation, à des endroits où ils seront réellement utiles ? Pourquoi les laisse-t-on à la tête de nos organisations ? Je n'ai pas de réponse à ces questions et je ne comprends pas.

Benoît Lecavalier. — J'ai le goût de te dire que ce ne sont pas nécessairement les êtres qui sont technocrates, mais l'organisation elle-même. J'ai lu ce livre et j'ai assisté à une conférence de Mme Pitcher. Tous ceux présents se demandaient s'ils se considéraient comme « artisan, artiste ou technocrate ». Et il n'y a personne qui s'est défini comme technocrate !

Il existe pourtant des dimensions technocratiques à notre rôle ! Mais si tu évacues tout le reste, c'est sûr que tu peux être qualifié de « technocrate ». Ceci est d'autant plus vrai si ton organisation ne te permet pas d'agir autrement. Chacun de nous a un peu d'artiste, un peu d'artisan et un peu de technocrate en lui. Si le système me permet de concilier ces dimensions-là dans mon travail, je peux être un être équilibré. Autrement, cela devient plus ardu.

Alaoui Abidelal Belghiti. — Pour moi, l'évacuation de l'humour au travail a commencé avec Frederick Taylor. Son système, soi-disant « scientifique », visait à éliminer la flânerie, à éviter que les gens perdent du temps. Il désirait accroître la productivité. Un ami, qui travaille en télémarketing, m'a raconté qu'il échangeait beaucoup de blagues avec ses collègues entre deux appels téléphoniques. Après une évaluation de leur rendement, leur ratio temps/appel téléphonique a été jugé faible : ils ne remplissaient pas leur quota. Le management a donc interdit les bavardages entre les appels afin de remonter ce ratio. Mon ami a quitté cet emploi, car il se considérait alors comme dans une prison. Les indicateurs de performance avaient tué son plaisir au travail...

D'autres personnes ont alors commencé à essayer de boycotter ces indicateurs. Elles ont codé les blagues et, au lieu de se les raconter, elles échangeaient des numéros : 1, 2, 3... et le rire était revenu... Une nouvelle recrue est arrivée et pour s'intégrer dans le groupe, elle a dit « 28 ». Tout le monde alors l'a regardée. « 28 » était une blague indécente... *(rires)*... et cela n'a pas fait rire... En fait, ces gens avaient inventé un système afin de préserver l'humain au travail, en dépit des critères de performance....

Thierry Pauchant. — Oui, Christophe Dejours, en France, et les personnes qui travaillent dans le domaine que l'on appelle la «psychodynamique du travail», ont beaucoup travaillé sur ces processus. Ils les appellent des «stratégies défensives de métier[3]». Ces stratégies permettent aux personnes de préserver un certain sens au travail, malgré les indicateurs de performance officiels mis en place ou les méthodes préconisées. Mais il n'en reste pas moins que ces stratégies sont encore «défensives»... Comme si on ne pouvait réellement trouver du plaisir au travail...

Dans l'exemple donné, se dire des blagues par numéros ne peut durer qu'un temps... C'est drôle au début, car on défie l'ordre établi. Mais cela va devenir fort «plate» à la longue... Ce que nous devons rechercher, c'est de diminuer l'usage de ces stratégies de défense: faire en sorte que les gens n'aient plus à se défendre, mais plutôt que l'organisation du travail et sa finalité permettent réellement aux personnes d'actualiser un sens personnel et collectif, et le plaisir de travailler. Pour moi, l'enjeu est là, et il est de taille.

Mireille Tremblay. — Tantôt, Serge parlait du rapport économique et de l'esclavage. «Défendre de rire», c'est de l'esclavage. Dans cette conception, c'est inefficace de rire. Il faudrait que l'on conduise des recherches sur le côté positif du rire au travail, montrer que ce n'est pas contre-productif. Je me demande si cette conception négative du rire et de l'humour au travail ne provient pas d'une conception strictement économique. Dans cette conception, on est payé «pour ne plus s'appartenir». Et cela mène à l'aliénation. On ne «s'appartient plus». Le temps vendu, c'est un temps qui n'est plus à moi. Le taylorisme a segmenté nos portions de vie et c'est cette segmentation que l'on vit dans le travail. C'est comme si, durant le temps où je suis vendue, je n'avais pas le droit de rire et d'avoir du plaisir... Pour rire, il faut alors aller voir un spectacle; pour danser, il faut prendre des cours, etc.

C'est toute cette dimension humaine qui est déportée, qui est abolie et occultée, à cause du contrat de travail. En sens inverse, quand on dit à quelqu'un: «Vous devez rire», «Vous devez entrer dans la chambre et sourire», je répondrais que vous ne pouvez pas m'acheter un sourire, parce que le sourire m'appartient. Pas plus qu'on ne peut acheter l'affection; pas plus qu'un psychothérapeute ne peut acheter l'affection qu'il va développer avec le client. Il y a, dans le rapport marchand, une espèce d'occultation des autres dimensions humaines.

Jean-Pierre Gagnier. — Je suis inquiet des indicateurs de performance actuels, axés exclusivement sur la réussite, la productivité, etc. Et cela est d'autant plus inquiétant que ces indicateurs orientent la formation continue ou le soutien aux gens qui travaillent dans les organisations. Je suis très inquiet de cela actuellement. J'ai vu des gens devenir contre-productifs dans leur travail par les pressions exercées. Ils se font demander autre chose que ce qu'ils faisaient déjà. À mon avis, dans le système des services sociaux, je dirais qu'actuellement, on engendre plus de contre-production avec les indicateurs de performance, que de la production.

Thierry Pauchant. — Vous pouvez donner un exemple ?

Jean-Pierre Gagnier. — Par exemple, on donne de la formation à des gens en leur montrant toujours ce qu'ils devraient faire « autrement ». En fait, ces gens ont très peu d'occasions de raconter ce qu'ils font déjà et de pouvoir fêter leurs réussites avec fierté. Ils sont toujours amenés à faire différemment. Je pense que, dans les organisations, il y a un grand manque de reconnaissance de ce qui a déjà été investi. Il y a une espèce de tendance à vouloir toujours faire du nouveau. Cela devient excessivement démobilisant. Je ne sais pas comment le dire autrement... Cela entraîne de la contre-production, au lieu d'entraîner de la production.

Richard Lachapelle. — Dans nos organisations, le sentiment d'incompétence est souvent entretenu. Les gens se disent qu'ils n'utilisent pas le bon indicateur ou le bon moyen. Et on propose alors d'autres indicateurs et d'autres moyens, mais très peu de « processus ». J'ai déjà mentionné l'importance, pour moi, des processus. C'est un peu comme si, maintenant, le plaisir était à l'extérieur du travail. L'humour serait comme le processus qui pourrait générer une certaine santé dans la vie. Dans nos organisations, la vie, la vraie, commence le vendredi soir, se poursuit le samedi et finit le dimanche... et on meurt un peu le lundi matin. Je vais mourir jusqu'au vendredi prochain et revivre durant la fin de semaine...

Thierry avait parlé tout à l'heure de « fragmentation ». Pour moi, le travail est vivant car il passe par des liens. Mais, dans nos organisations, ces liens disparaissent. Ce qui fait qu'on cherche des fêtes en dehors du travail, on cherche des fêtes avec des gens qu'on aime bien, où il n'y aura pas de fantaisies autres que celles qu'on a le goût de vivre. Nous avons perdu le lien dans nos organisations. Le travail n'a plus son sens de vie.

Jean-Pierre Gagnier. — Je compléterais cette idée en disant que, dans bien des milieux, on confond « autonomie » et « isolement ». On pousse des gens dans certaines conditions de travail. On dit qu'on valorise leur autonomie, leurs décisions, mais dans les faits, on les met dans des conditions d'isolement ! Je pense qu'autonomie et isolement ne devraient pas être confondus. Cela entraîne de la contre-production aussi.

Benoît Lecavalier. — Est-ce que tu peux élaborer ?

Jean-Pierre Gagnier. — La force des gens, au travail, c'est d'avoir du soutien, c'est de pouvoir penser des solutions en équipe, c'est d'échanger lors des moments difficiles. Il ne faut pas qu'ils soient isolés pour travailler sur des dossiers complexes. Mais, au nom du développement de l'autonomie, on a décentralisé et on a mis les personnes de plus en plus dans des petites équipes. Résultat : ces personnes sont de plus en plus dispersées sur les terrains et plusieurs d'entre elles se retrouvent fort seules pour l'ampleur des problématiques qu'elles affrontent. Souvent, elles tombent en détresse...

Alors que l'on valorise le discours de l'autonomie, on les a placées dans des situations où il y a un manque de soutien et un manque d'échanges avec les autres : ces personnes ont de moins en moins de lieux de parole, moins d'espaces pour partager des complicités et des solutions, moins d'espaces pour se dire des choses dont elles peuvent être fières.... Je pense qu'en quelque part, on a confondu « autonomie » et « agir seul ». Les gens sont de plus en plus isolés dans leur travail.

Lorraine Brault. — Je trouve cela intéressant parce que le piège est tellement grand... On dit tellement que, pour être « autonome », il ne faut pas que tu demandes du soutien ! C'est encore pire, parfois si tu demandes du soutien, on considère que tu n'es pas bon et que tu es dépendant... Alors que cela devrait être le contraire! Oui, le piège est important.

Mireille Tremblay. — Si on fait un lien entre autonomie et isolement, rire tout seul, c'est la camisole de force! Le rire est collectif. Pas de collectivité, pas de rire!

Claude Larivière. — Je voulais dire que la confusion entre l'autonomie et l'isolement, on la retrouve aussi beaucoup dans le cas des familles monoparentales où, généralement, les femmes se retrouvent seules responsables des enfants. Elles vivent une double dualité d'isolement, l'une au travail et l'autre dans leur vie privée, et cela épuise rapidement leurs ressources.

Maria Vieira. — J'aimerais ajouter qu'avec l'isolement, il y a aussi la culpabilité. Je trouve qu'on vit dans une société où le discours idéologique de «l'économie des temps austères» est un discours qui culpabilise beaucoup. En tout cas, il y a une forme de culpabilité là-dedans qui renforce l'isolement.

Colette Talbot. — Je veux reprendre l'exemple que Thierry donnait tout à l'heure au sujet du médecin. Dans ce cas, ce médecin conclut qu'il aurait dû garder le patient au-delà des deux jours imposés par une norme, et de ne pas privilégier seulement le court terme, mais aussi le moyen et le long terme. Quand on dit qu'on ne permet plus le rire parce qu'il n'est pas «productif» dans l'organisation, il me semble qu'on privilégie les indicateurs à court terme. On fait alors abstraction complètement du moyen et du long terme.

J'ai longtemps été en charge d'un service et mon bureau donnait à côté du secrétariat. Le vendredi après-midi, pour mes secrétaires, c'était clair que pour quiconque qui entrait dans ce bureau, tout tournait en *joke*. Il n'y avait rien de plus beau. J'aurais pu me dire: «Ce n'est pas correct, le vendredi après-midi il faut qu'elles travaillent.» Mais elles travaillaient tellement bien!

Par exemple, s'il y en avait une qui était absente, l'autre venait la remplacer. C'est faux de dire que de permettre le rire le vendredi après-midi n'était pas productif. Cela économisait probablement à long terme beaucoup de coûts. Le vendredi après-midi, elles savaient qu'elles riraient. Elles organisaient le reste en fonction de cela aussi et il y avait beaucoup de gens dans le service qui venaient rire avec elles.

Actuellement, nous avons de gros problèmes avec nos critères d'évaluation. Je n'ai rien contre l'évaluation. Mais quand vous évaluez quelque chose, il faut avoir présente à l'esprit la notion de l'effet «net» et de l'effet «brut». Si je suis un gestionnaire d'hôpital et que tu me sors les patients au bout de deux jours, et que je sois capable en obstétrique, où c'était quatre jours auparavant, de rentrer deux fois plus de patientes, là, j'ai un effet «brut». Je vais avoir permis deux fois plus d'accouchements pour le même montant d'argent que cela me coûte. Par contre, si je suis un gestionnaire compétent, j'utiliserai aussi d'autres indicateurs. En tenant compte de tous les cas d'infections et de complications de ces mêmes femmes qui rentrent à l'urgence, je vais pouvoir évaluer l'effet «net». Mais on ne fait pas ce raisonnement-là parce qu'actuellement, l'évaluation est basée sur le court terme...

Comme nous l'avons dit, le gestionnaire «technocrate» a une vision technocratique des valeurs. C'est bien évident que quand tu vas à une conférence de Mme Pitcher, tu ne diras jamais que tu es un technocrate parce qu'elle les assassine dans son livre! Je pense que l'un des grands défis que nous avons est d'établir des indicateurs d'évaluation à court, moyen et long termes. La première question à poser est: «Pour qui évaluons-nous?» Pour celui qui paie? Pour celui qui reçoit le traitement? Pour le beau rapport statistique à produire? Pour que le politique paraisse bien? Et, bien sûr, les critères d'évaluation changeront selon ces différentes visions.

Thierry Pauchant. — André Savoie a, avec Estelle Morin et Guy Beaudin, récemment écrit un livre qui propose une évaluation plus globale de l'efficacité en organisation[4].

Colette Talbot. — Il faut s'en aller vers cela! Je pense que, quand on parle du rire et qu'on dit que le rire n'est pas permis parce qu'il est non productif, on a un critère d'évaluation qui est faux. Le critère est à court terme et on ne considère pas tout le reste.

Thierry Pauchant. — J'écoute cela et je suis ennuyé par le pointage du doigt envers les soi-disant «méchants» technocrates. J'ai l'impression qu'ils deviennent un peu des boucs émissaires et je ne suis pas certain que, si tous et toutes, nous devenions demain des artistes et des artisans, nos organisations fonctionneraient beaucoup mieux. Il me semble que le problème est beaucoup plus profond que cela. Winston Churchill disait que le problème de fond de la démocratie était qu'elle privilégie, à cause du système électoral, des décisions à court terme. Cette vision des choses ne blâme pas une catégorie de personnes, par exemple les technocrates, mais touche à la structure même de nos institutions, de nos façons de faire, de notre pensée collective.

J'ai l'impression qu'on a besoin de réfléchir à un niveau encore plus profond au lieu d'opposer strictement ceux qui utilisent des chiffres et ceux qui n'en utilisent pas, le contenu versus le processus, le quantitatif versus le qualitatif, le court terme versus le long terme, etc. Bien sûr, diminuer le technocratisme dans nos organisations aiderait et le travail de Patricia Pitcher, une collègue, est fort intéressant dans ce sens... Mais il me semble que Churchill avait mis le doigt sur quelque chose d'encore plus fondamental. Il cherchait un moyen de faire évoluer notre système démocratique, de retrouver une balance entre le gouvernement des personnes et des choses, de découvrir une structure et un processus pour une éthique démocratique. Pour moi, c'est à ce niveau plus profond qu'il faudrait travailler...

Yvan Roy. — Tout cela me donne le goût de relire un livre que j'ai lu il y a quelques années et qui s'appelle *L'acteur et le système* de Michel Crozier[5]. Je pense que ce dont je me souviens pourrait fort bien s'appliquer à la situation actuelle. Il me semble que la thèse principale de cet auteur était qu'un système n'est pas tout-puissant et qu'il ne peut s'imposer à tous acteurs. Les acteurs ont aussi une puissance individuelle et collective qui fait en sorte qu'ils peuvent déjouer le système.

Je regarde ce qui se passe présentement dans le système de la santé et je pense que nous n'encourageons pas ce second aspect, c'est-à-dire la capacité des acteurs eux-mêmes. Dans les organisations que je connais, il y a de plus en plus de gens qui tombent malades ou qui se disent malade et qui perçoivent des prestations de congé de maladie sans travailler. Cette situation envenime encore plus la situation de ceux qui restent au travail, ce qui met encore plus de poids sur leurs épaules, et qui les entraîne, eux aussi, dans la maladie... Un cercle vicieux particulièrement vicieux! Je vais relire ce volume-là. Oui, le système, mais les acteurs aussi!

Constance Lamarche. — Ce qui me vient en tête, c'est la notion de «compétence collective». Ce n'est pas l'addition des compétences des gens dans une organisation qui fait la «compétence collective»; c'est l'interdépendance des compétences. J'ai déjà eu à vivre avec un directeur général que je qualifierais de «technocrate». Mais il avait aussi l'intelligence de laisser faire les artisans et les artistes au sein de l'organisation. Il apportait une dimension plus comptable, sans écraser les autres points de vue et les autres contributions.

Je pense qu'il faut prendre conscience de l'importance de chacune de nos compétences pour faire une équipe, et c'est peut-être cela que nous avons perdu de vue quand on pointe du doigt un groupe en particulier, comme les «technocrates». Je trouve que la thèse proposée par Patricia Pitcher est intéressante, mais quelque part, on a besoin d'aller chercher un complément chez nos collègues: cette fameuse «compétence collective» qu'on a des fois du mal à faire émerger au sein d'une équipe.

Mireille Tremblay. — Quand on parle d'une organisation du point de vue de la démocratie, où les catégories de personnalités ou les catégories d'acteurs peuvent avoir une influence sur l'organisation, pour moi, c'est ramener le débat à des dimensions personnalistes, individuelles, plutôt qu'à ce qui est dans la culture et dans l'ensemble de l'organisation. Il y a une autre dimension des organisations qui n'est pas démocratique. C'est l'exercice de l'autorité. Comment et quelle est notre marge de manœuvre? Un patron a le pouvoir absolu présentement. Quand il fait une tournée pour écouter l'ensemble de la province, on se rend compte que ce n'est peut-être pas tant pour écouter que pour convaincre...

Il existe un rapport d'autorité dans nos organisations. Il y a une culture organisationnelle et, bien sûr, il y a des profils individuels d'acteurs, mais il y a aussi une répartition des tâches, des spécialités et des responsabilités, verticalement ou horizontalement.

Mireille Tremblay. — Lorsque Churchill parlait de la démocratie, il mentionnait qu'elle représentait la «moins pire forme de gouvernement». Il nous faut trouver une alternative. Dans le système de la santé, le changement a été planifié par une élite. Toutefois Henry Mintzberg[6], grand spécialiste de la stratégie, nous rappelle qu'on ne peut planifier tout, et que la stratégie est surtout l'art de composer avec ce qui n'est pas planifiable... Pour lui, s'il n'existe pas d'ajustements, cela veut dire que tu es inflexible ou que tu es sourd!

Lorraine Brault. — Sourd d'une part, et d'autre part s'imaginer qu'on peut tout contrôler?

Mireille Tremblay. — Ou tout prévoir.

Solange Dubé. — Peut-on faire de l'humour face à ce qui se passe actuellement dans le système de la santé? Tout le monde est d'accord avec l'humour: cela ajoute un peu de piquant dans la vie. Mais quelle est notre responsabilité pour l'intégrer? Est-ce qu'on va chercher des alliés pour contrer cette espèce d'atmosphère lugubre, ce deuil constant que les gens vivent? Les espaces de parole dont on parlait tantôt existent très peu. Il n'y a pas tellement de place où les gens peuvent aller rire, faire des farces, échanger vraiment...

En tant que personne qui œuvre au sein de la formation et du développement des ressources humaines, je considère que l'humain est ce qu'il y a de plus important. Mais on écoute nos dirigeants et on laisse aller... Personne n'ose même faire de l'humour sur les directives imposées. Pourquoi ne pas se le permettre? Nous avons, en tant qu'«acteurs», une responsabilité; nous devons prendre en charge les choses, aller de l'avant, interroger nos directeurs, interroger notre organisation. Qu'est-ce qu'il faut faire pour que cela change, pour qu'on n'en reste pas là? J'ai besoin d'agir. Il faut oser et non pas rester passif.

Maria Vieira. — Personnellement, j'ai décidé que j'allais vivre avec qui j'étais et avec qui je suis. Une des façons de le faire, c'est d'amener l'autre devant ses paradoxes. On dit chez nous que l'élément prioritaire, c'est les ressources humaines, et qu'il n'y a rien de plus difficile à gérer que l'humain. De temps en temps, je me sers de cela pour faire une espèce de rappel, face aux tentatives de planification, pour affirmer que nous ne sommes pas tous et toutes d'un même moule et qu'il faut s'attendre à des différences. Je ne vais pas choquer, mais déranger, oui, certainement.

Je ne suis pas prête à sacrifier ce que j'ai mis beaucoup de temps à devenir au profit d'une organisation qui ne devient plus assez humaine pour moi. Je ne suis pas une machine!

Colette Talbot. — Et pourtant la présence de la technocratie dans une organisation est importante; et on ne peut pas empêcher la machine... Et pourtant...

Chez nous, j'ai la laveuse à vaisselle, la laveuse à linge, un poêle, un réfrigérateur, etc. Mais si c'était un robot qui gérait ma maison, j'aurais probablement des difficultés. C'est ce que je mentionnais tout à l'heure. Peut-être est-ce un pointage de doigt? Mais la question reste pour moi: « Pourquoi a-t-on laissé l'effet machine prendre tant de place? » Est-ce que c'est parce qu'on a l'impression que la machine est indestructible, tandis que nous sommes impuissants? Je n'ai pas de réponse.

Technicien du son. — Il y a une petite intervention que j'aimerais faire au sujet de la machine par rapport à l'animal et je mettrais l'humain dans le milieu de ces extrêmes. La caractéristique principale de la machine, c'est de fonctionner de façon régulière et continue. On dit que c'est « efficace ». Pour les animaux, si on prend le lion, il attaque un zèbre une fois par semaine, et c'est assez. Il est « efficace » lui aussi, mais différemment. Est-ce qu'il a besoin de manger plus? Non. Il a juste besoin d'être « efficace » une fois par semaine. Il ne faut pas qu'il coure après son zèbre toute la semaine, il va mourir avant! *(Rires)*

Si je regarde mes beaux-parents, ils sont encore fermiers. L'été, ils travaillent facilement 80 heures par semaine. Mais l'hiver, s'ils travaillent 10 heures par semaine, c'est beaucoup. Il n'y a rien à faire et ils ne veulent rien faire; cela fait partie du cycle...

Peut-être que nous avons perdu cette notion de cycle et nous croyons qu'il faut être efficace tous les jours, à chaque instant, sans répit... Le lion, c'est le roi des animaux... Peut-être devrait-il nous apprendre quelque chose sur la sagesse du cycle qu'il respecte...

Mireille Tremblay. — Oui, mais il paraît que les lionnes, elles, travaillent bien fort... *(Rires)*

Septième dialogue
Développer la créativité au travail

(Silence)

Claude Larivière. — Je me pose une question. Il y a de nombreuses personnes qui faisaient partie du groupe de dialogue qui sont parties et qui ne viennent plus. Est-ce le prix à payer pour pouvoir dialoguer ?

Lorraine Brault. — Personnellement, je m'en fous un peu ! Pour moi, c'est un choix, ils sont partis, ils ne sont pas revenus, ils auraient pu revenir, ça m'importe peu...

S'il y a un prix à payer ? Le prix de quoi ? Je ne pense pas que ce soit là l'essentiel. J'aurais pu ne pas revenir, mais je suis revenue. Moi aussi, j'ai fait un choix.

Robert Capistran. — On ne sait pas pourquoi ils ne sont pas revenus. Il y a une personne qui a mentionné qu'elle ne nous trouvait pas assez «révoltés»... Elle n'est peut-être pas là aujourd'hui pour cette raison. Mais les autres ne sont pas revenus peut-être pour toutes sortes de raisons. Il y a beaucoup de gens qui commencent des formations et qui lâchent avant la fin, alors qu'ils sont même payés pour avoir cette formation. Il peut y avoir d'autres circonstances. Par exemple, parce qu'ils n'aiment pas ce cercle de dialogue ou peut-être parce qu'ils ont d'autres occupations aussi. Comment interpréter leur geste ?

Il y a une chose que l'on peut remarquer. Le fait d'être moins nombreux, pour moi, facilite le dialogue. Si on est moins nombreux, le sentiment d'appartenance est plus facile que s'il y a dix ou douze personnes de plus. Il y a un avantage là-dedans.

Pierre Beaulieu. — Il y a aussi une question de sens. Je ne peux pas parler pour les autres, mais moi, toutes les fois où je m'interrogeais si je voulais venir ou non, finalement je revenais. Deux fois je ne suis pas venu car j'avais vraiment des empêchements. Pour moi, être ici, c'est beaucoup relié au sens. Une des choses que le cercle de dialogue m'a apprises, c'est d'essayer de voir dans ce qu'on fait s'il y a du sens, du sens par rapport à nos croyances, par rapport à nos valeurs. En ce sens-là, pour moi, le cercle devient de plus en plus important. C'est ce sens qui est le thème central de notre démarche.

Peut-être que si quelqu'un n'y trouve plus de sens ou n'y trouve pas d'échos, à tort ou à raison, c'est tant mieux que, finalement, il ne participe pas... Je ne cherche pas à expliquer. Je veux juste partager que, pour moi, si je ne trouvais plus de sens à être ici, je pense que j'aurais été de ceux qui auraient lâché. De mon libre choix, je m'engage dans une démarche. Et si je ne ressens plus de sens, j'arrêterai la démarche, parce que sinon cela serait perpétuer ou maintenir quelque chose de « correct politiquement » ou suivre rigidement un engagement signé au départ.

Yvan Roy. — Je ne sais pas s'il y a un prix à payer, Claude. Mais je sais qu'il y a un prix que j'ai gagné! C'est les gens qu'il y a dans la salle. Je rejoins ce que Lorraine a dit. J'ai un peu un sentiment d'étrangeté d'entendre une discussion sur les gens qui ne sont pas ici. Je pourrais le comprendre dans ma région, le Saguenay-Lac-Saint-Jean « tricoté serré », où les gens qui ne sont pas là sont pourtant présents tout le temps, parce que les gens se connaissent... Mais dans une société aussi ouverte, comme la société de Montréal, où on va et vient, où on ne sait pas ce que fait son voisin, que les gens viennent ou ne viennent pas, ça fait partie de l'espace de liberté qui est heureusement très important dans une société aussi ouverte que celle des grands centres. Je trouve que c'est un manque dans une société aussi homogène que celle du Saguenay-Lac-Saint-Jean. J'imaginerais cette discussion-là dans un cercle de dialogue chez nous, mais ici je trouve cela étrange d'avoir ce discours-là.

Pour moi, c'est riche ce qui se passe maintenant. Dans le prochain dialogue, certains ne seront pas ici... Mais il y a une continuité. J'ai hâte aussi de relire nos dialogues quand le livre sera publié. Cela va relancer la discussion et va permettre de poursuivre d'autres choses. Là aussi, il existe une continuité. Alors le fait que des gens ne soient pas ici m'importe peu, à la limite. C'est les gens qui sont ici qui m'importent.

Mireille Tremblay. — Ceci pose la question de la responsabilité. Je suis d'accord avec la question de l'espace de liberté que le dialogue suppose. Le dialogue, ça ne peut pas s'imposer. Le dialogue, ça veut aussi dire être libre de se taire, de parler quand on le veut et là où on le veut, et aussi d'agir de la manière que l'on veut.

La seule chose que je trouve plus dérangeante est de ne pas avoir entendu certains appels. Je suis responsable de ne pas avoir entendu des choses exprimées par des personnes... Mais jusqu'où va ma responsabilité? Dans quelle mesure doit-on assister quelqu'un ou pas? C'est toujours difficile de savoir que des gens sont en détresse et, en même temps, de ne pas agir, faute de savoir quoi faire. Je trouve que c'est cela qui pourrait être « un prix à payer »...

Si on parle, dans le réseau, de tous les gens qui sont partis en retraite, tous les gens qui sont tombés dans la « trappe », dont on parlait au début, qu'est-ce qu'on aurait pu faire ensemble pour que ça soit autrement? C'est l'analogie que je fais avec les gens qui sont partis de ce cercle et qui, peut-être, n'avaient pas le choix, et je trouve ça un peu plus dérangeant. La *liberté*, c'est une chose; mais la liberté inclut aussi la *responsabilité*.

Benoît Lecavalier. — J'ai toutefois du mal à me sentir coupable des choix des autres. Je trouve que ceux qui ne sont pas là physiquement, au moins ils vont rester dans le groupe jusqu'à la fin parce qu'ils nous ont parlé, ils nous ont dit des choses. Ils ont laissé une trace qui ne s'effacera pas, même s'ils ne sont plus là physiquement. Ils sont avec moi aujourd'hui, même si je ne sais pas pourquoi ils ne sont pas revenus. Suis-je obligé de prendre la responsabilité de leur départ? Je ne suis pas sûr du tout. J'aime mieux assumer ma propre responsabilité.

Jean-Pierre Gagnier. — Je reviens à ce que disait Thierry au début, que dans un dialogue on offre des choses « au centre du groupe ». Je me dis, que quelqu'un parte ou qu'il reste, cette personne a contribué pour quelque chose « au centre ». Au centre, on peut placer de l'absence, on peut placer des différences, on peut placer des abstentions, on peut placer de la colère, tout cela fait partie de ce qu'on essaie de construire et de ce qu'on essaie de comprendre ensemble. Que les gens partent ou restent, pour moi, ils ont quand même fait une contribution par rapport à ce qu'on essaie de construire. Les questions qu'ils ont posées restent posées, là, au centre de ce cercle.

Concernant le dialogue, on n'est pas ici pour prendre soin des uns et des autres dans nos enjeux individuels. Nous sommes, à mon sens, dans un espace de partage, de mise en commun et de « co-construction ». Moi, je vois ma contribution un peu comme cela. Sinon, je vais tomber dans le dilemme de la responsabilité de « comment j'ai pris soin ou non de ceux qui étaient là »... Mais je suis pas ici pour cela.

Constance Lamarche. — Je veux dire quelque chose là-dessus. Je ne suis pas inquiète au sujet des gens qui sont partis. Je ne m'en sens pas responsable, et je suis bien avec le fait que nous soyons libres de partir ou de rester. Je trouve cela correct.

Ce que je questionne, c'est que je me dis que « du choc des idées jaillit la lumière ». Peut-être qu'il fut un temps où je ne me sentais bien qu'avec des gens qui étaient en harmonie, en accord avec moi. Maintenant, je trouve que c'est riche aussi de vivre la controverse et l'opposition. C'est ainsi que l'on brasse des idées et puis que l'on ressort enrichi. Je suis bien, et j'apprécie les gens qui sont ici. En même temps, il me semble qu'on a perdu quelque chose, tout en respectant le fait que des gens soient partis.

Je ne sais pas si je me fais bien comprendre. Je me dis que je désire ne pas être tout le temps avec des gens qui sont d'accord avec moi. Je désire aussi être avec des gens qui me font réagir. Il y a des gens qui sont partis qui me faisaient réagir fortement, vraiment. Je grandissais là-dedans aussi.

Lorraine Brault. — Par rapport à cela, je me dis que je n'ai pas l'impression qu'actuellement tout le monde est d'accord avec moi ou que je suis d'accord avec tout le monde ! C'est peut-être juste dans la façon de s'exprimer...

Je suis en train de réfléchir sur la notion de blâme. Je pense qu'on a facilement une tendance à blâmer. La question devient alors : « Sommes-nous corrects par rapport aux autres qui ne viennent plus ? » Il y a un blâme en quelque sorte, il y a un langage de reproche. Est-on obligé de se blâmer ?

Alaoui Abidelal Belghiti. — Je me demande si le processus du dialogue lui-même n'est pas en partie responsable du va-et-vient des personnes. La fonction du dialogue n'est pas de rechercher une décision commune, un consensus de groupe, une convergence de l'équipe. C'est le contraire. L'emphase est mise sur la divergence. Pour une personne qui cherche un choix commun ou une vue commune, c'est sûr que le processus du dialogue peut devenir pénible. D'après ce que je comprends jusqu'à présent, l'objectif du dialogue, c'est surtout l'enrichissement et l'ouverture.

Mireille Tremblay. — J'ai de la misère à dire qu'on n'est pas ici pour prendre soin des autres. Pour moi, la générosité, ce n'est pas quelque chose de calculé. Pour moi, la générosité, c'est une source qui coule dans nous-mêmes, les bêtes aux alentours et les plantes qui poussent. Le réseau de la santé et des services sociaux est construit là-dessus : « prendre soin des autres ». Bien sûr que le contrat de ce groupe n'est pas de, littéralement, « prendre soin des autres » ; il faut d'abord prendre soin de soi et de ses proches, ses enfants, ses amis, les personnes de qui on se préoccupe, quand on sait qu'elles peuvent être en difficulté... Et ce « prendre soin » ne va pas au détriment de ce qu'on est, soi. Mais ça ne doit pas être obligé, ça ne doit pas être calculé. Ça doit être facile, ça doit « couler de source ».

Albert Jacquard disait : « Je n'existe pas, je suis l'ensemble, "je" est l'ensemble de toutes les relations que j'ai eues dans ma vie ; "je" c'est le regard des autres, c'est ce que j'ai vu, c'est le monde que j'ai visité[1]. »

Benoît Lecavalier. — Je trouve que ton observation rejoint celle de Maria, qui disait : « Qui suis-je ? » Le « je », la confusion qui peut exister entre mon « je », mon entité, et le groupe et le système. Cette semaine, j'ai fait une évaluation d'une employée dans mon équipe. On a discuté justement de ne pas confondre le travail à faire avec la contribution à apporter dans la chaîne du système : si j'ai fait ma contribution, j'ai bien fait mon travail ; mais si le système « va tout croche », ce n'est pas ma responsabilité, ni la sienne. Il est dangereux de confondre mon « je » avec le système.

Maria Vieira. — Ce qui m'habite depuis tantôt, c'est de réaliser à quel point on connaît peu les autres... et même peu soi-même aussi... J'ai rencontré quelques anciennes participantes par hasard. Elles ont pris soin de demander des nouvelles du groupe pour savoir si ça allait bien. Bon, ça a été assez rapide dans un ascenseur, mais il reste que ce qui me frappe, c'est de savoir qu'on connaît si peu l'autre.

J'ai un ami à qui je sers parfois d'oreille, parfois de provocatrice. Je lui dis toujours : « Si je vais trop loin, tu me le dis. » Et il me dit toujours : « Oui, je te le dirai. » C'est comme si j'ouvrais la porte, mais sur la pointe des pieds... Je ne pourrais pas faire nécessairement cela avec des personnes que je connais moins bien ou dont je ne connais pas la fragilité intérieure, comme dans ce cercle de dialogue.

Yvan Roy. — J'imagine que si un spécialiste des groupes reprenait les cassettes et les écoutait, il dirait que c'est un groupe tout ce qu'il y a de plus traditionnel dans sa naissance, sa vie et sa mort. Il se comporte comme la théorie des groupes décrit la vie des groupes. Il a commencé par un agrégat de personnes, est devenu un groupe et il ne deviendra jamais une équipe parce qu'il ne travaille pas ensemble autour d'une tâche commune.

Nous avons commencé par nous questionner sur le sens de notre réseau et nous sommes maintenant rendus à questionner le sens de notre groupe : qui suis-je, qui sont-ils, que sommes-nous ensemble ? *(Rires)* Je trouve cela intéressant parce que c'est une expérience continuellement renouvelée. Nous la vivons dans nos équipes de travail.

Aladin Awad. — Pour te rejoindre un peu dans cette réflexion, je pense que la dynamique du groupe doit exister. Dans un dialogue, on tente d'éviter une conviction collective partagée. Je trouve cela très positif que l'échange des idées nous amène à nous contredire en tant que collectivité. Je trouve cela très excitant intellectuellement et je pense que nos organisations peuvent en profiter.

Thierry Pauchant. — J'ai une image qui me vient dans la tête, celle d'une alvéole dans une ruche. Si on n'a qu'une alvéole, tout de suite on peut dire ce qui est dans cette alvéole et ce qui n'est pas inclus dedans. De même, si ce groupe est le seul où il existe un dialogue, on pourra suggérer que les personnes qui en font partie font du dialogue et que celles qui sont parties n'en font plus.

Mais il existe des milliers d'alvéoles dans une ruche... et des milliers de possibilités pour le dialogue, des milliers de groupes. Les personnes qui ne font plus partie de ce groupe sont, peut-être, allées butiner quelque part, d'ailleurs... en prenant avec elles ce qu'elles avaient appris ici...

Dans ce groupe de dialogue nous avons pris une décision importante. Celle de ne pas accepter de nouvelles personnes après un temps. On aurait pu faire autrement. On aurait pu permettre à de nouvelles personnes de se joindre au groupe « en marche ». Et peut-être que cette façon de faire générerait, elle aussi, du bon miel ?

Aussi, pour moi, le dialogue n'est pas seulement un enrichissement par les échanges entre des personnes ou les idées générées. Ceci, bien sûr, est très enrichissant. Mais, de même, le dialogue me permet de grandir personnellement, non seulement des échanges, non seulement des idées, non seulement même des différences d'opinion, mais aussi de mon observation de moi-même : comment je réagis à des choses ; quels effets je sens en moi quand je suspends un jugement ; quel est mon état de conscience quand je ralentis ma pensée... Et le fait que je « grandis », peut-être, me permettra d'agir différemment face à une problématique, face à quelqu'un d'autre. On retrouve encore ici les différentes alvéoles : mon alvéole personnelle, qui est en relation avec les alvéoles des autres... Je suis bien d'accord qu'un « je » a besoin d'un « tu » pour devenir un « je »...

Estela Rios. — Hier, lors d'un cours que je donne en gestion administrative, j'ai essayé d'amener le groupe à dialoguer. Et c'était superbe. J'ai été surprise de voir la profondeur de nos jeunes. D'habitude, on ne leur donne pas souvent la parole... On leur enseigne !

Jean-Pierre Gagnier. — Je voudrais amener quelque chose dont j'ai été témoin la semaine passée. Cette expérience a été pénible pour moi, mais je la vis régulièrement dans le système. L'exemple se passe dans un milieu hospitalier de Montréal. Cet hôpital organise chaque année une activité pour les parents qui ont des enfants malades d'un type de maladie que je ne nommerai pas. L'activité s'est déroulée comme ça se déroule habituellement : les parents vivent cinq ateliers dans une journée, d'une durée d'à peu près 30 minutes chacun. Les professionnels leur donnent de l'information massivement ; ils contrôlent les échanges et laissent peu d'espace aux parents. Les parents, entre les ateliers, se parlent dans les corridors, et se disent : « Comme on aurait des choses à se dire, vous et moi ! », « Comme on aurait des choses à se raconter à propos de ce qui se passe, à propos de nos inquiétudes ! », « Mais à qui ? Quand ? Comment faire ça ? » Cette journée fut une démonstration, pour moi, d'un moment où tout espace de dialogue était impossible !

J'ai été témoin de cela à maintes reprises... Je suis convaincu que nous avons énormément de « millage » à faire dans nos services de santé et de services sociaux pour ouvrir des espaces de dialogue en dehors du jeu de contrôle, de pouvoir, que nous jouons si bien.

Je peux donner un autre exemple. Dans la région chez nous, il y a eu une activité durant la semaine de la prévention de la toxicomanie. Deux cent cinquante intervenants se sont rencontrés toute la journée pour discuter de partenariat et de mise en commun d'expertises. Il y avait une activité qui était prévue le soir pour les parents, mais elle a été annulée faute de participation... La question est celle-ci : comment 250 intervenants impliqués localement n'ont-ils pas pu mobiliser un nombre suffisant de parents ? C'est tout à fait significatif de quelque chose de très inquiétant ! Quel est, réellement, le degré de leur implication ?

Je veux simplement dire que ce cercle me questionne sur les espaces de dialogue. Je me demande quels sont les cercles qui existent pour les familles elles-mêmes, et comment peut-on participer à créer ces espaces ? Je suis confronté à cette séparation franche entre les familles qui ont besoin d'échanger, et les experts qui ont besoin d'expliquer...

Richard Lachapelle. — L'image des alvéoles m'amène à une image de frontières. J'ai lu récemment que les frontières, ça nous distingue d'un côté, et ça nous relie d'un autre. L'alvéole, c'est ça... Ça nous relie et ça nous distingue. Le cercle de dialogue fait que moi je me distingue, parce que je suis « moi », mais en même temps je suis relié à d'autres préoccupations, parce que vous êtes « vous ». J'aime bien l'image des alvéoles. Je pense que c'est quelque chose qui peut se développer, mais en gardant comme préoccupation ma distinction et en même temps mes relations. Je suis en lien avec quelqu'un ou quelque chose de différent de moi.

Mireille Tremblay. — En réalité, le cercle de dialogue, c'est un moyen pour retrouver ce que l'humanité a inventé avec la parole : se parler, s'écouter, s'entendre. Il me semble que ce qui est riche dans un cercle de dialogue, c'est de reconnaître son cheminement personnel. Chacun de nous évolue dans sa propre trajectoire. Ce qui est enrichissant, c'est de reconnaître ces différents cheminements, et que chacun repart avec ça. C'est comme une coalition, comme quelque chose qui fait une certaine « complicité ».

Ce qui est pénible, c'est de se sentir seul au monde. Mais quand tu sais qu'on est un certain nombre à cultiver la sagesse ou le dialogue ou la recherche de la vérité ou la quête de « l'attention », c'est rassurant. C'est important de savoir qu'on va tous partir avec cela et qu'il y en a d'autres ailleurs qui font la même chose et qu'on peut rencontrer par hasard. Des alvéoles, il y en a partout !

Constance Lamarche. — Je suis rendue à penser qu'en formation, il faut savoir « prendre du temps ». Les gens ne veulent plus s'asseoir, s'arrêter un peu, ralentir. On ne prend plus le temps de créer un climat pour échanger et s'apporter du soutien. Je veux parler d'une expérience atroce que j'ai vécue il y a deux semaines, où j'étais avec 65 cadres... Ça a été épouvantable ! Épouvantable, parce que les gens, exactement comme ce qu'on a vécu ici, se sentent coupables. Ils ne savent même plus se parler ; ils ne savent plus trouver des solutions ensemble ; ils ne savent plus prendre le temps ; et ils s'opposent même aux initiatives prises pour leur offrir une peu de temps ! Par contre, j'ai répété cette même expérience avec un autre groupe dans la même région, et ça a été formidable. Des gestionnaires des mêmes établissements ! À n'y rien comprendre...

Quelques-uns, au moins, ont apprécié « prendre le temps ». Je rejoins Jean-Pierre : on ne sait même plus prendre la parole, on veut des recettes vite, vite, vite. Je trouve que dans le réseau actuellement, on est aux prises avec cela, et moi je n'ai plus envie de faire des formations « expresses ». J'en ai « marre » de me presser comme ce n'est pas possible, mais je me sens des fois discréditée de vouloir prendre le temps nécessaire. Et je « m'en fous », je suis « tannée » de me faire « brasser » d'un agenda à l'autre. Je fais des crises de colère... Je suis là-dedans ; je trouve cela dramatique ; je prends cela à cœur.

Je pense que l'exercice de dialogue que nous faisons vient me renforcer. Je ne sais pas ce que ça va donner, mais ça me donne de l'énergie pour dire : « Peut-on souffler un peu ? » Cela m'aide, aussi, à me sentir moins seule, et disqualifiée par les autres, parce que, comme vous, je recherche un temps d'arrêt, parce que je désire que l'on réfléchisse ensemble.

Pierre Beaulieu. — Moi, l'élément sur lequel je réfléchis ces derniers temps, c'est, dans le fond, comment ça se fait qu'ici on peut dire des choses. Dans « ma job », je pilote des groupes, c'est une partie de mon travail. Il y a un groupe que j'ai piloté ces derniers temps où j'ai entendu des choses que normalement on n'entend pas dans le réseau. Ce n'est pas un cercle de dialogue, mais il s'en rapproche. C'est un groupe qui réfléchissait à un sujet en particulier. Quand j'ai créé ce groupe, j'ai appelé individuellement des personnes et je leur ai dit qu'elles ne représentaient pas l'établissement duquel elles venaient. J'ai donné comme consigne que j'avais besoin de 8 ou 10 personnes qui viendraient dire des choses comme elles les pensaient, parce que je voulais cheminer dans un dossier, mais qu'il n'y avait pas d'objectifs précis.

Dans ce groupe, il y a une personne qui occupe un poste très important dans un hôpital de Montréal, qui a dit : « On a fait telle affaire, mais je pense qu'on s'est trompé. » Un autre a dit : « Bien, écoute moi, je suis tenté de faire telle affaire, puis ça n'a pas l'air de marcher. » Un autre a dit : « Écoute-moi, je veux bien m'aligner dans quelque chose, mais je ne sais pas par quel bout commencer. » Ce n'est pas le genre de phrases qu'on entend à la régie régionale ! Quand les gens des établissements viennent chez nous, ce n'est certainement pas pour venir nous dire, à nous, membres de la régie, qu'ils sont dans la merde ! Généralement, ils nous disent que cela va très bien !

En faisant le lien avec ce groupe, dans le fond, dans les deux cas, les gens n'avaient pas d'intérêts personnels à défendre ou même corporatistes. Moi, je trouve qu'ici je dis des choses. Je les dis parce que j'ai le goût de les dire et puis j'ai l'impression que ça va rester dans le groupe, mais je ne suis pas en train de convaincre qui que ce soit. Je ne veux pas promouvoir une pensée ou une action. Je dis ce que je pense, puis s'il y en a qui pensent comme moi tant mieux, et s'il y en a qui ne pensent pas comme moi, cela va m'enrichir. Je n'ai pas d'objectif de consensus.

En parallèle avec l'autre groupe, c'est un peu la même chose. Notre objectif n'était pas de définir une affaire et de l'imposer à l'ensemble du réseau. Le constat que je veux faire, c'est que, quand on parle pour cheminer, quand on parle pour avancer, il se dit des choses généralement très constructrices. Sauf que dans notre réseau, dans nos rencontres formelles, on « prépare » nos rencontres. Et dans tous nos milieux de travail, on fait la même chose. Quand on constitue l'ordre du jour d'une réunion, c'est très rare qu'on va laisser des plages énormes pour que les gens s'expriment librement... S'il y a des plages à expression, le président va les limiter ! Je rejoins ce que Constance a dit, c'est-à-dire que nous ne nous donnons pas le temps.

Robert Capistran. — Je trouve que ce qui nous manque, c'est des clubs sociaux. Je fais partie de deux clubs sociaux. Sur mon territoire, à Verdun, c'est le Club Optimiste... Les clubs sociaux, c'est une façon de se rencontrer, une façon de connaître des gens. Je me suis rendu aussi au Club Richelieu, où j'avais un souper hier soir. Dans ces réunions, il y a une partie où c'est juste des grosses farces. Dans le Club Richelieu, il n'y a que des hommes, alors que dans le Club Optimiste, il y a les deux sexes. Mais ce que je remarque dans ces clubs-là, c'est qu'ils sont presque exclusivement composés de gens d'affaires. Je suis peut-être le seul à être en dehors du réseau des affaires. C'est des gens qui fraternisent d'une façon très importante, qui permettent à d'autres de s'exprimer, qui vont les amener à s'exprimer en avant. Et il se brasse des affaires. Il y a un gros maillage entre le monde là-dedans.

Dans le réseau de la santé et des services sociaux, nous n'avons pas cela. Il est clair que nous n'avons pas ce maillage d'entraide. Dans le milieu des affaires, les gens s'entraident, s'échangent des contrats, cela fait partie de leur vie, ils « vivent de contrats ». Mais je remarque que nous n'avons pas cela dans le réseau. J'ai des rencontres avec d'autres directeurs généraux, mais ce sont des rencontres avec des consultants sur le travail, qui sont limitées dans le temps, avec un ordre du jour généralement trop chargé. On jase à peu près jamais. On va dîner des fois aussi avec quelqu'un, mais quand je regarde le temps que les gens d'affaires y mettent toutes les deux semaines, cela fait une grande différence avec leurs trois heures dans des soirées, en dehors du travail. Ils le prennent comme du temps libre. Ils s'amusent, mais il y a plus que juste s'amuser.

Je dirais même que c'est même plus « le fun » des fois que ce cercle de dialogue, même si quelquefois c'est une obligation d'y assister. Ils trouvent toujours le moyen d'avoir des activités. Des fois c'est centré sur la jeunesse, quelques activités par année, des camps de vacances, etc. Il y a comme une espèce de mission sociale là-dedans. Il y a des conférenciers qui viennent.. Il y a une partie que je dirais « instructive », mais, avant tout, c'est du maillage. Dans le réseau, nous n'avons pas cela. Chez nous, nous organisons des rencontres structurées où il faut arriver avec une synthèse en bout de ligne. Nous, on se limite énormément, parce que nous faisons ces activités « au nom du travail » ; en dehors du travail, on ne se voit à peu près jamais.

Pierre Beaulieu. — Je reviens sur la liberté d'expression. Dans nos rencontres habituelles au travail, il faut au moins avoir la perception, ou se donner l'impression, d'aboutir à quelque chose. Parfois, ça ne débouche sur rien, mais au moins on a l'impression qu'on a participé à quelque chose. Alors que quand tu fais juste écouter les gens, laisser parler les gens, c'est intangible.... Moi, un des gros problèmes que j'ai eu en venant ici, c'était de pouvoir justifier que régulièrement je prends « trois heures pour rien ». Dans « ma job », trois grosses heures qui ne contribuent, de façon visible à court terme, à « rien », c'est difficile à défendre ! Je me suis trouvé des raisons, et, la preuve, je suis là ! Mais on n'a pas cette culture-là. C'est pour cela que je trouve de l'intérêt dans un cercle de dialogue, car il ne faut pas que cela donne forcément quelque chose à court terme. Il y a quelque chose qui va être donné qui va être individuel, mais il n'y a pas une production tangible de quelque chose. Dans notre milieu, nous ne comprenons pas cela...

Je parlais cette semaine avec quelqu'un d'Hydro-Québec qui disait que, eux, ils ont cette possibilité de passer des heures « sans que ça donne rien », à court terme au moins dans cette unité. Il y a un élément de culture là-dedans, c'est acceptable que « X » cadres ou « X » employés s'assoient pendant quelques heures et que ça ne donne rien. Ça fait partie de leur culture. Mais, nous autres, dans notre milieu, ça n'existe pas, on ne peut pas se permettre de parler pour parler. Moi, je me verrais mal de tenter de convaincre mon *boss* d'implanter un cercle de dialogue dans l'organisation... Ce serait perçu comme pas très efficace !

Constance Lamarche. — J'ai de la misère à voir cela aussi.

Richard Lachapelle. — J'ai envie de réagir, parce que culturellement on est habitué à vouloir produire, à un premier niveau, quelque chose, apparemment, de concret. Tandis que dans le cercle de dialogue, on travaille à un second niveau. Ce second niveau est moins tangible, mais il est drôlement soutenant, important et présent. Ce qu'on vit dans un cercle de dialogue, chacun le vit à sa façon. Pour moi, je peux décider d'être en colère, de vouloir prendre du temps, de rester silencieux, de me laisser porter, de « suspendre… » *(Rires)* Cette « suspension » m'a appris quelque chose. Quand je « suspends » mon jugement à ce qui vient d'être dit, au lieu d'y répondre tout de suite, quelque chose de subtil naît en moi. Un « presque rien », qui est pourtant fort important. Le fait que je réalise comment je réagis à des choses…

Jean-Pierre Gagnier. — J'ai une illustration d'un « presque rien » qui devient tout autre chose que ce qu'on avait prévu. Je viens d'effectuer une tournée de familles d'accueil. J'ai rencontré 150 familles d'accueil depuis environ deux mois. Et j'ai animé des soirées avec aucun ordre du jour précis, avec comme seul objectif de leur donner un espace de parole et de leur donner l'occasion de partager leur fierté et leurs expériences de vie avec des personnes qu'elles gardent à la maison. Pour la plupart de ces familles, c'était la première fois qu'elles avaient une rencontre pour elles, même si ça fait des années qu'elles accueillent des jeunes ! Une des choses qui s'est passée, c'est qu'il y a un groupe de familles qui a parlé de tout et de rien, mais qui a par la suite tenu à organiser une rencontre avec leurs intervenants pour tenter d'ajuster les services qu'elles reçoivent.

Les intervenants s'assoient avec les familles d'accueil pour négocier collectivement, à partir de leurs enjeux réciproques, comment ils pourraient être mieux ajustés les uns avec les autres. C'est venu d'un « presque » rien et ça a donné quelque chose de tout à fait étonnant et de fort important.

Je comprends que, pour donner quelque chose à moyen terme, il a fallu justifier l'utilité d'un espace différent de parole, où on peut prendre le temps et où l'on n'a pas d'agenda précis. Ceci est un exemple concret de l'utilité d'un cercle de dialogue, qui débouche sur une action concrète, une action imprévisible mais qui est fort intéressante pour l'organisation.

Hélène Laurin. — Quand tu dis cela, je me demande quels seraient les résultats si on faisait la même chose avec nos intervenants dans nos boîtes. Je me questionne beaucoup sur le niveau de conformité qui existe dans le réseau. Je trouve qu'actuellement il y a une ligne de pensée et que tout le monde embarque dedans. J'étais là au début des CLSC et c'était « le fun » parce qu'il n'existait pas tellement de lignes de pensée et que nous pouvions « créer ». C'est ce qu'on a perdu dernièrement... Que les intervenants s'assoient avec les familles, cela me touche beaucoup parce que, moi-même, j'ai fait partie d'une famille d'accueil et je me souviens de choses que nous avons vécues.

Mais dans la formation que l'on donne, on peut difficilement prendre le temps d'organiser de tels échanges. Quand tu travailles dans les soins à domicile, il y a des soins à faire : les filles doivent faire sept ou huit soins par jour et elles doivent revenir faire leurs dossiers... Comment créer un espace de parole là-dedans ? Il y a les clients qui demandent des services, les dossiers, le transport, etc. C'est comme une roue qui tourne et qu'on n'est plus capable d'arrêter...

Je me pose beaucoup de questions à ce sujet depuis le début. Souvent, lorsqu'on laisse un peu la porte ouverte aux gens pour s'exprimer, les gens ont l'impression qu'ils ont parlé pour rien...

L'idée de Robert, de créer des clubs sociaux, me semble impossible dans notre réseau, tellement nous sommes gouvernés par le corporatisme. Les gens n'ont pas les mêmes intérêts, c'est très difficile. Mais il y a des choses qui peuvent se faire, même si elles semblent anodines. Par exemple, dans notre organisation, nous avons tiré en secret des noms de personnes travaillant pour l'organisation. Sans rien dire à ces personnes, pendant 15 jours, pour la durée des fêtes, chacun d'entre nous était un « ange » pour la personne dont nous avions tiré le nom et quelqu'un d'autre faisait de même pour chacun. On avait chacun un « ange gardien » qui nous aidait secrètement... Cela a créé des liens... Mais laisser les gens s'exprimer à l'intérieur du travail, prendre le temps d'échanger, ce serait fort difficile...

Mireille Tremblay. — Moi, ce que je questionnerais, c'est le « piège » dans lequel nous sommes actuellement. Nous sommes souvent coincés par la notion d'*efficacité*. Il faut toujours que chacune de nos actions, au travail, « rapporte quelque chose ». Il ne faut plus accepter le discours de l'efficacité absolue parce qu'il nous décentre sur ce qui est réellement important. Les parents nous disent : « On a besoin de soutien, on n'a pas besoin d'appareils techniques ; on a besoin de répit, on a besoin d'être encouragé. »

Souvent, aussi, quand on fait des enquêtes sur la satisfaction des usagers, ils nous disent la même chose. Ils ont besoin d'avoir « une relation qui est accueillante ». C'est comme si l'efficacité avait déplacé tout le reste ! Et nous sommes piégés, car notre contrat de travail porte sur l'efficacité ! Je pense que nous devons questionner cette notion d'efficacité, afin de retrouver la vraie vie...

Hélène Laurin. — Mais en même temps, le ministère pige des données dans nos statistiques et nous évalue sur cette base. Ça aussi, c'est de la réalité.

Constance Lamarche. — Est-ce qu'on est en train de dire que, dans notre milieu de travail, il n'y a pas de place pour la créativité ? Je trouve qu'on parle de créativité depuis tantôt. Notre dialogue, ce que nous vivons comme processus, a fait émerger des innovations. De nombreuses personnes ont donné des exemples concrets d'expériences innovatrices ce matin, à l'université, avec des intervenants, des familles d'accueil, dans des organisations... En fait, nous sommes créatifs. Mais j'ai l'impression, en même temps, que nous nous disons : « On ne laisse pas la créativité émerger ! » Ce n'est pas vrai ! Ce n'est pas vrai, considérant les exemples donnés ce matin. Et ce n'est pas vrai car nous avons le mandat de faire autrement, d'être créatifs, d'être entrepreneurs. Ce mandat est bien réel mais, encore une fois, on veut dans le réseau « organiser la créativité ». Comme si on pouvait être créatif de neuf à cinq !

Quand quelqu'un crée quelque chose, il est mû par une inspiration... Il faut laisser mûrir et sortir cette inspiration... La créativité ne peut être organisée par un programme de plus, où l'on appuierait sur un bouton en commandant : « Allez, soyons créatifs. » Il ne faut pas dénaturer la créativité. Il faut la promouvoir concrètement.

Pierre Beaulieu. — Oui, il faut être créatif ; mais en même temps il faut le faire avec efficacité et performance ! *(Rires)* Je suis un peu pessimiste. Je reviens à ma comparaison de tantôt avec le groupe que j'ai piloté. Il y a une phrase qui a été dite dans ce groupe-là, et quand je nous regarde, c'est ce que j'ai à l'esprit. On parlait du rôle du cadre dans ce groupe. À un moment donné, il y a quelqu'un qui a dit : « Écoutez, on peut bien réfléchir, on peut bien parler, on peut bien jaser, on peut bien faire ce qu'on voudra… Il y a « une gang » que, si on ne les convainc pas, on est fait comme des rats. On aura beau siéger pendant 15 ans, on ne changera rien. « La gang », c'est les dirigeants et les directeurs généraux. »

Cette personne disait que, dans le fond, si on ne travaille pas sur ceux qui ont le pouvoir de décision, si on ne fait pas avancer notre idée à ce niveau-là, peu importe les tentatives qu'on fera à d'autres niveaux, cela ne donnera pas de résultat. Si, dans une organisation, la direction générale ne soutient pas un projet, rien ne va avancer, surtout pas au rythme qu'on souhaite.

Je fais le parallèle ici avec ce que tu dis sur la créativité : « Il faut être créatif, on a le mandat, il faut se donner des espaces de temps, des espaces d'écoute, des espaces de liberté et de parole. » Je me dis que tous ceux et celles qui sont ici, dans ce cercle, sont d'accord sur ces sujets et, déjà, les ont appliqués. Mais nous avons tous quelqu'un de plus haut que nous autres. Finalement, on peut faire un certain bout, mais il faudrait apporter cette dimension-là à un niveau supérieur. Et je dépasse ici le niveau du directeur général ; il faut aussi parler du niveau des régies, celui du ministère… Sinon, on aura beau essayer de trouver des solutions, on va revenir avec des problèmes d'intérêts particuliers, de guerres de pouvoir, des problèmes de corporatisme, et cela, à tous les niveaux…

Je suis donc un peu pessimiste. Quand je nous écoute ce matin, je me dis que c'est vrai que le dialogue apporte des choses. Des témoignages d'actions concrètes ont été donnés. Mais, selon l'expression de Thierry, ces actions, ce sont « des petites alvéoles ». Finalement, nous avons créé huit ou neuf alvéoles… Mais, dans une ruche, il y en a je ne sais pas combien de milliers ! Il faut convaincre assez haut. Je n'ai pas de solution, je réfléchis tout haut.

Claude Vézina. — Est-ce que je dois comprendre que les ouvrières doivent contaminer la reine ? *(Rires)*

Pierre Beaulieu. — Il le faudrait, mais comment arriver à la reine ?

Mireille Tremblay. — Il ne faut pas oublier que tout pouvoir est consenti. Quand tu dis que nous devrions contaminer les têtes dirigeantes, moi je pense que le peu de pouvoir qu'on détient, selon notre groupe d'appartenance ou même personnellement, c'est suffisant. Parce que je ne suis pas sûre que ce sont les têtes qui vont changer. Quand on accepte le pouvoir, c'est parce qu'on y consent et que l'on veut diriger. Même les plus grands dictateurs ont obtenu leur pouvoir parce que les populations y ont consenti.

Je pense plutôt que c'est par la mobilisation qu'un changement véritable s'effectue. Si on raisonne d'une manière hiérarchique, on se sent impuissant...

Qu'est-ce qu'on peut faire ? On peut donner le pouvoir aux parents, comme le disait Jean-Pierre tantôt; on peut utiliser notre pouvoir pour élire des députés qui peuvent influencer les ministres... C'est à partir du pouvoir que l'on a qu'on peut mobiliser. L'information, c'est la seule ressource naturelle que la personne possède. Et si on donne de l'information, on donne du pouvoir aux gens et ils se mobilisent.

Pierre Beaulieu. — Je reviens à ce qu'Hélène disait tantôt : à tous les niveaux, nous sommes tous « pognés » avec des résultats à atteindre. À mon niveau, même à un niveau stratégique, il faut que je montre des résultats. Si je propose d'ouvrir des espaces de liberté et de parole, j'ai hâte de voir comment cela va apparaître dans le rapport annuel... *(Rires)* Je ne veux pas dire que les hauts dirigeants soient « mauvais ». Mais, nous avons tous nos limites. Nous sommes pris, comme nous l'avons déjà dit, dans un système très opérationnel, très versé vers la production livrable. Et la façon de penser dans un dialogue est fort différente... Si les personnes en charge du système n'ont pas cette conception-là, mon pessimisme me pousse à croire qu'il faut faire des pressions vers le haut... Mais je ne sais pas comment faire pour aller parler à la « reine »... Et pour moi, on ne parle pas seulement du ministre ici, mais du système gouvernemental.

Mireille Tremblay. — Mais le ministre va répondre que la situation dépend de l'ensemble des conseillers du ministère, de l'ensemble des députés, de l'économie internationale, de la Banque mondiale... À chaque fois que l'on cherche un responsable, il y a toujours d'autres considérations qui le dépassent... Les changements s'effectuent aussi par le biais de la culture, dans l'information qu'on échange et qu'on partage, dans ce que l'on croit, ce qu'une collectivité croit... Qu'on

le veuille ou non, les premiers ministres et les ministres sont influen-
cés par la culture ambiante… et la culture, cela appartient à tout le
monde, la culture échappe au pouvoir !

Benoît Lecavalier. — Si on regarde les écrits théoriques en administration, Henry Mintzberg[2] parle de coalitions afin de réaliser un
changement. Le pouvoir étant consenti, comme on l'a dit, il faut
former des coalitions qui poussent le changement désiré. Kurt Lewin[3]
proposait la même chose. Il proposait d'identifier les acteurs qui sont
pour un changement et ceux qui sont contre, et de réaliser une
coalition pour faire passer le changement. Je pense que dans nos
organisations, il existe certains moments privilégiés où une équipe de
direction peut effectuer un changement, même si le directeur général
est plus ou moins confortable avec elle. Il faut établir des coalitions,
avec les médecins, les infirmières, les syndicats. Nous avons « de la
marge », mais nous ne sommes pas très organisés…

J'aime mieux la stratégie des petits projets porteurs. Hélène l'a bien
dit. Dans nos établissements, on mesure la productivité tangible, mais
la productivité de l'intangible, cela ne se mesure pas… Les espaces de
parole ne sont pas évidents dans l'espèce de taylorisme à outrance
dans lequel nous opérons. On cherche à évacuer les temps pour la
réflexion. Nous avons un problème systémique très important.

Estela Rios. — Mais il est possible d'effectuer certains changements
à nos niveaux mêmes. Je suis une petite chargée de cours dans une
grande université, la plus petite chargée de cours qu'il y a… Mais je
crée des activités qui sortent de l'ordinaire. Oui, j'ai un *boss* qui me
contrôle, mais je prends des risques… Je pense que tous ces petits
changements affectent le système dans sa globalité, comme dans
« l'effet papillon », où le battement d'ailes d'un papillon dans une
partie du monde affecte à terme une autre partie de ce monde.

Thierry Pauchant. — J'ai un peu de problème avec les coalitions…
On a joué cette carte politique à travers l'histoire humaine. L'idée est
de remplacer un pouvoir par un autre pouvoir, que l'on suppose
meilleur… Mais, on parle toujours ici de « pouvoir », de contraindre
les autres par une coalition dominante… Le jeu est encore un jeu
politique où la coalition la plus forte va tenter de « gagner contre »,
de vaincre l'opposition.

Le problème avec le pouvoir est qu'il est instable. Dès qu'une coalition atteint un certain pouvoir, elle va vouloir, souvent, défendre sa position. Et cela entraîne des effets négatifs pour les dominés *et* pour les dominants... Karl Marx a surtout parlé des effets négatifs de ce pouvoir sur les dominés, et il avait certainement raison en partie, d'où la notion de classe sociale, ceux qui ont le pouvoir et ceux qui le subissent...

Mais ce que le marxisme a oublié, c'est que le pouvoir a aussi des effets négatifs sur les *dominants*, pas seulement sur les *dominés*! En entreprise privée, par exemple, de nombreux dirigeants sont en train de tout sacrifier pour défendre leur situation de pouvoir, défendre les parts de marché conquises par leur entreprise, défendre leurs innovations... Et ces effets négatifs incluent la «boulotmanie», le fait de trop travailler, le fait qu'ils ne voient plus leur famille, faute de temps, le fait qu'ils doivent parfois adopter des stratégies qui vont à l'encontre de leur éthique, de la recherche du bien commun ou de l'écologie de notre planète... C'est ce que nous avons voulu dire, entre autres choses, dans le livre *La quête du sens*[4]. Cette quête n'est pas seulement le fait des dominés, mais elle est aussi le fait, de plus en plus, de dominants, qui ont pourtant du pouvoir, du prestige, de l'argent... Dans leurs rangs aussi, on «tombe comme des mouches»: «burnout», dépression, arrêt cardiaque... Je n'ai pas à vous dire que dans le système de la santé et des services sociaux de plus en plus de gens tombent malades, qu'ils aient du pouvoir on non!

Il me semble que la solution, s'il en existe une, est une redéfinition du pouvoir dans ce système, une nouvelle conception de la fonction gouvernementale, quand on parle du système de la santé et des services sociaux. Le mot «régie», si mon latin est correct, vient du mot *rex*, qui veut dire «roi». *(Rires)* «Régir», alors, peut aboutir si on reprend les .... au PODC classique, c'est-à-dire planifier, organiser, diriger et contrôler un système. Il me semble que c'est cette conception qu'il faut revoir. Un gouvernement ou un ministère pourrait être plus vu comme un «facilitateur», une entité qui se met réellement au service des besoins des membres du système. De nouvelles initiatives vont dans ce sens, et je ne parle pas ici de réduire au minimum les fonctions d'un gouvernement, comme dans la thèse néolibérale fort en vogue actuellement... Je propose plutôt de modifier la fonction même du gouvernement.

Claude Larivière. — Avant d'être une « régie », vous étiez de bons conseillers ! *(Rires)*

Benoît Lecavalier. — Il me semble que l'exercice du pouvoir, ça n'a pas juste un côté négatif. Mais pourtant, quand on dit que les ouvrières s'unissent pour « contaminer la reine », c'est qu'on s'imagine que le changement souhaité est bon pour la collectivité. Il me semble qu'il y a là un côté très positif.

Pierre Beaulieu. — Thierry, je fais appel à ton expérience et à ton expertise. Est-ce que la notion de cercle de dialogue a été tentée avec des hauts dirigeants d'organisations ?

Thierry Pauchant. — La réponse est oui. Pour ne parler que du Québec, je connais personnellement plusieurs exemples. Dans un cas, un ministère fédéral, le dialogue a très bien fonctionné, les participants ont réellement proposé des changements différents, et certains de ces changements ont réellement modifié cette organisation. Malheureusement, dans ce cas, le cercle a été arrêté après environ une année. Il me semble que l'une des raisons principales était que le sous-ministre et son équipe ne pouvaient contrôler le déroulement de ces dialogues et leurs résultats.

Pierre Beaulieu. — Est-ce qu'il y a d'autres expériences dans le secteur privé ? Je pose cette question parce que, dans le monde économique, tout est orienté vers la production.

Thierry Pauchant. — Oui, de très grosses compagnies privées utilisent le dialogue, comme Ford, IBM, Xerox, AT&T, etc.

Pierre Beaulieu. — Aux États-Unis ?

Thierry Pauchant. — Aux États-Unis, au Canada, en Europe. L'un des problèmes avec ces expérimentations est que le dialogue est lui-même parfois récupéré pour atteindre plus de productivité… ce qui accélère encore la vitesse. La pensée est alors : « Oui à la créativité plus libre, mais si ça rapporte. » Et là, nous revenons au cercle vicieux du pouvoir dont je parlais tout à l'heure : plus de compétition demande plus de créativité, ce qui engendre plus de compétition, ce qui demande plus de créativité, etc. Dans ce cas, la recherche de pouvoir, de dominance ou même de survie, peut engendrer des effets négatifs pour les dominants et les dominés.

Aladin Awad. — Le dialogue est alors remplacé par un brain storming. Au lieu de ralentir, on accélère encore!

Claude Larivière. — Je ne vois pas l'incompatibilité d'une démarche comme celle-là dans une organisation. Il s'agit de se donner des occasions d'échanger, de dire des choses qu'on n'ose pas dire généralement, de dire des choses différemment, de dépasser les réunions trop planifiées. Il me semble que la démarche du dialogue est une démarche d'apprentissage.

Thierry Pauchant. — Oui, et souvent une entreprise couplera la fonction « apprenante » du dialogue avec des mécanismes de décision plus traditionnels, pour être plus « exécutif ». Par exemple, une entreprise canadienne importante que j'aidais a couplé le dialogue avec son conseil exécutif. Ils se servaient du dialogue comme d'une plage privilégiée de parole, où l'on avait plus de temps pour pouvoir aborder des problématiques complexes. Il n'était pas rare que durant un conseil exécutif, une personne disait: « N'abordons pas ici cet enjeu complexe. Nous avons un dialogue dans deux semaines, et nous pourrons alors en discuter.» De même, durant les dialogues, ils ne prenaient pas de décision, mais attendaient la prochaine réunion exécutive. C'était une façon très créative d'utiliser ces deux espaces différents, l'un lent et l'autre plus rapide.

Richard Lachapelle. — Ce matin, en venant ici, je me disais que si les gens étaient comme des chargés de projets dans les organisations, ou comme des consultants, si les directeurs généraux avaient des mandats à court terme par exemple, cela pourrait peut-être changer les décisions.

Robert Capistran. — On a tendance parfois à vouloir trouver des responsables. Oui, il existe un manque de dialogue dans nos organisations. Est-ce que ce sont les DG qui en sont responsables? Je n'en suis pas sûr. Par exemple, la régie nous oblige à implanter des coopératives pour sauver la face sur le plan des infrastructures. Je dis bien qu'elle « oblige », parce qu'en réalité, c'est ce qui arrive. Avant, ils appelaient cela des « techno-centres ». Maintenant, ce sont des « coopératives ». Mais le concept est complètement contradictoire avec la notion de coopérative ! Habituellement, créer une coopérative est un geste volontaire... Mais nous sommes obligés de le faire parce qu'il faut économiser de l'argent. Pourtant, il y a déjà longtemps que la régie tente d'amener plus de collaboration entre les établissements, d'interface, de maillage, mais cela ne se fait pas.

Je reviens à mon club social d'hier parce que ça m'a frappé de voir les gens parler entre eux d'une façon spontanée, tout en gardant une certaine efficacité. Ces personnes se sentent obligées de collaborer, de s'allier du monde pour pouvoir avoir des revenus à la fin de l'année. C'est une question d'efficacité en bout de ligne. Mais ils ont compris qu'ils ont besoin des autres pour réussir dans leur entreprise. On dirait que, dans notre réseau, nous n'avons pas cette mentalité. Le corporatisme est très fort. L'infirmière fait ses tâches d'infirmière ; l'auxiliaire familiale, il ne faut pas trop s'en occuper... C'est comme si on se disait : « Je n'ai pas besoin des autres. » On cherche des coupables alors qu'il faudrait établir des relations...

Pierre Beaulieu. — Je ne pense pas que je sois à la recherche d'un responsable ou d'un coupable. On a vécu ici dans le dialogue des expériences qui nous ont tous laissé des impacts individuels. Je me demandais si ces mêmes effets ne pouvaient s'opérer chez nos têtes dirigeantes et, de plus, quels pourraient être les effets sur le réseau. Mais je ne sais pas trop comment m'y prendre pour mettre en place ces espaces de dialogue ou de parole à ce niveau.

Pour moi, il n'y a pas de coupable. Dans l'exemple que je donnais, ce qu'on disait au fond, c'est qu'on pourrait travailler avec les individus eux-mêmes, avec leurs associations, mais que si l'équipe de direction n'a jamais été sensibilisée à cette dimension, cela n'aura que peu d'impact.

Mireille Tremblay. — J'ai déjà enseigné en pédagogie active il y a plusieurs années. Je croyais beaucoup à tout ce qui était « pédagogie participative ». Mais j'ai été très surprise de constater que presque la moitié de la classe n'aimait pas cela. Ils voulaient un cours magistral avec des réponses toutes faites !

On est, en fait, le reflet des autres. Les dirigeants, c'est nous, et c'est tout le monde à tous les niveaux ! La meilleure forme de société serait une société sans pouvoir, si on comprend que le pouvoir est une source d'oppression, comme Thierry l'a dit tout à l'heure. La meilleure forme de société, ça serait celle où chacun a de la puissance, c'est-à-dire l'espace pour qu'il puisse s'accomplir et s'épanouir. Et là où il n'y a pas d'ordre ou d'oppression, c'est dans la culture, c'est dans la créativité. Qu'est-ce qui vous empêche de peindre, de faire de l'aquarelle, d'écrire, de dialoguer ? Il n'y a rien qui nous empêche de faire tout cela. Le problème survient quand on commence à rêver à un projet collectif. La politique s'occupe de ce rêve collectif !

Dès que l'on pense à un projet collectif, on commence à instaurer un pouvoir et c'est là que cela devient difficile. Notre relation de pouvoir revient à notre relation entre le « je » et le groupe. Mais l'espace dans lequel on est libre, d'après moi, c'est l'espace de culture, c'est l'espace des valeurs, c'est l'espace dans lequel les individus peuvent évoluer en résonance avec leur environnement. Il me semble que le cercle de dialogue, c'est ça ; c'est un espace de culture où les gens parlent de leurs identités, parlent de leurs valeurs, parlent de leurs projets. Comment transférer cela dans un système de pouvoir ?

Quelqu'un disait que la démocratie était la « moins pire » forme de gouvernement, la « moins pire » qu'on connaît. Peut-on concevoir une société sans pouvoir ?

Huitième dialogue
Le dialogue en organisation : un acte de foi

Ce dialogue, enregistré le 16 décembre 1997, était supposé être le dernier pour le groupe.

(Silence)

Maria Vieiria. — J'ai une phrase de Christian Bobin que je voudrais vous lire. Elle explique ce qu'a été le dialogue pour moi. « Faire sans cesse l'effort de penser à qui est devant toi, lui porter une attention réelle et soutenue. Ne pas oublier une seconde que celui ou celle avec qui tu parles vient d'ailleurs, que ses goûts, ses pensées, et ses gestes ont été façonnés par une longue histoire, peuplés de beaucoup de choses et d'autres gens que tu ne connaîtras jamais. Te rappeler sans arrêt que celui ou celle que tu regardes ne te doit rien, n'est pas une partie de ton monde, qu'il n'y a personne dans ton monde, pas même toi. Cet exercice mental qui mobilise la pensée et aussi l'imagination, est un peu austère. Mais il te conduit à la plus grande réjouissance qui soit : aimer celui ou celle qui est devant toi ; l'aimer d'être ce qu'il est et non pas d'être ce que tu crois, ce que tu crains, ce que tu espères, ce que tu attends, ce que tu cherches, ce que tu veux. »

Mireille Tremblay. — J'ai moi aussi réfléchi à ce qu'était ce groupe de dialogue et j'ai tenté de le résumer : « Nos mots suspendus au fil du rasoir rompent leur part d'éternité. »

André Savoie. — Je lisais dans le journal qui paraît à Outremont et à Ville Mont-Royal un petit texte de Roméo Pérusse. Ce texte est une tentative de destruction du père Noël. Il présente une série d'arguments scientifiques qui démontrent que c'est impossible que le père Noël existe. J'ai lu cela le samedi, et le dimanche j'ai fait des commissions pour Noël toute la journée, de 9 h à 5 h, sans arrêt. Le père Noël n'existe pas, mais je me comporte comme s'il existait ! J'ai pensé à l'idée du mythe. Mes conduites sont régies par le père Noël un mois par année! C'est un mythe puissant! L'irréel, l'irrationnel, le non-existant, etc., me fait agir... Et je n'étais pas le seul au centre d'achats! *(Rires)* C'est très étrange...

Le but de nos rencontres ici, c'est une quête de sens. Dans le cas du mythe du père Noël, on a quelque chose qui a tellement de sens qu'il nous pousse, presque tous, à adopter des comportements très similaires, au même moment. Et cela dure depuis très longtemps: le père Noël a pris la relève de saint Nicolas, qui a pris la relève des druides, qui ont pris la relève des fêtes à l'époque romaine... Ce mythe nous meut depuis très longtemps.

(Silence)

Thierry Pauchant. — Je me souviens d'avoir été à une exposition au Centre Beaubourg, à Paris, sur le peintre Miró. Cette exposition s'appelait: «La réalité des mythes et le mythe de la réalité». Oui, les mythes nous animent. Le psychanalyste Rollo May disait que les mythes, c'est comme les poutres qui soutiennent la structure d'une maison[1]. Ces poutres sont souvent invisibles, cachées dans les plafonds, mais pourtant elles soutiennent la structure, le sens, et sans elles, la maison s'écroulerait, le sens s'écroulerait...

Ce matin, je viens au dialogue avec un peu de tristesse. Je sais que ce rituel, qui soutient l'existence d'un mythe, que ce rituel va se terminer. J'aimais bien notre rituel, une fois tous les quinze jours, le mercredi matin...

André Savoie. — Je me demande jusqu'à quel point on s'empêche d'avoir des mythes. Des mythes qui nous élèvent et qui nous donnent de l'élan. Mais nous empêchons ces mythes en essayant d'être plus concrets, plus scientifiques, plus appliqués, à la recherche d'une efficacité un peu restreinte. Je me demande jusqu'à quel point on s'empêche de voir «grand» et si cela n'est pas lié à notre quête de sens.

Benoît Lecavalier. — Lorsque je viens ici, le mercredi matin, je monte au 11ᵉ étage. Cela me fait une différence de hauteur, car mon bureau est situé dans un demi-sous-sol. La pensée s'élève dans ce groupe... Il m'a permis de sortir de mon isolement, permis de nous dégager d'une «pensée au ras des marguerites» à laquelle nous sommes souvent contraints dans notre milieu de travail. Ce groupe nous a permis aussi de prendre le temps, et il me semble que ce temps est essentiel pour une construction de sens. Nous avons partagé un humanisme. J'ai trouvé toutes les interventions très enrichissantes et je veux remercier tout le monde de m'avoir ébranlé...

Je pensais aussi au groupe cette semaine et à cette dernière réunion. Mais ce n'est pas vraiment la dernière, parce qu'il y a une trace qui ne disparaîtra jamais dans mon esprit. Au quotidien, je repense souvent à ce que nous vivons ici, pas à des mots en particulier, mais au climat. J'essaie alors de retrouver ce climat, par exemple, quand je suis confronté dans une controverse, quand je dois prendre une décision difficile, et cela me réconforte et m'apaise.

(Silence)

Richard Lachapelle. — J'ai retiré beaucoup de choses du groupe, des personnes et des mots échangés. Je les utilise en dehors du dialogue... Comme, par exemple, la notion de *suspendre*. Pour moi, cette notion a beaucoup de sens. C'est laisser la place à l'autre de s'exprimer ; c'est permettre d'entendre une autre personne. Peut-être que le sens vient en premier par des mots, et qu'ensuite le reste suit, les comportements, les attitudes... Je me suis approprié des choses du groupe et je les ai personnalisées. C'est, pour moi, le sens que j'ai découvert à travers tous ces dialogues.

Jean-Pierre Gagnier. — Il y a une chose bizarre à laquelle je pense. Hier, je faisais une supervision de stage avec des étudiants. On regardait une cassette vidéo sur une situation d'intervention, entre un patient et un intervenant. Une étudiante était préoccupée par le fait de poser un bon diagnostic sur la structure de personnalité du patient. Ce faisant, elle abandonnait cette personne à une situation d'isolement. Plus cette étudiante essayait de poser un diagnostic, plus l'autre personne devenait incompétente dans son rapport interpersonnel, attaquée dans son estime d'elle-même et manquant de soutien... Et cette incompétence renforçait d'ailleurs le diagnostic ! J'ai arrêté alors le vidéo. Avant de le faire repartir, j'ai demandé aux étudiants de développer « une écoute du cœur », pas juste « une écoute de la tête ». Les émotions sont alors sorties... J'ai pu observer que des étudiants commençaient à être touchés par la personne qui était là, en souffrance.

Je vous raconte cette expérience, parce que l'expérience du cercle de dialogue m'a rappelé que l'écoute est une écoute plus globale, du cœur, de la tête, de « tout l'être », et non pas seulement une écoute faite à partir d'un agenda, à partir de quelque chose à tordre, à forcer, à faire plier ou à partir de quelque chose qui est déjà structuré, préfiguré. Quand j'ai demandé à l'étudiante, à la fin de l'exercice, ce qu'elle en retenait, elle m'a dit qu'elle avait réalisé qu'elle devait rester attentive à l'événement, à la personne en face d'elle. Je trouve qu'il y a beaucoup de détresse dans nos systèmes parce que nos « rencontres » ne sont pas réellement des « rencontres » ; nos « échanges » ne sont pas des « échanges ». Le dialogue, pour moi, est plus « vrai », et permet plus de réelles rencontres, de réels échanges....

(Long silence)

Thierry Pauchant. — J'aime bien ce que tu dis. Nous retrouvons ici la notion de la « complexité ». Dans une situation « complexe », comme dans une rencontre profonde avec un autre être humain, il est difficile de savoir quelle est « la bonne question à poser ». Quand une situation est « simple » ou même « compliquée » (voir l'introduction de ce livre), on peut poser « les bonnes questions », poser « le bon diagnostic », avoir « la bonne réponse ». Mais pas devant une situation complexe. Je crois que tu as raison de proposer à ton étudiante de ne pas seulement écouter avec la tête, mais aussi avec le cœur, avec ses sens, avec « tout son être ». La fonction des « mythes », que nous évoquions précédemment, c'est justement de pouvoir relier ensemble différentes façons de faire, car un mythe n'est jamais clair, jamais définitif, jamais « résumable ». Le mythe permet justement une ouverture à la vie, car il n'est pas trop précis.

Dans une situation complexe, on ne peut savoir quelle porte prendre.... Il existe des milliers de portes, et celle du « diagnostic scientifique » est seulement l'une d'elles ; et la porte du cœur n'est que l'une d'elles également. Pour moi, le dialogue est une façon d'entrer dans la complexité par n'importe quelle porte, puis de ressortir par une autre et de rentrer encore par une troisième... Un peu comme une mouche qui tourne autour d'un gâteau, sans ligne droite, sans méthode rigide.

Peut-être que l'absence de méthode dans le mythe, ou l'absence de méthode de la mouche, est une méthode aussi, et une méthode qui fonctionne mieux dans des situations complexes. Car cette méthode n'impose pas à la complexité un ordre prédéterminé... Elle permet mieux de saisir la complexité dans son essence même, sans imposer quelque chose comme un « diagnostic ». C'est peut-être aussi la base d'une éthique. Non pas une éthique basée sur des grandes théories ou des grands principes considérés immuables et universels, mais une éthique mouvante, qui tente de réellement répondre à l'essence de la situation complexe à laquelle nous sommes confrontés, que cette complexité soit une personne qui a besoin d'aide ou qu'elle soit le système de la santé et des services sociaux dans son ensemble, et qui a besoin d'aide aussi. L'éthique de la mouche, l'éthique du mythe... Je crois que nous avons un besoin urgent de développer une telle éthique afin de mieux guider nos actions dans ce monde fort complexe.

Mireille Tremblay. — J'ai l'impression que c'est la notion de « mur » qui a changé durant nos échanges. Lorsque nous avons commencé nos dialogues, on parlait beaucoup du réseau, de sa structure, de ses contraintes. Tranquillement, nous avons dépassé ces préoccupations et nous nous sommes demandé comment on pouvait changer des choses ou comment on pouvait soulager les souffrances qui étaient évoquées. Nous nous sommes demandé si ces actions devaient être individuelles ou collectives, où se situait la responsabilité chez les personnes en situation d'autorité, chez les individus eux-mêmes. Peut-être qu'en cours de route, dans ce dialogue, nous avons arrêté de chercher « la » solution. Nos rencontres m'ont fait comprendre que la solution, ce n'est pas la réponse qu'on va trouver ! La solution, c'est en partie le dialogue lui-même ! Peut-être que la mouche n'est pas si folle que cela !

J'ai l'impression que les « murs » ont disparu. Comment on pose un problème, comment on impose une solution ? Je ne ressens plus les contraintes ou les murs de la même façon. J'ai l'impression qu'il n'y a plus de murs... C'est rassurant de savoir qu'il y a des gens qui cherchent et qui trouvent du sens et qui sont capables d'entrer dans des relations plus authentiques, avec moins de murs. J'ai trouvé que le dialogue a été un processus libérateur et qu'il correspond à une certaine période de ma vie. Je me sens beaucoup plus libre de parler, de me taire, d'écrire... Ce que je veux faire me paraît beaucoup plus clair. S'il n'y avait pas de murs, il n'y aurait pas de portes...

Robert Capistran. — L'été passé, j'ai suivi un cours en macroéconomie. C'est très différent de ce qui se passe dans le groupe, et c'est très différent de mon travail aussi. Pour moi, c'est un anti-stress que de suivre des cours de ce genre !

Il y a une notion que j'ai bien retenue dans ce cours, une notion importante en sciences économiques, la notion de « coûts d'opportunité ». Lorsqu'on effectue une dépense, la valeur de cette dépense, ce n'est pas juste ce qu'on paie ; c'est aussi ce qu'on aurait pu faire d'autre avec le même argent. C'est toute la question d'alternatives dans les choix.

Je viens de passer une trentaine d'heures ici, dans ce cercle de dialogue. La question qui me préoccupe est : « Qu'est-ce que j'aurais pu faire d'autre avec le même temps ? » Pourquoi prendre du temps pour venir ici, ce que j'ai fait, et de ne pas prendre ce temps pour faire d'autres choses, qui sont aussi des formes de dialogue, comme, par exemple, aller tout simplement rencontrer du personnel, jaser en dehors des comités habituels, aller voir des usagers, aller voir des groupes communautaires ? J'avais le choix entre les deux... et j'ai fait le choix de venir ici.

Thierry Pauchant. — Est-ce que le coût d'opportunité est positif ?

Robert Capistran. — Je crois que le processus du dialogue m'a sensibilisé au fait que je peux faire autre chose avec mon temps. Mais, est-ce que ça aurait été plus avantageux d'aller jaser avec des usagers ou avec le personnel ? Je ne le sais pas, je n'y suis pas allé... J'ai l'impression qu'il y aurait eu, là aussi, comme dans ce cercle de dialogue, une richesse très importante.

Solange Dubé. — Dans la multitude de nos activités quotidiennes, pour moi, le dialogue, c'est un temps d'arrêt, une pause. Je me donne la permission d'arrêter un instant pour mieux reprendre mes activités. Je vis d'action, il faut que cela bouge...

Dernièrement, j'ai rencontré un groupe et j'ai demandé aux gens de prendre un temps d'arrêt avant la rencontre. C'est une chose que j'ai apprise ici. Et les gens m'ont demandé pourquoi j'avais besoin d'un temps d'arrêt avant de commencer la rencontre... Je me suis rendu compte que ce que je suggérais aux gens, je ne l'avais jamais fait auparavant! Quand les gens m'ont posé la question, j'ai pris conscience des raisons pour lesquelles je proposais ce temps d'arrêt. On avait besoin de ce temps... Les gens arrivaient, parlaient de part et d'autre, étaient «dispersés»... Il me semblait qu'on avait besoin de prendre ce temps. J'appréhendais aussi cette nouvelle session. Elle était différente des autres. Ce fut pour moi une occasion de dire aux gens: «J'appréhende ce qui s'en vient et j'ai besoin d'un temps d'arrêt.» Auparavant, avant ces séances de dialogue, je n'aurais pas perçu ce besoin, je n'en aurais pas eu conscience.

Je comprends mieux maintenant que c'est important de se recentrer sur soi avant de commencer une activité. Je considère un peu le cercle du dialogue comme un jardin: on a semé plein de choses, il y a plein d'idées, et il y a des choses qui vont pousser de cela.

(Silence)

Claude Larivière. — J'étais un peu triste ce matin que ce soit la dernière rencontre. En même temps, je me suis demandé: «Qu'est-ce que je vais me donner comme occasion pour rester attentif à toutes les dimensions dont j'ai pris conscience durant le dialogue?»

Il y a une vingtaine d'années, j'ai fait une expérience de *rebirth*. Ce fut l'occasion de commencer tout un travail sur moi, avec l'aide d'une autre personne. Cela m'a permis de redécouvrir des dimensions intérieures. Ce fut pour moi une étape importante de passage entre ce que j'étais avant et ce que je suis devenu.

Une série de rencontres de dialogue est différente d'une démarche personnelle. Mais je pense que ces dialogues sont arrivés à un moment stratégique dans ma vie, où j'étais complètement «envahi», comme «emporté par le travail». Je pense que cela m'a fait beaucoup de bien de prendre une certaine distance par rapport à ce que j'avais à faire, d'écouter mieux les gens autour de moi. J'ai l'impression que j'en sors enrichi. Le coût d'opportunité est certainement positif pour moi.

(Silence)

Serge Marquis. — Je suis « mû ». Je me suis rendu compte, durant ces séances de dialogue, que je me transformais. Surtout au niveau du ralentissement de la pensée. Maintenant, quand j'échange avec des gens, tout à coup, je me rends compte que ma pensée est déjà en train de préparer une réponse. Et le seul fait de m'en rendre compte est très important pour moi. Tout à coup, les mots « je suis mû » montent en moi. Et je me demande si je suis vraiment « mû » ? Dois-je parler ou suis-je en train de préparer une phrase quelconque, parce qu'il faut « préparer une phrase » ?

C'est important, pour moi, la notion d'être « mû », ainsi que celle d'être capable de « suspendre son jugement ». Ces notions sont pour moi des ancrages... Et je suis convaincu qu'elles vont rester puisque qu'elles m'habitent déjà au quotidien. C'est très enrichissant. Ce matin, quand je suis rentré dans cette pièce, j'étais content de revoir tout le monde et j'ai vraiment eu beaucoup de plaisir à entrer dans la pièce. Je vivrai peut-être de la tristesse plus tard.

Une dernière petite chose que je voulais dire. J'ai vu dernièrement une cassette vidéo qui m'a bousculée, *Les bushmen du désert du Scalaham*, de David Herzt. J'ai été complètement subjugué : ces personnes ont eu le même mode de vie pendant 10 000 ans ! Et dans leur mode de vie, il y a le dialogue ! Tous les jours, ils travaillent environ cinq heures, et le reste du temps... ils parlent ! Leurs habitations sont placées en cercle avec la porte ouverte vers le centre. Un petit four est devant la porte, alors les gens peuvent cuisiner et parler en même temps. Ils parlent à la fois du lendemain, de la veille, de la chasse, où vont être les animaux, etc. Les femmes parlent des cadeaux qu'elles s'échangent et des mythes. Elles se demandent : « D'où venons-nous ? Où sommes-nous ? Qui sommes-nous ? Où allons-nous ? »

Ce qui est fascinant, c'est qu'il n'existe aucune hiérarchie dans ces dialogues. Ils n'ont pas besoin de hiérarchie parce qu'ils parlent tous les jours. Ils donnent un sens tous les jours à leurs activités par le dialogue. Un matin, si quelqu'un prend la parole, il propose que, peut-être, telle activité devrait être faite, et personne n'est surpris, parce qu'ils en ont déjà parlé la veille...

Dans nos organisations aujourd'hui, avec nos grandes hiérarchies, on a besoin de confier à quelqu'un la responsabilité de « donner du sens » car, peut-être, on n'a pas eu la possibilité de s'en donner ensemble ! C'est une belle découverte pour moi, et dans les organisations où je travaille comme consultant, je propose aux personnes : « Donnez-vous des espaces de parole. » Pour moi, ces espaces sont fondamentaux afin de construire collectivement du sens.

Thierry Pauchant. — Cette semaine, à Paris, s'est tenue une conférence de trois jours rassemblant plus de 500 personnes : des gestionnaires, des vice-présidents, des PDG d'entreprises. Le titre de la conférence était : « Redonner du sens à nos entreprises pour mieux diriger ». Est-ce la même chose qu'avec les bushmen ? Est-ce une tentative de récupération du sens par la hiérarchie ?

Hélène Laurin. — Il y a certains matins où je venais ici, et où j'étais contente ; et d'autres matins, je me demandais : « Pourquoi suis-je ici ? » J'étais encore très contente d'être venue, mais je ne savais pas trop pourquoi ! Même aujourd'hui, je ne le sais pas trop... C'est un processus que j'apprécie et que je vais continuer... mais je n'ai pas encore découvert toute la richesse du dialogue.

Et quand je pense à mon organisation, c'est encore moins clair. Je relisais le livre *La quête du sens*[2] en fin de semaine. Et je suis d'accord avec le principe de permettre à chacun de s'exprimer dans nos organisations. Mais comment faire ? Il faut que cela apporte des résultats ! Je me demande comment intégrer le dialogue dans mon organisation et ce n'est vraiment pas clair. Par contre, avec la personne qui est mon adjointe, je travaille le plus en harmonie possible et nous comprenons l'importance du processus. Avant les dialogues, je comprenais cette importance de manière intellectuelle ; maintenant, je comprends beaucoup plus profondément cette nécessité. Ce n'est pas toujours d'arriver au résultat qui compte. Ma formation d'infirmière me pousse à agir... Mais des fois, c'est important d'être plus en retrait.

Mireille Tremblay. — Lorsqu'on suspend le jugement, c'est comme si on allait « au-delà des mots ». Je pense que le cercle de dialogue permet de nous relier à l'essentiel. Mais il faut faire attention qu'un moyen ne devienne pas une fin. Souvent, dès qu'on trouve quelque chose qui marche, le moyen devient une fin.

Serge Marquis. — Est-ce que c'est possible de rester vigilant ? Ce n'est peut-être pas possible. On « risque » peut-être à chaque fois.

C'est un risque de venir ici, d'avoir le courage de vivre des choses nouvelles.

Benoît Lecavalier. — Je suis « mû » à mon tour. Je trouve que, comme dirigeants, nous naviguons actuellement dans des eaux assez troubles tout en ayant de nombreuses contraintes, des paramètres incontournables auxquels il faut faire face.

On m'a enseigné la gestion participative à l'université : il fallait faire parler le monde, leur donner du pouvoir et de l'information. Plusieurs personnes se sont embarquées là-dedans. Mais, finalement, après avoir participé, après avoir joué le jeu, elles se sont senties un peu flouées. Des fois, les décisions ressemblaient assez peu à ce qui s'était dégagé dans le groupe... Dans d'autres situations, on a même demandé à des proches collègues de décider de la survie de certains postes...

Souvent, les dirigeants vivent des paradoxes irréconciliables et ont à prendre des décisions qui entrent en conflit avec leurs valeurs personnelles. Les dirigeants sont aussi des êtres humains et ils sont confrontés à des nouvelles réalités que, peut-être, des dirigeants d'une autre époque n'avaient pas. Mais de dire qu'il y a une manipulation machiavélique derrière chaque décision prise par un dirigeant, cela m'agace profondément.

(Silence)

Pierre Beaulieu. — J'aime bien les paradoxes. Ce n'est peut-être pas bête d'implanter des cercles de dialogue dans nos organisations. Souvent, dans mon organisation, j'entends la même détresse entendue ici, mais individuellement. Cette détresse n'est pas exprimée collectivement. Cela serait peut-être important, mais en même temps, je ne sais pas comment ces cercles seraient reçus dans l'organisation.

Le mot « paradoxe » a beaucoup de sens pour moi. D'un côté, nous sommes centrés sur la production des objectifs, de la rentabilité ; de l'autre, une petite voix à l'intérieur nous dit que cela n'a pas d'allure, qu'on a besoin d'écouter le monde, besoin de revenir à des choses plus profondes, etc.

Par exemple, récemment nous avons creusé la question de l'auto-formation. De grands universitaires se sont penchés sur cette question et ont pondu des tonnes de papiers. Finalement, le groupe est arrivé à la conclusion qu'au-delà de la méthodologie, ce qu'il y a d'inhérent à l'auto-formation, c'est une philosophie : la philosophie de donner à l'apprenant la capacité de choisir sa trajectoire, de suivre son rythme, ses moyens, etc. Mais il y a là un paradoxe important : si une organisation décide qu'il existe un besoin de formation, c'est un peu paradoxal de dire alors aux apprenants : « Allez-y selon votre rythme, allez-y selon vos besoins ! »

Je reviens aux cercles de dialogue. Dans mon organisation, à la régie, on est voué à produire et 126 gangs nous surveillent... S'il y avait 20 cadres à la régie qui décidaient une fois par semaine de s'asseoir pour parler, je ne suis pas sûr que les 126 gangs trouveraient cela fort pertinent. Et c'est un paradoxe, car nous avons besoin de le faire, comme moi j'ai eu besoin de venir ici, écouter et parler...

Claude Larivière. — Il me semble que la richesse de ce cercle repose à la fois sur le cheminement de chacun et aussi sur le fait que nous provenons d'organisations différentes, sans intérêt collectif immédiat. Cela nous permet d'être à l'écoute, de découvrir des choses dont on ne se parle pas dans nos relations formelles, mais qui nous habitent et qui sont réelles. Pour moi, approfondir, découvrir et connaître autrement nos partenaires, c'est une richesse. Dans une organisation, il faudrait vivre le dialogue pour apprécier ce qu'il pourrait apporter.

Richard Lachapelle. — J'ai l'impression qu'il nous manque des pratiques pour collectiviser les choses. On est souvent isolé et, particulièrement dans les moments difficiles, on ressent l'isolement d'une manière très individuelle. On vit ces difficultés seul, parce qu'on a appris qu'on ne partage pas ce genre de chose... Le cercle de dialogue m'a permis de voir comment, quand on collectivise quelque chose, cela nous rapproche les uns des autres. Je pense que cela serait similaire si un groupe de dialogue existait dans une organisation, tout en apportant aussi des choses différentes. Le fait d'être physiquement assis en cercle, d'apprécier le cheminement, apporte beaucoup. Cette caractéristique ne peut qu'être vécue dans une organisation, même si le dialogue apportera des choses différentes.

Yves Neveu. — Le fait que je participe au cercle de dialogue, c'est un cadeau que je me fais. Chaque fois, je suis entré en résonance avec deux ou trois phrases. Ces phrases m'ont à la fois «mû» et «ému». C'est encore la même chose aujourd'hui. Ce que disait Robert tout à l'heure sur les coûts d'opportunité, je suis resté accroché à cette notion. Je me disais, personnellement, je me suis fait un cadeau en venant ici; je l'ai payé moi-même et je me suis assuré que mon organisation ne me le reprocherait pas plus tard. Je travaille le soir pour récupérer l'équivalent du temps que je passe ici...

L'autre chose qui m'ébranle également, c'est d'entendre que le sens peut être récupéré. Je pense que toute notion peut être récupérée. Mais c'est différent avec le dialogue. Personne ne pourrait me prendre ce que j'ai entendu. On peut toujours s'accrocher à l'authentique! Je sais que, dans les organisations, on a récupéré beaucoup de choses au profit de la productivité : la reconnaissance, par exemple. Toutefois, ce n'est pas vrai que parce que cette notion a été récupérée elle est dénuée de sens. On court toujours le danger d'être récupéré, mais, en même temps, c'est un beau risque. Je trouve cela très beau ce qui se passe ici.

Benoît Lecavalier. — Plusieurs fois, on a suggéré que le dialogue n'est pas «productif», comme si on ne faisait «rien» ici... Mais je trouve que ce que nous faisons, dans ce cercle de dialogue, est très productif! Ce que je viens chercher ici m'équipe, m'outille différemment et me fait intervenir d'une meilleure façon. Dans la mouvance actuelle, on a besoin de se ressourcer comme intervenant. Aussi, dans des postes tels que le mien, des moments comme cela, c'est beaucoup plus enrichissant qu'un cours théorique déjà entendu quatre ou cinq fois... Pour moi, le dialogue apporte une richesse immense et je suis convaincu que mon organisation en profite déjà.

Jean-Pierre Gagnier. — Dans une organisation où je travaillais, nous avions une «théorie de l'action», mais pas de «philosophie». Ce que je veux dire, c'est que nous manquions de congruence et d'alignement dans nos actions, car nous ne pouvions penser ensemble.

Quand nous avons commencé à discuter ensemble dans cette organisation, non pas uniquement de l'action mais de la philosophie derrière l'action, nous nous sommes rendu compte que nous entretenions des incongruités épouvantables, des écarts épouvantables entre les discours et les actions. On était tous imputables, à n'importe quel niveau dans l'organisation, d'une certaine philosophie qu'on prétendait avoir et selon laquelle on devait agir... Mais, en fait, on générait beaucoup de mouvement, mais très peu de sens... Alors pourquoi le dialogue ne pourrait-il pas être utilisé en organisation ? Cela nous a beaucoup aidés dans notre organisation.

Le cercle de dialogue m'a fait aussi réaliser à quel point je manquais d'occasions de réfléchir avec d'autres personnes. Une philosophie de l'action en somme, des questionnements autour de nos valeurs, de nos souhaits, de nos actions.

J'ai de plus réalisé combien cela est aussi absent dans mon milieu universitaire. Nous sommes incapables d'avoir un débat de fond sur notre philosophie d'action ! Et cette absence nourrit nos incongruités, nos peurs, nos individualismes...

(Silence)

Robert Capistran. — Quand on affirme la nécessité de permettre aux gens de s'exprimer, il faut avouer que cela donne, dans le réseau, beaucoup de comités consultatifs... Mais cela est juste une dimension. Il est plus facile de permettre aux gens de s'exprimer que de les écouter... Je pense que l'une des choses essentielles, dans le dialogue, c'est qu'on y apprend à écouter.

Hier, une employée est venue me voir vers 5 heures. J'étais pressé, j'avais un conseil d'administration. Cette personne est secrétaire d'un comité consultatif et elle me demandait mon opinion sur la décision qui venait d'être prise. J'ai dit quelque chose, je ne me souviens plus quoi, mais j'ai vu sa figure changer puis ses yeux sont devenus pleins de larmes. Elle me dit ensuite qu'elle voulait me remettre sa démission de ce comité. Et pourtant, à mon avis, elle est peut-être la personne la plus intéressante sur ce comité. On a jasé pendant 20 minutes... Si je ne l'avais pas regardée et pris le temps de lui parler, je n'aurais pas saisi que ce que j'avais dit l'avait déstabilisée. Ce sont des choses qui font référence à ce qu'on disait sur le dialogue : écouter, suspendre, être capable de saisir ce que les gens veulent, pensent, sentent, pas juste leur permettre de s'exprimer. On pense quelquefois que la démocratie, c'est de permettre aux gens de s'exprimer. Mais je pense que c'est beaucoup plus que cela !

André Savoie. — On pourrait dire aussi qu'il n'existe pas de paradoxe. De toute façon, lorsqu'on tient des réunions, on sait d'avance les décisions qui vont être prises... On sait ce qu'on ne dira pas et on n'écoute pas. On sait que cela ne changera pas grand-chose et que ça va aller dans le sens qu'on prévoit... Mais il n'y a rien qui nous empêcherait de dialoguer à ce moment-là aussi. Combien de réunions sont inutiles ? Les moments que nous avons pris ici, on pourrait les prendre ailleurs dans nos organisations et les substituer à bien des rencontres qui sont en réalité fort peu utiles. On pourrait alors s'écouter, s'entendre, réfléchir ensemble, sentir... Je vois pas où nous pourrions être perdants ! On pourrait redevenir des bushmen, passer quelques heures par semaine à s'écouter dans nos organisations.

Colette Talbot. — C'est peut-être cela « la gang » du dialogue. J'ai l'impression que nous sommes tous arrivés ici avec la conviction que nous n'étions plus capables de vivre notre sens personnel dans nos organisations et dans le réseau. Lorsque tu dis que les décisions sont prises d'avance dans une réunion, qu'on ne dira pas ce qu'on n'a pas à dire, qu'on n'écoutera pas parce que cela ne sert à rien, je crois que tu as raison. De toute façon, dans ces réunions, cela ne sert à rien d'écouter, car ce qui est dit n'est pas réellement ce qui est pensé. *(Rires)* Et pourtant, ces réunions devraient être des endroits qui permettent de prendre des décisions qui font du sens. Ce que j'entends ce matin, c'est que le cercle de dialogue nous a donné une forme de « puissance ». J'ai retrouvé une puissance personnelle. Cette puissance personnelle est d'affirmer qu'il faut chercher dans la vie les choses qui ont un sens, la vraie vie...

Dans les réunions futures, nous saurons que les choses sont décidées d'avance. Mais, peut-être, on se permettra de faire un point différent, en le choisissant bien pour qu'il ne soit pas trop dommageable personnellement, mais qu'il contribue quand même à cette recherche de sens. Je pense que nous aurons ce courage et, pour moi, c'est ce que je retire le plus du dialogue.

Je ne sais pas si, dans une organisation, en asseyant les gens dans un même endroit, on pourrait arriver à cela... Il me semble que les gens auraient trop de difficulté à s'exprimer parce qu'il existe trop d'enjeux. Et ces enjeux ne sont jamais mentionnés de façon explicite. Ici, dans ce groupe, nous n'avions pas cette pression... Nous étions plus libres d'échanger.

J'ai déjà vécu dans une organisation où il y avait beaucoup de non-sens. Un gestionnaire qui travaillait avec moi avait l'habitude de dire : « On est dans la grande noirceur, mangeons, pensons, gardons le silence, et le jour reviendra... » Ce n'était pas du tout mon attitude. Moi, je me disais : « Je vais manger, mais je vais essayer par tous les moyens de me débattre. » Cependant, je ne suis pas sûre que toute l'énergie que j'ai dépensée a eu des effets bénéfiques... Peut-être que cela a aidé. Lui, il restait en bonne condition physique... Il mangeait, il buvait, il se reposait... mais ses troupes étaient encore en plus mauvaise condition.

À un moment donné, j'aimais bien l'axiome « tout le monde il est beau, tout le monde il est gentil », c'est-à-dire « tout le monde a une perception différente et c'est correct même si cela nuit à l'action collective ». Maintenant je préfère dire : « Donnons-nous la puissance d'émettre au moins une fois par jour quelque chose qui a un sens. » Cela, bien sûr, ne sera pas beaucoup... Mais si plusieurs personnes font cela, comme dans ce cercle de dialogue, alors cela pourra porter fruit. Je suis convaincue qu'à chaque jour il faut se redonner une forme de puissance.

(Silence)

Thierry Pauchant. — J'aime bien le mot « paradoxe ». Pour être un peu savant, ce mot provient du grec *para dogma*, c'est-à-dire « qui va au-delà du dogme », « au-delà de la façon habituelle de faire une chose », « au-delà du mythe dominant », « au-delà de la convention dominante ». Nous avons, dans notre société, des mythes mobilisateurs : la productivité, la mondialisation, le matérialisme, la technocratie, la technologie, l'industrialisation, la richesse matérielle, l'individualisme... Ces mythes sont en fait fort réels car ils alimentent notre société et influencent le comportement des personnes. Comme celui du père Noël, ces mythes nous animent. Peut-être qu'aujourd'hui, un certain nombre de personnes remettent en question la validité de ces mythes, en réalisant de plus en plus les paradoxes.

Je suis né en 1954. Souvenez-vous de la vision de l'an 2000 qui était véhiculée dans les années 1960 et 1970... C'était, littéralement, « extraordinaire » : on ne mourait plus, la médecine était omnipotente, la technologie aussi, tout le monde était heureux, la faim avait été abolie et les loisirs remplaçaient le « méchant travail »... Mais on se rend compte fort concrètement, aujourd'hui, que ce n'est pas exactement cela... Un beau paradoxe! D'où, en partie, la quête du sens qui anime de plus en plus de personnes, quelques-unes trouvant le courage d'agir dans cette direction.

Je suis convaincu qu'il nous faut un nouveau mythe aujourd'hui, c'est peut-être ce qu'on est en train de chercher dans ce cercle de dialogue. On est peut-être entre deux mondes, entre deux mythes, le premier moribond et le second non encore né... Et la tâche est très difficile! Nous devons inventer quelque chose d'aussi grand que l'invention sociale proposée par nos grands-grands-grands-parents, comme Voltaire et Rousseau. Ce n'est pas rien! Car le système qu'ils avaient proposé n'était pas si mal et a fonctionné pendant plus de 200 ans...

Ce qui est important pour moi dans le dialogue, c'est que ce n'est pas le groupe qui bouge; c'est chaque individu qui fait bouger le groupe... L'individu prime! Ceci évite d'être au service d'une idéologie dominante et, de plus, d'utiliser ses valeurs individuelles, sans qu'elles soient happées par le collectif... Il me semble que cela soit le seul moyen de préserver une certaine éthique, certaines valeurs, une éthique qui génère du sens.

Est-on en train d'essayer de réinventer un autre mythe? Une nouvelle éthique? Quel serait le mythe qui pourrait alimenter notre société dans le troisième millénaire? Ce sont des questions difficiles. Mais je crois que des pratiques comme celle du dialogue aideraient à réinventer collectivement les mythes où chacun et chacune d'entre nous pourrait s'y retrouver, de façon personnelle, car, encore une fois, l'individu prime; et c'est parce que cet individu prime que l'on peut réellement décider collectivement d'actions qui favoriseront le bien commun, un autre paradoxe... Bien sûr, quand j'invoque Voltaire et Rousseau, je ne pense pas à la Révolution mais plutôt à une innovation sociale... Et il est probable que cette innovation, dans notre société actuelle, se fera cette fois-ci avec des « Voltairette » et des « Rousseauette », car, à l'époque, les femmes n'avaient pas trop le droit au chapitre...

De toute façon, nous sommes acculés à cette nécessité d'innovation sociale... Nous voyons bien que l'an 2000, ce n'est pas le paradis promis... La crise, les problèmes, la maladie, la pollution, la complexité, nous poussent dans le dos...

Claude Vézina. — Ce n'est pas l'enfer non plus ! Tu mentionnais, tout à l'heure, le colloque sur la quête de sens avec des chefs d'entreprises. C'est vrai qu'il y aura probablement des gens qui vont aller là pour récupérer les concepts. Mais d'autres vont y aller pour réellement rechercher plus de sens dans nos organisations et dans la société. Je ne peux que me rallier à eux et leur faire confiance.

Serge Marquis. — Au fond, je vais partir d'ici tout à l'heure avec « un acte de foi ». Je garderai la foi dans le dialogue, malgré le fait qu'il va être récupéré par certains, mais compte tenu de ce que j'ai vécu ici. Pour moi, cette foi, c'est le fondement du reste. C'est vrai qu'il y a 2000 ans, des bonnes idées avaient été proposées, mais qu'elles furent récupérées de toutes sortes de façons. Mais même avec cette récupération, il y a aussi eu des gestes incroyables qui ont permis à du monde de survivre, d'avancer, de trouver un peu de bonheur et de plaisir dans l'existence. Peut-être que la puissance dont nous parlions tout à l'heure est basée sur cet acte de foi ?

Jean-Pierre Gagnier. — Je lis présentement le dernier livre de Fernand Dumont dans lequel il explique ses difficultés avec une foi qui ne permettrait ni incertitude ni doute[3]. Je trouve cela extrêmement rafraîchissant et cela me fait du bien de lire ce livre. Il m'aide à mieux définir ce qu'on appelle « l'engagement ». L'engagement implique de l'énergie et implique aussi beaucoup de doute. Il ne peut être basé sur des certitudes absolues ; cela reviendrait à croire à une idéologie de plus... Et le doute appelle, par nécessité, l'écoute des autres, et donc le dialogue. Je trouve cela bien intéressant.

Autrefois, il y avait la foi d'un côté, puis le doute de l'autre. Dans ce livre, Dumont se pose bien la question de la foi, car il ne « sentait rien » dans une église ou à l'intérieur de lui-même... Et il se demandait s'il était « normal », car autour de lui, tout le monde « sentait » une présence... Mais cela ne l'a pas empêché d'avoir la foi, mêlée de doute... et surtout de s'engager. Cela m'a fait énormément de bien de lire cela. Je me suis senti en parenté avec cet homme.

Serge Marquis. — La foi et le doute, c'est aussi le dialogue. Les thèmes du « côté noir », du « côté blanc », de la réalité existentielle, étaient aussi très présents dans le livre *La quête du sens*[4].

Thierry Pauchant. — Il y a toute une tradition, dans la religion, qui affirme que la foi, ce n'est pas la certitude. Justement, avoir la foi, c'est pouvoir agir, même dans le doute! C'est agir, même si on n'est pas certain. Et cela, bien sûr, prend du courage. On aime tellement dans notre société agir seulement « en toute connaissance des choses »... On aime tellement nos idéologies fétiches qui expliquent tout, de façon claire, limpide, certaine...

Prenez, par exemple, la thèse de Viviane Forrester[5]. Il me semble qu'elle a été un peu vite en blâmant directement les dirigeants de notre situation actuelle. Sous l'influence d'une idéologie, proche du marxisme mais non avouée, elle a conclu que les méchants, c'était les patrons et que les gentils mais opprimés, c'était les gens sans pouvoir. En fait, sa foi était certaine... Son explication est limpide, claire, non ambiguë, et elle a séduit beaucoup de monde.

Mais la situation est beaucoup plus complexe que cela! Oui, des personnes sans pouvoir sont opprimées; mais les personnes qui ont du pouvoir aussi! Le pouvoir, comme nous l'avons déjà dit dans un autre dialogue, est quelque chose d'instable. Il vous demande toujours et encore plus, parce que la chose que vous avez gagnée aujourd'hui, vous pouvez la perdre demain... Et ceux qui ont du pouvoir, des richesses, des privilèges, du statut vont parfois tout sacrifier pour garder ces acquis: leur santé, leurs enfants, leur famille, leurs amis, l'environnement... Ce n'est pas un hasard si les chefs d'entreprises japonais meurent de « kaïroshi », cette « mort de trop de travail[6] ». Et ce n'est pas un hasard si les cadres et cadres supérieurs sont aussi en détresse aujourd'hui, dans le réseau de la santé, au même titre que les employés et d'autres intervenants.

Les gestionnaires ont aussi besoin d'aide, et leur jeter la pierre fait partie du problème. Je suis convaincu qu'il existe de nombreux employés et de nombreux gestionnaires qui résistent au changement pour toutes sortes de raisons : la peur, la misère, les acquis, le pouvoir, etc.; mais je suis aussi convaincu qu'il existe de nombreux employés et gestionnaires qui désirent que les choses changent...

Benoît Lecavalier. — Quand on fait partie d'un problème, on fait aussi partie de sa solution. Il me semble de plus que blâmer, ce n'est pas la solution.

Je pensais aux personnes qui ne sont pas restées dans le cercle de dialogue. Je pensais aussi à la récupération possible du dialogue. Je pensais de plus aux aspects qui peuvent sembler bizarres dans le dialogue, pour certains. Il semble qu'il existe un côté suspect à « suspendre ». *(Rires)*

Peut-être que les gens qui sont partis sentaient qu'on cherchait à les avaler, que le groupe voulait les endoctriner... Et elles ont exercé leur liberté.

Pierre Beaulieu. — Une des choses sur lesquelles je m'interroge, c'est justement la question du blâme. J'ai regardé les gens avec qui je travaille, tous les gens que je côtoie, et, malheureusement pour moi, je n'ai pas encore trouvé de coupables ! Plus j'avançais dans le travail de ce cercle de dialogue où nous avons mis de l'avant les principes d'écouter, de respecter l'autre, d'essayer de voir chez l'autre des choses, de laisser de la place à la parole, de « suspendre » nos propres jugements, de nous écouter aussi nous-mêmes, etc., moins je pouvais trouver de « coupables » ! Et, en même temps, je me disais que cela ferait bien mon affaire si je pouvais trouver quelques méchants sur lesquels rejeter la faute !

Finalement, je suis arrivé à la conclusion qu'il existe un beau paradoxe ici aussi. Je ne connais peut-être pas du monde fondamentalement méchant, voué au mal... S'ils ne sont pas aussi mauvais que cela, nous pourrions trouver des terrains communs par le dialogue. C'est facile de dire : « Si j'étais à sa place, je ne ferais pas cela. » Aujourd'hui, quand je sens que je vais m'objecter à quelqu'un, je repense à des phrases qui ont été dites dans ce cercle et j'en conclus que je pourrais peut-être l'écouter, plutôt que de partir avec le principe que cette personne a tort. Il est possible que dans ce qu'elle va dire, il y ait des choses, finalement, qui se rapprochent de ma propre philosophie, ou encore que nous allions créer quelque chose, ensemble de différent...

André Savoie. — Pierre, on a une rencontre en comité jeudi, et on va pouvoir vérifier si c'est vrai ! *(Rires)*

Pierre Beaulieu. — C'est très difficile, je le réalise. C'est peut-être un des gains les plus difficiles que je suis en train de développer, grâce au dialogue de vraiment écouter les autres. On l'a dit tantôt, on donne la parole aux autres, on les met dans des réunions, mais on tente d'imposer notre idée. Ce n'est pas évident d'écouter les autres et d'apprendre d'eux, de changer avec eux. Je trouve cela difficile, très difficile.

Mireille Tremblay. — Mais il y a une limite à cette écoute. Lorsqu'on développe la capacité d'écoute et d'empathie, on trouve toujours beaucoup de souffrance. La vie est, aussi, souffrante. Aussi, quand on s'ouvre à quelqu'un, on essaie, si l'autre y consent, de comprendre de son point de vue comment il explique son comportement. Les gens ont toujours une explication à ce qu'ils font. Sauf que l'empathie suppose aussi que l'on change, que l'on prenne en soi une partie de la réalité de l'autre... et c'est cette démarche qui devient difficile.

Je trouve que le plus difficile, c'est quand la rencontre pose un problème de conscience. Par exemple, une personne en autorité peut demander d'aller « battre » une autre personne. Et là émerge un problème de conscience où, là, la personne doit rester centrée sur son sens personnel. Les fois où cela m'est arrivé, j'ai trouvé cela très douloureux. J'ai eu l'impression d'être réduite à pas grand-chose. Quand tu te fais *tasser* dans le coin, tu as l'impression que tu rapetisses, rapetisses, rapetisses... Plus on m'en demandait, plus je me recentrais sur l'essentiel et cet essentiel devenait alors irréductible, c'est-à-dire qui ne peut pas être réduit, anéanti, modifié. Je me rendais compte que cela faisait enrager l'autre, parce qu'il aurait peut-être voulu que je me mette à genoux, que je me détruise ou que je devienne complètement « lui ». C'est là où l'individu demeure quelque chose d'inaliénable.

Maria Vieira. — Je suis une personne qui s'interroge beaucoup, et quelquefois j'ai beaucoup d'impatience. J'ai appris, dans ce cercle de dialogue, à me laisser du temps, à laisser aussi le temps agir... Dans mon organisation, je suis souvent la fatigante qui rappelle qu'on a oublié le public, qu'on a oublié les jeunes, etc. Je m'étonne, aujourd'hui, de prendre plus de distance, ce qui me permet d'éviter de juger. Cette distance me permet d'accepter que j'agirai au moment où le groupe sera prêt.

Je suis venue dans ce cercle de dialogue pour me faire un cadeau pour mes 40 ans... C'est un cadeau parce que je suis une fille qui a besoin du « comment ». Et, ici, on explore beaucoup plus que le « comment ».

Richard Lachapelle. — J'ai compris des choses dans ce cercle de dialogue. Il m'a fait pratiquer le « lâcher prise ». Avant, j'avais l'impression que « lâcher prise », c'était « d'être lâche ». Maintenant, je comprends mieux que « lâcher prise », cela veut dire qu'il ne faut pas toujours être un guerrier armé... On ne peut pas tout changer d'après nos vues, car celles des autres sont aussi importantes...

(Silence)

Colette Talbot. — J'ai beaucoup de misère avec « tout le monde il est beau, tout le monde il est gentil ». Oui, bien sûr, on peut toujours comprendre les motivations d'une autre personne et on peut l'excuser... Mais si on nous demande d'aller « battre la troisième », pour moi, ce n'est pas la solution. Refuser alors cette idée n'est pas un jugement de l'autre, mais une position que l'on prend, basée sur un sens personnel, une éthique.

Benoît Lecavalier. — J'aime ce que tu dis au sujet de ne pas se renier. Dans certains dialogues, j'ai été énormément bouleversé. Il a fallu que je me reprenne, que je tente de ne pas me renier. Oui, souvent, les gens dans un meeting arrivent avec leur agenda et, souvent, tout est décidé à l'avance... Mais cela ne veut pas dire que l'on ne peut rien faire... On peut, par exemple, tenter d'influencer ces agendas ; si une chose ne se dit pas « en gang », je peux peut-être aller voir mon D.G. en privé... Si chacun exerce son droit de parole, sa capacité d'influence, et utilise son courage, cela va nécessairement aider.

Colette Talbot. — Quand c'est nous qui sommes en position d'autorité, c'est nous qui demandons des choses aux gens... Il me semble que nous devrions énoncer nos valeurs quand on demande à des gens de nous suivre. Et si je veux respecter des valeurs qui me sont propres, je vais devoir indisposer des gens... J'espère que je vais être capable d'expliquer pourquoi je les indispose, mais j'ai de plus en plus conscience que je vais les indisposer.

Thierry Pauchant. — Je suis d'accord avec cela, si ces valeurs ne sont pas « corporatistes ». Le corporatisme, pour moi, et comme je l'ai déjà dit, va à l'encontre de la démocratie. Ce qui ne veut pas dire que les gens qui défendent les intérêts corporatistes sont des « méchants » mais que, je crois, leur travail va à l'encontre de la démocratie. Dans une démocratie, comme dans un cercle de dialogue, toutes les parties ont un droit de parole, avec le moins de restrictions possibles. Je comprends aussi la nécessité des corporations. Je comprends, par exemple, qu'une profession doit être représentée et, le cas échéant, défendue. Je ne remets pas cela en question. Mais la défense d'intérêts corporatistes souvent nie la parole des autres ou même leurs intérêts. Aussi, ne sont invités à parler que les groupes qui ont du pouvoir, qui ont mis en place une belle machine bureaucratique fonctionnelle et efficace, qui ont réussi à asseoir un certain pouvoir… Dans cette situation, les gens qui n'ont pas de pouvoir, qui ne sont pas représentés, qui n'ont pas de « voix », sont souvent écartés non seulement des décisions, mais aussi des délibérations mêmes : « Pas le droit au chapitre. »

Le cercle des dialogues est, pour moi, un essai de refaire parler l'individu, de lui redonner une place, au-delà des intérêts corporatifs. Et le corporatisme ne touche pas seulement la dimension politique. Par définition, le corporatisme, pour fonctionner, a besoin d'une idéologie. Et cette idéologie remplace la capacité critique des personnes. J'ai bien aimé, tout à l'heure, les réflexions sur le fait de ne pas renier ses valeurs personnelles. Sous l'influence du corporatisme, soit qu'on ne peut exprimer ces valeurs, soit qu'on est écrasé par l'idéologie, et l'individu ne sait plus être critique, ne sait plus réfléchir par lui-même. Généralement, pour faire passer un enjeu dans une organisation, que fait-on ? On mobilise « sa gang », on fait des alliances, du lobbying, on crée une machine efficace, et on pousse jusqu'au moment où l'intérêt est accepté… Mais en faisant cela, on se coupe de toute possibilité d'idées différentes, de la démocratie même, et on renforce encore le corporatisme, demandant aux « opposés » de faire la même chose pour se faire entendre… C'est un cercle fort vicieux !

Colette Talbot. — Quand tu utilises la notion de « corporatisme », tu l'utilises dans le sens de l'établissement de certaines allégeances rationnelles des gens, ou dans un sens organisationnel, qui tente de défendre les valeurs prônées dans une organisation ?

Thierry Pauchant. — Je peux donner un exemple. Dans les années 1970, durant la crise du pétrole, on avait demandé à GM, Ford et

Chrysler s'il était possible de réduire d'un quart la consommation d'essence de leurs automobiles. Les ingénieurs de ces trois firmes ont répondu par l'affirmative. Techniquement, cela était possible avec de nouveaux carburateurs. Mais les compagnies pétrolières se sont opposées et ont joué leur jeu corporatiste. Finalement, ces nouveaux carburateurs furent seulement disponibles dans les années 1990... On a perdu 20 ans... Vingt années de gaspillage...

Benoît Lecavalier. — J'ai beaucoup de difficulté à voir une organisation comme une entité démocratique. Je n'ai pas l'impression d'être un dirigeant d'une démocratie. Il y a une espèce de confusion dans ma tête entre « organisation » et « démocratie », que probablement le temps va me permettre de décanter.

Le corporatisme, que ce soit le corporatisme professionnel du réseau de la santé ou d'un parti politique, demeure le mécanisme que les humains se sont donné afin de réaliser une mission. Si la mission est légitime, les moyens employés peuvent, eux aussi, être légitimes ou non.

Pierre Beaulieu. — Hier soir, j'écoutais les nouvelles et je réfléchissais au fait que certaines provinces canadiennes refusaient d'adopter des normes environnementales de pollution, en invoquant que le respect de ces normes allait générer peut-être la disparition de 30 000 emplois. J'en ai conclu l'idée suivante : « Il n'y a jamais de réponses simplistes à des situations complexes. » On pourrait être tenté de dire que les pétrolières sont les coupables... Mais cela me semble trop simpliste...

Lorsque tu parlais de corporatisme, j'ai déjà eu à négocier avec la corporation des médecins. Au départ, je n'avais pas des idées toujours très favorables... Mais en parlant avec eux, j'ai découvert que, finalement, eux aussi étaient mus par des problèmes à résoudre, payaient pour les conséquences de certaines décisions, avaient une marge de manœuvre plutôt réduite, etc. Encore une fois, ce n'est jamais aussi simple dans la vraie vie... Aussi, nous sommes tous, individuellement, partie prenante du problème. C'est parce qu'on a besoin de notre niveau de vie, de nos systèmes de chauffage, que la roue tourne ! C'est parce qu'il y a quelqu'un qui demande des choses que les autres peuvent les produire ! Pour moi, il faut se poser la question individuellement : jusqu'où est-on prêt à aller pour défendre nos idéologies, nos idéaux, même au détriment de notre niveau de vie? Dans le cas des normes environnementales, dire oui à ces normes et accepter l'augmentation du chômage n'est pas obligatoirement meilleur...

Mireille Tremblay. — Je trouve que le problème, avec la notion de corporatisme, c'est de savoir ce que ça veut dire. Un établissement dans le réseau de la santé, c'est une corporation qui a un mandat au sens de la loi, déterminé par les législateurs, désigné par les élus. Il existe des corporations publiques, privées et même sans but lucratif. Quel est le dénominateur commun de ces corporations? La notion de travail. Les corporations s'instituent quand l'échange de la monnaie doit être régularisé. Même un organisme sans but lucratif va s'instituer quand il doit capitaliser de l'argent et distribuer des salaires.

Il me semble que si nos corporations sont si puissantes actuellement, c'est à cause de la façon dont on a élaboré et structuré le travail au cours du siècle dernier. Remettre en question les corporations reviendrait à remettre en question notre droit d'accéder à la richesse. Et depuis 250 ans, c'est par le travail que la majorité d'entre nous a accès à la richesse et la dignité. Je pense que la notion de corporation est quelque chose de très complexe.

Jean-Pierre Gagnier. — Je suis très rejoint et à la fois perplexe par ce qui est dit. Comment ne pas en perdre le latin qu'on n'a pas! *(Rires)* En tant que citoyen, je dois constamment intégrer des informations tout a fait paradoxales ou opposées. Par exemple, dans un cas, un établissement va licencier 700 employés sans se poser de questions car, paraît-il, cela est «nécessaire»; cependant, une semaine après, on va faire un drame au sujet de 10 licenciements, considérant leur impact sur une communauté donnée... J'avoue ne plus comprendre.

En tant que citoyen, il m'est difficile de décoder quel message nous nous envoyons collectivement sur l'importance de la personne, du travail, de la famille, dans notre société. Il y a des fois, je me questionne sur la place du travail dans la vie humaine.

Thierry Pauchant. — J'ai l'impression que le travail, pas la «boulotmanie», est nécessaire à la vie humaine. Le «droit au travail» est d'ailleurs inscrit dans notre constitution internationale des droits de la personne. Le problème, avec le mauvais côté du corporatisme, c'est que la pensée individuelle disparaît ou que la dignité humaine disparaît. Aujourd'hui, des entreprises, qui font pourtant du profit, diminuent radicalement leurs emplois, pour des impératifs corporatistes. Si les corporations créent du travail, elles peuvent le détruire aussi, et nous devenons de plus en plus dépendants d'elles...

Pierre Beaulieu. — Je me souviens des premières annonces de profits mirobolants des banques. Évidemment, comme beaucoup de monde, je trouvais cela épouvantable. Jusqu'au jour où quelqu'un a expliqué à la TV qu'il fallait se calmer parce que c'est ce qui permettait aux caisses de retraite de faire de l'argent afin de payer les pensions des gens. C'est pas mal plus compliqué que je pensais! Je pensais, au début, qu'il y avait peut-être sept ou huit conseils d'administration formés de « méchants », qui empochaient les milliards... Et puis, tout à coup, j'ai découvert que c'était des centaines de milliers de personnes qui profitaient de cet argent.

Moi aussi, je suis mêlé des fois... Quand j'écoute et j'analyse, ça a toujours l'air plus compliqué qu'en apparence. Est-ce que ces raisons sont vraies? Est-on en train de nous en passer une? Est-ce le résultat de l'efficacité du corporatisme? Je suis un peu comme toi, Jean-Pierre, moi aussi, il y des bouts où je suis très mêlé! Ce qui m'importe, c'est comment, moi, dans ma vie personnelle, je vais vivre mes valeurs.

Claude Larivière. — Ce qui était peut-être choquant, c'est que juste au moment où les six ou sept grandes banques canadiennes ont révélé leurs profits annuels, elles venaient d'annoncer dans les semaines précédentes qu'elles mettaient à pied des milliers de personnes pour augmenter leur profitabilité! Si elles n'avaient pas été rentables, on aurait pu comprendre... Mais étant aussi rentables, c'était un peu scandaleux!

Sur la richesse, je rappelais à mes étudiants hier soir que la population du Québec représente 1/10 de 1% de la population de la planète grosso modo; cependant, nous disposons de 1% des revenus mondiaux, ce qui fait que nous sommes 10 fois plus riches que la moyenne...

Mireille Tremblay. — On est en train de devenir, en partie, une société qui vit du capital. Mais attention! Il ne faut pas oublier la force de travail qui a permis à ce capital de s'accumuler. Et il ne s'est pas créé de nulle part. Déjà les Grecs furent capables d'instaurer une démocratie parce qu'ils exploitaient toute une partie de la population. Il y avait environ 100 000 personnes à Athènes en ce temps-là, mais seulement 20 000 personnes étaient conviées à l'Assemblée. Seuls 20 000 citoyens avaient le droit de voter. Les 80 000 autres, c'était des femmes, des immigrants, des enfants, des esclaves, et ils n'avaient aucun droit. On peut aussi regarder la couche bourgeoise de l'Angleterre à la fin du XVIIIe siècle: tout le monde avait une bonne et les gens vivaient de leurs rentes, générées, par exemple, dans les plantations de coton et de café. Si on ne considère que cette couche bourgeoise, qui représentait un bon nombre de personnes, la situation semblait être positive. Mais n'oublions pas les centaines de milliers d'exploités dans les plantations!

Pour replacer cela dans notre contexte, ce n'est pas parce que nous sommes des milliers à profiter du capital qu'il n'y a pas une force de travail encore beaucoup plus nombreuse qui est exploitée quelque part... Pour moi, on se conte des histoires! Il faut parler de la mondialisation et mieux comprendre à la fois la production et la répartition de la richesse à travers la planète...

Thierry Pauchant. — ...et cette répartition est devenue de plus en plus inégale durant le XXe siècle! J'espère qu'un jour nous pourrons avoir un dialogue sur ce sujet.

Neuvième dialogue
L'urgence de créer des espaces de parole

Enregistré le 7 juin 2001, trois ans et demi après le huitième dialogue.

(Long silence de dix minutes)

Thierry Pauchant. — Je suis « mû »... mû et ému de vous revoir... Je n'ai pas revu certains d'entre vous depuis trois ans et demi, et je ne trouve pas que vous avez vieilli. *(Rires)* C'est réellement un plaisir de vous revoir tous et toutes. Il y a trois ans, nous avons vécu quelque chose d'important ensemble ; et nous avons partagé des réflexions importantes aussi sur le système de la santé et des services sociaux.

Je n'ai pas l'impression que ce que nous avons partagé n'était que relatif au système en 1997-1998. Nos réflexions étaient beaucoup plus larges que seulement une réaction aux coupures d'alors. Elles touchaient à un malaise beaucoup plus profond. Je serais très intéressé d'entendre comment vous voyez le système, aujourd'hui.

(Long silence)

Maria Vieira. — Je ne suis pas du secteur de la santé, mais de celui des municipalités. Si, il y a trois ans, j'écoutais plus ce que les gens disaient au sujet de « la quête du sens » dans le secteur de la santé. Aujourd'hui, avec les fusions dans les municipalités, les mêmes questionnements sont présents dans mon secteur ! Et les éléments que j'ai acquis durant le dialogue, la nécessité de ralentir, de trouver du sens, me sont fort utiles.

(Silence)

Claude Vézina. — Pour moi, ça faisait un bon bout... J'avais totalement oublié qu'il y aurait un retour sur nos dialogues. Quand le document est arrivé, j'ai relu nos échanges. Cela m'a permis de réaliser qu'il y a des choses qui ont changé depuis...

En ce qui concerne le sens, je n'attends plus rien de la part des gouvernements ou des grands dirigeants politiques. Je pense que c'est inutile. Par contre, pour moi, dans chacune de mes activités, je suis capable de trouver un sens. Et avec les fonctions d'encadrement que j'ai reçues, cela influence beaucoup de gens. Nous faisons nos choses ensemble et nous générons des activités qui ont du sens. Je trouve cela plaisant.

Thierry Pauchant. — Cette nouvelle façon de faire les choses est-elle venue des dialogues que nous avons vécus ensemble?

Claude Vézina. — Oui... Oui. J'ai lu tous les dialogues au complet. Je me suis rendu compte que je n'avais pas beaucoup parlé. Je ne suis intervenu qu'à deux ou trois reprises. Mais j'ai écouté beaucoup. Cela m'a permis de faire quelque chose que j'avais peut-être moins fait auparavant: écouter, être sensible... Et le cheminement s'est poursuivi dans d'autres types d'activités. Je pense que le dialogue a été un élément déclencheur.

(Silence)

Mireille Tremblay. — Je trouve cela difficile d'évaluer l'impact de nos dialogues trois ans après. C'est comme se demander quel impact a eu telle ou telle relation, ou telle ou telle amitié, ou tel ou tel événement... On ne sait jamais quoi a contribué à quoi... Est-ce le dialogue qui m'a fait changer, est-ce la vie?

C'était une période tellement turbulente. On était en pleine compressions budgétaires. Il y avait une angoisse qu'on pouvait sentir dans le groupe. Vous vous souvenez? Des personnes sont parties du groupe parce qu'elles pensaient que nous n'agissions pas assez...

Je me souviens de nos dialogues comme des... «vacances». Ceci m'est resté longtemps. Le fait que, oui, on pouvait dire des choses, on pouvait entendre des choses, on pouvait prendre du temps. Mon Dieu, c'était comme partir en vacances. Durant les vacances, on voit des villes qui sont belles, des paysages qui sont beaux... et de savoir que ces espaces là existent, même si on n'y va pas tout le temps, c'est déjà quelque chose de rassurant et de réconfortant. Et on retrouve des traces de cela parfois, dans sa vie, des traces de vacances...

Mais bien sûr, je sais que Richard Lachapelle a organisé des cercles de dialogue chez lui; je sais que le dialogue a aussi inspiré les travaux de Jean-Pierre Gagnier. Nous avons aussi collaboré ensemble à des colloques où nous avons parlé d'espaces de parole, de prendre le temps d'écouter.

C'est difficile de dire en quoi le dialogue a changé ou non ma vie. Mais de savoir que de tels moments sont possibles, qu'il existe des espaces où l'on peut respirer, cela fait du bien.

Thierry Pauchant. — Je suis curieux vous avez fait quoi, exactement, Jean-Pierre et Richard?

Richard Lachapelle. — Ce n'est pas nécessairement des cercles de dialogue que nous avons organisés chez nous, dans notre organisation. C'est plutôt des groupes de discussion, des espaces de parole. Nous les avons organisés pour les praticiens qui vivaient beaucoup de solitude et qui sentaient le besoin d'échanger sur des thématiques. Jean-Pierre est venu les animer chez nous. Ces groupes ont très bien marché. Et ils marchent encore aujourd'hui.

Serge Marquis. — J'aimerais partager ici une expérience avec les cercles de dialogue que nous poursuivons depuis plusieurs années dans le système de la santé au Saguenay-Lac-Saint-Jean. Ces dialogues ont d'abord commencé dans la tête d'un homme, Yvan Roy, qui n'est pas ici aujourd'hui.

Yvan avait déjà organisé dans cette régie, depuis quelques années, des activités de formation pour les cadres du réseau. Ces derniers, durement éprouvés par des transformations que, pour la plupart, ils n'avaient pas choisies, se voyaient régulièrement offrir des opportunités de réflexion autour de thèmes concernant leur propre santé. À travers des conférences et des ateliers, on y approfondissait sa pensée sur le changement, le deuil, le stress, l'estime de soi, la reconnaissance au travail, l'épuisement professionnel, etc.

Il est un jour apparu évident, aux yeux d'Yvan, que des cercles de dialogue permettraient de pousser plus loin encore cette recherche collective de sens. Ayant lui-même vécu les dialogues animés par Thierry, il croyait fermement à la profonde utilité de ces espaces de ralentissement. Il m'a donc invité à l'accompagner dans l'animation de ces moments privilégiés où des êtres humains osent s'arrêter. Il faut, à notre époque, une certaine dose de courage pour marquer un temps d'arrêt et, à plusieurs, construire ou déconstruire ce qui éclaire ou obscurcit le sens de ce que l'on fait et le sens de ce que l'on est.

L'aventure a déjà duré trois ans et se poursuivra pendant au moins une autre année. Ce fut un choc — certains en ont témoigné par la suite — lorsque, pour la première fois, des hommes, des femmes, des cadres intermédiaires pour la plupart, et quelques cadres supérieurs, se sont retrouvés ensemble pour une demi-journée, sans ordre du jour, sans objectif, sans obligation de résultats! Plusieurs ne se connaissaient pas, ne s'étaient jamais vus. Ils venaient de divers établissements : Centres hospitaliers, Centres heunesse, CLSC, Centres d'hébergement et de soins de longue durée, etc.

Au départ, nous avions 20 personnes le matin et 20 personnes l'après-midi. Les trois ou quatre premières rencontres ont été des rencontres d'apprivoisement, d'ajustement. Il fallait accueillir une nouvelle façon de faire, une nouvelle façon d'être. Certaines personnes ont abandonné, ce qui avait été prévu. Aucune explication ne leur a été demandée. Dans le cadre de cette activité, ce n'est pas jugé nécessaire.

On retrouvait, en moyenne, de 12 à 15 personnes à chaque rencontre. Parfois 18, parfois quatre ou cinq. Mais rien n'arrêtait le dialogue.

À la fin de la première année, plusieurs ont demandé que les rencontres se poursuivent. Nous avons décidé de recommencer à neuf, en lançant des invitations à tous les cadres du réseau. Il n'était pas interdit de s'inscrire à nouveau. Mais les groupes créés étaient des nouveaux groupes.

Il y a maintenant des inconditionnels qui reviennent depuis trois ans. Ils affirment sans hésiter que le dialogue a changé leur vie et a fortement contribué à modifier leur façon de faire, de gérer. Ils disent avoir un regard beaucoup plus aiguisé ou plus vaste sur la réalité avec laquelle ils doivent composer au quotidien. Quelques-uns, après une année ou deux, ne sont pas revenus, mais ont fortement conseillé à des personnes de leur entourage de venir.

Au début de la deuxième année, dès le premier dialogue, l'apprivoisement était fait. Les moments de silence ou l'absence d'ordre du jour ne faisaient plus peur. Nous attribuons ce fait à la présence d'un certain nombre de personnes qui avaient déjà vécu le dialogue.

Déjà, l'activité a été transposée au sein de certaines organisations du territoire, animée par des participants à l'activité régionale. À chaque fois, on s'interroge sur la nécessité d'un tel espace ; à chaque fois, on a l'impression d'avoir retouché à l'essentiel, à ce qui, dans l'invisible, anime nos conduites, nos comportements, nos manières d'être en relation, ou nos décisions.

D'autres régions se sont montrées intéressées et ont envoyé des émissaires observer deux dialogues. Ces émissaires ont fait plus qu'observer. Ils se sont intégrés aux deux groupes de la journée. L'intégration n'a présenté aucun problème. Il est maintenant possible que des cercles de dialogue voient le jour dans d'autres régions du Québec. Il est même envisagé de greffer de futurs animateurs provenant de ces régions aux groupes de l'année qui vient.

C'est devenu un lieu de grande ouverture. Des personnes intéressées à commencer en milieu d'année ou à revenir après une année d'absence peuvent le faire. Celles qui veulent passer du matin à l'après-midi, ou vice-versa, se glissent dans les groupes sans nuire d'aucune façon à la fluidité du fonctionnement. L'accueil dont est empreint le dialogue se manifeste à tous les niveaux. Les nouveaux visages, au début des deux dernières années, ont rapidement appris à suivre le mouvement. Il n'y avait personne à impressionner, aucune preuve à faire...

On réalise très tôt qu'on ne vient pas pour se faire accepter ou pour passer des examens. On vient pour mettre son intelligence à contribution dans une exploration collective de la souffrance organisationnelle, de ce qu'elle révèle et de la manière dont on pourrait la soulager. On se rend compte (ou on se rappelle) qu'on vient d'abord ralentir sa propre pensée, en calmer les soubresauts et les précipitations pour en découvrir les fondements, l'origine et, souvent, l'inutilité, dans une précieuse écoute de celle de l'autre. On redécouvre que l'espoir a sa place.

Richard Lachapelle. — J'ai l'impression que l'expérience qu'on a vécue chez nous est un dérivé des cercles de dialogue. Ce n'est pas nécessairement la même formule décrite par Serge ou qui est décrite dans ce livre. Mais c'est un dérivé qui conserve un certain esprit : le besoin des gens d'avoir des moments privilégiés pour pouvoir échanger sur leurs pratiques, sur leurs difficultés.

Notre contexte est important à saisir. On travaille beaucoup chez nous, dans le domaine de la déficience intellectuelle, avec des équipes qui sont décentralisées et responsabilisées. Il n'existe plus de lieu commun où l'on peut partager son quotidien. Les intervenants sont dans la communauté, répartis un peu partout. Mais le besoin d'échanger et de partager la réalité est criant. Ces groupes de discussions ont pour but de pouvoir favoriser la cohérence entre les interventions et favoriser le partage de réalité. Je vois ces groupes comme un dérivé des cercles de dialogue.

J'aimerais aussi partager ce que ces cercles m'ont apporté. Nous avons beaucoup parlé de « suspendre » ; et souvent cette image m'est restée, celle d'une corde à linge... Quand on suspend sur la corde à linge et que ça sèche, on prend le temps que ça sèche comme il faut. C'est la même chose dans un dialogue. Quand on suspend un jugement, on prend le temps qu'il faut avant de pouvoir s'exprimer. J'ai gardé longtemps cette image en tête et j'utilise encore le terme « suspendre ». Je dirais aussi que l'expérience des dialogues m'a permis d'apprendre à entendre différemment : être moins nerveux, énervé, énervant... Pour moi ces cercles ont eu un effet direct.

(Silence)

Lorraine Brault. — Moi, je suis contente de vous réentendre parler. J'ai raté les derniers dialogues et j'étais blessée de n'avoir pas pu « finir », boucler la boucle... Quand j'ai vu cette grande enveloppe avec le manuscrit dedans, et l'invitation à deux autres dialogues, j'étais contente.

J'ai trouvé l'expérience des cercles de dialogue très intéressante. J'ai bien aimé l'ouverture que le dialogue permet. J'ai aussi trouvé que cela était fort différent pour échanger dans un groupe. C'était pour moi un grand lieu de liberté.

Dans nos organisations, il y a peu de place pour la liberté. J'aimerais que le dialogue ne reste pas une chose marginale, faites par des individus isolés, mais qu'on puisse en organiser dans nos organisations, dans le réseau.

Jean-Pierre Gagnier. — Quand j'ai relu des passages des dialogues, j'ai été impressionné par l'intensité émotive contenue dans mes propos. J'étais alors, il y a trois ans, comme « peau à peau » avec la détresse, celle des intervenants, la mienne.

Après avoir fait l'expérience des dialogues et avoir cheminé dans un processus, je me sens beaucoup mieux. Aujourd'hui je me donne, dans ma vie professionnelle, davantage d'espaces d'échange.

Par ailleurs, quand je regarde aujourd'hui le réseau, je me fais moins d'illusions. Il y a des choses que je craignais, il y trois ans, qui sont devenues des réalités, le réseau à deux vitesses, par exemple. De superbes initiatives se déploient pourtant un peu partout.

Depuis bientôt quatre ans, mon travail consiste fréquemment à faciliter l'émergence d'espaces de parole où l'on peut échanger sur les pratiques.

Constance Lamarche. — Depuis que nous avons participé à ces dialogues, j'ai créé ma propre entreprise. J'ai fait beaucoup d'interventions et c'est rare que je n'ai pas parlé de cette expérience. Cela m'a beaucoup apporté d'écouter et de prendre le temps. C'est un peu répétitif avec ce qui vient de se dire, mais il faut dire le redire haut et fort.

Je me suis investie dans quelque chose de similaire aux cercles de dialogue : les groupes de co-développement. Je me suis redonné un autre espace. Et, depuis, je construis. Par exemple, dans un nouveau cours de certificat en déficience intellectuelle, offert à l'Université de Montréal, j'ai donné des espaces de parole officiels aux étudiants. Cela n'a pas été facile d'introduire un tel cours au programme.

Je suis très, très, touchée parce que le dialogue a contribué à me faire réfléchir à ma pratique. Je m'active beaucoup moins. J'ai l'impression que je me suis apaisée. J'ai l'impression de laisser beaucoup plus de place aux étudiants, entre autres, mais aussi aux gens avec qui je travaille. C'est une richesse extraordinaire, c'est d'une richesse incroyable ! Moi aussi je suis émue. Un peu comme Lorraine le dit, il faut diffuser cette façon de faire, la rendre collective dans le réseau. Je pense que le dialogue est une expérience enrichissante et que nous avons perdu la valeur des espaces de parole dans notre réseau.

Les gens s'étonnent eux-mêmes de vivre de la richesse dans ces espaces. Ils pensent que c'est comme un café-rencontre ou des causeries, où l'on perd son temps ! J'ai fait face à des personnes qui, à prime abord, ne voulaient rien entendre à ce sujet. Mais quand je leur ai parlé de mon expérience, de la structure en place, de la rigueur du dialogue, l'idée a fait son chemin...

Thierry Pauchant. — Nous avons eu la chance, Aladin, Constance et moi-même, ainsi que d'autres personnes, de travailler ensemble pour la Régie de la Montérégie. Notre mandat était d'évaluer les leçons à apprendre, pour la Régie et ses partenaires, de l'expérience de la crise du verglas. Nous avons utilisé une forme différente du dialogue afin de faire rencontrer les gens et de les faire échanger sur leurs expériences dans ce qu'on a appelé « le triangle noir ». Plus de 150 personnes ont participé à ces dialogues : des gestionnaires et des professionnels de la Régie, des personnes travaillant dans différents établissements du réseau, des représentants des multiples partenaires dans des entreprises privées ou des associations sans but lucratif, etc. Nous avons été capables de faire rencontrer toutes ces personnes, de collecter les données et de rédiger un rapport en quelques mois[1].

Depuis, la Régie de la Montérégie a appliqué un bon nombre de ces recommandations. En fait, nous nous sommes rendu compte que le dialogue était une excellente méthode pour collecter des données complexes dans un système lui-même complexe. Aussi, la méthode du dialogue nous a semblé très efficient pour conduire une étude *post-mortem* lors d'une expérience traumatisante telle qu'une crise. Ceci est bienvenu, car il n'existe que des méthodologies relativement lourdes, telles que des commissions d'enquête, pour apprendre de ce genre d'événement.

Ce que j'entends, c'est que nous n'avons pas été les seuls à adapter le dialogue à des contextes spécifiques. De nombreuses personnes ici, depuis le début de nos dialogues en 1997, les ont adaptés et utilisés dans leurs contextes particuliers.

Pierre Beaulieu. — Pour ma part, j'ai lu en diagonale le manuscrit qui nous a été envoyé. Et j'ai été frappé par deux choses. En premier, moi aussi j'ai gardé de notre expérience non pas un « souvenir » seulement, mais un « souvenir-encore-vivant ». Dans ces dialogues, il y a des choses qui ont été dites et qui m'ont profondément marqué, soit dans le cadre de ma vie professionnelle, soit en termes de décisions personnelles. Et ma relecture de ce document m'a permis de retrouver ces choses.

L'autre élément est que j'ai la conviction qu'il faut démarrer des cercles de dialogue dans notre réseau. De façon quotidienne je travaille avec des cadres et j'observe la détresse terrible qui est encore vécue aujourd'hui. Cette détresse est « aussi pire » qu'elle l'était en

1997. À l'époque, on se débattait avec les coupures ; aujourd'hui, on se débat avec les restructurations et les fusions...

Quand on demande aux personnes, dans mon organisation actuelle, quelle est la priorité à développer, elles répondent toutes : « Laissez-nous parler, nous organiser entre nous. »

Je ne suis pas sûr que nos organisations soient nécessairement prêtes ou complètement prêtes, ou totalement prêtes, à mettre en place des cercles de dialogue. Mais le terreau est encore plus adéquat aujourd'hui qu'il ne l'était en 1997. Encore aujourd'hui, on ne peut peut-être plus couper autant qu'on a coupé à l'époque, mais on continue à faire des choses qui ont énormément d'impact sur les personnes. La détresse est encore là et les gens demandent des espaces de parole. Il y a comme un niveau d'attente de la part des personnes de parler, d'échanger, qui est à mon avis encore plus présent qu'il ne l'était il y a trois ans, et ce, sous des formes diverses : cercles de dialogue, groupes de discussion, groupes de codéveloppement...

Thierry Pauchant. — Sur la détresse, Estelle Morin, des HEC, et son équipe, vient de terminer une enquête auprès d'environ 600 cadres supérieurs du réseau. Elle a établi que ces personnes souffraient, aujourd'hui, deux fois plus d'anxiété que la population du Québec en général !

Claude Larivière. — Il y a cinq ans, en 1996, avec ma collègue Diane Bernier, nous avons obtenu exactement les mêmes résultats auprès des travailleurs sociaux, membres de leur ordre professionnel, travaillant dans des CLSC, des C.H. et des centres jeunesse. Le taux était le double de celui de la population du Québec. Ce que nous avons reflété durant nos dialogues, il y a trois ans, c'est cette situation, qui est encore aujourd'hui fort réelle.

Ce qui me semble changé aujourd'hui, c'est qu'il existe maintenant une cohabitation entre, d'une part, les intervenants et les gestionnaires plus âgés, qui sont expérimentés et, d'autre part, des jeunes formés à l'université. Ces jeunes se retrouvent en moyenne, depuis six ans (ceci peut varier selon les champs professionnels), sur des listes de rappel, sont confrontés à une clientèle plus difficile, n'ont pas réellement d'encadrement ni de soutien, et travaillent souvent le soir, les fins de semaine ou dans les plages horaires les moins souhaitées.

Il me semble qu'il est urgent de faire quelque chose pour ces personnes au plus vite afin d'éviter qu'elles ne s'épuisent.

Richard Lachapelle. — À Laval, nous terminons ces jours-ci une expérience de co-développement intersectoriel avec des cadres. Constance et moi avons eu la chance d'animer un groupe. Le fait que les gens prennent le temps de se réunir entre différents secteurs et partagent leur réalité est très parlant. Comme Pierre le disait tantôt, c'est vrai qu'il y a beaucoup de solitude, que le besoin de partager la réalité est important, ainsi que le besoin de soutien.

Ce besoin est plus fort que la pression du temps au travail. Il est assez important pour que ces personnes prennent le temps de venir, en toute liberté, partager ce qu'elles vivent ou ce qu'elles peuvent vivre.

Constance Lamarche. — J'ajouterais qu'au début il y a une certaine résistance à s'embarquer dans une aventure de ce type. Les personnes ne savent pas à quoi s'attendre, mais au fil des rencontres elles découvrent l'importance de prendre le temps.

En plus, elles doivent, dans ces expériences, écrire une page de réflexion sur une situation qui les préoccupe et la présenter aux membres du groupe qui, alors, agissent en tant que consultant. On utilise alors les compétences de chacun et c'est assez fascinant de voir comment les gens réagissent aussi positivement, en s'enrichissant mutuellement par des opinions libres. De plus, les personnes ont le grand plaisir non pas de repartir avec des commandes, mais avec des idées qu'elles pourront utiliser comme elles le veulent, sans pression. J'ai pris conscience, durant les cercles de dialogue, que j'apprenais doucement, en écoutant les autres, ainsi que moi-même. Peut-être ces personnes découvrent-elles cela ?

Dans le réseau, je connais plusieurs expériences qui vont dans le même sens. Il semble que la résistance est en train de fondre au soleil… Peut-être que certains cadres supérieurs et certains dirigeants commencent à comprendre que l'heure est grave et qu'il faut faire autrement. Les sessions magistrales de formation ne passent plus aujourd'hui. Les gens privilégient de plus en plus l'échange. J'ai de plus en plus d'espoir pour le développement d'espaces de parole dans le réseau.

Aladin Awad. — J'aimerais donner un témoignage sur mon expérience avec les dialogues. Thierry, avec des collègues, a publié au printemps 1998 un rapport sur des recommandations à mettre en place à la CUM, d'après l'expérience de la crise du verglas[2]. Ce petit rapport d'une quarantaine de pages a utilisé la même méthodologie que celle du rapport commandé par la Régie de la Montérégie, soit une variante du dialogue.

Plus d'un an et demi après, le Rapport Nicolet est sorti sur le même sujet, mais au niveau de la province. J'ai *étudié* ce rapport, et je dis *étudié* car ma thèse de doctorat porte sur ce sujet. J'ai lu page par page, paragraphe par paragraphe, le rapport central et lu en diagonale les nombreux autres volumes. Je peux vous prouver scientifiquement que l'essentiel, c'est-à-dire 80 % des recommandations, était déjà inclus dans le petit rapport bleu de 40 pages commandé par le Comité exécutif de la CUM.

Pour les gens qui sont sceptiques, il existe des exemples concrets qui démontrent qu'une approche par le dialogue est très efficiente.

Thierry Pauchant. — Je respecte beaucoup le travail que monsieur Nicolet, avec les membres de sa commission, a effectué, et pour le déluge du Saguenay, et pour la tempête du verglas. Mais la notion de 80% évoquée par Aladin est aussi intéressante. Le rapport que nous avons rédigé pour le Comité exécutif de la CUM a coûté environ 20 000 $ et pris trois mois. Différemment, le Rapport Nicolet a coûté plus de 6 millions de dollars et pris un peu moins de deux ans. On peut dire que les 20% restants furent dispendieux! *(Rires)* Mais, bien sûr, au-delà des grandes leçons de base, le Rapport Nicolet est beaucoup plus détaillé, sur le côté légal, par exemple, et répond aux normes et nécessités politiques. D'un autre côté, peut-être pouvons-nous nous interroger aussi sur nos coutumes et leur bien-fondé?

André Savoie. — C'est quand même bizarre qu'on se parle aussi peu. Je dirais qu'on a peur de se parler et qu'on a peur que les gens se parlent. On a perdu la tradition de discuter sous l'arbre...

Nous avons fait, récemment, deux heures de discussion dans mon département pour partager des préoccupations. Il n'y avait pas d'agenda. Nous avons échangé sur ce qui nous préoccupait à ce moment-là. Il y a des choses qui se sont réglées; il y en a d'autres qui ne sont pas réglées. Ce n'est pas vraiment important. Mais, à mon avis, c'était beaucoup plus efficace qu'une assemblée départementale bien structurée et qui fonctionne bien. Dans cette réunion non structurée, c'était naturel, on se comprenait, ou, peut-être, on s'écoutait un peu plus...

Je me demande comment cela se fait qu'on a peur de se parler. Comment ça se fait que nous, les humains, utilisons peu une technique aussi simple et qui ne coûte pas très cher. Juste de se parler quand il y a quelque chose qui nous préoccupe, qui nous agace, ce n'est pas malin! J'ai cette interrogation. Peut-être a-t-on peur de la parole, comme si c'était vicieux, comme si c'était un vice?

Cela me rappelle des recherches conduites sur les groupes informels. Ces recherches montrent qu'effectivement, les groupes informels au travail parlent, aussi, beaucoup de travail, mais qu'ils ne montent pas de complot ou de cabale. Ils essaient simplement de comprendre et d'interpréter le travail, de se donner des points de vue différents. Souvent, pourtant, la première question d'un dirigeant, face à groupe informel, est de se demander: «Qu'est-ce qu'ils complotent ensemble?» Comme si parler, c'était de la graine de sédition! Parler, c'est par là qu'on s'entraide!

J'ai lu le rapport de la CUM, dont a parlé Aladin, qui est d'ailleurs très bien fait. Cela ne me surprend pas que ce document «capture» 80 % des conclusions d'une beaucoup plus grosse étude. Quand on dit franchement ce qu'on pense, sans retenue, on couvre large. Dans une approche de dialogue, on ne se répète pas les uns les autres...

Je me demande quand même pourquoi on parle si peu. Il y a là quelque chose de paradoxal.

Claude Larivière. — Je ne sais pas si j'ai une réponse à ta question, André, mais je regarde les résultats que je recueille. C'est la troisième année que je travaille avec le même échantillon: 1200 répondants, 155 établissements du réseau du Québec, 80% d'intervenants et 20 % de gestionnaires. Année après année, on retrouve que 60 % des établissements sont gérés de façon traditionnelle.

J'ai l'impression qu'une partie de la réponse est là... Je veux bien qu'entre les espoirs des gens et la réalité, il puisse y avoir un écart, mais il reste qu'en grande partie, leur jugement est fondé. Et cette façon autoritaire de gérer explique peut-être pourquoi ces personnes choisissent plutôt de se taire, de ne pas se parler.

Qu'on regarde juste ce qui s'est passé aux Centres jeunesse de Montréal, où on m'a demandé d'intervenir à deux reprises. Ce Centre était aux prises avec une crise majeure qui a conduit aux changements qui sont d'ordre public maintenant. La situation était telle qu'il était devenu impossible de se parler de part et d'autre. C'est pour cette raison que la direction avait demandé à un tiers extérieur, externe au conflit, d'intervenir dans le but de définir les bases du problème et de proposer des pistes de résolution. Quand j'ai rapporté la situation au conseil d'administration, je pense que c'était la première fois que le C.A. avait l'heure juste! Et cela a provoqué des ondes de choc qui ont ébranlé toute la structure.

Je pense que cet exemple n'est pas typique du réseau, car la situation s'y était détériorée plus qu'ailleurs. Dans ces situations, les gens... préfèrent se taire.

André Savoie. — L'expression clé que tu utilises est que «les gens préfèrent se taire».

Claude Larivière. — Oui, et quand on donne cette parole aux gens, dans un climat sain, ils la prennent. Par exemple, dans un autre établissement, où le climat est sain, j'ai obtenu des taux de réponse de 95 % à un questionnaire. Habituellement, je suis satisfait quand j'obtiens 70 %, ce qui est l'opinion de la majorité; 95 %, c'est vraiment spectaculaire!

Thierry Pauchant. — C'est intéressant ce que vous dites car cela remet en cause une supposition de base que nous avons discutée durant nos dialogues d'il y a trois ans. Dans ces dialogues, nous disions que l'un des problèmes de fonds du système de la santé était cette course folle à l'efficacité, au détriment d'autres valeurs. Mais ce que vous dites est que le système pourrait être plus efficace en prenant le temps, en encourageant les groupes informels, en favorisant une parole plus libre et plus réflexive.

Je peux vous donner un autre exemple. En ce moment, j'aide un important établissement dans le secteur de l'éducation pour son évaluation institutionnelle. Dans le milieu de l'éducation, une nouvelle politique demande à chaque établissement de rédiger une telle évaluation dans un document conséquent. Pour ce cégep, une personne et demie sera employée à plein temps durant une année pour effectuer ce rapport, ce qui coûte cher et empêche ces personnes de faire autre chose. La personne responsable de ce dossier m'a confié que si elle pouvait parler ouvertement avec le Conseil demandeur, elle pourrait rédiger un document de 5 à 10 pages en une semaine et que l'essentiel y serait. Le problème est que cette parole plus libre n'est pas possible et est même fort dangereuse politiquement. On va donc rédiger un gros document de peut-être 150 pages, avec statistiques à l'appui. Le directeur général, homme sage, considérant cette contrainte, va cependant utiliser les travaux effectués pour ce rapport dans le but de pouvoir développer une réflexion très importante sur les valeurs dans son établissement, en utilisant, entre autres, le dialogue.

Il nous faut, bien évidemment, des rapports annuels. Mais, quand même. Quelle perte de temps et de ressources !

Pierre Beaulieu. — J'observe un phénomène qui me semble paradoxal et qui, à certains égards, me trouble. Dans le quotidien, on dit que « les gens ne prennent pas le temps ». Mais, en fait, ils n'ont pas le temps ! Les cadres, par exemple, travaillent pratiquement 10 heures par jour à répondre à des commandes. Ils n'ont pas le choix de s'asseoir et de travailler aux choses qu'ils désirent.

J'aimerais raconter une anecdote. Cela fait huit mois que j'occupe un nouveau poste. Mon patron, alors, m'a suggéré de rencontrer quelques personnes stratégiques dans l'organisation. Il m'a fait une liste et j'ai contacté ces personnes. Une d'entre elles a annulé son rendez-vous avec moi la veille. Ce matin, je croise cette personne et elle me dit : « Tu sais, il faut qu'on se reprenne ! » Mais cela fait huit mois que cela traîne ! Et ce n'est pas qu'elle ne veut pas me rencontrer, au contraire !

Je sais que ceci n'est qu'une anecdote. Mais il me semble que si les personnes ne parlent pas dans nos organisations, ce n'est pas seulement parce qu'elles ont peur de parler. C'est comme si on n'arrivait pas à choisir de moments pour le faire...

Lorraine Brault. — Mais, en même temps, ce n'est pas facile de briser cette séquence. C'est comme si la roue tournait... Il faut donner « la bonne réponse », il faut faire « la bonne façon ». Le contrôle est tellement présent qu'il n'y a plus de place, et on ne peut dire : « Là, c'est assez ! » Par exemple, remettre à un conseil d'administration un rapport de cinq pages, au lieu de celui, attendu, de 120 pages... Cela ne va pas faire « sérieux ». *(Rires)*

Si on résumait ce rapport, on arriverait à cinq pages. Je suis parfaitement d'accord avec cela. Mais remettre cinq pages, cela demande du courage !

C'est comme si on se contrôlait trop à vouloir remettre une chose d'après des standards établis et moins pour son contenu. Tout le monde fonctionne avec ces standards : « Le C.A. s'attend à.... », « Le directeur s'attend à ... » Mais remettre en question ces façons de faire n'est pas évident.

Ce matin, j'étais confrontée à cela. J'évaluais le travail à effectuer pour sortir nos rapports annuels : les rapports clientèle, les rapports de ci, les rapports de ça... Finalement, j'ai conclu que nous devrons travailler cette année six mois sur ces rapports. Avec les deux mois de vacances, où les choses ralentissent, il nous restera quatre mois pour réellement travailler ! Le monde, autour de moi, m'a dit : « Voyons, ce n'est pas si pire ! » *(Rires)* Je ne sais comment faire pour arrêter cette roue...

Thierry Pauchant. — Sans nullement idéaliser le secteur privé, souvent les rapports y sont moins volumineux que dans le secteur public. Ils sont plus « exécutifs ». Dans nos organisations publiques, on aime « faire du papier ».

Pierre Beaulieu. — Mais cela dépend du niveau auquel tu travailles. Par exemple, quand on travaille avec le bureau du ministre, on s'attend à des synthèses exécutives de deux pages. Mais quand on descend dans l'organisation, là, il faut faire la preuve. Et la preuve est... épaisse ! *(Rires)*

Thierry Pauchant. — Étant universitaire, j'honore certainement les argumentations bien structurées, fondées et détaillées. Mais il me semble qu'il y a plus, ici, que seul un effet d'épaisseur. Par exemple, on sait aujourd'hui, par les travaux d'Henry Mintzberg, que les gros exercices de planification stratégiques ne mènent, au mieux, qu'à une chance 50/50 de faire mieux que ceux qui n'ont pas effectué de tels exercices[3]. Cela, bien sûr, ne veut pas dire de « faire n'importe quoi » et de ne pas prendre au sérieux la réflexion et l'action stratégique. Mais celles-ci sont d'un autre ordre.

Aussi, même ces exercices lourds de planification ont leurs bons côtés. Ces exercices structurés forcent au moins les gens à se parler. Ils deviennent une excuse pour que les gens se rencontrent, pour peut-être briser la roue qui tourne dont nous parlions. Mais le problème, avec cela, est au moins de deux ordres. En premier, la parole reste encore formelle, plus rigide, moins libre. Et en second, cette parole n'est pas au service d'une pensée réflexive qui regarde la pensée. Après tout, un dialogue est beaucoup plus que seulement une «parole libre». Un dialogue est différent d'un échange dans un groupe informel. L'une des conditions du dialogue est d'essayer de revenir aux suppositions de base, de les suspendre et de les examiner.

Mais, peut-être que cette fonction du dialogue est tellement «a-culturelle», tellement «non conventionnelle», tellement «hors normes», qu'elle sera jugée, comme le disait André tout à l'heure, «suspecte», comme potentiellement «dangereuse», comme un exercice de «sédition»? Après tout, les Grecs antiques ont fait boire la ciguë à Socrate, pour la même raison. Soi-disant, avec ses dialogues, il corrompait la jeunesse avec des idées «non conventionnelles». Est-on toujours au même stade?

Mireille Tremblay. — Ma thèse de doctorat faisait 329 pages... Mais j'ai réfléchi, dans ces pages. J'ai médité longtemps avant de les écrire. Le nombre de pages n'a rien à voir. Un gros travail écrit peut être aussi un espace de réflexion, comme les exercices de planification stratégique. Cela fournit un cadre pour la parole et la réflexion. Quand on écrit, on se rend compte que c'est très difficile d'exprimer la pensée. Mais, il y a un début et il y a une fin. La parole, elle, n'est pas structurée. Elle n'est pas «en ordre».

Un conseil d'administration s'attend à recevoir quelque chose qui est réfléchi, logique, structuré. Et cela va l'aider dans son processus de décision. Changer cela serait «irrecevable». Mais cela va, aussi, à l'encontre du dialogue.

C'est comme si nous n'étions pas capables de distinguer entre les débats indispensables qui demanderaient une parole libre, et la structuration habituelle du processus de décision.

Thierry Pauchant. — Tu es en train de nous dire que la logique nous paralyse. Est-ce la supposition de base qu'il faudrait examiner?

Mireille Tremblay. — Il existe une exigence pour cette forme et on ne peut en sortir.

Claude Vézina. — J'ai une petite anecdote. Il y a une vingtaine d'années, j'ai obtenu mon premier poste en gestion. Après avoir remis un rapport à mon patron, il m'a dit : « Si tu n'es pas capable de réduire cela dans un tableau d'une page, cela ne vaut pas la peine qu'on se parle. » Cela m'a pris un méchant exercice de réflexion pour que je puisse résumer mon rapport dans un tableau d'une page. Je suis alors retourné voir mon patron. Et c'était beaucoup plus facile. Nous avons eu une discussion d'une heure et demie sur le tableau. Peut-être que cela aurait été le temps pour lire le rapport. Mais la discussion fut beaucoup plus riche.

Cela m'est toujours resté. À un point tel que j'ai encore des difficultés, aujourd'hui, à écrire un rapport ou, surtout, à demander des rapports aux gens qui travaillent avec moi. Je n'en suis pas capable. J'ai absolument besoin d'un tableau d'une page et besoin de m'asseoir avec ces gens pour parler.

Et pourtant, nous continuons de produire de très gros rapports dans le réseau. Depuis dix ans, nous avons eu trois réformes majeures. Cela veut-il dire qu'on s'est trompé deux fois ? *(Rires)* Et je ne suis pas sûr qu'on ne se trompera pas encore…

Les gros rapports sont aussi très politiques. Ils sont enrobés de toutes sortes de choses. Ils sont écrits pour convenir à tout le monde. Et si tout le monde peut trouver dedans ce qu'il désire, alors ce n'est pas trop difficile de les réactualiser.

Je dirais que la grande détresse qu'on observe dans le réseau actuellement est que nous avons perdu le contrôle de notre propre sort. Les services à la clientèle, par exemple, sont balancés d'une structure à l'autre. Les gens, les vrais artisans qui sont près de la clientèle, ne sont plus capables de donner du sens à leurs actions car ils sont dans une machine à laver le linge, avec le bouton poussé sur *spin*. Et ça tourne, ça tourne…

Claude Larivière. — Je baigne à l'occasion dans la culture juive, dans un établissement public juif. J'observe que, dans ce milieu, il y a beaucoup d'échanges, d'accrochages, beaucoup de dialogues. Quand je suis arrivé là, j'avais l'impression que c'était compliqué, très compliqué, et qu'il ne fallait surtout pas s'en mêler. Maintenant, cela me semble être un processus normal de fonctionnement.

J'ai le goût de demander à Pierre, qui baigne depuis huit mois dans le milieu anglophone, comment cela se passe dans ce milieu. Dans ce cercle de dialogue, nous sommes tous du milieu francophone. Cela ne reflète peut-être pas toute la réalité?

Pierre Beaulieu. — Je ne peux pas encore faire une comparaison. Cela ne fait que huit mois que je suis en poste.

Mais je suis d'accord avec le fait que nous avons perdu l'habitude de nous parler. C'est comme si, en tant que collectivité, nous ne comprenions plus l'utilité de s'asseoir et de se parler, sans que cela soit structuré, avec un objectif et un agenda, et un *output* à la fin. Peut-être existe-t-il une crainte « inconsciente » qu'il est dangereux de trop dire les choses, que cela peut tourner mal? Et je dis bien « inconsciente », car dans le milieu d'encadrement supérieur où je travaille, je n'ai jamais entendu un dirigeant d'organisation dire : « Il ne faut pas que les gens se parlent. »

Nous, les cadres, on n'est quand même pas fous 24 heures sur 24! *(Rires)* On sait bien qu'il y a de la détresse. On sait bien qu'il y a des problèmes. Mais, peut-être avons-nous perdu l'habitude de nous parler et, peut-être existe-t-il une peur « inconsciente »?

Thierry Pauchant. — Moi, j'entends ces réflexions, Pierre, et elles sont fort conscientes. Quand je parle du dialogue à des personnes en entreprise, certains me disent : « C'est intéressant, mais ce n'est pas le moment. Il va y avoir trop de décharge. Les gens vont "chialer" et puis, ensuite, il va falloir faire quelque chose. »

Sauf que, dans certaines organisations, ce n'est jamais le temps! Il y a toujours quelque chose qui empêche qu'on « ouvre la boîte ». Et cela prend souvent une crise, une belle, pour débloquer la situation, pour faire « ouvrir la boîte »! Le problème, avec une crise, c'est que les gens se font souvent mal...

C'est comme si on présupposait que de mettre une couverture sur le problème, cela va arranger les choses... Je pense, au contraire, que, sans faire la révolution, il est plus judicieux et plus éthique de mettre les problèmes à plat et de pouvoir examiner leurs sources.

(Silence)

Claude Vézina. — J'ai eu le privilège de gérer un projet pour le ministère. Le dossier était très délicat : étudier les modalités des transfusions sanguines, de 1960 à aujourd'hui. Avec un tel dossier, il était impensable de demander aux centres hospitaliers de nous envoyer des données. Ils ont d'autres choses à faire que de fouiller dans les boîtes à chaussures des années 1960.

Alors, je me suis payé une tournée de toutes les banques de sang des centres hospitaliers. Et ce fut extraordinaire ! Cinq mois après, nous avons été capables de définir les orientations ! Si nous avions conduit l'opération de façon traditionnelle, on serait encore en train de convaincre les centres hospitaliers d'embarquer là-dedans et cela aurait probablement coûté dix fois le prix. De plus, nous n'aurions pas été certains de la qualité des renseignements recueillis.

Ce qui était très instructif, c'était que les gens, dans les centres hospitaliers, n'en revenaient pas. Ils n'en revenaient pas que quelqu'un du ministère arrivât directement chez eux, sur le terrain, pour parler avec eux. Cette façon de faire a complètement changé la dynamique.

Jean-Pierre Gagnier. — Les espaces de parole sont souvent des lieux où la détresse s'exprime. Et cela pose le problème de décider quoi faire après que cette détresse s'est exprimée. Un espace de parole n'est pas neutre. Il n'est pas passif. C'est aussi un espace dans lequel on risque de poser des questions sur la façon dont la hiérarchie, le pouvoir, les décisions sont pensés. Une organisation qui autorise l'ouverture d'un tel espace, ouvre aussi la possibilité d'une redéfinition de ses pratiques.

Il faut alors prendre le risque de se laisser transformer. Quand je dis que c'est un « risque », je veux dire que c'est un « beau risque ». Mais cela ne m'étonne pas qu'il existe peu d'espaces de parole. La dynamique de contrôle est très difficile à briser. Et puis, libérer la parole, c'est engageant.

Par exemple, donner un espace de parole à 100 parents, leur demander leur avis sur la qualité des services qu'ils reçoivent, va nécessairement faire bouger des choses. Que va-t-on faire, par exemple, avec les questions qui sont posées depuis 15 ans et auxquels on n'a jamais répondu ?

Pour moi, les espaces de parole ne sont pas seulement des espaces de défoulement. Ce sont aussi des espaces de changement.

Thierry Pauchant. — C'est pour cela, Jean-Pierre, que dans l'introduction de ce livre, j'ai insisté sur la base *démocratique* du dialogue. En bout de compte, le dialogue est un processus démocratique qui vise à des actions éthiques. Comme le disait Claude dans son exemple sur les transfusions de sang, on n'utilise plus seulement l'expertise détenue au sommet, mais aussi celle détenue à la base. On reconnaît qu'il existe des « experts locaux ».

Claude Vézina. — Il n'y avait pas d'expertise au ministère sur ce sujet. J'étais très à l'aise d'aller voir les gens sur le terrain, et de leur dire que c'étaient eux qui avaient l'expertise et que nous avions besoin d'eux. C'est cela qui a paru différent.

Mireille Tremblay. — O.K., il y a nécessité de développer des cercles de dialogue. Mais qu'est-ce qu'un cercle de dialogue ? Ce n'est pas des règles ; il y en a, mais le processus est non directif. Il y a un animateur, mais il ne dirige pas. Ce n'est pas non plus de la psychothérapie. Je sais tout ce que ce n'est pas, mais j'ai de la difficulté à définir ce que c'est.

Thierry Pauchant. — Les cercles de dialogue ne sont pas seulement des espaces de parole. Ce qui fait la grosse différence, c'est que dans le dialogue, on essaie de remonter aux présupposés personnels et collectifs afin de favoriser le bien commun. Et un espace de parole ne fait pas obligatoirement cela.

Quand j'entends qu'il faut libérer la parole dans nos organisations, j'en suis ! Mais le dialogue est une parole orientée vers une éthique collective, par la lente transformation de la conscience des personnes et en regardant les présupposés. C'est une différence fondamentale.

Mireille Tremblay. — Mais qui a donné cette définition ?

Claude Vézina. — Tout à l'heure, je disais que j'ai relu des dialogues que nous avons faits il y a trois ans. Et je me suis rendu compte que je n'avais fait que trois ou quatre interventions. Ce n'est pas beaucoup. Mais, mon Dieu que j'ai appris ! Les règles du dialogue ont fait en sorte que je ne me suis jamais senti obligé d'intervenir. Ce qu'a dit Richard tout à l'heure, le fait de pouvoir retenir en dedans la réaction et de l'examiner en la « suspendant », m'a beaucoup touché. C'est vraiment cela qui m'est arrivé. Pour moi, le dialogue est un lieu d'écoute, où je ne me sens pas obligé de parler, où j'ai le plaisir d'écouter.

Maria Vieira. — J'ai le goût de dire que c'est un lieu d'« authenticité ». Nous avons aussi, dans mon organisation, beaucoup de détresse. J'ai étudié les règles du dialogue pour savoir comment l'introduire dans mon organisation. Et j'en suis arrivée à une conclusion, par une phrase de Christian Bobin que j'aime bien : « Ce que l'on sait de quelqu'un empêche de le connaître. Ce qu'on en dit en croyant savoir ce qu'on en dit rend difficile de le voir. » Quand je m'aperçois que je n'entends pas l'autre, mais que j'entends ma lecture de ce que je crois de l'autre, cela m'empêche d'être en contact. Quand, de plus, le climat organisationnel est tendu, il existe une réelle disjonction. Il est difficile d'être dans un lieu d'échange quand on est en mode de survie.

L'intérêt que je trouve dans les cercles de dialogue est, comme le disait Thierry, de pouvoir examiner les présuppositions. Par exemple, quand je me vois critiquer, j'essaye de prendre un pas de recul.

Il y a aussi, dans le dialogue, la possibilité du silence. Et ces moments de ralentissement sont très importants pour moi. Ils m'aident à bâtir un espace d'authenticité.

Aladin Awad. — Si vous me le permettez, je vais citer John Dewey, le philosophe pragmatique américain : « *People go to war because they get tired of thinking.* » *(Rires)*

Thierry Pauchant. — Cette réflexion devrait être transmise à tous les groupes armés ou terroristes du monde ! Dans le dialogue, les notions d'authenticité et de la possibilité d'être réflexif sont fondamentales. Cela ancre la tradition du dialogue dans les vues d'auteurs tels que Martin Büber, Paul Tillich ou Rollo May. Et, oui, le dialogue, c'est d'avoir « le courage d'être », et le dialogue est peut-être, de plus, un processus qui nous permet d'apprivoiser ce courage.

Et pourtant, je me demande comment cela est possible dans un groupe constitué de personnes avec qui on travaille tous les jours. Dans ce cercle, ici, nous ne travaillons pas tous les jours ensemble. On peut alors, peut-être, réfléchir plus globalement et se dire plus facilement des choses. D'un autre côté, dans un groupe qui travaille ensemble, il y a plus de politiques internes. C'est peut-être plus difficile d'être « authentique ».

Par exemple, si je me fâchais avec Maria aujourd'hui, dans ce cercle de dialogue, cela serait dommage... Mais je ne vais pas la revoir demain. Tandis que si je travaillais avec elle, je la verrais demain et je devrais gérer cela. Nous avons peut-être, dans ce cercle, le luxe de ne pas être proches. Et, pourtant, l'authenticité, c'est justement de pouvoir être proche. Je m'interroge là-dessus...

Mireille Tremblay. — Ceci me rend malheureuse. Je trouve que la pratique du dialogue est très intéressante. Et pourtant, dire que le dialogue est l'endroit où l'on peut être authentique me semble trop réducteur. L'authenticité peut s'exprimer en dehors du dialogue. L'authenticité peut se trouver dans bien d'autres endroits, le sens aussi, et la vérité et la liberté également. Je ne veux pas que le dialogue devienne comme un endroit « magique ».

Constance Lamarche. — Oui, et pourtant nous avons grand besoin du dialogue dans nos organisations. J'ai le sentiment que les gens ont perdu le goût de se parler pour toutes sortes de raisons. Je reviens à cela. Dans les groupes de co-développement que j'anime, je trouve cela à la fois merveilleux et très fragile. Je suis convaincue qu'il faut réhabiliter cette habileté tout doucement.

Oui, il y a de l'authenticité ailleurs. Mais on en a perdu beaucoup dans nos organisations. Je pensais tantôt à Hervé Sérieyx qui affirme que si les dirigeants osaient dire qu'ils ne savent pas, cela ouvrirait le dialogue avec les cadres, avec les employés et avec tout le monde. On n'ose pas dire qu'« on ne sait pas ». C'est comme si un directeur général ou un cadre supérieur devait « tout savoir », devait avoir « toutes les réponses ». Il faut aborder la question de l'humilité. Des dirigeants et des cadres me demandent comment nous allons pouvoir aborder ces sujets, sans tomber dans une autocritique trop sévère de leur organisation ou même d'eux-mêmes. Ils sont bien conscients du danger ! Et pourtant, il y a une certaine confiance, et les gens essayent de s'apprivoiser et de trouver les mots pour le dire.

Claude Vézina. — Je suis directeur général d'un établissement, et quand les gens viennent me voir pour parler d'un problème, je leur dis que je n'ai pas de solution. Dans le fond, la seule décision que je prends est quand je leur dis : « Vas-y, ceci semble être une bonne orientation. » Les gens savent comment faire. Ils ont juste besoin d'un support.

Constance Lamarche. — J'aimerais évoquer ici la belle pensée de Michel Serres qui propose que « le travail, c'est augmenter les choses[4] ». Je trouve cela extraordinaire. Le travail, c'est de permettre aux gens de réfléchir et de poser des actions. C'est de donner de la valeur à un objet. Cette question m'habite beaucoup : « Qu'est-ce qui m'augmente ? » « Qui ai-je augmenté et comment ? »

Pour moi, c'est ça le dialogue. C'est de permettre à l'autre d'apporter sa contribution. Je trouve qu'on « écrase » trop les gens. Quand je regarde ma propre pratique, je constate que j'ai dû, bien malgré moi, freiner des personnes. Je pensais qu'il fallait performer, que je devais avoir toutes les réponses, et cela était fort fatigant.

Je tente de travailler moins fort maintenant et de laisser plus de place aux autres. J'espère que d'autres personnes vont apprendre cela plus jeunes. Cela pourrait épargner des crises ou les statistiques aberrantes sur le niveau de détresse actuel dans le réseau.

Pierre Beaulieu. — Tu as dit, Thierry, qu'un dialogue serait plus difficile avec des personnes avec qui l'on travaille tous les jours, parce que, par exemple, tu rencontrerais de nouveau Maria. Mais pour moi, c'est l'inverse.

Ce que je trouve extraordinaire dans le dialogue, c'est qu'on peut s'asseoir et parler de choses sans pourtant partager l'opinion de l'autre, et, cependant, accepter d'en parler.

Après qu'on l'ait entendue, il peut arriver deux choses : ou bien on ne partage pas l'idée, mais on comprend mieux pourquoi l'autre personne a cette idée ; ou je partage cette idée et je chemine. Mais, dans l'un ou l'autre des cas, la base de la rencontre, c'est le respect.

Moi, je n'aurais pas de problème à m'asseoir et à parler avec du monde, et à fonctionner avec eux autres le lendemain, même si je n'étais pas d'accord avec leurs vues. Bien sûr, quand je dis que « je n'aurais pas de problème », je *pense* que je n'en aurais pas ! *(Rires)* Pour moi, un groupe de dialogue, c'est d'être capable d'entendre sans forcément être obligé ni de se défendre, ni de se justifier, juste de recevoir !

Claude Vézina. — C'est extraordinaire, ces moments de silence ensemble. Tantôt, on en a eu un long. C'est ce que j'apprécie. Tout à coup, j'ai l'impression d'être dans un champ et de courir.... Dans ma tête, je cours dans un grand champ de blé... Je n'ai aucune idée de quel côté la discussion va aller. Je me demande quelle sera la prochaine intervention. Et je me laisse aller là-dedans...

Thierry Pauchant. — Michel Serres[5] dirait que le dialogue suit le vol de la mouche... Elle a bien volé ce soir! Laissons-la se reposer pour un moment.

Dixième dialogue
La jeunesse dans le réseau : l'espoir du non-conformisme ?

(Long silence)

Thierry Pauchant. — Je suis sorti heureux de cette pièce, la semaine dernière, après notre dialogue. Je me suis senti heureux d'avoir pris le temps d'écrire les chapitres, d'avoir édité nos dialogues et d'avoir fait en sorte que ce livre puisse être publié et disponible pour d'autres personnes. Je suis sorti heureux parce que vous m'avez apporté tous et toutes beaucoup durant ces dialogues. Et, j'espère, pas seulement à moi, mais aussi au groupe, et peut-être à la société aussi... Cela m'a fait extrêmement plaisir de vous revoir après trois ans.

La semaine dernière, je regardais la face des gens qui ont quitté cette salle. Et j'ai vu des tas de sourires. Comme si les gens sortaient d'un cinéma après avoir vu un bon film, comme après un bon repas avec des amis, ou comme après une belle promenade dans la nature. Il y avait de la joie et de la vie.

(Silence)

André Savoie. — J'aimerais partager une expérience avec vous. Elle m'est arrivée le lendemain de notre dernier dialogue. J'ai été le témoin d'une situation un petit peu difficile. Les personnes que j'ai rencontrées m'ont parlé d'une situation particulière. Puis d'un coup, je me suis surpris en train d'écouter, sans utiliser mon vieux « stock » habituel de reformulation... Juste écouter. Et en écoutant, je voyais que les choses tombaient, comme empilées. C'était comme un puzzle, comme les pièces d'un puzzle qui se distribuaient tout d'un coup et tombaient, toutes seules, en place !

C'est une situation que je connais depuis quelque temps mais... elle est alors devenue encore plus claire. Les gens m'avaient auparavant tout dit ce dont j'avais besoin, mais je pense que je n'avais jamais vraiment écouté, juste écouté... Pour moi, je sais maintenant quoi faire dans cette situation, ce qui pourrait contribuer à son amélioration.

Cette expérience m'a fait penser à un texte de Maslow, *The Fear of Knowing*[1]. Quand ce texte fut publié, j'étais tout jeune et tout beau! *(Rires)* La façon dont j'avais compris ce texte à l'époque, c'était que la peur nous empêche d'agir. Par exemple, on a peur d'avoir le cancer, et on ne va pas voir le médecin. Mais cette situation m'a fait penser à une signification plus profonde. Dans cette situation, j'avais essayé de ne pas trop m'impliquer. J'essayais de garder mes distances. Mais là, en écoutant plus véritablement, je recevais l'information, je n'avais plus peur de cette information, la réalité n'était plus «énervante». Je n'avais plus peur de m'impliquer.

Je ne sais pas si cette attitude de «je ne suis pas dérangé par ce qui est dit parce que c'est la vraie vie» provient du dialogue. Mais je trouve cela fort, très fort. Il y a dans cette attitude, dans cette posture d'écoute, un côté désintéressé qui entraîne peut-être une grande compréhension... Il va me falloir réviser mes stratagèmes de psychologue... Ils sont toujours bons, mais...

(Long silence)

Pierre Beaulieu. — La semaine passée, j'ai assisté à une conférence qui m'a un petit peu bouleversé, je dois l'avouer, depuis une semaine. C'est bizarre, c'était aussi après le dialogue de la semaine dernière. J'avais, durant ce dialogue, de nouveau retrouvé beaucoup de plaisir à exercer le silence en groupe.

Durant cette conférence, le conférencier répétait constamment: «Je n'ai pas la vérité!» Cela m'a bouleversé, et je suis encore en train de réfléchir à la question... Il disait aussi: «Si vous n'avez compris qu'une seule chose, le fait que je n'ai pas la vérité, vous avez compris un tas de choses!»

Depuis ce temps, cela me tracasse. Dans la plupart de nos relations, nos communications avec les autres sont souvent motivées ou alimentées par un sentiment que nous avons «la Vérité». Et là, ce monsieur communiquait avec nous sur une base différente. Cette base remet en question la façon dont on se positionne par rapport aux autres, comment on traite les dossiers, comment nous traitons nos propres exigences...

Si je fais le lien avec le dialogue de la veille, cela revient à, comme le dit André, « entendre les autres », sans jugement, en recevant simplement une parole, en recevant une pensée.

Moi, je ne crois pas au hasard. Cela faisait 3 ans et demi que nous ne nous étions pas réunis ; on fait un dialogue jeudi soir ; moi, aussi, je quitte la salle avec un grand sourire ; et le lendemain matin, « oooops, je n'ai pas la vérité »...

(Silence)

Mireille Tremblay. — J'ai commencé à relire, cette semaine, nos dialogues d'il y a trois ans. Je n'aime pas retourner dans le passé ; je n'aime pas les albums de photos des enfants chez nous, parce qu'ils ont grandi. C'est « le fun » de les avoir maintenant, mais il y a toujours une nostalgie de regarder les choses du passé, de regarder des petits enfants qui n'en sont plus. Alors j'ai pris mon courage, et je suis en train de relire ces dialogues, à dose homéopathique... Et ce que je trouve, c'est qu'il y a de l'étrange et du familier. J'ai d'abord relu mes interventions pour voir si j'allais autoriser leur diffusion. Mais quand j'ai commencé à lire le texte, ces interventions se sont placées dans un contexte plus large. Et j'ai ressenti que je suis maintenant fort différente. Et pourtant, il y a quelque chose qui est encore très là.

En relisant mes propos, je me suis rendu compte qu'il y a beaucoup de choses que j'ai dites qui prennent du sens à travers les propos des autres personnes et qui sont, pour moi, extrêmement fondamentales. Et cela me surprend de répéter ces choses aujourd'hui. C'est comme si « je n'avais pas la vérité », mais que tout ce que je peux faire, c'est de chercher cette vérité. Il y a quelque chose de contemplatif là-dedans, et je trouve cela bien. Pas la vérité, mais sa recherche, dans l'écoute, le regard...

(Silence)

Aladin Awad. — Dans le cadre de mes études, j'ai eu l'occasion d'observer comment le réseau de la santé et des services sociaux se comporte dans des moments de situations extrêmes, comme des crises majeures. Ce que j'ai observé est très paradoxal. Les relations qu'entretient le réseau de la santé avec les autres partenaires sont souvent excellentes. Et pourtant, quand on regarde les relations entre les membres du réseau lui-même, on trouve que ces relations sont assez pauvres : beaucoup de problèmes d'interface, de coordination, etc. Ceci est un beau paradoxe. Je n'ai pas la même expérience que vous du réseau. J'aurais aimé vous écouter là-dessus.

Claude Larivière. — J'aimerais offrir un parallèle avec une situation qui occupe les médias déjà depuis de nombreuses semaines et qui n'a pas l'air de s'améliorer : la situation des infirmières. Vous savez sans doute qu'il y a actuellement des négociations difficiles dans au moins deux provinces canadiennes. J'ai entendu le premier ministre, je pense que c'était de la Colombie-Britannique, dire à la radio ce matin que, peu importe les mots d'ordre syndicaux, au fond, les infirmières ont « le sens du devoir ». Dans son discours, ce premier ministre insistait sur le fait que les infirmières accepteront bien de faire des heures supplémentaires pour se tenir au chevet des patients qui en ont besoin, un peu comme une situation de crise justifie qu'on fasse des efforts supplémentaires importants, pour que les choses qui doivent être faites soient faites, la motivation étant alors le sens du devoir, une éthique du devoir.

Je commence à penser que les gens ne sont pas plus enclins à la corvée que cela, et qu'un jour ou l'autre, la machine va craquer. Et effectivement, cette machine a besoin de beaucoup d'huile. Ceci explique, en partie, pourquoi les relations entre les différents groupes du réseau, à l'intérieur de cette machine, ne sont pas toujours aisées.

Jean-Pierre Gagnier. — Je vais partager une expérience personnelle, qui est en lien avec ce que j'ai entendu. Quand j'ai une présentation publique à faire, je me sens souvent « incomplet » ou pas assez outillé pour relever le défi. Je suis dans le doute, comme tout le monde, je suppose. Une des stratégies que j'ai utilisée, c'était l'agitation : me lever, déplacer des papiers, chercher la phrase qui va créer une différence...

J'ai essayé une autre stratégie. Le matin, au lieu de me lever, puis de brasser des papiers, je me mets volontairement dans un état « semi-comateux ». Je laisse flotter mon attention. La découverte que j'ai faite, en utilisant cette stratégie du « ralenti », est que je n'allais pas à cette conférence juste pour moi ! J'ai commencé à me demander : « À qui vais-je m'adresser ? Comment vais-je y arriver ? Quel est le but de cette activité ? »

Grâce à cette expérience de ralenti, je me suis rendu compte que, dans l'agitation, il n'y a pas beaucoup de place pour l'autre. Il n'y a que le moi qui se place au centre. Et ce n'est ni acceptable ni suffisant.

Thierry Pauchant. — Tu sais, Jean-Pierre, que nous sommes aujourd'hui le jour le plus long de l'année, et que c'est aussi le jour international de la lenteur ! *(Rires)*

Claude Vézina. — Pour en revenir au système de la santé, j'aimerais poser une question : est-ce qu'il existe des grandes entreprises performantes dans le monde qui changent les plus hauts dirigeants tous les deux ans et qui revoient totalement toutes les orientations tous les deux ans ?

Lorraine Brault. — Il me semble que cela revient à la stratégie de « l'agitation » ! *(Rires)*

Benoît Lecavalier. — Depuis que nous avons fait ces dialogues ensemble, je parle moins. J'écoute plus les autres. Je trouve aussi que cette « agitation », ce « rebrassage », amène les gens à s'écouter eux-mêmes, et non les besoins du système. Si ces personnes se mettaient plus en phase « semi-comateuse », j'ai l'impression que nous ferions de grands pas en avant.

Écouter, c'est aussi faire preuve de sécurité personnelle. Se replier sur soi dénote moins de sécurité. Ta stratégie, Jean-Pierre, est très puissante. J'aimerais qu'on ralentisse un peu toute cette agitation, toutes ces transformations multiples, et que l'on écoute plus les besoins.

(Silence)

Constance Lamarche. — J'ai travaillé avec des intervenants ce matin. Nous concluions la fin d'une sorte de dialogue. Et un de mes vieux rêves m'est revenu. J'ai toujours eu ce rêve, en tout cas depuis que je travaille dans le milieu de la santé. Je rêve d'aller kidnapper des dirigeants du système et de les ligoter pendant plusieurs heures, juste pour qu'ils écoutent les intervenants!

Thierry Pauchant. — ... Des états comateux... Des dirigeants ligotés... Nous avançons dans notre dialogue! *(Rires)*

Constance Lamarche. — Je sens une colère monter en moi quand je pense à la richesse des réflexions que l'on trouve à la base des organisations. Moi, je ne suis pas très surprise que le système tienne, même dans des moments de crise majeure, parce que les intervenants de la base sont en contact direct avec le client. Qui est le client des dirigeants?

Colette Talbot. — Je suis touchée par ce qui est dit. Je suis étonnée, aussi, ce soir, de notre capacité de silence. Il y a trois ans, nous étions effervescents. Il y a trois ans, nous avions «La Vérité». Nous voulions parler l'un par-dessus l'autre pour faire comprendre cette «Vérité».

Moi en tout cas, ce soir, j'ai comme le goût de dire, avec humour, que nous sommes trop vieux pour répondre à nos interrogations. Il faut aller avec des jeunes, qui, eux, vont penser détenir «La Vérité». Ces jeunes vont vous amener plein de réponses à ce qui devrait être fait.

Nous autres, il y a trois ans, nous y croyions plus que ça. Et nous n'avions pas encore fait, à l'époque, le deuil de plein de choses «qui ont pris le bord», des choses auxquelles on croyait. Alors, on parlait beaucoup. On pensait que les gens n'avaient pas compris. Ce n'est pas qu'ils n'avaient pas compris! Ils voulaient des choses différentes!

Je pense que, pour beaucoup d'entre nous, nous avons vécu un brassage de nos valeurs, une explosion. Des endroits ont été fermés, des endroits auxquels nous croyions, des endroits que nous avions bâtis... Nous avons eu alors l'impression que nos valeurs volaient en éclats et que nous allions éclater avec! Et maintenant, on se rend compte que, non, nous n'avons pas éclaté, et on a moins peur. On peut maintenant se dire entre nous: «Arrive avec ton stock, on va faire ce que l'on peut avec!» Le pire qui puisse arriver est que l'on soit incapable de faire quoi que ce soit. Je pense que pour la majorité des postes de haut niveau ou de direction, on se regarde aller avec le sourire. On essaye de faire le mieux possible avec nos croyances, avec nos valeurs, afin de répondre à ces intervenants qui ont l'âge — eux autres — de se battre, et qui vont amener des changements qui ne seront pas les changements qu'on aurait faits.

Je vous dirais bien honnêtement que je trouve savoureuse la réflexion du monsieur qui a dit de pas détenir « La Vérité ». Ce monsieur, il ressemble à Machiavel qui dit au prince : « Surtout, n'écoutez aucun conseiller. » Et puis, ensuite, il harangue les foules en disant « Venez m'écouter, je n'ai pas la vérité. » Et s'il est blâmé, il pourra toujours dire : « Je vous avais prévenu que je n'avais pas la vérité ! »

Enfin, je pense qu'une crise peut révéler beaucoup de choses sur l'humain en milieu de travail. Je me souviens que Serge Marquis avait dit, durant une conférence, que le personnel d'Hydro-Québec, avant la crise du verglas, cachait le logo de la compagnie sur ses vêtements, tant il avait honte de travailler pour Hydro. Cependant, durant la crise du verglas, cela devient fort différent. Ces mêmes personnes travaillaient 24 heures par jour ; elles n'étaient plus fatiguées et, quand elles entraient dans un restaurant, elles exhibaient leur logo.

Richard Lachapelle. — Ce que trouve intéressant, par rapport à la fierté du personnel d'Hydro-Québec, c'est que cette fierté a émergé d'un sens d'utilité envers sa clientèle. Dans le système de la santé, nous sommes souvent imputables à l'envers ! Nous sommes imputables envers le haut, alors qu'on devrait l'être envers le bas ! Nous sommes, par exemple, imputables envers les régies, envers les conseils d'administration, les régies régionales, le gouvernement, alors que nous devrions être imputables envers nos clients. Si nous étions directement imputables, il y aurait un sentiment de fierté, il y aurait du sens.

Thierry Pauchant. — C'est très documenté qu'une crise dynamise un système[2]. Durant une crise, souvent les personnes deviennent plus solidaires et se concentrent à « sauver le système ». Ce phénomène a été observé de multiples fois. Les gestionnaires, d'ailleurs, regrettent ces moments, car durant une crise, malgré les difficultés, la motivation des personnes est très supérieure à la moyenne.

Le problème est que les êtres humains ne peuvent fonctionner à ce rythme très longtemps. Ils tombent malades ou ils meurent. Dans ce sens, les valeurs peuvent jouer à double sens. Si une personne dans le système de la santé est très dévouée, elle pourra aller jusqu'à l'épuisement afin de tenter de sauver le système ou d'aider un patient. Il ne faut pas confondre « vocation » et « dévotion »...

Colette Talbot. — Mais pendant la crise du verglas, les gens de la santé n'ont pas été reconnus comme les gens d'Hydro. Les gens d'Hydro ont été accueillis en tant que héros. Ils ont reçu des applaudissements quand ils reconnectaient les fils. Mais les gens du réseau n'ont vécu qu'une surcharge. Je ne me rappelle pas les avoir vus applaudis.

Lorraine Brault. — Par la suite, il y a eu beaucoup de remerciements. Là où il y eu le moins de remerciements, c'est peut-être envers les dirigeants. À un moment donné, ils se sont comme sentis... oubliés.

Pierre Beaulieu. — Mais cela fait au moins six ans que nous sommes en crise ! Nous avons eu de quoi nous mobiliser au maximum ! *(Rires)* Existe-t-il un moment où la crise ne mobilise plus, si elle dure trop longtemps ?

Claude Vézina. — Je suis tout à fait d'accord pour dire qu'effectivement, une crise intense mobilise. En même temps, quand je regarde les crises qui s'éternisent, comme, par exemple, la situation des infirmières, celle des urgences, etc., il me semble que ces situations extrêmement difficiles doivent miner. Je ne travaille pas à l'urgence. Mais il me semble qu'à la longue, cela doit être minant intérieurement.

Benoît Lecavalier. — Une collègue me disait que les infirmières de son urgence sont des « super-women » qui « carburent » à l'urgence. C'est une question de personnalité. Certaines personnes se sentent à l'aise dans ces environnements, d'autres non.

Claude Larivière. — Il y a un côté stimulant, motivant, dans l'urgence : cela donne du sens et de l'utilité au travail que l'on fait ; le travail est de plus apprécié, car il est généralement efficace ; et puis le travail d'équipe en urgence est très stimulant. Mais il existe une limite à l'énergie. Il faut ralentir à un certain moment donné.

Constance Lamarche. — Cela dépend peut-être des milieux. Je pense, par exemple, aux personnes âgées, aux personnes déficientes intellectuelles, qui sont des clientèles très captives dans le réseau, et qui aimeraient un peu d'«agitation». La lenteur s'est installée insidieusement dans ces milieux! Et on peut questionner la qualité des services offerts. Il y a naturellement moins de mouvements avec cette clientèle. Il existe une «chronicité» aussi, je ne sais pas comment dire. Ces milieux manquent d'«oxygène». Il y a beaucoup de personnes qui sont en manque de «carburant»: il n'y a pas d'urgence; on attend la mort; ou on est en train d'essayer de s'organiser autour d'un projet de vie tant bien que mal, mais ce n'est pas «curatif». Ce ne sont pas des milieux où l'on peut prodiguer des soins spectaculaires et même efficaces à court terme. C'est une autre dimension de la santé qui est souvent mise de côté.

Jean-Pierre Gagnier. — Et, de plus, quand on met l'accent sur la crise du réseau, qui est réelle aussi, on arrive très difficilement à investir dans des façons différentes d'agir.

Par exemple, les soins à domicile reçoivent actuellement des *peanuts* par rapport à l'ampleur des besoins à combler. Je pense que la dénonciation continuelle de la crise qui sévit dans le réseau sert aussi d'abri pour camoufler la difficulté à investir dans d'autres formes de pratique. Dans le réseau, il existe de nombreux enjeux qui sont laissés dans l'ombre actuellement, alors qu'ils devraient être en pleine lumière. Il y a, aussi, de nombreuses promesses non tenues. L'exemple du peu de moyens accordés aux soins à domicile en est une illustration.

Claude Larivière. — Et, malheureusement, la situation s'empire. Je me souviens, par exemple, d'un très beau CHSLD, en 1997-1998. Pas beau seulement par ses bâtiments mais un beau centre avec un bel esprit d'équipe, une belle atmosphère, une bonne mobilisation du personnel...

Et puis, progressivement, avec les coupures budgétaires et avec l'alourdissement de la clientèle, qui, évidemment, ne récupère pas puisqu'elle vieillit, l'état de ce centre s'est dégradé. À l'époque, j'aurais été tout à fait à l'aise, si le besoin s'était présenté, d'y placer mes parents. Aujourd'hui, le personnel court et offre des services minimaux qui me heurtent au plan de l'éthique. Et ce n'est pas la faute du personnel! C'est plutôt une détérioration progressive...

En 1997-1998, ce centre était clairement meilleur que beaucoup d'autres. Je me demande ce que sont devenus les moins bons...

Colette Talbot. — Il me semble que l'aspect financier des choses explique en grande partie le fait que les urgences n'arrivent pas à sortir de leur crise. On peut utiliser le système de la santé autant de fois qu'on le désire. Mais si le système nous fait attendre six heures à chaque fois que nous venons y chercher des services, cela fait réfléchir de nombreuses personnes. C'est peut-être un moyen de créer un entonnoir, sans le dire réellement, dans le but que les personnes demandent moins de services! S'il y avait autant d'infirmières qu'on en avait besoin, autant de médecins qu'on en avait besoin, considérant la façon actuelle avec laquelle on pratique la médecine, la facture serait salée! Il faut, peut-être, regarder la façon dont on organise les soins. On aurait, alors, moins besoin de créer des entonnoirs.

Je me souviens d'un cas que j'ai étudié durant mes études de M.B.A. Ce cas se passait dans un laboratoire d'analyse, situé dans un hôpital. Il n'existait qu'un téléphone pour que les personnes puissent prendre rendez-vous. Quand la préposée au téléphone prenait sa pause, personne ne répondait au téléphone... Un jour, des personnes du privé ont suggéré de rajouter des téléphones et de permettre à d'autres personnes de répondre. Les personnes du secteur public s'y sont opposées en disant: «Le jour où on va rajouter des téléphones, cela va coûter plus cher à l'hôpital, car nous allons faire plus d'analyses.» Ce à quoi les gens du privé ont répondu: «C'est complètement à l'envers votre système! Nous autres, le jour où une telle demande s'exprime, on rajoute des téléphones, on charge et on fait plus d'argent!»

Ce n'est qu'un cas un peu simpliste. Mais il illustre bien la différence qui existe entre ces deux systèmes. Pourquoi laisse-t-on la situation se détériorer avec les infirmières? Pourquoi ne change-t-on pas nos façons de faire? Pourquoi n'existe-t-il pas d'entente avec les syndicats pour simplifier les listes de rappel? Pourquoi le système est-il tellement compliqué que personne ne s'y retrouve? Pourquoi des infirmières démissionnent-elles quand elles ne peuvent pas obtenir le poste qu'elles demandent? Je dirais, en grande partie, afin d'empêcher que le système fonctionne trop bien, ce qui coûterait beaucoup trop cher! Il nous faut rentrer dans des budgets qui n'augmenteront pas!

Ce n'est pas très philosophique ce que je dis, j'en conviens. Mais c'est pour moi une réalité terre à terre. Et cela explique aussi pourquoi un patient attend 24 heures sur une civière, dans un couloir... Ceci, bien sûr, n'est pas très éthique. Cela prendrait une réflexion de fond pour pouvoir faire différemment. Dans nos dialogues, il y a trois ans, nous avons discuté de la question de l'universalité des soins, des différences existant entre le privé et le public, etc. Il faudrait aller au fond de ces questions. Le problème, pour moi, n'est pas seulement de « changer les dirigeants ». Le problème est un problème d'idéologie politique.

Benoît Lecavalier. — Moi, j'ai de la difficulté à penser que l'engorgement des urgences est quelque chose de planifié. Cela me semble très machiavélique comme explication ! Je pense plutôt que cette situation provient d'une convergence de situations, comme le contexte économique, l'interrelation d'actions qui ont été prises de bonne foi, etc.

En fermant des hôpitaux à Montréal, on pensait que c'était une bonne façon de déplacer des budgets pour les investir ailleurs... Et ces fermetures ont eu des effets peut-être mal estimés par des dirigeants... Mais de là à les ligoter pour les faire avouer leurs crimes ! D'ailleurs, il faudrait tous nous ligoter dans cette pièce, car nous sommes tous dans des postes qui ont une certaine influence. *(Rires)* Non, ce n'est pas un de mes fantasmes... *(Rires)*

Claude Larivière. — Et pourtant, je pense que nous avons la marge de manœuvre. Je vous donne un exemple. J'étais sur le jury d'une thèse de doctorat en administration de la santé. Cette thèse fait l'analyse de l'utilisation du budget de deux hôpitaux montréalais à travers le temps. Quand on regarde la façon dont le budget est utilisé autour de 1987, puis en 1997, on se rend compte que la masse monétaire mobilisée par les heures rémunérées non travaillées passe de quelque chose comme 13 % en 1987 à 23 ou 24 %, en 1997 ! Et nous touchons ici au gros du financement des établissements. On sait que les rémunérations tournent autour de 75 à 80 % des budgets des établissements.

Cette augmentation traduit, bien sûr, une détérioration de climat, incluant une détérioration de la santé physique, mentale, etc. Évidemment, il existe de nombreuses raisons pour être rémunéré et ne pas travailler : la maladie, les libérations syndicales, etc. Mais si nous réussissions à diminuer de façon importante ces budgets, nous aurions la marge de manœuvre financière dont nous avons besoin pour améliorer notre réseau de service à la population.

(Silence)

Constance Lamarche. — J'aimerais donner un exemple sur comment, parfois, on manipule la motivation des personnes. Je suis intervenue auprès d'intervenants qui travaillent en santé mentale. Ils se voyaient dans l'obligation de donner un service en situation de crise, 7 jours sur 7, 24 heures par jour. La plupart des intervenants ont travaillé volontairement et se sont organisés. Plusieurs intervenants étaient intéressés à s'impliquer, d'autres moins, certains étaient tout près de la retraite.

À un moment, l'établissement a décidé d'obliger tous les intervenants à s'engager dans ce nouveau programme. On peut sûrement expliquer pareille décision. Il y avait sûrement des contraintes. Quelque chose s'est sûrement passé dans cette organisation pour que cette décision soit prise. Mais l'effet que cette décision a eu sur les intervenants fut très démobilisateur. Et l'effet sur la clientèle s'en est ressenti.

Même si les intervenants qui n'étaient pas mobilisés faisaient leur possible pour apporter leur contribution, ils naviguaient entre de l'agressivité à l'égard de leur organisation, de la colère, de la compassion envers la clientèle, mais aussi avec une peur d'intervenir, pour toutes sortes de raisons. Par exemple, quand on travaille dans ces services, on doit travailler la nuit, où il n'y a pas beaucoup de ressources, où il faut se débrouiller avec les moyens du bord, etc. Tout le monde ne peut pas bien travailler dans ce contexte-là.

Sans blâmer les dirigeants, j'ai pu constater la rage, le désarroi et aussi la démobilisation des intervenants sur le terrain. C'est cela qui m'a frappée beaucoup. Le fait que les gens se sentaient manipulés en se disant : « Ce qui me choque le plus, dans le fond, c'est de me faire manipuler. Je vais faire "la job", de toute façon . Et ils savent que je vais la faire. »

Cette situation m'a chavirée. Je me demande comment on se parle au sein de ces organisations. Lorsque j'occupais des postes de direction, même avec la meilleure volonté du monde, je générais, sans le vouloir, des critiques. Il me semble maintenant qu'il n'y avait pas suffisamment de mécanismes de communication pour rallier les intervenants sur des valeurs ou même des orientations qui les concernent directement.

Le plus triste, c'est le sentiment des intervenants à la base de ne pas être pris en compte ; la perception qu'ils ont de ne pas être inclus dans la définition des services qu'ils offrent à la clientèle en difficulté. Parce que ce ne sont pas les dirigeants qui offrent les services. En tout cas, moi, quand j'étais directrice, ce n'est pas moi qui donnais les services à la clientèle. Et ce sentiment de ne pas être pris en compte n'est plus toléré aujourd'hui.

Thierry Pauchant. — Je me souviens que, dans nos dialogues d'il y a trois ans, nous nous interrogions sur le système à deux vitesses. Et pourtant, si un système arrive à se « brancher sur le client », c'est bien le privé. Le problème, souvent, est le manque de valeurs dans ce système. Si le client est vu comme important, c'est d'une façon utilitariste. Je grossis le trait, bien sûr, mais vous comprenez ce que je veux dire. Comment pourrait-on faire dans le secteur public pour être « branché sur le client », pour pouvoir bâtir sur ces motivations généreuses évoquées par Constance, sans, toutefois, être utilitariste envers les clients ni exploiter les intervenants ?

Claude Vézina. — Est-ce que le système privé est plus « branché sur le client » que le système public ? Je ne le crois pas. Par contre, dans le système public, nous avons un gros handicap : le changement abusif de nos têtes dirigeantes.

Dans le système de la santé, nous avons eu 5 ministres en 10 ans ! Et quand ce ministre arrive, habituellement trois mois après, c'est le sous-ministre en titre qui part. Et quand arrive un nouveau sous-ministre en titre, trois mois après, c'est tous les sous-ministres adjoints qui partent. Et trois mois après, c'est tous les directeurs qui partent... Il vient alors de s'écouler 12 mois. Au bout d'un an, tout ce beau monde commence à comprendre ce qui se passe et quoi faire, mais il ne lui reste qu'une année avant que les chaises musicales ne recommencent... Un nouveau ministre, un nouveau sous-ministre, etc.

On a parlé tout à l'heure des urgences. Ce qui m'a le plus frappé dans la réforme Rochon, c'est qu'on n'a pas fermé que des hôpitaux, mais aussi beaucoup d'étages d'hôpitaux. Et aujourd'hui, les 200 lits fermés sur les étages sont rendus avec les civières sur le premier plancher, à l'urgence. On a tout simplement descendu les lits des étages sur le premier plancher. Et les conditions de soins se sont détériorées. Actuellement, quand ça va bien, les urgences sont utilisées à 160 % du taux d'occupation normal, d'après le baromètre publié dans *La Presse*. Pour nous, nous commençons à parler d'une crise quand nous atteignons les 200 % !

Mais s'interroge-t-on sur la condition des personnes qui sont prises en otage dans ces situations ? Si une surcharge de 150 ou de 160 % est considérée comme « normale », on a un gros problème ! Où sont les personnes qui ont besoin de soins entre une heure et trois heures et demie ? Certainement pas à domicile. Pour ceux et celles qui peuvent payer, ils sont dans des résidences privées. Ils paient pour la totalité des services dont ils ont besoin.

Thierry Pauchant. — C'est Karen Horney qui disait, au début du siècle dernier, que l'un des problèmes, dans notre société, est qu'on s'évertue à « normaliser la pathologie[3] ». Dans ce cas-ci, on normalise le taux de débordement de 160 % dans les urgences, au lieu de se poser des questions sur ce qui motive ces débordements. Mais commencer à dénoncer la pathologie est très demandant. Cela demande beaucoup d'énergie et de courage. Le système culturel dominant poussant à normaliser la pathologie, ceux ou celles qui résistent vont être perçus comme « hors norme », « hors culture », et vont être, souvent, rejetés.

Claude Vézina. — Ce qu'il y a d'étonnant est que lorsque le mur de Berlin est tombé et que nous avons commencé à avoir des images des pays de l'Est, nous étions scandalisés de voir comment cela se passait dans leurs hôpitaux. Dans des grands dortoirs, tout le monde était allongé, les uns à côté des autres.

Mais quand on regarde nos images des urgences, aujourd'hui, il n'y a pas grande différence. La seule différence, c'est qu'au lieu d'être dans un grand dortoir toutes l'une à côté de l'autre, les civières sont, chez nous, et à la longueur des corridors, toutes les unes après les autres ! *(Rires)*

Mireille Tremblay. — Il y a, par rapport au débat entre le secteur privé et le secteur public et leur relation avec le public en général, la notion que le secteur privé a un rapport avec un client qui paie. Mais le client, même dans le secteur privé, n'a que peu de pouvoir s'il a affaire à une très grosse entreprise. Le rapport de force est tellement minimal que la grosse entreprise peut l'exploiter, sans autre base de valeurs.

Par exemple, on peut attendre une heure et demie au téléphone avec Vidéotron, aujourd'hui, pour avoir un service. J'ai fait l'essai dernièrement et je me suis fait dire : « Ce n'est pas grave d'attendre une heure et demie pour avoir un service de Vidéotron, parce que l'entreprise est tellement populaire qu'elle n'est pas capable de répondre à la demande. »

Le rapport à la clientèle, dans le secteur privé, est un rapport où le client est très isolé. La notion de clientèle, dans le secteur public, est fort différente. On parle alors de « solidarité ». Et cette solidarité est une négociation qui se fait finalement vis-à-vis de l'État. C'est l'ensemble de la population qui doit décider si oui ou non cela va prendre du temps pour rentrer à l'urgence. Déjà, durant la réforme de 1995, on parlait de « dérive individualiste ». On disait, par là, qu'on avait perdu la notion de solidarité et de collectivité et que l'efficacité faisait en sorte que c'était toujours rien qu'une personne qui était malade, une personne qui était sur une civière, etc. Quand on dit aujourd'hui « le malade au centre », on pense à « l'individu au centre ». Mais, en faisant cela, on perd la notion de solidarité, de collectivité, de sens du groupe, d'interactions.

Cette notion d'« interaction » se perd aussi quand on met trop l'accent sur l'écoute ou sur la parole. Ce qui m'intéresse, ce n'est pas tant d'écouter ; ce qui m'intéresse, ce n'est pas tant de parler ; ce qui m'intéresse, c'est d'échanger, c'est d'être en interaction.

Souvent, on aime bien les situations fort claires : écouter, c'est mieux que parler ; parler, c'est mieux que se taire ; le public, c'est mieux que le privé, etc. Mais souvent, les situations ne sont pas si claires que cela, et on a besoin des deux : écouter et parler ; public et privé, etc.

Thierry Pauchant. — Tout à l'heure, André a partagé avec nous une histoire merveilleuse où, pour la première fois, il a compris ce qu'il fallait faire dans une situation parce que sa lecture de la réalité était moins influencée par l'imposition de sa propre personnalité, de ses propres schèmes, concepts, etc.

Nous avons fait ensemble 10 dialogues sur la situation du système de la santé et des services sociaux. Peut-on dégager des lectures et des stratégies différentes qui permettraient d'accepter plus les zones « moins claires » dont nous parle Mireille ?

Benoît Lecavalier. — Moi, je dirais qu'il faut développer les dialogues dans le réseau. Ces dialogues m'ont permis de mieux lire ce qui se passait, car j'écoute plus.

Par exemple, je suis toujours interpellé quand j'entends dire qu'« un directeur, ça n'écoute pas » et que « la base sait ce qu'il faut faire ». Je suis un directeur, et j'écoute beaucoup. Je sais que nous manquons d'infirmières ; je sais que je dois introduire des nouveaux corps d'emplois ; je sais que je dois changer les ratios infirmières/patients, etc. Mais quand je parle, par exemple, à des intervenants syndicaux, ils parlent encore de défendre des acquis…

Il faudrait que ces cercles de dialogue soient disponibles à toutes les catégories de personnel, pour qu'on puisse développer une lecture commune des choses. Je trouverais cela vraiment intéressant que, dans notre réseau, le dialogue se développe plus. Ce que nous vivons dans les urgences actuellement, ce n'est que la pointe de l'iceberg. Avec les courbes de population à venir, si on ne reconfigure pas fondamentalement les façons de voir et de travailler, on va frapper un mur. Durant ces dialogues, il faudrait traiter de ces affaires avec des intervenants qui ont d'autres points de vue.

Je ne peux avoir un effet sur le système ; mais j'ai un effet dans mon environnement immédiat, dans mon organisation. Et pour nous sortir de la crise où nous sommes, je pense que le dialogue peut nous aider beaucoup.

Claude Larivière. — Il me semble qu'il y a quelques années, on avait mis à l'agenda public la nécessité d'avoir des négociations et des échanges sur la réorganisation du travail. Voilà un chantier qui a été annoncé mais qui n'a jamais vraiment vu le jour. Je me souviens d'une rencontre, avec André Savoie, où nous avions rencontré des dirigeants syndicaux, pendant plusieurs heures, et ce, à leur demande. Ils étaient tout à fait conscients d'un certain nombre de problèmes et tout à fait désireux que s'ouvre un espace de dialogue.

Mireille Tremblay. — Il faudrait, aussi, encourager la démocratie dans le réseau. J'ai lu dernièrement un article d'une association canadienne de directeurs sur la gouvernance des grandes entreprises. Dans cet article, ils donnaient le conseil qu'un conseil d'administration devait se réunir de temps en temps sans le directeur général, afin de diminuer son contrôle et d'être plus à l'écoute des actionnaires. En lisant cela, je ne pus m'empêcher de penser que ces personnes du secteur privé ont une volonté plus démocratique que monsieur Trudel dans le secteur public, qui désire abolir les liens entre les conseils et la population. C'est le monde à l'envers !

Il y avait aussi un discours qui émergeait, durant les compressions budgétaires de 1997, sur la nécessité du retrait de l'État. Aujourd'hui, la Banque Mondiale nous rappelle que pour conserver un équilibre politique, lui-même nécessaire pour l'intérêt financier, il y a nécessité du partage des richesses et nécessité que les gens aient accès aux services sociaux et de santé. De nouveau, le monde à l'envers...

Claude Vézina. — On peut aussi se poser la question si tout le réseau ou le système ne devrait pas avoir un « projet ». Il me semblerait plus judicieux que le gouvernement, au lieu de se concentrer sur des réformes de structures, cherche à mobiliser le réseau autour d'un projet, et le laisse se restructurer lui-même.

Le Conseil du trésor, l'an dernier, a négocié directement avec les deux syndicats du réseau. De ce fait, il a contrôlé immédiatement 80 % de toutes les dépenses du système et enlevé autant de responsabilité aux gestionnaires et aux employés du système.

Claude Larivière. — Malgré les sons de cloche un peu pessimistes que nous diffusons ici, il reste qu'il existe de nombreuses expériences significatives qui se poursuivent, souvent sur des bases volontaires, avec des leaderships locaux, et qui aboutissent à des meilleures collaborations entre certains intervenants, certains établissements. J'observe aussi une prise de conscience que le style de gestion autoritaire n'est pas très efficace. Et j'observe également que les jeunes, qui ne sont que peu représentés dans ce cercle de dialogue, commencent des carrières fort intéressantes dans le réseau. La situation change beaucoup actuellement et je fais confiance à notre relève.

Constance Lamarche. — Le sourire, Thierry, que tu as vu sur nos visages la semaine passée, en sortant de cette salle, est le sourire de gens qui prennent plaisir à se retrouver et qui prennent plaisir à dialoguer ensemble. Je ne pense pas que le réseau aille beaucoup mieux aujourd'hui, comparé à 1997. Mais peut-être existe-t-il aujourd'hui une possibilité de se parler un peu plus. J'espère que le réseau va s'ouvrir à une formule de dialogue. J'ai toujours cru que le slogan d'une entreprise connue, « On est six millions, il faut se parler », devrait être un slogan politique !

Colette Talbot. — Il est possible de dire, aussi, que si le système ne va pas mieux, nous le prenons peut-être aujourd'hui de façon moins personnelle. Cela va peut-être nous permettre d'envisager les choses plus sereinement pour entrevoir des solutions. Peut-être que les gens qui avaient bâti ne voulaient pas débâtir...

Finalement, c'est encore l'optimisme de la jeunesse, les gens nouveaux qui vont arriver dans le réseau, qui vont être capables de développer de nouvelles choses. J'aime bien la petite phrase : « Elle ne savait pas que c'était impossible, et elle le fit. » La jeunesse va peut-être ne pas savoir que c'est impossible de bien gérer le réseau et elle va le faire !

Benoît Lecavalier. — J'espère que les jeunes vont bien faire avec nous aussi, parce qu'on en a encore peut-être pour 20 ans à travailler dans le réseau. La combinaison des énergies sera importante.

(Silence)

André Savoie. — Il y aura bientôt trois ans, il m'a été donné l'occasion de faire une petite enquête auprès d'une vingtaine d'établissements du réseau de la santé, ici, à Montréal, sur les modes de gestion mobilisateurs. À ma grande surprise, j'ai découvert des institutions qui vont très bien. Elles sont dirigées par des « rebelles », au sens que ce sont des gens qui défendent des idées, qui ont une mission qui est la même que les autres, mais une vision particulière, qui génère du sens. Ce que j'ai vu dans le réseau s'apparente très bien à ce que j'ai vu dans le secteur privé en termes de façons d'engager les gens, de vivre avec eux pour faire des choses qui sont significatives et collectives.

Je ne connaissais pas ces exemples quand nous avons commencé nos dialogues. C'est en cours de route que je les ai découverts. Il se fait en fait des choses remarquables! Cela n'implique pas que tout va bien, car il existe des batailles continuelles pour maintenir une croyance, pour vendre une réalité. Mais des établissements se distinguent nettement. Ils sont dirigés par des gens qui sont en place depuis 10, 15 ans, et qui n'ont jamais lâché.

Thierry Pauchant. — Dans le secteur privé, un grand nombre de ces organisations sont dirigées par le principe appelé «leadership par les valeurs» ou «leadership centré sur les valeurs[4]». J'ai toujours cru que ce principe devrait être au cœur des préoccupations du réseau de la santé.

Claude Vézina. — Cela existe dans certains établissements, mais le problème est que ça n'existe pas encore en tant que système. Et c'est là la difficulté. Cela prend des «rebelles», comme l'a dit André, pour pouvoir actualiser cette vision des choses.

Pierre Beaulieu. — Finalement, on peut peut-être éviter d'être attaché par Constance! *(Rires)*

Jean-Pierre Gagnier. — J'aime bien la notion de «valeur». Une de mes craintes est que le réseau se réduise à la spécialité. Je comprends que la spécialité doit avoir sa place. Mais ce que nous faisons en tant que réseau de services est plus qu'une addition de «spécialités». Il faut aussi questionner la valeur accorder au «prendre soin». Comment performons-nous dans des choses simples? Comment les gens sont accueillis, comment ils sont reçus, rassurés, informés? En milieu universitaire, où je travaille depuis plusieurs années, la valeur accordée à l'enseignement, aux étudiants et aux rapports établis entre eux demeure tout aussi cruciale.

Thierry Pauchant. — La «gestion centrée sur les valeurs» ou le «leadership de grande valeur» tente d'accomplir cela. Et certains jeunes de 20-25 ans semblent fort sensibles à cette façon de gérer. Ceci est d'autant plus important que le réseau de la santé et des services sociaux est l'un des baromètres éthiques les plus importants dans notre société. Mais cela devra être abordé dans un autre dialogue, car le nôtre tire à sa fin. Je nous donne donc rendez-vous, peut-être, dans ce monde meilleur!

Conclusion

Vers des communautés
éthiques par le dialogue

THIERRY C. PAUCHANT

Dans cette conclusion, je propose que la quête du sens est une quête éthique et je présente les fondements de l'«éthique du dialogue». En premier, je décris l'engouement actuel pour l'éthique en organisation, et particulièrement dans le secteur de la santé, et propose des définitions qui différencient la déontologie, la morale et l'éthique. Je présente ensuite, dans un modèle en forme de toupie, les fondements de l'«éthique du dialogue», soit la théorie des «parties prenantes» et la théorie des «niveaux de conscience». Enfin, je propose que la pratique du dialogue démocratique est particulièrement adaptée aux contextes québécois et canadien.

Les dialogues sur la quête du sens inclus dans ce livre

Comme il a été suggéré dans l'introduction générale, je n'offrirai pas ici une synthèse des dix dialogues inclus dans ce livre. La quête du sens dans les organisations a été étudiée de différentes manières. Par exemple, Studs Terkel, récipiendaire d'un prix Pulitzer, a retranscrit des entretiens qu'il a faits avec des personnes racontant leur travail. Michael Maccoby, professeur à l'Université de Harvard, a conduit des enquêtes et des entrevues à partir desquelles il a dégagé une typologie de différents caractères et valeurs chez des gestionnaires. Estelle M. Morin, professeure aux HEC à Montréal, a mené des enquêtes au moyen d'entretiens semi-directifs et de questionnaires, sur le sens du travail et ses relations avec la santé mentale et l'engagement organisationnel[1] dans le réseau de la santé et des services sociaux Toutes ces méthodologies ont leur mérite.

Le processus que nous avons adopté et discuté dans ce livre, le dialogue démocratique, est cependant différent. Le but du dialogue démocratique n'est pas d'évoquer, ni de classer, ni de mesurer, ni de prédire. Son but est plutôt d'assister le développement de la conscience des personnes tout en permettant au groupe d'inventer des actions collectives porteuses de sens. Cette pratique repose sur l'expérience concrète qu'a chaque participant des thématiques abordées dans le cercle de dialogue et des échanges authentiques offerts dans une communauté riche en diversité. Comme nous le verrons ci-dessous, la quête de sens est une quête éthique et la pratique du dialogue mène à l'émergence d'une éthique collective que j'appelle « l'éthique du dialogue ». Pour comprendre ce processus, il nous faut saisir ce que recouvre la notion d'« éthique ».

L'impératif de l'éthique

Signe de notre temps, les titres sur le sujet de l'éthique en affaires et dans les organisations en général prolifèrent dans les revues professionnelles ou savantes[2]. Plusieurs revues sur l'éthique ont d'ailleurs été lancées et des instituts de recherche et de formation ont été mis sur pied à travers le monde[3]. Nombreuses sont les entreprises et les organisations, dans tous les secteurs d'activités, qui ont adopté un code d'éthique et de déontologie. Des firmes-conseils, comme Arthur Andersen, PriceWaterhouseCoopers ou KPMG, offrent des services d'assistance dans la formulation d'un code d'éthique ou de déontologie.

Pour des raisons très diverses, les préoccupations éthiques sont de plus en plus présentes au sein des entreprises, des organisations publiques et des gouvernements. Ces raisons incluent :

— L'émergence de scandales, comme le cas de Nike qui exploitait le travail des enfants; de catastrophes naturelles, comme le déluge du Saguenay ou la tempête de verglas; de crises industrielles, comme le cas de l'Exxon Valdez; de crises sociales, comme l'augmentation de la précarité du travail pour une partie grandissante de la population; ou d'actes terroristes, comme la tragédie du 11 septembre 2001.

— La place grandissante que prennent les organisations économiques dans la vie quotidienne: 1995 fut, à cet égard, une année charnière durant laquelle 51% des plus grandes puissances économiques du monde furent des entreprises privées, et non plus des nations comme autrefois.

— L'accélération des innovations scientifiques, comme la biogénétique ou le clonage, dont la vitesse et les impacts dépassent largement nos avancements en droit et en éthique, et qui peuvent générer des catastrophes à l'échelle planétaire.

— La remise en question des valeurs acquises et la sécularisation des sociétés, qui sacrifient parfois le bien commun pour protéger les libertés individuelles.

— L'accroissement du pouvoir des groupes de lobbying qui travaillent à la réalisation de leurs projets corporatistes.

— L'augmentation de la fréquence des questions morales et existentielles chez les gestionnaires de haut niveau, des personnes qui ont pourtant du pouvoir, du statut et du prestige, mais qui ne peuvent s'empêcher de se demander: « Est-ce là le sens de la vie ? »

— Et beaucoup d'autres raisons.

Il y a quelque temps encore, l'éthique était conçue comme une vertu *individuelle*. Aujourd'hui, elle est aussi considérée comme une discipline *organisationnelle*, requérant de nouvelles pratiques de gestion dans les organisations privées, publiques ou associatives. Dans le système de la santé, par exemple, les décisions touchant l'accessibilité des soins sont du domaine de l'éthique, car elles révèlent nos valeurs les plus profondes quant aux personnes qui peuvent ou ne peuvent pas recevoir des soins et quant à la nature des soins prodigués. En aucune façon ces décisions ne peuvent être impartiales, ni neutres; elles dépassent les considérations strictement économiques, politiques ou même médicales. Les décisions prises dans le système de la santé et des services sociaux sont d'ailleurs d'excellents révélateurs des valeurs actives au sein d'une société, et c'est pour cela que nous pouvons dire, comme je l'ai expliqué dans l'introduction de ce livre, que le système de la santé est l'un des plus importants « baromètre éthique » de notre société.

L'éthique est devenue un *impératif stratégique* dans les organisations en général, comme l'a proposé John Dalla Costa, un consultant de Toronto. Dans son ouvrage, *The Ethical Imperative*, il relate le cas de Nike. Bien que cette société soit considérée comme un succès en raison de sa croissance fulgurante, ayant dépassé des géants comme Adidas, l'exploitation des employés et employées par ses sous-contractants, en Corée et en Chine, a provoqué un scandale et fait l'objet de plusieurs dénonciations dans le monde entier. Les principaux gestionnaires de Nike se sont trouvés dans l'obligation de conduire une vérification interne et de faire des changements majeurs, sous la supervision d'Andrew Young, ancien ambassadeur aux Nations Unies. Il est certain que la légitimité sociale de cette entreprise a été affaiblie.

Il est important de souligner que les gestionnaires de Nike ont longtemps dénié ces pratiques immorales, tout comme l'ont fait d'autres gestionnaires, dans d'autres entreprises, avant de devoir rendre des comptes publiquement[4]. Malheureusement, ce n'est souvent qu'à la suite de pressions exercées par différents « groupes d'intérêts » ou « parties prenantes » (*stakeholders*, en anglais), dénonçant ces pratiques sur la place publique, que des gestionnaires se voient forcés de rectifier ces pratiques. Parmi les groupes dénonciateurs, on pouvait compter, dans le cas de Nike, des groupes défendant les droits humains, des médias tels que *Newsweek* et *NBC*, des associations de consommateurs, des Églises américaines et canadiennes, et même des actionnaires de l'entreprise. Ce cas démontre bien que l'impératif de l'éthique en organisation, dans un monde de plus en plus global et interrelié, n'est pas une utopie, mais un impératif stratégique : même une organisation de la taille de Nike doit tenir compte des intérêts de plusieurs « parties prenantes », en plus des principaux actionnaires ou de la direction générale, sous peine de perdre sa légitimité sociale. Il en va de même pour l'ensemble des organisations dans le monde : aucune ne peut assurer sa pérennité et son développement en ne prenant en considération que ses intérêts financiers. D'autres considérations sont tout aussi importantes, comme les intérêts sociaux, environnementaux, éthiques, légaux, familiaux, psychologiques, culturels, etc. Tous ces intérêts sont d'ailleurs mis en jeu dans les pratiques organisationnelles. Comme l'a écrit Dalla Costa :

> Même si l'éthique émerge de croyances personnelles profondes, la valeur de l'engagement éthique se concrétise seulement à travers ses effets sur la société et les autres. Ceci a toujours été vrai, mais dans les contextes de l'économie et la sensibilité globale, le gouffre entre le soi et la société n'a jamais été aussi profond. Notre paradoxe est celui de l'«intimité universelle» dans laquelle le construit éthique n'est plus limité au «Je» et au «Vous» divin, ou au «nous» et «eux», mais doit embrasser le «nous» le plus englobant. Concrètement, cela signifie que les problèmes de Nike sont nos problèmes. Lorsqu'on abuse des travailleurs dans de lointaines usines, c'est nous — ceux qui portent ces chaussures, qui vénèrent les athlètes et achètent leur image — qui sommes souillés par l'injustice. Voilà la culpabilité issue du fait d'être informé ; la responsabilité incontournable de participer quand on connaît. Aux beaux jours de la consommation, acheter était une fête ; et acheter de plus en plus était l'objectif. On se souciait peu de la déforestation, des dépotoirs ou des *sweatshops*. Aujourd'hui, presque chaque achat est associé à une certaine conscience des conséquences qu'il entraîne[5].

Cet «accroissement de conscience» a été mesuré par une étude récente, conduite par la Conference Board du Canada. Cette étude suggère que 72 % des Canadiens ont davantage tendance à acheter des produits d'entreprises qui ont investi dans des enjeux sociaux et communautaires et qu'ils préfèrent travailler et investir dans des entreprises qui assument leurs responsabilités sociales[6]. Notre monde est en train, lentement, de changer : de plus en plus, les organisations doivent être non seulement *efficaces*, mais aussi *responsables*.

Le secteur de la santé et des services sociaux n'échappe pas à cette quête éthique. Dans ce secteur d'activités, la conscientisation se fait de façon d'autant plus intense que se posent concrètement, chaque jour, les questions de la santé, de la maladie, de la fragilité, de la vie et de la mort. Margaret Somerville, directrice fondatrice du Centre de médecine, d'éthique et de droit de l'Université McGill, est l'une des personnes les plus éloquentes sur le fondement éthique de la santé. Elle écrit :

> La santé donne souvent le ton aux questions d'éthique et de droit. Au Canada, comme dans bien d'autres sociétés [...] le dossier de la santé amène à définir les principes, les attitudes, les croyances, les mythes et

les valeurs qui constitueront le paradigme social des décennies à venir.
[...] Dans la santé, il se prend toutes sortes de décisions, qu'il s'agisse
de décisions médicales et morales quotidiennes, comme la prestation de
soins prénataux ou palliatifs, ou d'enjeux plus complexes comme les
nouvelles technologies de reproduction et la xénotransplantation
(transplantation d'organes animaux chez les humains). Nos choix ne
s'appuient pas sur les seules considérations médicales, mais elles font
toujours intervenir des valeurs individuelles et sociales profondes.

[...] Le débat a longtemps été dominé par une analyse économique
pointue, qu'un politicien, par exemple, peut saisir facilement et invo-
quer pour obtenir le dernier mot dans une confrontation. La perspective économique est essentielle, certes, mais insuffisante [...]. [Nous
devons] examiner un vaste éventail de points de vue : la pratique clinique, l'économie, la politique, l'éthique, le droit. Pour explorer ces perspectives, nous devons privilégier une approche intégrée capable de dépasser les méthodologies multidisciplinaires actuelles qui, trop souvent,
se contentent d'une exploration parallèle de chaque point de vue. Nous
devons insérer ces perspectives les unes aux autres pour que l'approche
soit réellement transdisciplinaire[7].

Il est intéressant de suivre les grandes étapes de l'évolution de
l'éthique à travers le temps dans le secteur de la santé, afin de
mesurer les modifications des enjeux considérés[8].

Dans le domaine de la santé, l'éthique était présente dès la fondation de la médecine au Ve siècle avant Jésus-Christ : l'éthique était
alors médicale. Encore aujourd'hui, les médecins font le serment
d'Hippocrate et les professions de la santé sont régies par des codes
de déontologie fort élaborés.

Aux États-Unis, vers la fin des années 1950, on ajouta à cette
« éthique médicale », une « éthique de la recherche[9] ». Plusieurs événements avaient conduit les Américains à promulguer des règles de
conduite. Il y eut notamment les expérimentations médicales outra-
geantes faites par les nazis durant la Seconde Guerre mondiale. Il y
eut aussi des scandales comme ceux de Willowbrook et de Tuskegee :
des patients furent délibérément trompés sur la nature des expérimentations et exposés à des risques importants pour leur santé. De
tels événements précipitèrent des changements importants dans la
recherche en médecine.

Dans les années 1960, la mise au jour des conflits de rôles chez les
médecins-chercheurs, aux prises avec des pressions scientifiques et

commerciales de plus en plus grandes, a mené à la création de « Comités d'éthique de la recherche ». Aujourd'hui, on assiste à la mise en place de ces comités, dans toutes les disciplines scientifiques, à travers le Canada.

Dans les années 1970, le terme « bioéthique » fut proposé pour désigner une nouvelle discipline centrée sur l'interdisciplinarité, préconisant qu'une démarche éthique ne peut s'effectuer sans prendre en considération les enjeux légaux, politiques, psychologiques et sociaux[10]. Résultat de l'accélération des avancées technologiques et des progrès scientifiques, conjuguée à l'accroissement de la complexité des décisions à prendre, cette nouvelle discipline porte en particulier sur les bienfaits de la médecine, le droit des patients et leur autonomie.

Enfin, une tendance vise actuellement à introduire l'interrogation éthique à un niveau encore plus global, celui des politiques publiques ainsi que celui des décisions et actions organisationnelles et managériales. Cette tendance est observée aussi bien dans les organisations œuvrant dans le secteur de la santé que dans les organisations œuvrant dans d'autres secteurs d'activité[11]. Dans le système de la santé, cette éthique touche à des questions fondamentales, telles que les politiques d'accessibilité aux soins, la nature des soins prioritaires, les moyens à mettre en place, etc.

Ce bref rappel historique permet de voir la complexification des problématiques éthiques dans le secteur de la santé, intégrant l'« éthique médicale » à l'« éthique de la recherche », puis passant de la « bioéthique » à l'« éthique en organisation ». Il est clair que, dans un monde complexe, l'éthique devient de plus en plus un impératif stratégique, une problématique fondamentale et intégrée, une problématique systémique. Il est clair également que les commentaires présents dans les dialogues de ce livre touchent les quatre éthiques décrites ci-dessus, et en particulier les considérations organisationnelles, politiques et sociales.

La nécessité d'une meilleure intégration des enjeux éthiques dans le système de la santé a aussi été confirmée par une étude quantitative récente[12]. L'enquête a été menée auprès de l'ensemble des cadres supérieurs du réseau de la santé et des services sociaux du Québec, soit plus de 1300 personnes. Au total, 582 cadres ont répondu à un questionnaire portant sur le sens du travail et différents aspects de la qualité de vie au travail. Pour que le travail ait un sens, aux yeux des cadres supérieurs du réseau, il est extrêmement important qu'il soit fait suivant des règles éthiques et qu'il leur permette d'être efficaces. Or, un nombre appréciable de cadres supérieurs constatent qu'ils travaillent dans un milieu qui ne respecte pas autant qu'ils le souhaiteraient les personnes, ni les valeurs humaines. L'écart qu'ils perçoivent entre leurs valeurs et celles édictées par les pratiques dans le secteur de la santé est tel que cela affecte de façon importante leur qualité de vie au travail et leur bien-être psychologique. Ce résultat ne nous surprend guère, car la quête du sens au travail est une quête éthique, et l'éthique concerne directement le sens des personnes, que cela soit dans la vie en général, dans la société ou dans l'accomplissement de leur travail.

Et pourtant, malgré cette quête importante d'une meilleure intégration des enjeux éthiques en organisation, il n'en reste pas moins que la majorité des codes d'éthique adoptés dans les entreprises et les organisations se limitent à des enjeux importants certes, mais assez limitatifs : l'attribution de cadeaux ou de privilèges, les conflits d'intérêts, la falsification ou la divulgation de données, les pratiques de concurrence déloyales ou le non-respect de normes et de réglementations[13]. Aussi, dans de nombreuses organisations, le « correct politiquement » et le « correct légalement » sont encore prépondérants, et on constate l'omniprésence de codes et de principes supposés universellement « vrais », définissant strictement des pratiques. Dans le secteur de la santé et des services sociaux en particulier, le rôle de la majorité des « Comités d'éthique clinique » des établissements hospitaliers se borne encore à évaluer la conformité des pratiques médicales, sans toutefois remettre en cause le fondement éthique des normes d'évaluation et encore moins en proposer d'autres[14]. Ceci revient à confondre l'éthique avec la déontologie, comme nous le verrons ci-dessous.

Déontologie, morale et éthique

Afin de mieux saisir ce que la notion d'éthique recouvre, j'aimerais proposer ici quelques définitions. Souvent, des termes comme *déontologie*, *morale* ou *éthique* sont employés indifféremment, alors qu'ils recouvrent des réalités fort différentes[15].

La *déontologie* est un ensemble de règles et de devoirs qui régissent une profession. La déontologie régit surtout des comportements, des actions concrètes et spécifiques, qu'une profession désire promouvoir ou interdire. Tous les ordres professionnels, comme celui des comptables, des ingénieurs, des médecins et des psychologues, etc., ont un code de déontologie qui régit strictement les actes de leurs membres. Plusieurs organisations ont développé des codes similaires pour leurs employés. La tendance actuelle est de former les employés selon ces codes, par le biais de logiciels présentés sur Intranet, avec des exemples didactiques. Bell Canada a développé un tel logiciel et oblige tous ses employés à refuser un cadeau offert dans l'exercice de leur profession. Un tel cas suggère que l'application de la déontologie dépasse aujourd'hui le cadre de l'exercice d'une profession libérale.

La *morale*, notion plus large que la déontologie, ne régit pas seulement des comportements. Elle propose aussi des principes généraux pour l'action, tendant à instituer des normes dans une société ou une collectivité donnée. À travers les âges, différentes écoles de philosophie, qu'elles soient inspirées de Kant, Hegel ou Rawls, ou divers systèmes religieux, comme le christianisme, le judaïsme ou l'islam, ont proposé une morale. Fondamentalement, une morale propose une réponse précise au problème du « bien » et du « mal », en dictant à une société donnée, ou aux adeptes du système en question, ce qui considéré comme « bien » ou comme « mal ».

L'*éthique* est encore plus générale. Il ne s'agit plus ici seulement de dicter des comportements, ni de définir précisément ce qui est considéré comme « bien » ou « mal ». L'éthique est surtout une exploration des présupposés qui soutiennent les définitions de ce qui est considéré comme une « bonne vie ». Elle aborde de façon fondamentale le « sens » et le « non-sens » de la vie. L'éthique s'apparente plus à la sagesse qu'à la justice, plus à l'espoir qu'au devoir, plus au bonheur qu'à la vertu. Aussi, si la démarche éthique conduit à la prise de décision et à l'action, celles-ci ne sont pas prises comme « définitives », « certaines », « non ambiguës », comme c'est le cas de la déontologie ou de la morale. L'éthique mène à des décisions et à des actions *les plus éclairées possibles*, c'est-à-dire en prenant en compte, de façon critique, des considérations extrêmement variées qui fondent le sens de groupes diversifiés.

Malheureusement, ces trois termes sont souvent confondus. En entreprise, par exemple, on donne souvent le nom de « code d'éthique » à un code, plus restrictif, de déontologie. Aussi, même les

dictionnaires, comme le *Larousse*, définissent l'éthique comme ce qui
«concerne les principes de la morale», la confondant ainsi avec la
morale, ou comme un «ensemble de règles de conduite», la confondant alors avec la déontologie. Cette confusion de termes n'est pas
seulement un problème sémantique.

Confondre, par exemple, la déontologie et l'éthique mène à la
croyance qu'une problématique éthique se doit d'être résolue par
l'apprentissage d'un code de déontologie. Cette confusion réduit
alors l'éthique à une approche comportementale et bureaucratique,
renforcée par des normes, des règles, des procédures, des récompen-
ses et des punitions. Il est évident que la déontologie est indispensa-
ble pour une profession ou pour d'autres catégories d'employés.
Pourtant la démarche déontologique et les approches basées sur un
«code» ont été critiquées pour leurs caractères mécaniques et leurs
effets déresponsabilisants. Souvent, les personnes agissent davantage
sous la contrainte de règles prescrites que par conviction personnelle; leurs conduites sont celles de personnes *conformes* et non
celles de personnes *responsables*, dotées de capacités de réflexion[16].

De même, confondre la morale et l'éthique mène à la croyance que
tout problème éthique peut être résolu en tranchant strictement entre
le «bien» et le «mal». Les grands systèmes philosophiques, comme
celui d'Emmanuel Kant, par exemple, ont eu tendance à vouloir
résoudre les conflits de valeurs en proposant une valeur suprême, un
principe universel ou un dogme absolu[17]. Plusieurs spécialistes, dont
le philosophe canadien Charles Taylor, ont pourtant démontré que le
problème essentiel en éthique n'est pas de trancher entre ce qui est
considéré comme «bien» ou comme «mal», en imposant une valeur
ou un principe suprême. Ce type d'éthique, dit «binaire», qui aboutit à une réponse non équivoque du genre «oui-non», «blanc-noir»,
«bien-mal», n'est vu aujourd'hui que comme une exception, la règle
étant beaucoup plus dynamique, diffuse, nébuleuse, complexe, dépassant le caractère binaire. Beaucoup plus souvent, l'éthique est
confrontée non pas à deux valeurs opposées, mais au poids relatif
d'un grand nombre de valeurs.

Dans le domaine de la gestion, le PDG Chester Barnard, auteur de
l'un des tout premiers articles de fond en éthique des affaires, a
affirmé que le problème fondamental en éthique est de pouvoir distinguer entre les valeurs émanant des différents rôles joués par un
gestionnaire (pris tour à tour comme un actionnaire, un parent, un

consommateur, un leader d'opinion, un président d'association à but non lucratif, un financier, le représentant de son organisation, un citoyen, etc.), ainsi qu'entre les valeurs émanant de différents « groupes d'intérêts » ou « parties prenantes[18] ».

Pour le dire à nouveau, tant ce sujet est important et souvent mal compris, les différences entre la déontologie, la morale et l'éthique sont de taille, et toutes les trois sont nécessaires. Comme le rappellent, par exemple, André Comte-Sponville et Luc Ferry, philosophes français, dans un livre aussi écrit à partir d'un dialogue :

> La morale se présente comme un ensemble d'impératifs et d'interdits. Elle répond aux questions « Que dois-je faire ? », « Comment faut-il agir ? » Elle concerne, au fond, l'opposition du Bien et du Mal... [...]. L'éthique [...] est une sphère de la réflexion philosophique qui, au-delà de la morale, s'interroge sur ce qui fait le sens ou le prix de l'existence humaine. Elle répond aux questions « Comment vivre ? », « Qu'est-ce qu'une bonne vie, une vie réussie[19] ? »

L'éthique du dialogue dans une communauté

De très nombreuses personnes ont suggéré la nécessité d'un meilleur « dialogue » dans les organisations[20]. Cependant, souvent cette notion de « dialogue » n'est utilisée que dans le sens d'une meilleure communication entre les personnes, ce qui dénature sa richesse. David Bohm a proposé l'usage du dialogue dans son sens le plus riche, en le plaçant dans son contexte éthique. D'après ce scientifique en physique quantique, le dialogue est un processus exploratoire et profond qui permet de cerner les sources cachées de nos crises sociales, politiques et environnementales. Grâce à ce processus, il est possible d'agir différemment afin de vivre « une bonne vie », « une vie qui a du sens », après un examen attentif et collectif des schèmes de pensée et des valeurs. Comme il l'a écrit :

> Un dialogue ouvert pourrait être l'un des moyens les plus efficaces d'analyser la crise qui menace la société, comme d'ailleurs la nature et la conscience humaine. [...] L'un de obstacles majeurs à ce dialogue est la rigidité dans l'infrastructure tacite de l'individu et de la société. [...] Les sous-cultures, de même que la culture totale, sont en général fortement bornées par leurs présupposés de base, tacites pour la plupart et fermées à l'« *awareness* » et à l'attention. [...] Par essence, la culture *est*

une signification, une signification partagée par la société. Et ici, il ne s'agit pas seulement de signification, mais aussi d'*intention*, de *dessein* et de *valeur*.

[Dans un dialogue] la charge émotionnelle inévitablement associée à une certitude chère à un ou plusieurs membres du groupe peut être réduite à des proportions plus faciles à maîtriser. Seul un dialogue capable en même temps de dévoiler le contenu intellectuel d'une présupposition inflexible et de désamorcer la charge émotionnelle qui l'accompagne rendra possible la véritable exploration du nouvel ordre d'opération mentale dont nous discutons ici. [...]

À vrai dire, un seul individu peut établir un dialogue intérieur avec lui-même. Ce qui est essentiel ici, c'est la présence d'un *esprit* de dialogue qui est, en bref, la faculté de maintenir plusieurs points de vue en suspens, ainsi qu'un intérêt primordial pour l'établissement d'une signification commune. Cependant, il est particulièrement important d'étudier les possibilités du dialogue dans le contexte d'un groupe suffisamment nombreux pour inclure une grande diversité de points de vue, et pour entretenir un solide courant de signification[21].

D'autres personnes dans le champ de l'éthique ont insisté sur la nécessité du dialogue, comme le philosophe allemand Jürgen Habermas, qui a développé la notion de « l'éthique de la discussion », proposée par son collègue Karl-Otto Apel. Bien que « l'éthique de la discussion » soit différente de « l'éthique du dialogue », on y retrouve de nombreux points communs, comme, par exemple, la nécessité d'explorer dans une communauté diversifiée la nature intellectuelle et émotionnelle des présupposés qui sous-tendent nos pensées, nos perceptions et nos actions. Je reviendrai sur ces notions plus loin.

Les principes du dialogue que j'ai décrit dans l'introduction ont aussi été invoqués par plusieurs personnes à la recherche d'une éthique qui va au-delà de la déontologie et de la morale. Il est fondamental de souligner que « l'éthique du dialogue » est à la fois enracinée dans une personne *et* dans un ensemble collectif. Ce paradoxe et ce dynamisme entre l'individu et la collectivité permettent de dépasser à la fois l'individualisme, qui met un accent exclusif sur l'individu, et le collectivisme, avec son danger de corporatisme. Simone Weil, philosophe française, est peut-être l'une des personnes qui a le mieux expliqué ce lien subtil entre l'individu et le collectif. Elle comprenait que l'action éthique se devait d'être collective, c'est-à-dire de toucher une organisation ou une société, mais aussi d'être enracinée dans le cœur d'un être humain. Dans l'introduction, j'ai utilisé deux citations de Simone Weil. Je reproduis ici des parties de ces citations tant Simone Weil explicite bien le potentiel du dialogue de transformer à la fois les individus et les systèmes collectifs, évitant ainsi la dichotomie entre le « micro » et la « macro » :

> [...] Les foules humaines ne font pas attention. [...] Celui qui inventerait une méthode permettant aux [personnes] de s'assembler sans que la pensée s'éteigne en chacune d'elles produirait dans l'histoire humaine une révolution comparable à celle apportée par la découverte du feu, de la roue, des premiers outils. [...]
>
> Il arrive qu'une pensée, parfois intérieurement formulée, parfois non formulée, travaille sourdement l'âme et pourtant n'agit sur elle que faiblement. Si l'on entend formuler cette pensée hors de soi-même, par autrui et par quelqu'un aux paroles de qui on attache de l'attention, elle en reçoit une force centuplée et peut parfois produire une transformation intérieure. [...] Cela fournit la possibilité d'une action qui, tout en ayant pour objet tout un peuple, reste par essence une action, non pas collective, mais personnelle[22].

C'est pour cette raison que je propose qu'une éthique du dialogue est propre à une communauté. En d'autres termes, une communauté peut devenir éthique par l'utilisation du dialogue, d'où le titre que j'ai choisi pour cette conclusion : « Vers des communautés éthiques par le dialogue ». Comme nous le verrons ci-dessous avec la notion de « parties prenantes », une communauté est constituée d'individus ou de groupes qui vivent des enjeux communs, formant alors, pour un moment du moins, une « communauté d'intérêts ».

Mais la pratique du dialogue ne comprend pas seulement ce principe subtil d'écho entre l'individu et la communauté, comme nous l'avons déjà vu dans l'introduction de ce livre. Je résume ci-dessous les principes d'une éthique du dialogue qui va au-delà de la déontologie et de la morale. Ces principes incluent :

— un temps d'exploration relativement long et une pratique assidue poursuivie par des personnes, en toute liberté ;

— la construction d'un espace de parole sécuritaire et stimulant, dans lequel est encouragée la confiance ;

— la réunion d'un groupe large et hétérogène qui représente la diversité culturelle et le caractère transdisciplinaire des enjeux que confronte ce groupe, formant alors une communauté d'intérêts ;

— l'absence d'un agenda précis et la mise en suspens des statuts personnels et des positions corporatistes ;

— l'importance de suspendre les jugements et les valeurs, chez soi et les autres, afin de les examiner et de les partager ;

— le développement de la congruence personnelle, de la considération positive des autres et de la compréhension empathique ;

— l'importance de garder la caractère sacré de la parole, de respecter le silence, d'utiliser une diversité de modes d'expression et de rester humble face à la complexité ;

— la constitution d'un langage nouveau qui permet de mieux aborder des problématiques complexes ;

— l'encouragement de prises de décisions collectives et démocratiques sur des enjeux communs et concrets, en stimulant la recherche du bien commun enracinée dans chaque personne[23].

Malgré la *désirabilité* de tels principes, personne, à notre connaissance, n'a encore proposé une « éthique du dialogue » comme celle que je propose ici. Celle-ci est fondée sur la relation dialectique entre la communauté et l'individu. Deux théories servent de points d'appui au modèle proposé : la « théorie des *stakeholders* » ou des « parties prenantes », au niveau organisationnel et sociétal, et la « théorie des niveaux de conscience », au niveau individuel. Ces théories et pratiques sont particulièrement bien adaptées au monde organisationnel. Elles y sont déjà appliquées. La pratique du dialogue, dans toutes ses variantes, est déjà utilisée dans de nombreuses organisations et a été rendue légitime par Peter Senge et ses collègues de la Sloan School of Management du MIT, comme faisant partie intégrante des pratiques en « apprentissage organisationnel ». La « théorie des *stakeholders* », proposée par R. Edward Freeman, professeur et directeur du Olsson Center for Ethics, au Darden School of Management de l'University of Virginia, est couramment appliquée en entreprise ; la notion de *stakeholders*, ou de « parties prenantes », est d'ailleurs passée dans le vocabulaire courant en gestion et elle domine aujourd'hui la réflexion éthique appliquée aux organisations. Enfin, la théorie des « niveaux de conscience », proposée par Lawrence Kohlberg, professeur émérite de psychologie à l'Université Harvard, est l'une des théories qui a le plus influencé le champ et la pratique de l'éthique organisationnelle; elle a de plus influencé de nombreuses recherches en gestion, en psychologie et en éducation.

La théorie des *stakeholders*

La théorie des *stakeholders* est issue de la théorie des systèmes appliquée aux organisations[24]. Dans cette perspective, une organisation n'est pas un système fermé, opérant en vase clos, mais un système ouvert, en interrelations constantes avec différentes personnes ou entités. Un *stakeholder* est défini comme «tout groupe ou individu qui peut affecter l'accomplissement de la mission d'une organisation, ou qui est effecté par celle-ci[25]». La proposition «qui est affecté», dans cette définition, est essentielle: en faire fi conduit à ne considérer que les individus ou les groupes qui peuvent influencer la conduite d'une organisation. Il s'ensuivrait alors une conception corporatiste de l'entreprise, où se jouent des jeux d'influence politique entre des entités qui poursuivent des intérêts divergents. Malheureusement, une large part des écrits scientifiques et des pratiques développés en organisation au sujet des *stakeholders* adoptent ce point de vue réducteur. La proposition «qui est affecté» désigne différemment tous les individus, groupes ou systèmes qui sont touchés par les activités, prévisibles ou imprévisibles, d'une organisation. Évidemment, la théorie des *stakeholders* implique la conception politique d'équilibre de pouvoir, mais elle implique, de plus, une conception éthique des relations: un individu ou un groupe ne doit pas obligatoirement détenir du pouvoir pour être considéré comme important, ou même être considéré tout court.

L'approche des «parties prenantes» est aussi essentielle dans le domaine de la gestion stratégique et celui de la gestion des risques et des crises. Par exemple, Paul Shrivastava, un professeur de gestion stratégique natif de Bhopal qui a écrit un livre remarqué sur la tragédie vécue dans cette ville, a proposé que chaque problème devait être analysé et géré selon une perspective multiple, comprenant les facteurs *humains, organisationnels et technologiques* que désigne l'acronyme «HOT». De même, Ian Mitroff, le père de la gestion des crises aux États-Unis, professeur à la University of Southern California, a proposé que chaque problématique a, au minimum, des dimensions *technologiques, organisationnelles et personnelles* que désigne l'acronyme «TOP». Ces deux méthodes tentent de regrouper les «parties prenantes» dans des ensembles plus grands, en étant à la recherche d'une équilibre harmonieux entre leurs différentes perspectives et leurs différents enjeux[26].

Le terme *stakeholder* a été proposé pour faire écho au terme plus restrictif *stockholder*. Ce dernier s'applique en particulier aux investisseurs d'une entreprise privée, dont les actionnaires. Dans cette perspective, fort prisée par les promoteurs des valeurs financières, la seule mission d'une entreprise consiste à maximiser les profits pour satisfaire l'intérêt particulier des investisseurs, et ce, dans le respect des lois. Cette perspective est d'ailleurs issue de la théorie économique classique qui se limite à trois groupes d'intérêts : les actionnaires, les employés et les clients. Au contraire, la théorie des *stakeholders* situe l'importance des intérêts des investisseurs dans un contexte plus large, permettant de considérer d'autres intérêts que les intérêts financiers, comme, par exemple, le développement social et communautaire, la qualité de vie des employés ou la viabilité de l'environnement naturel. Il est fondamental de réaliser que la définition de l'efficacité d'une organisation n'est pas neutre : elle traduit l'aboutissement d'une conception sociale, elle-même basée sur des valeurs[27].

J'aime utiliser en français le terme *stakeholders*, même s'il est anglais, pour bien marquer cette différence avec *stockholder*. Aussi, les différentes traductions offertes en français comme « groupes d'intérêts », « groupes de pression », « acteurs sociaux », « teneurs d'intérêts », etc., ont tendance à accentuer de nouveau la notion — pourtant aussi fondamentale — de jeu de pouvoir et de corporatisme. L'expression « parties prenantes » est peut-être la plus adéquate.

La théorie des *stakeholders* ou des « parties prenantes » est appliquée quotidiennement dans les entreprises et les organisations. Le monde organisationnel étant souvent fonctionnaliste, des services spécifiques ont été créés pour satisfaire les intérêts de différents groupes ou, de façon moins prosaïque, pour les influencer et les contrôler au profit des buts poursuivis par les principaux investisseurs[28]. C'est ainsi que le service de la finance défend les intérêts des investisseurs, que celui du marketing influence les consommateurs, alors que le bureau des plaintes répond à leurs doléances. De même, le service des relations gouvernementales gère les relations avec le gouvernement, et le service des relations publiques, celles avec la population en général et avec les médias. Pour donner un dernier exemple, le service en affaires environnementales tente de gérer les impacts des activités d'une organisation sur l'environnement naturel.

Cependant, malgré cette prolifération de différents services orientés vers des groupes ou des entités divers, souvent la mission d'une organisation demeure assujettie aux exigences d'un nombre réduit de ces groupes. La figure I ci-dessous, inspirée de la théorie économique classique, illustre cet état de fait. Dans cette vue réductionniste, une organisation est considérée comme une entité désincarnée, sans référence aux cadres, ni aux employés, qui entretient des relations d'échange monétaire avec les investisseurs ou les bailleurs de fonds (investissement en échange de revenus ou d'efficacité pour un mandat particulier) et des échanges avec sa clientèle (biens, services ou informations en échange de revenus).

Figure I   Modèle réductionniste des « parties prenantes »

Une vue moins réductionniste, plus intégrée, est présentée à la figure II. Dans cette figure, une diversité de « parties prenantes » ou *stakeholders* est représentée; leur emplacement est déterminé selon les relations plus ou moins étroites qu'elles entretiennent avec l'organisation, ces « parties prenantes » étant elles-mêmes en interrelations. Cette figure n'est qu'un exemple. Le nombre, l'appellation et la place respective de chaque groupe ou partie sont spécifiques à chaque organisation ou système organisationnel. On pourrait même ajouter à ce graphique d'autres cercles encore plus larges qui pourraient inclure l'univers, le cosmos, le divin, le transcendant, etc. Aussi, si dans ce graphique l'organisation est placée au centre, ceci n'implique pas une vision fonctionnaliste de l'organisation. L'organisation doit être considérée comme l'un des acteurs d'un système plus large.

La comparaison des deux figures est intéressante. Il est étonnant de constater l'emprise de la conception économique classique sur

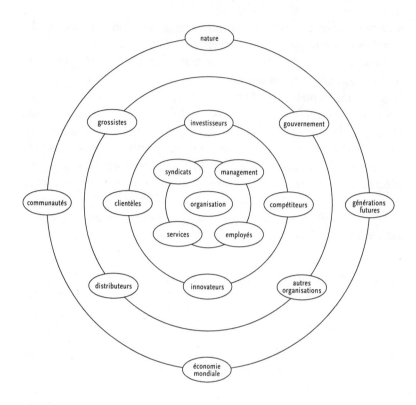

Figure II   Modèle intégré des « parties prenantes »

l'ensemble des modèles et des pratiques de gestions et ce, malgré la reconnaissance de la justesse de la théorie des *stakeholders*. Par exemple, dans le domaine des affaires, il est d'usage de mettre l'accent aujourd'hui sur le « client ». L'approche client, considérée pourtant comme très innovatrice, est en fait une application de la théorie économique fort classique, illustrée à la figure I. Cette approche permet souvent de sécuriser de façon prioritaire les actionnaires, en leur garantissant la stabilité des revenus des ventes ou des services. Dans le système de la santé et des services sociaux, cette logique d'affaires est souvent transposée en suggérant que la santé doit être « centrée sur le patient ». Si cette conception a le bénéfice de suggérer une direction claire, elle a aussi le désavantage d'adopter une vue réductionniste, non intégrée, non collective, des « parties prenantes ».

Appliquer en gestion la théorie des *stakeholders* ou des « parties prenantes » revient à résoudre trois problèmes fondamentaux[29] :

— Premièrement, il s'agit d'identifier ces « parties prenantes ». Il est nécessaire d'établir rigoureusement qui sera ou non considéré comme faisant partie de la liste, puis qui sera ou non considéré comme prioritaire. Souvent, cette liste est déterminée à l'intérieur d'une organisation par un nombre restreint de gestionnaires. Dans ce cas, le résultat est souvent peu représentatif de la complexité existante, et les groupes exerçant un pouvoir important vis-à-vis de l'organisation sont souvent surreprésentés. Ceci va au détriment d'autres groupes qui ont moins de pouvoir ou qui sont moins visibles, car non actifs dans l'arène politique, médiatique ou financière.

— Deuxièmement, il s'agit de déterminer les valeurs qui animent chaque groupe et les attentes explicites qu'ils ont à l'endroit de l'organisation. Cette tâche est difficile puisque les valeurs sont, par nature, implicites. Aussi, il existe des entités ou des groupes dits « sans voix », comme c'est le cas de la faune, de la flore, des ressources naturelles, des générations futures, des populations défavorisées, etc., qui devront cependant être pris en compte si l'on désire se rapprocher d'une vision réaliste des choses, bien que complexe[29].

— Troisièmement, il sera nécessaire de faire les arbitrages entre ces différentes valeurs et attentes, afin de pouvoir décider et déterminer des actions concrètes. Comme nous l'avons vu, l'éthique est le plus souvent confrontée non pas à deux valeurs opposées, ce qui serait plus aisé, mais au poids relatif d'un grand nombre de valeurs, les unes toutes aussi légitimes que les autres selon certains points de vue. Cette situation limite beaucoup l'application de normes morales claires et non ambiguës.

Devant les difficultés importantes que soulève la résolution de ces trois problèmes, des techniques innovatrices, alliant les principes démocratiques et l'intersubjectivité, ont été développées, comme c'est le cas du dialogue. Pour surmonter la difficulté d'établir une liste représentative des groupes d'intérêts, affectant ou étant affectés par l'organisation, on peut, par exemple, demander aux « parties prenantes » elles-mêmes de participer collectivement à son élaboration. De même, pour surmonter la difficulté que pose l'explicitation des valeurs en jeu, on peut former un cercle de dialogue qui facilitera l'émergence de tels contenus. Enfin, l'arbitrage entre différentes valeurs légitimes en soi est difficilement réalisé en imposant des normes abstraites. Une alternative est de former une « organisation de référence », qui comprend les différentes « parties prenantes » concernées par la problématique générale, et de lui demander d'établir cet arbitrage complexe dans le respect mutuel. Le principe d'« organisation de référence » a déjà été appliqué à des enjeux complexes. Par exemple, récemment, la reconversion d'une plate-forme de forage opérée par Shell a été décidée, en Angleterre, en recourant à cette méthode[31]. La notion d'« organisation de référence » est associée à la notion de communauté évoquée ci-dessus. Une communauté est un groupe social qui partage des caractères, des intérêts et des problèmes communs et qui peut se prononcer collectivement sur la nature de ses interventions. Si cette communauté permet une communication idéale entre les diverses « parties prenantes » concernées ou affectées, elle sera équivalente à un « cercle de dialogue démocratique ».

Malheureusement, les dialogues éthiques dans une organisation, ou même dans une « organisation de référence », sont encore rares. Dans un livre important, *The Muted Conscience*, le philosophe et théologien Frederick Bird, président du Comité d'éthique de la recherche de l'Université Concordia, a traité du « silence éthique » qu'on peut observer dans les organisations, y compris dans les établissements de santé et de services sociaux. Par « silence éthique », Bird entend le mutisme et l'inaction des gestionnaires, des professionnels et des employés devant des problématiques éthiques. Ce « silence de la conscience », nous rappelle Frederick Bird, est le miroir de l'hypocrisie : si les gens hypocrites affirment des convictions éthiques auxquelles ils n'adhèrent pas dans leur for intérieur, les personnes silencieuses taisent leurs convictions les plus profondes pour éviter d'aborder des enjeux éthiques. D'après Bird, le silence éthique est souvent associé à l'aveuglement et à la surdité éthiques, rappelant le petit singe indien qui ne voit rien, n'entend rien, ne dit rien...

Dans le secteur de la santé, ce silence est bien présent. Il peut même prendre des formes dangereuses, quand on se réfugie derrière la « loi du silence », ou immorales, quand on invoque la « loi d'omertà », issue de la mafia. La thématique de la « culture du silence » a certainement été parmi les problématiques majeures explorées par les participants dans les dialogues présentés dans ce livre. Ainsi, il est connu dans le système de la santé que certaines personnes ou certains établissements font preuve de laxisme dans leurs procédures, faisant courir des risques inutiles aux patients. Mais la loi du silence est opérante et les témoins ont tendance à préférer ne pas exprimer leur opinion, soit parce qu'ils craignent des représailles, soit parce qu'ils préfèrent défendre leur profession, ou pour d'autres raisons.

Pour rompre cette loi du silence, Frederick Bird suggère de développer des « bonnes discussions[32] ». Pour ma part, je dénomme ces discussions des « dialogues démocratiques ». Comme il a déjà été suggéré, ces initiatives doivent être cautionnées par des leaders au sein de l'organisation pour qu'elles donnent des résultats. Par le terme « leaders », je n'entends pas seulement les dirigeants d'une organisation, mais toute personne, à quelque niveau que ce soit, qui a le courage d'amorcer des changements innovateurs pour le bien commun. Signe encourageant, le « leadership centré sur les valeurs » est une tendance en croissance dans les organisations[33].

J'ai choisi l'acronyme CÉDI pour « Communauté Éthique par le Dialogue », car il se prononce comme « c'est dit ». Je partage l'opinion des participants aux dialogues de ce livre à propos de l'urgence de développer des espaces de parole dans le système de la santé. Il est urgent de rompre avec cette culture du silence dans le réseau, de « dire les choses », de faire en sorte que la conscience voie, entende, parle et agisse !

Suivant ce qui a été présenté dans cette section sur la théorie des *stakeholders*, plusieurs améliorations pourraient être apportées à la formation et à la conduite des dialogues présentés dans ce livre. La composition du groupe aurait pu être encore plus variée, en invitant les personnes qui se sont jointes au cercle à sélectionner elles-mêmes d'autres membres, provenant des communautés anglophones, des communautés juives, des étudiants ou des représentants d'autres groupes d'intérêts comme des groupes de professionnels ou des utilisateurs des services du réseau. Cet accroissement de la diversité aurait permis d'explorer d'autres valeurs et d'autres attentes, enrichissant encore plus le contenu des dialogues. De plus, les groupes de dialogue peuvent aussi être décisionnels, en invitant en leur sein des personnes en position d'autorité et concernées par des problématiques particulières. Ceci est d'autant plus vrai si le cercle de dialogue est formé à l'intérieur d'une organisation, tout en incluant des parties prenantes externes. La formule que nous avons choisie, soit de réunir un groupe concerné mais non décisionnel, est cependant une stratégie aussi intéressante. Il est certain que, dans un système employant environ 225 000 personnes, de nombreux cercles peuvent être formés et s'enrichir les uns les autres par différentes méthodes.

Le concept de base, dans l'application de la théorie des *stakeholders*, est de faire participer de façon démocratique des membres du système global confrontés à des problématiques complexes, afin que cette communauté devienne pour un temps une « organisation de référence » et propose collectivement une éthique qui favorise le bien commun. Marvin Osborne, qui a popularisé l'utilisation des *future search conferences*, méthodologie qui s'apparente à celle du dialogue, a proposé l'existence d'une courbe d'apprentissage pour la prise de décisions en organisation[34] : si, dans les années 1900, seuls les experts traditionnels étaient invités à résoudre des *problèmes*, à partir des années 1960, les « experts locaux » (souvent considérés à tort comme des « non-experts ») commencèrent à être aussi invités à se joindre à ce processus, par des structures comme les équipes semi-autonomes, les cercles de qualité, les comités paritaires, ou des approches comme la cogestion, la gestion participative, etc. Pareillement, si, dans les années 1960, seuls les experts traditionnels étaient invités à améliorer des *systèmes globaux*, et non plus seulement à résoudre des problèmes, il est temps aujourd'hui de mettre à profit l'expérience des « experts locaux » pour ces systèmes. Ce développement de la démocratie plus directe et d'une pensée plus globale ou systémique demandera cependant un développement parallèle de la conscience individuelle. Ce sera notre prochain sujet.

La théorie du « développement de la conscience »

Comme nous venons de le voir, le premier fondement de l'éthique du dialogue est collectif, et puise largement dans la théorie des *stakeholders*. Le deuxième fondement de l'éthique du dialogue est individuel, et c'est la théorie des niveaux de conscience qui lui servira de point d'appui.

Lawrence Kohlberg, de l'Université Harvard, a proposé une théorie du développement moral à la fin des années 1950[35]. Cette théorie est centrale dans le champ de l'éthique en général et de l'éthique des affaires en particulier. Même si cette théorie est connue sous l'appellation de « développement moral », je préfère y faire allusion par l'expression « développement de la conscience », vu les différences introduites précédemment entre la morale et l'éthique. Cette théorie découle, entre autres, de deux œuvres majeures, celle de John Dewey et celle de Jean Piaget, ainsi que de très nombreuses recherches empiriques. L'un de ces postulats est qu'il n'existe pas *une* éthique, mais *des* éthiques différentes. Ces différentes éthiques sont reliées les unes aux autres, suivant le développement de la conscience des personnes.

Jean Piaget a en effet décrit les stades de développement de l'intelligence, qui se découpent en trois périodes importantes : la période sensorimotrice, de 0 à 24 mois ; la période de préparation et d'organisation des opérations concrètes, de 24 mois à 12 ans, et la période des opérations formelles, de 12 à 15 ans. Chaque période comporte des séquences d'activités d'apprentissage spécifiques conduisant à la formation de structures originales préalables aux activités de la période suivante[36]. Un postulat est que chaque stade de développement est *nécessaire* et *préalable* au suivant. À mesure que l'enfant avance dans les stades de développement, il lui est possible de comprendre et d'appréhender de plus en plus de complexité. Un exemple illustrera cette théorie.

Dans une expérience fameuse, on remet à un enfant âgé de 3 ou 4 ans un cube dont l'un des côtés est de couleur bleue et le côté opposé, de couleur rouge. L'expérimentateur examine avec lui tous les côtés du cube et il s'assure que l'enfant a bien noté les côtés de couleurs différentes. Il place ensuite le cube de telle façon que l'enfant ne perçoive que le côté bleu, et lui demande quelle couleur il perçoit lui-même, en étant assis juste en face de l'enfant, du côté rouge du cube. L'enfant qui n'a pas encore atteint le stade opératoire répondra souvent que l'expérimentateur perçoit la même couleur que lui, soit la couleur bleue !

Un observateur non informé sera peut-être enclin à croire que cet enfant n'est pas intelligent ou qu'il répond n'importe quoi, mais cela n'est pas le cas. En fait, tant que l'enfant n'aura pas atteint le stade opératoire, il sera vraisemblablement incapable d'imaginer qu'on puisse percevoir autre chose que ce qu'il perçoit lui-même, car l'intelligence, à cet âge, est au stade préopératoire, et se caractérise par la pensée magique et l'égocentrisme. À ce stade de développement, l'enfant est en pleine construction de son identité et aux prises avec

des défis de taille : l'acquisition de la confiance de base, le développement de son autonomie, et la capacité de faire des choses par lui-
même. En d'autres termes, il a besoin de s'affirmer en affirmant sa
propre réalité. La maturation du système nerveux, le développement
de sa pensée, et la maîtrise de ses relations lui permettront, vers l'âge
de sept ans, d'accéder au stade suivant, le stade opératoire concret,
qu'on appelle aussi « l'âge de raison », caractérisé par la consolida-
tion des comportements sociaux, l'apparition de la pensée logique et
de la capacité de décentration, préalables à la compréhension em-
phatique. Peut-être que le plus surprenant, dans toute cette histoire,
est que nous avons tendance à oublier que nous avons traversé toutes
ces étapes, comme si nous étions nés adultes ! Par exemple, quand on
montre à un enfant de sept ans la cassette vidéo où, des années
auparavant, il était incapable de nommer la bonne couleur, cet enfant aura tendance à nier la véracité de ces images !

D'après Kohlberg, le développement moral suit un processus semblable, chez les enfants comme chez les adultes. Le tableau I présente
les stades de développement qu'il propose, et décrit succinctement
leur contenu et la perspective sociale adoptée[37].

Le modèle comprend trois niveaux génériques : le niveau « pré-
conventionnel », où l'individu ne se conforme pas encore aux conventions sociales ; le niveau « conventionnel », où l'individu respecte
les conventions sociales ; et le niveau « postconventionnel », où l'individu agit selon des principes qui transcendent les conventions sociales habituelles.

Dans les deux premiers stades (niveau pré-conventionnel), la personne considère que ce qui est « juste », « bien » et « beau » est
d'obéir à l'autorité, en évitant les punitions, ou de servir ses propres
intérêts en les négociant avec les intérêts poursuivis par d'autres
personnes. À ce niveau, la perspective sociale adoptée par la personne est soit égocentrique, encore incapable de se décentrer, soit
individualiste. Ce niveau s'apparente au « capitalisme sauvage », surtout par son aspect utilitariste, servant des buts individualistes ou,
quand ils sont partagés avec d'autres, corporatistes. On peut aussi
associer à ce niveau les codes de *déontologie* qui contraignent de
façon autoritaire un comportement spécifique, comme l'interdiction
d'accepter un cadeau d'un fournisseur.

Dans les deux stades suivants (niveau conventionnel), la personne
ajuste ses comportements aux normes du groupe auquel elle appar-

Tableau I   Modèle de développement de la conscience, d'après L. Kohlberg

Stade	Contenu déontologique, moral et éthique	Perspective sociale
Niveau I (Pré-conventionnel)		
1. Obéissance et punition	Obéir à l'autorité, éviter les punitions	Point de vue égocentrique, impossibilité d'empathie
2. Intentions et échanges utilitaires	Satisfaire ses propres besoins, faire des échanges justes	Point de vue individualiste, Notion des conflits
Niveau II (Conventionnel)		
3. Ententes interpersonnelles, conformité aux normes du groupe	Jouer le rôle, préserver la loyauté et la confiance	Groupe immédiat
4. Ententes sociales, maintenance du système	Faire son devoir dans le système, respecter la loi	Société, système social
Niveau III (Post-conventionnel)		
5. Contrat social critique	Consentir librement à des normes sociales	Perspective critique de la société
6. Éthique universelle	Découvrir des principes qui transcendent la culture ambiante	Histoire du monde et des civilisations
7. Nature intégrée de la réalité	Agir selon une « attention » subtile, et une expérience profonde transcendante	Perspective spirituelle, religieuse ou non

tient ou à celles du système social en général. Ayant maîtrisé certaines capacités, comme celle de la décentration, la personne est maintenant plus consciente des normes et des valeurs du système social auquel elle appartient et tente de s'y conformer, que ce soit pour son système immédiat d'appartenance, comme un groupe, ou pour la société en général. À ce niveau de conscience, la *déontologie* et la *morale* se fondent sur des normes relativement claires, non pas seulement dictées par une figure d'autorité, mais par un contexte plus ou moins grand. Les études utilisant des tests afin de mesurer les niveaux de conscience concluent que la très grande majorité des personnes dans nos sociétés ont atteint ce niveau « conventionnel ». Dans le secteur de la santé au Québec, ces études, conduites auprès des membres des comités d'éthique clinique en milieu hospitalier, arrivent aux mêmes conclusions[38].

Dans les stades 5 et 6 (niveau postconventionnel), la personne acquiert de plus en plus la capacité d'auto-réflexion, incluant celle de pouvoir penser les schèmes de pensée eux-mêmes. En psychologie cognitive, ce niveau correspond à la « métaconscience », c'est-à-dire la conscience de sa propre conscience et de ce qui l'anime[39]. La « métaconscience » constitue un niveau complexe de la conscience qui implique le développement de son autonomie quant à la façon de penser et au sens qu'on veut donner à son existence. Cette capacité de prendre en charge de façon consciente et délibérée sa propre pensée implique que la personne a acquis la maturité nécessaire pour prendre du recul et pour réfléchir sur ses propres attitudes et ses motivations à l'égard de ses expériences, sur les situations problématiques qu'elle doit affronter quotidiennement. Ce faisant, elle devient plus critique face aux conventions sociales habituelles et peut soit y consentir librement, soit y substituer des valeurs considérées comme plus représentatives de l'histoire du monde et de la culture humaine. La « métaconscience » rend aussi possibles l'authenticité et la transcendance de la personne[40]. Ce niveau de conscience, ainsi que le dernier stade présenté ci-dessous, est plus orienté vers l'*éthique* puisque la personne a la capacité de questionner de façon rigoureuse les fondements de la *déontologie* et de la *morale* traditionnelle.

Kohlberg propose, comme dernier stade de la conscience, une « théorie de la loi naturelle » ou de la « nature intégrée de la réalité ». La perspective adoptée à ce stade est spirituelle, associée ou non à une religion, pouvant même être une « spiritualité laïque ». L'éthique de la personne est alors fondée sur une « attention subtile » à la réalité et une expérience profonde transcendante. Kohlberg précise que ce stade est fort différent à la fois d'une obéissance aveugle à un dogme et d'une conception infantile ou névrotique de la spiritualité. Il précise de plus que si les six stades précédents se retrouvent, globalement, dans toutes les cultures, ce n'est pas le cas du dernier, qui dépend plus de l'inclination de chaque personne et de ses expériences personnelles[41].

Bien que le modèle de Kohlberg soit central dans le domaine de l'éthique des affaires et qu'il ait été vérifié par de nombreuses études,

des critiques ont été émises à son sujet[42]. En outre, ce modèle, qui concerne le développement de la conscience individuelle, se doit d'être complété par des considérations plus collectives, comme, par exemple, l'impact du climat de travail, le style de direction, les pratiques de gestion, la culture organisationnelle, etc. Toutefois, la recherche dans ce domaine tend à montrer qu'il existe des types de climats organisationnels qui facilitent le développement de l'éthique dans les pratiques organisationnelles, et que les trois niveaux de conscience proposés par Kohlberg sont très utiles pour les déterminer. En particulier, trois questions sont cruciales : le type de climat empêche-t-il des discussions au sujet de l'éthique? (niveau pré-conventionnel); tend-il à vouloir endoctriner les personnes? (niveau conventionnel); ou encourage-t-il l'expression de positions éthiques autres que celles dictées par la culture ambiante? (niveau postconventionnel)[43].

Le dialogue : une synergie entre l'étendue et la profondeur

L'éthique du dialogue, on l'aura compris, repose sur la synergie existant entre la diversité des « parties prenantes », invitées au dialogue, et la diversité de leurs « niveaux de conscience ». La mise en présence d'une diversité de parties prenantes donne de l'*étendue* aux échanges, alors que la diversité des niveaux de conscience leur donne de la *profondeur*. J'ai représenté cette synergie dans la figure III par le modèle de la toupie.

La largeur de la toupie représente le degré de diversité des « parties prenantes » participant au dialogue. La diversité des parties prenantes peut être faible, ne comprenant, par exemple, que les membres de l'équipe de direction. Elle peut être au contraire très importante, réunissant des représentants de multiples « parties prenantes », situées à l'intérieur et à l'extérieur de l'organisation. La largeur de la toupie représente donc l'*étendue* du système que l'on prend en considération, exprimée par la diversité des personnes participant au dialogue.

Quant à la hauteur de la toupie, elle représente le degré de *profondeur* des « niveaux de conscience » des participants du dialogue. Cette diversité peut être faible, la majorité des personnes exhibant des stades pré-conventionnels ou conventionnels, ou importante, impliquant la présence de tous les stades.

Figure III L'éthique du dialogue
Modèle de la toupie

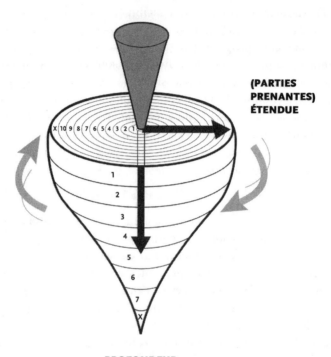

(PARTIES
PRENANTES)
ÉTENDUE

PROFONDEUR
(NIVEAUX DE CONSCIENCE)

Il est important de souligner la synergie établie entre la largeur et
la hauteur de la toupie, c'est-à-dire entre son « étendue » et sa « profondeur ». Cette synergie est fournie par le contenu et le processus du
dialogue lui-même, source du mouvement imprimé à la toupie,
source de son dynamisme. Par exemple, si on étudie attentivement
les niveaux de conscience proposés par Kohlberg, on se rend compte
qu'ils expriment un « décroissement du narcissisme », c'est-à-dire une
diminution progressive de l'attention portée à soi-même, mettant en
interrelation les stades de conscience et les « parties prenantes »
considérées. Par exemple, dans les stades « pré-conventionnels », la

perspective qu'a une personne de la société est relativement limitée, sa perception étant égocentrique et son attitude, individualiste; dans les stades «conventionnels», la perspective qu'a la personne de la société se complexifie, car la personne prend en considération les intérêts des «parties prenantes» avec qui elle a des relations directes (par exemple les membres de son équipe de travail, son supérieur hiérarchique immédiat, ses clients les plus habituels, etc.), pour ensuite prendre en considération les intérêts des «parties prenantes» plus lointaines et générales (le secteur global dans lequel cette personne travaille, les actions du gouvernement, les associations professionnelles, etc.); enfin, dans les stades «post-conventionnels», la perspective qu'elle a de la société devient de plus en plus complexe; elle inclut les «parties prenantes» déjà accessibles par les niveaux de conscience précédents, et de nouvelles, telles que les communautés, les familles, l'économie globale, l'écologie naturelle, les générations futures, l'univers, le transcendant, etc. Il est notable que plus la conscience se développe, plus il est difficile de pouvoir identifier des représentants des «parties prenantes» considérées. Par exemple, afin d'aborder des considérations touchant l'environnement naturel, on peut, par exemple, inviter au dialogue des représentants de groupes écologistes et faire appel à la sensibilité écologique de chaque participant du dialogue.

Ce «décroissement de narcissisme» est rendu possible, en partie, par l'effet synergique produit par le dialogue, en exposant les participants à une étendue de points de vue et à la profondeur des niveaux de conscience mis en interaction. En parallèle à ce décroissement du narcissisme se développe le sens de l'éthique. Par exemple, au premier niveau de conscience, les participants ont du mal à reconnaître leurs valeurs et leurs sentiments et à se les approprier. Ils ont alors tendance à avoir une conception utilitariste et hédoniste de l'éthique, les autres et le monde en général étant considérés surtout comme des ressources personnelles. Au fur et à mesure des interactions et des échanges, les participants acquièrent le sens du «je» et du «nous» et des autres. Par exemple, quand ces personnes acquièrent le sentiment d'appartenance à un groupe, elles ont tendance à adopter les valeurs et les normes prônées par ce groupe au détriment des autres points de vue. C'est ainsi qu'une personne qui s'identifie à l'organisation qui l'emploie aura tendance à acquérir une éthique corporatiste. De la même façon, une personne qui s'identifie à sa culture acquerra une éthique du type « conventionnelle », avec le danger de sombrer dans l'ethnocentrisme, rejetant alors d'autres collectivités qui ne font pas partie de cette culture. Au troisième niveau, la personne prend conscience de la valeur de l'authenticité, de la finitude de l'existence humaine, de la fragilité de la vie, et de la nécessité de transcender ses propres intérêts et ceux de la société. Au fur et à mesure que son point d'Archimède s'élève au-dessus de ses intérêts, que ses objets d'identification se font idéaux, immatériels, voire spirituels, l'éthique s'élabore dans la complexité. C'est ainsi qu'une personne qui s'identifie à l'humanité tout entière ainsi qu'à la nature, aura tendance à acquérir une éthique humaniste, existentielle et écologique. L'approfondissement des niveaux « post-conventionnels » engendre une diminution progressive de la nécessité même de l'identification d'une personne à un groupe ou à une collectivité particulière pouvant alors « embrasser le tout », sans point de référence particulier[44].

Cependant, si le processus dialogique permet ce développement, la tenue d'un cercle de dialogue n'est pas aisée. Par exemple, il arrive souvent que les personnes influencées surtout par le niveau « préconventionnel » ne perçoivent pas la nécessité d'une démarche éthique et remettent en question le bien-fondé du dialogue. Les personnes influencées surtout par le niveau « conventionnel » recherchent surtout à endoctriner les personnes à des valeurs, le dialogue pouvant alors devenir un processus de normalisation. Les personnes les plus intéressées au dialogue semblent être des personnes qui maîtrisent certains éléments « post-conventionnels » (groupe minoritaire dans nos sociétés), l'éthique demandant une exploration « post-conventionnelle » des valeurs[45].

Trois remarques sont nécessaires au sujet de ce « décroissement de narcissisme » ou « approfondissement des niveaux de conscience » dans le dialogue.

Premièrement, l'inclusion, dans un dialogue, de « parties prenantes » très diversifiées, avec les différents intérêts qu'elles poursuivent, nécessite l'usage de modes d'interaction multiples. La notion d'« intelligences multiples », développée par le neurologue et psychologue Howard Gardner, de l'Université Harvard, est ici très utile. En effet, d'après Gardner, l'intelligence comporterait différentes formes, chacune contribuant au succès de l'adaptation des personnes à leur milieu de vie. Dans son dernier ouvrage, il présente neuf types d'intelligence, lesquelles sont présentées sommairement dans le tableau II.

Tableau II   Les intelligences multiples d'Howard Gardner

Intelligences	Exemples
1. Verbale	Raisonnement verbal, argumentation, sensibilité aux mots, sens de la répartie, etc.
2. Logicomathématique	Analyse des problèmes, formulation d'hypothèses et déduction, induction, etc.
3. Musicale	Appréciation des structures musicales, pratique d'un instrument de musique, mémoire musicale, etc.
4. Kinesthésique	Agilité, souplesse des mouvements du corps, dextérité, manipulation subtile d'objets, etc.
5. Spatiale	Manipulation des modèles en trois dimensions, sens de l'orientation, etc.
6. Intra-personnelle	Conscience de soi, régulation des désirs, maîtrise des impulsions, auto-motivation, etc.
7. Interpersonnelle	Empathie, sensibilité sociale, communication, habiletés de négociation, etc.
8. Naturaliste	Sensibilité aux lois et à la beauté de la nature, respect écologique, etc.
9. Existentielle/spirituelle	Sensibilité aux réalités transcendantes, recherche de sens et de l'esthétisme, «attention» subtile, etc.

D'après lui, deux types d'intelligence sont particulièrement valorisés dans notre système d'éducation et nos sociétés : ce sont l'intelligence verbale et l'intelligence logicomathématique. La première forme d'intelligence réfère à la maîtrise des compétences reliées au langage, à l'expression et à l'argumentation ; la seconde, à la maîtrise du raisonnement hypothéticodéductif et inductif, de l'abstraction, de la généralisation et de la combinaison. Les premiers manient bien l'art de la rhétorique et des beaux discours, alors que les seconds font bonne figure quand il s'agit de résoudre des problématiques compliquées.

Considérant le fait que les « parties prenantes » invitées à un dialogue ne maîtriseront pas toutes de la même manière ces deux types d'intelligence, il est nécessaire d'encourager l'utilisation d'autres types d'intelligence. Howard Gardner propose l'existence d'autres intelligences moins « conventionnelles », comme l'intelligence intrapersonnelle et l'intelligence interpersonnelle. Ces deux formes d'intelligence correspondent au concept de l'« intelligence émotionnelle », rendu très populaire par l'ouvrage de Daniel Goleman, ce qui démontre un intérêt important, actuellement, à vouloir dépasser les intelligences plus traditionnelles dans nos sociétés[46].

Comme on peut le constater à la lecture des dialogues présentés dans ce livre, l'une ou l'autre de ces formes d'intelligence a été stimulée au cours du processus. En raison de son étendue et de sa profondeur, le dialogue stimule différentes facettes de l'intelligence humaine, valorisant souvent des aspects négligés par le système d'éducation et la société en général.

Deuxièmement, il est important de préciser qu'il n'est pas possible, ni souhaitable, de former un cercle de dialogue qui ne regrouperait que des personnes ayant atteint un niveau de conscience « post-conventionnel ». Si elle existait, cette stratégie serait élitiste et non représentative de la complexité du monde, allant alors à l'encontre du principe d'« adéquation » présenté dans l'introduction de ce livre. Au contraire, dans un groupe de dialogue, il est important de réunir des personnes influencées par différents niveaux de conscience, car chaque niveau fait partie de l'expérience humaine, tout en sachant que les personnes plus influencées par les stades plus « juniors » de conscience auront plus de difficultés avec le dialogue.

Troisièmement, la participation ou non de différentes parties prenantes au dialogue aura elle-même une incidence fondamentale sur l'expression et le développement des niveaux de conscience des participants. L'inclusion, par exemple, dans le cercle composé de gestionnaires d'une organisation, d'un représentant d'une association écologique ou d'une personne qui travaille tous les jours avec des délinquants de la rue, modifiera à la fois le contenu et le processus du dialogue. Cette tendance à accroître la diversité dans l'analyse d'une problématique ainsi que dans la prise de décisions est déjà développée en sciences par l'émergence, par exemple, d'équipes multidisciplinaires ou transdisciplinaires, ainsi que dans les organisations, par des mécanismes tels que les processus de consultation ou les mécanismes de gestion participative. Autrement dit, l'interaction d'un nombre diversifié de « parties prenantes » ainsi que l'interaction de multiples « niveaux de conscience », simulent la complexité inhérente d'un enjeu. Étant donné que le système interagit au sein du cercle de dialogue, tant au niveau de la quantité des éléments en interaction (« étendue » de la toupie) qu'au niveau de la qualité des relations établies (« profondeur » de la toupie), le groupe peut, potentiellement, faire émerger une « éthique de la complexité ». On retrouve de nouveau ici la notion d'«adéquation» entre la complexité d'un enjeu et la complexité de l'approche adoptée, présentée dans l'introduction de ce livre. Aussi, le processus qui anime le dialogue est lui-même émergent, fluide, diffus, surprenant, comme le vol d'une mouche, tel que présenté en introduction. Comme l'a bien exprimé un participant dans le dialogue 9 de ce livre : « C'est extraordinaire ces moments de silence ensemble... Je n'ai aucune idée de quel côté la discussion va aller. Je me demande quelle sera la prochaine intervention. Et je me laisse aller dedans. »

J'ai résumé dans le tableau III les actions qui pourraient être entreprises dans les organisations selon les « niveaux de conscience » ainsi que les « parties prenantes » qui sont susceptibles d'être consi-

Tableau III   Niveaux de conscience, actions organisationnelles et parties prenantes considérées

Niveaux de conscience	Actions organisationnelles	Parties prenantes considérées
I. Pré-conventionnel		
1. Obéissance et punition	Éviter de mettre à l'épreuve l'organisation	Soi-même et organisation perçue comme autorité
2. Instrumentalisme	Poursuivre ses intérêts propres	Service, supérieurs, employés, syndicat
II. Conventionnel		
3. Ententes interpersonnelles	Respecter les normes internes et locales	Management, investisseurs, compétiteurs, partenaires
4. Ententes sociales	Respecter la loi et la réglementation	Gouvernement, clientèles, industrie, associations, public
Post-conventionnel		
5. Contrat social critique	Consensus sociaux critiques	Familles, communautés, autres organisations, société
6. Éthique universelle	Actions allant au-delà de la loi	Générations futures, écologie, économie globale, science
7. Nature intégrée de la réalité	Quête du sens et spiritualité, religieuse ou non	Univers, archétypes, transcendant

dérées. Ce tableau n'est cependant qu'indicatif. Son contenu dépend de la situation réellement vécue par les personnes travaillant dans une organisation spécifique ou un secteur d'activité particulier[47].

Le point important à retenir est que la pratique du dialogue, suggéré par le modèle de la toupie, est un processus qui permet une synergie entre l'« étendue » considérée d'un système, mesurée par la diversité des « parties prenantes », et la « profondeur » de l'exploration, mesurée par la diversité des « niveaux de conscience » des personnes participant au dialogue. La pratique du dialogue est donc vue comme essentielle afin d'acquérir cette synergie. Des études suggèrent d'ailleurs que si des pratiques plus traditionnelles sont employées, comme des entrevues individuelles ou des *focus groups* plus directifs, et non des dialogues démocratiques, des éléments fondamentaux tels que le degré de confiance entre « parties prenantes » ou leur engagement sont moins effectifs[48]. Pour faire un mauvais jeu de mot sur la nécessité existentielle du modèle de la toupie, qui déplairait certainement à William Shakespeare : « Toupie *or not* toupie, *that is the question !* »

L'éthique du dialogue et l'éthique de la discussion

J'ai évoqué ci-dessus la notion d'« éthique de la discussion ». Considérant que Jürgen Habermas, le père de l'« éthique discursive », comme il préfère l'appeler, est l'un des philosophes contemporains les plus importants et que son éthique, proposée avec ses collègues, influence un nombre croissant de personnes, j'aimerais offrir ici quelques précisions à ce sujet.

L'éthique de la discussion et celle du dialogue ont plusieurs choses en commun. Toutes deux partent du principe que la seule affirmation possible au sujet de l'éthique est de reconnaître qu'elle a besoin, pour pouvoir émerger, du langage et d'une communauté[49] : l'éthique ne peut exister sans langage et sans communication et elle ne peut être formulée sans échanges communicationnels libres au sein d'une communauté. Les actions décidées conjointement dans cette communauté n'ont donc pas besoin d'être assises sur un fondement particulier, excepté le fait qu'elles doivent émerger d'une communauté dite « idéale » de communication. J'ai déjà énuméré les caractéristiques d'une telle communication au sein d'un cercle de dialogue.

L'éthique de la discussion et celle du dialogue tranchent donc toutes deux avec celles, nombreuses, qui reposent sur un fondement particulier, énoncé comme une vérité de base, un but ultime à poursuivre : la poursuite de ses propres plaisirs (hédonisme) ; le bonheur pour le plus grand nombre de personnes (utilitarisme de Jeremy Bentham) ; la recherche du bénéfice pour tous et surtout des plus désavantagés (justice distributive de John Rawls) ; le seul accomplissement d'actions qui peuvent être érigées en maximes universelles (impératif catégorique d'Emmanuel Kant) ; l'actualisation du sentiment de la responsabilité envers autrui et la nature (principe de responsabilité d'Hans Jonas) ; la recherche de sa propre rédemption (doctrine du salut) ; et beaucoup d'autres.

Ces deux éthiques diffèrent cependant sur plusieurs points :

— L'éthique de la discussion tend à privilégier l'argumentation classique (intelligences « verbale » et « logico-mathématique »), alors que l'éthique du dialogue favorise l'expression « d'intelligences multiples » ;

— L'éthique de la discussion vise à établir des consensus dans des communautés ; différemment, l'éthique du dialogue ne considère le consensus que comme un cas d'exception pour que les humains puissent interagir ;

— L'éthique de la discussion encourage le développement de la pensée, alors que celle du dialogue encourage le développement de la conscience, en ralentissant la pensée et en prenant le temps de l'observer attentivement.

— L'éthique de la discussion valorise l'interaction par le langage avec d'autres êtres humains ; l'éthique du dialogue encourage, en plus du langage, l'auto-réflexion et l'introspection et valorise le silence et la méditation.

— Si l'éthique de la discussion présuppose que la communauté doit être formée d'êtres humains, celle du dialogue inclut aussi des éléments naturels avec qui l'on peut établir une certaine forme de communication ou de présence.

— De plus, si l'éthique de la discussion culmine, comme idéal, au 6e stade « post-conventionnel » de Kohlberg, celle du dialogue admet la réalité du 7e stade.

— Enfin, l'éthique de la discussion concerne surtout, à l'heure actuelle, des cercles intellectuels et philosophiques, demandant aux participants une connaissance philosophique sophistiquée pour en saisir les enjeux. Différemment, le dialogue est déjà utilisé, dans des formes très variées, dans de nombreuses organisations.

Malgré ces différences[50], l'éthique de la discussion et celle du dialogue suggèrent toutes deux que nous sommes devant un paradoxe très problématique : d'un côté, la civilisation actuelle a besoin d'une nouvelle éthique, considérant les problématiques complexes et globales qui nous assaillent (crise écologique, dangers de l'accélération et de l'impact des innovations technologiques, croissance de la précarité du travail, développement du corporatisme, omniprésence de l'intelligence logicomathématique, terrorisme international, etc.) ; d'un autre côté, on réalise peu encore, dans notre culture, la nécessité de bâtir des « communautés idéales » dans lesquelles cette nouvelle éthique pourrait émerger[51]. Comme l'a suggéré David Bohm, « la source ultime de tous [nos] problèmes est dans la pensée elle-même, la chose au sujet de laquelle notre civilisation est la plus fière[52] ».

Différents mécanismes peuvent cependant être utilisés afin de faire émerger chez des personnes le désir d'amorcer un dialogue.

Le premier est d'aborder des personnes qui ont déjà développé le niveau «post-conventionnel» de façon au moins minimale. Ces personnes, plus critiques de notre culture actuelle, réalisent la nécessité du dialogue. Dans toute organisation, il est possible d'identifier ces personnes et de les réunir, formant ainsi ce que j'appelle une «communauté de clins d'œil». On peut aussi demander à ces personnes de mobiliser d'autres personnes qu'elles connaissent. Cependant, cette stratégie a souvent comme conséquence de privilégier dans le dialogue un grand nombre de personnes déjà convaincues.

Un deuxième mécanisme est celui du leadership. La pratique du dialogue peut être introduite dans une organisation par un ou une leader ou par un comité exécutif. Il est alors essentiel que ces personnes participent personnellement au dialogue, le rendant ainsi légitime par leur présence active. Il est cependant probable que, même avec un leadership fort, la pratique du dialogue rencontrera d'importantes résistances, dont celle d'être imposée plus ou moins ouvertement.

Un troisième mécanisme consiste à introduire le dialogue comme l'une des pratiques utilisées afin de soutenir un effort de changement. Souvent, dans ce cas, le dialogue est utilisé de façon plus directive : on peut l'introduire, par exemple, afin d'explorer collectivement les valeurs dans une organisation qui désire développer une «gestion centrée sur les valeurs»; on peut aussi l'utiliser afin de fortifier le processus d'innovation au sein d'équipes. Le désavantage de ces stratégies est de rendre le dialogue trop utilitaire, étant orienté vers un but immuable.

Un quatrième mécanisme est d'utiliser le dialogue dans le contexte de la gestion éthique, par exemple au sein d'un comité d'éthique. Mais la pratique du dialogue pourra rencontrer des résistances si les personnes sont plus attirées vers la «déontologie» ou la «moralité», telles que définies précédemment.

Enfin, la nécessité du dialogue peut être acceptée par des personnes après l'expérience d'une crise majeure. Sans vouloir être pessimiste, ce mécanisme est souvent le plus puissant[53]. D'après mon expérience, ce n'est que lorsqu'une organisation est confrontée à une crise majeure (pertes financières importantes, remise en question de la mission de l'organisation, dysfonctionnements sérieux comme l'accroissement démesuré de maladies professionnelles ou de scandales, expérience d'une catastrophe, etc.) que les personnes réalisent qu'il est nécessaire, comme elles le disent, de «prendre le temps de prendre le temps» afin de mieux faire face à des enjeux complexes.

En l'absence de la capcité d'établir maintenant de nombreuses communautés de dialogue, on peut, aussi, promouvoir certaines *stratégies transitoires*. Ces stratégies incluent:

— L'encouragement d'innovations sociales, au niveau sociétal, qui facilitent la création d'espaces de parole et la démocratie (par exemple, la déclaration des droits de la personne, la liberté de la parole, l'éducation libérale, le droit des minorités, la défense du multiculturalisme, les pratiques de démocratie parlementaire, les tentatives de démocratie directe, etc.);

— L'encouragement d'innovations sociales, au niveau organisationnel, qui vont dans la même direction (applications de la théorie des *stakeholders*, technologies qui favorisent l'exploration collective comme les *future search conferences* ou le *open space technology*, les pratiques qui encouragent la démocratie au travail, les équipes semi-autonomes, les audits sociaux et environnementaux, etc.);

— La mise sur pied de programmes d'éducation dans le domaine de l'éthique, étudiant les enjeux actuels et donnant la formation nécessaire à l'animation des processus tels que l'éthique de la discussion et l'éthique du dialogue;

— La mise sur pied en organisation de projets pilotes qui vont dans la même direction, et la diffusion de leurs résultats;
— Le développement d'un effort de recherche scientifique dans le domaine, tant au niveau fondamental de l'éthique que sur des pratiques très concrètes.

Si personne ne peut prédire l'avenir, il me semble toutefois que de nombreuses conditions sont déjà en place, dans nos sociétés et dans nos organisations, pour favoriser le développement de l'éthique du dialogue. La présence concrète de ces conditions peut nous permettre un certain optimisme, contrebalancé cependant par l'urgence et la complexité des problématiques auxquelles se confronte aujourd'hui l'humanité dans sa globalité, ainsi que chaque personne et chaque collectivité en particulier. Les difficultés — et les promesses — d'instituer dans le système de la santé et des services des communautés éthiques par le dialogue, ne sont pas seulement propres à ce système en particulier. Elles sont aussi présentes dans d'autres organisations, dans d'autres systèmes et dans nos sociétés en général. Il semble, de plus, que les contextes québécois et canadien soient particulièrement appropriés pour favoriser une telle innovation sociale. Cela sera notre prochain sujet.

L'éthique du dialogue : une discipline appropriée au Québec et au Canada

Selon moi, l'éthique du dialogue est une discipline particulièrement appropriée au Québec et au Canada. Il semble que la culture du Québec en particulier, et celle du Canada en général, soient tout à fait réceptives à une telle innovation sociale. De plus, il semble que le secteur de la santé soit prêt à utiliser le dialogue démocratique pour favoriser une éthique collective dans le réseau.

Toute personne qui a tenté d'apporter un changement dans un système social, comme une organisation, connaît l'importance de la dimension culturelle, en plus de la dimension politique, pour que ce changement devienne effectif. Cette dimension est connue comme l'un des facteurs qui influence le plus la résistance au changement ou son acceptation. Il en est, bien sûr, de même pour un changement dans le domaine de l'éthique, d'autant plus que ce domaine aborde en particulier les normes et les valeurs d'une collectivité[54].

Jusqu'à maintenant, l'éthique organisationnelle a surtout été favorisée aux États-Unis. Des études suggèrent que trois traditions ont particulièrement influencé ce développement chez nos voisins du Sud[55] :

— La tradition de la démocratie libérale, qui privilégie la liberté des individus et demande que le pouvoir soit partagé entre des entités considérées comme égales, c'est-à-dire, en langage organisationnel, entre *stakeholders*. L'engouement pour la théorie de la justice de John Rawls, basée sur la notion d'«équité» (*fairness*), indique l'importance de cette tradition[56].

— La tradition du puritanisme, qui entraîne la formation de jugements moraux définitifs et même parfois inflexibles, avec, dans le domaine de la gestion, souvent une intention de «purger» les vices du milieu des affaires. Cette tradition est illustrée par les mouvements orthodoxes religieux qui prônent des codes stricts de morale.

— Enfin, la tradition de l'utilitarisme, qui prône la poursuite d'intérêts matériels. Selon cette tradition, une organisation doit se comporter en bon «citoyen corporatif» afin de ne pas être pénalisée financièrement et/ou socialement. L'éthique devient alors une commodité qui sera dictée dans une organisation par un code strict de déontologie, avec l'idée que «*good ethics is good business*».

Si ces trois traditions sont aussi partagées au Québec et au Canada, la direction même des considérations éthiques semble y être inversée quand on la compare avec celle des États-Unis. Dans ce pays, les considérations éthiques partent des individus pour être appliquées aux organisations et, enfin, à la société; au Québec et au Canada, la tendance est de partir de considérations sociales, pour ensuite considérer les organisations et, enfin, les individus. Cette différence, qui reste relative, explique en partie la valeur qu'on donne au Canada à la préservation de la culture des minorités et au multiculturalisme, à la défense du bien commun, à la démocratie sociale ou à l'intervention de l'État. Le système canadien de la santé et des services sociaux est un héritier de ces tendances et reste fort différent du système américain. De plus, au Québec, le développement de l'identité distinctive de la société francophone, qui ne représente que 2 % de la population totale de l'Amérique du Nord, est aussi prépondérante.

Sans entrer ici dans les détails, les spécificités du système québécois — la Révolution tranquille, le développement de « Québec Inc. », le rôle de la Caisse de dépôt, l'importance du mouvement coopératif, l'importance de la solidarité sociale, etc.[57] — semblent fort compatibles avec l'approche de l'éthique du dialogue qui est communautaire. Ce n'est pas, pour moi, un hasard si quelques-unes des premières recherches sur la pratique du dialogue démocratique en organisation ont été faites au Québec, tel que mentionné dans l'introduction. De même, il est évident que les participants aux dialogues de ce livre apprécient une telle approche. Non seulement ces personnes affirment la nécessité de créer des « espaces de parole » dans le système de la santé, mais elles jugent que cette création d'espaces nouveaux est aujourd'hui opportun dans ce système (voir en particulier les dialogues 9 et 10 dans ce livre).

Il est aussi fort intéressant de réaliser que, depuis 1997, un bon nombre de ces participants ont favorisé des approches similaires dans leur contexte particulier, démontrant par cela un certain effet multiplicateur du dialogue. J'ai dressé ci-dessous la liste de certaines de ces applications, présentées par les participants eux-mêmes et tirées des dialogues 9 et 10. Il est intéressant de noter que quelques personnes ont créé des cercles de dialogue identiques au premier, démarré en 1997, chacune dans leur région spécifique. Différemment, d'autres personnes se sont inspirées de ce premier cercle et ont modifié sa pratique, le rendant alors plus compatible avec des situations spécifiques. Bien que des recherches plus élaborées devront être conduites sur ce sujet, tout ceci semble indiquer que la pratique du dialogue permet non seulement un effet multiplicateur, mais est aussi particulièrement adaptable à des contextes divers. Voici quelques-unes de ces pratiques développées au Québec depuis 1997, issues du dialogue retranscrit dans ce livre :

Nom des participant(e)s	Pratiques collectives mises sur pied depuis 1997
Richard Lachapelle, Jean-Pierre Gagnier, Claude Larivière	Groupes de discussion et espaces de parole dans plusieurs organisations
Constance Lamarche, Richard Lachapelle	Groupes de co-développement inter-services, Réseau de la santé
Constance Lamarche, Estela Rios, Thierry Pauchant	Intégration du dialogue dans des cours universitaires
Serge Marquis, Yvon Roy	Cercles de dialogue, Régie du Saguenay-Lac-Saint-Jean
Thierry Pauchant, Constance Lamarche, Aladin Awad	Dialogues post-crise, Régie de la Montérégie, crise du verglas
Thierry Pauchant, Aladin Awad	Dialogues post-crise, CUM. Crise du verglas.
Thierry Pauchant	Dialogues stratégiques, Ressources Humaines Canada, CBC, Cégep de Sainte-Foy, SAAQ, AHQ, etc.
Mireille Tremblay, Jean-Pierre Gagnier, Estela Rios, Serge Marquis	Conférences sur les espaces de parole en organisation

Si toutes ces expériences sont intéressantes et démontrent à la fois l'intérêt et le bien-fondé de ces « ouvertures à la parole », il ne faut pas oublier que l'approche du dialogue ne consiste pas à « tuer une mouche avec un canon ». Comme je l'ai suggéré dans l'introduction, cette approche, relativement exigeante en termes de ressources ainsi qu'émotivement, est adéquate pour aborder des problématiques *complexes*, comme l'est l'éthique. D'autres approches devront être utilisées pour traiter de problématiques *simples* et *compliquées*.

Si le dialogue est utilisé en organisation afin d'initier un changement organisationnel d'envergure, il est recommandé d'adjoindre à sa pratique différentes sessions et processus. Souvent, je recommande de tenir un minimum de 10 à 20 sessions de dialogue, espacées sur une période d'une année et que, suivant le changement envisagé et les habiletés développées dans l'organisation, des sujets variés soient introduits dans des séances de formation et des ateliers. Ces sujets peuvent inclure la communication en groupe, la gestion par les valeurs, la conduite du changement stratégique, le développement du leadership, les relations avec les «parties prenantes», le développement de la conscience humaine, l'éthique en entreprise, l'apprentissage organisationnel ou d'autres sujets. Les personnes se rencontrent alors durant une ou deux journées par mois et peuvent aborder, par exemple, des sujets plus conceptuels durant la matinée, tenir une séance de dialogue au cours de l'après-midi et travailler en atelier le soir.

Un rêve, en guise de conclusion

Il est évident que, bien que nous ayons abordé en particulier dans ce livre les enjeux présents dans le système de la santé, la proposition en faveur d'une éthique du dialogue en communauté ne concerne pas seulement ce système. Je suis de l'avis de l'académicien français Michel Serres que nous sommes aujourd'hui littéralement acculés à l'éthique, à l'exploration philosophique appliquée, et ce, pour toute organisation, privée, publique ou associative, ou système d'organisations, confrontés à des enjeux complexes. Comme ce dernier le déclare :

> Nous maîtrisons le monde et devons donc apprendre à maîtriser notre propre maîtrise. Voyez le retournement rapide des choses : que nous puissions faire ceci ou cela, nous devons, immédiatement, gérer cette faculté. Dominons-nous la planète ou la reproduction ? Alors aussitôt, nous devons décider, j'allais dire sagement, sous de probables menaces, de tous les éléments de cette domination. Sans nous en apercevoir, nous sommes passés du pouvoir au devoir, de la science à la morale, et l'iceberg a pivoté. Exemple : Pourrons-nous choisir le sexe de nos enfants ? Que faire, alors, si les futurs parents choisissent tous ou des garçons ou des filles ? [...] Oui, nous sommes acculés à la morale et à la philosophie[58] !

Je suis aussi convaincu que l'approche du dialogue proposée par David Bohm est l'une des pistes intéressantes à poursuivre si nous voulons développer « l'attention pour agir avec conscience », comme le disait joliment la philosophe Simone Weil. Fondamentalement, le dialogue permet à une communauté de décider ensemble face à des enjeux communs, tout en s'appuyant sur le développement de la conscience de chacun et de chacune. Nous avons grand besoin de telles innovations sociales. J'espère que ce livre qui décrit la pratique du dialogue, qui en donne un long exemple concret dans le réseau de la santé et des services sociaux et qui présente ses bases théoriques ainsi qu'une bibliographie commentée, contribuera au développement de cette innovation.

Si nous désirons que les citoyens et les citoyennes participent réellement à des débats publics et à la prise de décisions collective, je crois aussi que les médias, dont le rôle est prépondérant dans notre société, devraient jouer un rôle actif dans cette entreprise de démocratie directe. Ce rôle des médias, en complément des mécanismes de développement personnel, organisationnel et sociétal, pourrait s'actualiser en présentant sur les ondes télévisées des séances de dialogue, regroupant une trentaine de personnes, sur des sujets d'importance nationale et internationale, comme la santé, l'éducation, l'emploi, la culture... Rêvons un peu à un monde potentiellement meilleur : 10 séances de dialogue sur l'avenir du système de la santé, diffusées tous les 15 jours vers minuit, permettant aux personnes qui le désirent d'assister à ces dialogues ou de les enregistrer pour un usage ultérieur. Rêvons de même à un site web où les spectateurs et spectatrices pourraient poser des questions ou fournir des commentaires. Cela ne les préparerait-il pas à l'exercice rigoureux de la démocratie directe ?

Est-ce seulement un rêve ? Non, si nous nous rappelons que la mission de nos chaînes de télévision n'est pas seulement de distraire et d'informer, mais, aussi, d'éduquer ; non, si nous prenons réellement à cœur notre rôle de citoyen responsable.

Notes

Introduction générale

1. Citation de M. McGregor, 2000, p. 7.
2. Voir H. Oetter, 2001, p. 22.
3. Voir M. Somerville, 1999, et P. Fortin, 1999.
4. Citation de la Commission Rochon, 1987, dans P. Fortin, 1999, p. 23.
5. Citation de J. Saul, 1999, p. 13.
6. Citation de N. P. Kenny, 1999, p. 118.
7. Citation de M. Somerville, 1999, p. XI.
8. Voir Centre de statistiques internationales, dans *Forum national sur la santé*, volume 4, 1998, p. 159-172.
9. Voir à ce sujet l'étude du docteur R. Deber, dans M. Somerville, 1999, p. 60.
10. Voir, à ce sujet, H. Scully, dans M. Somerville, 1999, p. 50.
11. H. Mintzberg, 1994.
12. Henri Mintzberg a raconté cette histoire durant un projet de consultation que nous faisions ensemble.
13. Citation de J. Saul, dans M. Somerville, 1999, p. 15.
14. Sur ces sujets, voir E. Morin *et al.*, 2001.
15. Citation de M. Serres, 1994, p. 102-104.
16. Au sujet de cette statistique, voir P. Kelly, dans M. Somerville, 1999, p. 40.
17. Citation de E. F. Schumacher, 1977, p. 126.
18. Citation de L. Garrett, 2000, p. 2-3.

19. *Ibid.*, p. 584.

20. J'ai déjà traité, différemment, de cette question dans une autre publication; voir Pauchant et Mitroff, 1995, chap. 8.

21. L'invention de l'écriture est relativement récente dans l'histoire humaine. Les premiers alphabets développés apparurent vers l'an 1000 avant Jésus-Christ. Au sujet de l'importance de la tradition orale et de son influence sur le processus de décision en groupe, voir Goody, 1977.

22. À ce sujet, voir T. Merton, 1961, p. 72.

23. Bohm, scientifique occidental, et Krishnamurti, sage oriental, ont eu de nombreux dialogues. Voir, par exemple, J. Krishnamurti et D. Bohm, 1986.

24. Pour une description du dialogue et la physique quantique, voir Bohm et Peat, 1990; pour une revue du travail effectué au Tavistock Institute sur les groupes et les organisations, voir de Maré *et al.*, 1991, et au MIT, voir P. Senge, 1990.

25. Pour des exemples d'applications, voir L. Ellinor et G. Gerard, 1998; W. Isaacs, 1999; T. C. Pauchant *et al.*, 1998; P. Senge *et al.*, 1994 et 1999; et D. Zohar, 1997.

26. Voir W. Isaacs, 1999, p. 22, et T. C. Pauchant *et al.*, 1998.

27. Au sujet de cet exemple, voir le neuvième dialogue inclus dans ce livre.

28. Pour une présentation différente, voir T. C. Pauchant et I. Mitroff, 1995, chap. 8.

29. Citation de D. Bohm *et al.*, 1991.

30. Voir M. Buber, 1970 et C. Roger et F. Roethlisberger, 1957.

31. Citation d'E. Morin, 1990, p. 191.

32. Citation de S. Weil, 1949, p. 243-244.

33. Voir M. Cayer, 1996, C. Laberge, 1999, M.-E. Marchand, 2000, et J. Patenaude, 1996.

34. Citation de J. Dufresne, 1994, p. 21.

35. À ce sujet, voir M. Tremblay, 1999.

36. Voir, au sujet de cette évolution historique, L. Maheu, 1991.

37. À ce sujet, voir R. Kramer, 1996, et C. Rogers and F. Roethlisberger, 1952.

38. Voir, à ce sujet, E. M. Morin, 1996, p. 141-151.

39. Thierry C. Pauchant *et al.*, 1996.

40. Pour des exemples de ces exercices, voir L. Ellinor et G. Gerard, 1998, Appendice.

Premier dialogue

1. Thierry C. Pauchant *et al.*, 1996.

2. S. Weil, 1949.

3. Les pompiers de Montréal connaissaient alors d'importants problèmes de débrayage, de grève et de sabotage de matériel, dont la crevaison de tuyaux d'incendies.

4. À l'époque de ce dialogue, un nombre important de tuyaux d'incendie avaient été sabotés dans la Communauté Urbaine de Montréal, et ces sabotages furent associés aux conditions de travail vécues chez les pompiers.

5. Voir, par exemple, S. Lefebvre dans T. C. Pauchant *et al.*, 2001.
6. Voir A. Maslow, 1970. Voir aussi, au sujet de cette théorie, T. C. Pauchant, 2000, Introduction.

Deuxième dialogue

1. T. C. Pauchant *et al.*, 1996.
2. Jean Giono, 1989, *L'homme qui plantait des arbres*. Voir aussi Frédérick Back, pour la version vidéo, Office national du film du Canada.
3. Voir Narayan Pant, « Les étrangers : l'histoire d'une crise organisationnelle », dans T. C. Pauchant *et al.*, 1996, p. 39-69.

Troisième dialogue

1. Voir à ce sujet A. Camus, 1951.
2. Sur cette notion, voir J-P. Sartre, 1943.

Quatrième dialogue

1. Au sujet de l'élaguage en gestion, voir K. Smith, dans T. C. Pauchant *et al.*, 1996, chapitre 8.
2. S. Weil, 1949.
3. John Saul, 1997.
4. Isabel Menzies Lyth, 1990. Pour un résumé, voir T. C. Pauchant et I. I. Mitroff, 1995, p. 192-194.

Cinquième dialogue

1. À ce sujet, voir T. C. Pauchant *et al.*, 2000, chapitre d'introduction.
2. Charles Taylor, 1992.
3. Voir à ce sujet Philippe Delmas, 1991.
4. Voir Ivan Illich, 1975.
5. Simone Weil, 1989, p. 75.
6. T. C. Pauchant *et al.*, 1995.
7. C. Dejours, 1980.

Sixième dialogue

1. À ce sujet, voit T. C. Pauchant *et al.*, 2000, chapitre 12.
2. Patricia Pitcher, 1994.
3. Christophe Dejours, 1980.
4. Voir E. Morin, A. Savoie et G. Beaudin, 1994.
5. M. Crozier et E. Friedberg, 1977.
6. Voir Henry Mintzerg, 1994.

Septième dialogue

1. Voir A. Jacquard, 1978.
2. Henry Mintzberg, 1983.
3. Kurt Lewin, 1975.
4. T. C. Pauchant *et al.*, 1995.

Huitième dialogue

1. R. May, 1991.
2. T. C. Pauchant *et al.*, 1996.
3. Fernand Dumont, 1996.
4. T. C. Pauchant *et al.*, 1996.
5. Vivianne Forrester, 1996.
6. Voir T. C. Pauchant *et al.*, 1996, Introduction.

Neuvième dialogue

1. Voir T. C. Pauchant *et al.*, 1998.
2. Voir J.-B. Guindon *et al.*, 1998.
3. Voir H. Mintzberg, 1994.
4. M. Serres, 2001
5. Voir l'introduction de ce livre.

Dixième dialogue

1. Voir H. Maslow, 1963.
2. À ce sujet, voir T. C. Pauchant et et I. I Mitroff, 1995.
3. Voir K. Horney, 1932.

Conclusion

1. Au sujet de ces études, voir S. Terkel, 1972; M. Maccoby, 1988; et E. Morin *et al.*, 2001.
2. Je traite plus longuement de ce sujet dans T. C. Pauchant, 2000, p. 21-45.
3. Voir, par exemple, en Angleterre, *Business Ethics*, au Canada, *Ethica*, aux États-Unis, *Business Ethics Quarterly* et *Journal of Business Ethics*, et en France, *Entreprise Éthique*.
4. Le déni, face à une crise ou même à son potentiel, est malheureusement une tendance observée dans de nombreux cas. Voir, par exemple, Pauchant et Mitroff, 1995.
5. Citation de J. Dalla Costa, 1998, p. 6.
6. Voir The Conference Board of Canada, 2000, p. 8.
7. Citation de M. Somerville, 1999, p. XI-XIV.
8. Pour cette vue historique, voir N. P. Kenny, 1999, et M. Somerville, 2000.

9. Voir, à ce sujet, E. Gagnon, 1996.
10. Voir, à ce sujet, H. Doucet, 2000, et D. Callahan, 1976.
11. Pour la santé, voir N. Kenny, 1999; pour les autres secteurs, voir R. Phillips et J. Margolis, 1999.
12. Pour plus d'informations sur cette enquête, consulter E. M. Morin et M. Archambault, 2001
13. Pour des listes de ces enjeux, voir M. Dion, 1992, ou O. Ferrell *et al.*, 2000.
14. Voir, à ce sujet, M.-H. Parizeau, 1995, et S. Courtois, 2000.
15. Pour ces définitions, voir, par exemple, A. Comte-Sponville et L. Ferry, 1998, O. Ferrel *et al.*, 2000, A. Lacroix et A. Létourneau, 2000, et Russ, 1995. Ces définitions s'apparentent aussi à celles proposées par J. Habermas, qui différencie la raison pragmatique, de la raison morale et de la raison éthique.
16. Pour ces critiques, voir, par exemple, Robin *et al.*, 1989, ou Schwartz, 2000.
17. Même si la philosophie éthique proposée par Kant souffre de ce syndrome, Kant a lui même proposé que la rationalité ne pouvait être la fondation universelle de l'éthique. Voir sa *Critique of Pure Reason*, 1965.
18. Voir C. Barnard, 1958.
19. Citation de A. Comte-Sponville et L. Ferry, 1998, p. 202.
20. Voir, par exemple, J. Lozano et A. Sauquet, 1999, ou R. Jeurissen, 2000.
21. Citation de D. Bohm et de F. Peat, 1990, p. 227-233.
22. Citations de S. Weil, 1989, p. 75, et 1949, p. 242-243.
23. Cette liste est une synthèse des vues offertes par des auteurs fort divers. Ces auteurs ne mettent pas tous le même accent sur ces différents principes, mais partagent tous et toutes la notion qu'une éthique du bien commun émane d'un espace de parole démocratique regroupant plusieurs personnes. Voir K. Appel, 1996; A. Beauchamps, 1996; J. Bendell, 2000; F. Bird, 1996; D. Bohm, 1985; M. Buber, 1970; M. Cayer, 1996, 1997; C. W. Churchman, 1982; Dalaï-Lama, 1999; P. De Maré *et al.*, 1991; L. Ellinor et G. Gerard, 1998; P. Freire, 1973; J. Habermas, 1979, 1990, 1993, 1996; W. Isaacs, 1993, 1999; F. Jacques, 1979; H. Kögler, 1999; C. Laberge, 1999; J.-F. Malherbe, 1996; M-E. Marchand, 2000; G. H. Mead, 1934; I. Mitroff, 1983; T. C. Pauchant et I. Mitroff, 1995; M.-H. Parizeau, 1995; J. Patenaude, 1996, 2000; M. S. Peck, 1987; C. Rogers et F. Roethlisberger, 1952; J. Saul, 1997; E. Schein, 1993; P. Senge, 1990, 1994, 1999; M. Serres, 1994, 2001; M. Somerville, 1999, 2000; C. Taylor, 1999, 1992; F. van Eijnatten, 1993; S. Weil, 1949; D. Zohar, 1997.
24. Pour un historique et une présentation de la théorie des *stakeholders*, voir T. Donaldson et L. Preston, 1995; R. Freeman, 1984; et I. Mitroff, 1983.
25. Citation de R. Freeman, 1994, p. 52: « any group or individual who can affect or is affected by the achievement of an organisation's purpose ».
26. Pour ces approches, voir P. Shrivastava, 1992, chapitre 3, et I. Mitroff et H. Linstone, 1993, chapitre 6.
27. Au sujet du construit social de l'efficacité organisationnelle, voir E. M. Morin, A. Savoie et G. Beaudin, 1995.

28. Cette vue plus restreinte est celle entretenue par L. Freeman lui-même. Pour une critique de cette vue, voir T. Jones and A. Wicks, 1999.

29. ‹ Au sujet de ces questions et des problèmes qu'elles posent, voir Bendell, 2000, Bishop, 2000, et Hanas, 1998.

30. Ian Mitroff a ajouté à cette liste des *stakeholders* non matériels, tels qu'une déesse, un héros, le diable, le mythe de la mère nourricière, etc. Ces entités sont aussi fondamentales quand on considère la vie intra-psychique des personnes et même des collectivités. Voir Mitroff, 1983.

31. Au sujet de ces exemples, voir Bendell, 2000 et E. Trist, 1997.

32. Voir F. Bird, 1996, chapitre 7 : « Good Conversations ».

33. Au sujet du leadership centré sur les valeurs, voir W. Bennis *et al.*, 2001 ; T. Chappel, 1999 ; C. Handy, 1997 ; J. O'Toole, 1996 ; A. Roddick, 2000 ; et T. C. Pauchant, 2001.

34. Voir M. Weisbord, 1992, chapitre 1. La pratique des *future search conferences* ressemble par plusieurs points au dialogue démocratique. Ces conférences, cependant, ne sont pas « homéopathiques » comme les dialogues, ne durant souvent que trois jours, et n'abordent ni les conflits de valeurs, ni les niveaux de conscience des participants. Pour une autre méthodologie, celle du *open space*, voir Owen, 1992.

35. Voir K. Kohlberg, 1981, 1984 et L. Kohlberg et R. Ryncarz, 1990.

36. Au sujet de cette théorie, voir J. Piaget, 1954. Au sujet de la relation complexe existant entre la cognition et l'affectivité, voir J. Piaget 1981.

37. Ce tableau est une synthèse de travaux présentés dans L. Kohlberg, 1981, 1984, et L. Kohlberg et R. Ryncarz, 1990.

38. Au sujet de ces études en général, voir J. Logsdon et K. Yutahs, 1997 ; au sujet de l'étude québécoise dans le secteur de la santé, voir M.-H. Parizeau, 1995, chapitre 5.

39. Voir A. Pinard, 1992

40. À ce sujet, voir E. M. Morin, 1996, chapitre 2.

41. Au sujet de cette différence, voir L. Kohlberg et A. Ryncarz, 1990, p. 204.

42. Pour une revue de ces critiques, voir J. Fraedrich *et al.*, 1994. Pour des réponses de Kohlberg lui-même, voir L. Kohlberg et A. Ryncarz, 1990. Sans aller ici dans les détails, si la théorie de Kohlberg est critiquable sous certains aspects, le modèle général des trois niveaux de conscience morale est robuste, même à travers différentes cultures, et gagnerait à être affiné.

43. À ce sujet, voir P. McLagan, 1996.

44. Au sujet de cette diminution progressive du narcissisme et de l'approfondissement des niveaux de conscience, voir K. Wilber, 1996. Pour une exploration de ce sujet dans le domaine de la gestion, voir T. C. Pauchant, 2001.

45. Au sujet de ces remarques, voir P. Maclagan, 1996.

46. Voir D. Goleman, 1995.

47. Ce tableau est dérivé des travaux visant à appliquer le modèle de Kohlberg aux réalités organisationnelles et sociétales. Voir, pour une synthèse de ces travaux, J. Logsdon et K. Yuthas, 1997.

48. À ce sujet, voir J. Bendell, 2000 ; Turcotte et Pasquero, 2001.

49. Au sujet de ce principe fondateur de l'éthique de la discussion, voir K.-O. Apel, 1996, p. 105 et J. Habermas, 1992, p. 24.

50. Je suis bien sûr conscient que je n'ai fait qu'effleurer le sujet. L'œuvre de Jürgen Habermas étant littéralement colossale, présentée dans une vingtaine d'ouvrages fort érudits, une comparaison entre l'éthique de la discussion et l'éthique du dialogue demanderait un traitement beaucoup plus approfondi. Il me semble, cependant, que les similarités et les différences mentionnées sont parmi les plus importantes.

51. Voir à ce sujet T. C. Pauchant et I. Mitroff, 1995.

52. Au sujet de ce paradoxe, voir K.-O. Apel, 1996, p. 134.

53. Citation de D. Bohm et de M. Edwards, 1991, p. x.

54. Voir R. E. Freedman, 1984.

55. Sur ce sujet, voir J. Pasquero, 1997.

56. Voir J. Rawls, 1971.

57. Au sujet de ces spécificités québécoises, voir O. Aktouf *et al.*, 1992; M. Dion, 1992; J.-P. Dupuis, 1995; A. Noël, 1994, ou J. Pasquero, 1997.

58. Citation de M. Serres, 1994a, p. 244.

Présentation
des participants
et des participantes

Aladin Awad est un médecin égyptien diplômé de l'Université d'Alexandrie. Il a entrepris par la suite un DEPA en gestion de l'environnement. Par intérêt pour la gestion des crises et des systèmes complexes, il poursuit des études au programme de doctorat (DBA) en administration à l'Université de Sherbrooke.

Pierre Beaulieu a développé ses interventions dans le domaine des ressources humaines et, plus spécialement, en matière de développement des compétences pour le personnel d'encadrement. Au cours des 20 dernières années, il a travaillé avec de hauts gestionnaires du réseau de la santé dans différents milieux, incluant une régie régionale, sur des problématiques et des enjeux posés par le changement dans les organisations.

Alaoui A. Belghiti est médecin. Il a pratiqué dans plusieurs établissements hospitaliers au Maroc, son pays d'origine. Il poursuit actuellement un doctorat en sciences de la gestion.

Lorraine Brault a commencé sa carrière dans le réseau de la santé et des services sociaux comme travailleuse sociale auprès des enfants et des familles des milieux défavorisés de Montréal. Elle est actuellement directrice des services professionnels dans un CLSC de Montréal.

Robert Capistran possède une formation en travail social communautaire. Il a été gestionnaire depuis presque 30 ans dans le réseau de la santé et des services sociaux, tant communautaire que public et para-public, incluant des postes de direction générale.

France Dolan* détient un baccalauréat en nursing. Elle a travaillé comme professionnelle et comme gestionnaire pendant plus de 30 ans dans différents milieux. Depuis cinq ans, elle est consultante en gestion.

Solange Dubé détient un DEC en soins infirmiers et en pédopsychiatrie ainsi qu'une maîtrise en andragogie de l'Université de Sherbrooke. Elle est conseillère en ressources humaines dans le réseau de la santé et des services sociaux.

Jean-Pierre Gagnier est professeur au département de psychologie à l'Université du Québec à Trois-Rivières. Il agit à titre de formateur et consultant dans le réseau de la santé et des services sociaux. Il est spécialisé dans les interventions familiales et communautaires, ainsi que dans le développement de nouvelles pratiques de gestion dans le réseau.

Jean-Marc Gagnon. Pendant 12 ans, il a été directeur des ressources humaines et des soins infirmiers dans différents établissements du réseau. Actuellement, il est conseiller en soins infirmiers et enseignant en gérontologie.

Madame Julie* est entrée au réseau de la santé et des services sociaux il y a 15 ans. Elle a commencé sa carrière comme ergothérapeute et a été nommée peu après coordinatrice de centre de jour.

---

* La présence d'un astérisque signifie que le nom est un nom d'emprunt.

Depuis la fusion d'établissements en 2000, elle dirige l'administration des programmes de maintien à domicile.

Richard Lachapelle. Dans le réseau depuis 25 ans, il est spécialisé dans les interventions en déficience intellectuelle. Depuis 1981, il enseigne à l'Université du Québec à Trois-Rivières. Actuellement, il est adjoint à la direction des services psychologiques et de réadaptation au Centre Normand-Larramée.

Constance Lamarche a occupé pendant 20 ans des postes de direction dans des établissements du réseau. En 1998, elle a créé sa propre entreprise, la Société Constance Lamarche Inc., et offre des services conseils en gestion, en formation et en développement. Elle s'intéresse plus particulièrement au développement des compétences et à la gestion du changement et a publié un livre, *Bleu soleil*.

Claude Larivière. Après avoir été gestionnaire dans le réseau des CLSC, il est actuellement professeur agrégé à l'École de service social de l'Université de Montréal, où il coordonne le DESS en administration sociale. Ses recherches portent sur l'impact des styles de gestion, le fonctionnement des équipes interdisciplinaires et les relations inter-organisationnelles.

Hélène Laurin travaille depuis 30 ans dans le réseau. Détentrice d'un DEC en soins infirmiers et d'une maîtrise en administration publique, elle est actuellement directrice à l'intégration des programmes et à la qualité des services dans un des établissements du réseau.

Benoît Lecavalier* détient une maîtrise en administration des affaires. Depuis 20 ans, il a occupé différents postes de gestion dans le réseau. Actuellement, il est directeur des ressources humaines dans un hôpital montréalais.

Serge Marquis est médecin de formation. Après avoir complété ses études, il s'est intéressé à la médecine du travail. Depuis 20 ans, il s'intéresse à la santé des organisations, au stress au travail et à l'épuisement professionnel. Il est intervenu dans de nombreuses organisations publiques et privées à titre de consultant, formateur et conférencier. Il a copublié le livre *Bienvenue parmi les humains*.

Yves Neveu travaille depuis plus de 20 ans dans le réseau de la santé et des services sociaux du Québec. Il assume des rôles de soutien à la gestion des établissements et au développement des services à la population.

Thierry C. Pauchant est professeur titulaire de management aux HEC de Montréal, où il est président du Comité d'éthique de la recherche. Ses travaux portent sur la quête du sens au travail et l'élaboration d'une éthique managériale face aux risques, aux crises et à la complexité. Intervenant connu dans le réseau de la santé, il a, par exemple, rédigé le rapport de la Régie de la Montérégie après la crise du verglas.

Estela Rios possède une formation en ingénierie industrielle. Elle est spécialiste dans le design, la programmation et l'implantation de projets au sein d'institutions internationales (Institut interaméricain des droits de l'homme, ONU, etc.). Maître en sciences et candidate au doctorat en administration, elle a agit en tant que consultante et gestionnaire de projets dans 20 pays sur 3 continents.

Yvan Roy. Depuis 30 ans dans le réseau de la santé et des services sociaux, il a été intervenant, cadre intermédiaire, conseiller et cadre supérieur. Détenteur d'un baccalauréat en psychoéducation et d'un diplôme spécialisé en administration sociale, il connaît particulièrement bien la dynamique des établissements dans les régions « périphériques ».

André Savoie. Professeur titulaire au département de psychologie de l'Université de Montréal, il est spécialiste en psychologie du travail. Ses recherches portent sur l'efficacité des équipes de travail et les problématiques de la multidisciplinarité. Il s'intéresse également à la dynamique du changement organisationnel et des résistances au changement. Depuis 17 ans, il mène des études et intervient sur le climat de travail dans les organisations.

Jeannine Tremblay[*] est travailleuse sociale. Elle a travaillé dans le secteur hospitalier pendant une quinzaine d'années avant d'occuper un poste de conseillère au sein d'une régie régionale.

Mireille Tremblay a commencé sa carrière dans le réseau en tant que psychologue en psychiatrie communautaire. Par la suite, elle a assumé la responsabilité de coordination et de planification des services sociaux dans une régie régionale. Depuis 1993, elle dirige la Fédération québécoise des centres de réadaptation en déficience intellectuelle. En 2000, elle a obtenu un Ph.D. en sciences humaines. Sa thèse portait sur la participation démocratique dans l'administration publique.

Colette Talbot a une formation de second cycle en administration de la santé. Elle s'est particulièrement intéressée au domaine de la recherche et du développement, ainsi qu'à celui de la prévention. Actuellement, elle dirige un service d'évaluation dans un centre hospitalier universitaire.

Claude Vézina est détenteur d'une maîtrise en réadaptation visuelle et en administration publique. Il œuvre dans le réseau de la santé depuis plus de 25 ans, dont les 16 derniers en tant que gestionnaire. Après avoir travaillé dans le domaine de la réadaptation en déficience physique et dans les services aux personnes âgées, et ce, dans divers établissements ainsi qu'au ministère de la Santé et des Services Sociaux, il est actuellement directeur général d'un CHSLD public.

Maria Vieira détient une maîtrise en communication. Depuis plus de 20 ans, elle occupe des postes de relations publiques et communications au sein d'entreprises privées et publiques. Membre de la Société canadienne des relations publiques et de la Société des relationnistes du Québec, elle est actuellement responsable d'un service de communications pour une ville de la Montérégie.

Remerciements du coordonnateur de l'ouvrage, Thierry C. Pauchant

Je dois mon intérêt pour la pratique du dialogue ainsi que la réalisation de ce livre à de nombreuses personnes. Je tiens à les remercier ici.

J. Krisnamurti, avec qui j'ai participé à des dialogues en plein air, à Ojai, en Californie, de 1984 à 1986, l'année de son décès.

Joanne Lasko, Fred Massarik et Bob Tannenbaum, qui m'ont initié à UCLA, durant la même période, aux pratiques de petits groupes en laboratoire, et Will McWhinney, à la réalité des différentes réalités.

Warren Bennis, Jim O'Toole, Ian Mitroff, et Warren Schmidt, qui m'ont fait découvrir à USC le leadership centré sur les valeurs, la nécessité d'une éthique organisationnelle, la gestion des crises et les difficultés de l'authenticité.

Michel Serres, qui m'a guidé dans mon cheminement philosophique.

Les centaines de participants et participantes des groupes de dialogue auxquels j'ai participé, ou que j'ai animés, depuis 1990.

Karianne Aarup, Aladin Awad, Jean-Pierre Bélisle, Fred Bird, Denis Cauchon, Mario Cayer, Louis Côté, Hubert Doucet, Louis-Jacques Filion, Steve Gildersleeve, Diane Girard, Taïeb Hafsi, Constance Lamarche, Virginie Lecourt, Marie-Ève Marchand, Michel Provost, André Savoie, Sylvie St-Onge, Jean-Marie Toulouse, pour nos discussions sur l'éthique et le dialogue.

Mario Cayer, qui m'a initié, en 1990, à la pratique du dialogue de David Bohm et Constance Lamarche qui fut à l'origine de ce livre, en mobilisant la plupart de ses participants.

Les 25 contributeurs et contributrices de ce livre qui m'ont honoré de leur confiance et de qui j'ai beaucoup appris.

Christophe Kruppa, Aladin Awad, Ali Belghiti, Alexandre Bouthillier, Benoît Cherré, Christine Laberge, Julie Lesage, Linda Néron, Estela Rios, Yvan St-Pierre et Igor Volkov, qui m'ont assisté dans l'organisation logistique des dialogues et l'édition de ce livre.

La Direction de la recherche des HEC de Montréal, qui m'a octroyé une subvention pour ce projet.

Michel Maillé, des Éditions Fides, qui a cru à ce livre.

Et Estelle M. Morin, mon épouse, qui, en tant que psychologue industrielle aux HEC, m'a grandement aidé pour la rédaction de l'introduction et de la conclusion de ce livre, et pour beaucoup plus...

Bibliographie générale

AKTOUF, O., R. BÉDARD et A. CHANLAT, « Management, éthique catholique et esprit du capitalisme », *Sociologie du travail*, 1, 92, 1992, p. 83-89.

BARNARD, C., « Elementary Conditions of Business Morals », *California Management Review*, 1, 1, 1958, p. 1-13.

BENNIS, W., G. M. SPREITZER et T. G. CUMMINGS (dir.), *The Future of Leadership*, San Francisco (CA), Jossey-Bass Publishers, 2001.

BISHOP, J. D., « A Framework for Discussing Normative Theories of Business Ethics », *Business Ethics Quarterly*, 10, 3, 2000, p. 563-591.

CAMUS, A., *L'homme révolté*, Paris, Gallimard, 1951.

CHAPPELL, T., *Managing Upside Down: The Seven Intentions of Values-Centered Leadership*, New York, William Morrow Inc., 1999.

CONFERENCE BOARD OF CANADA, *Rapport annuel*, 2000. <www.conferenceboard.ca>

COMTE-SPONVILLE, A. et L. FERRY, *La sagesse des modernes. Dix questions pour notre temps*, Paris, Robert Laffont, 1998.

COURTOIS, S., « L'éthique de la discussion offre-t-elle un cadre d'analyse adéquat aux comités d'éthique clinique ? », dans A. LACROIX et A.

Note. — Voir aussi les références incluses dans la bibliographie commentée, concernant «l'éthique du dialogue »)

LÉTOURNEAU (dir.), *Méthodes et interventions en éthique appliquée*, Montréal, Fides, 2000, p. 127-143.

CROZIER, M. et E. FRIEDBERG, *L'acteur et le système. Les contraintes de l'action collective*, Paris, Seuil, 1977.

DEJOURS, C., *Le travail: usure mentale*, Paris, Le Centurion, 1980.

Delmas, P., *Le maître des horloges. Modernité de l'action publique*, Paris, Éditions Odile Jacob, 1991.

DION, M., *L'éthique et le profit*, Montréal, Fides, 1992.

DONALDSON, T. et L. PRESTON, « The Stakeholder Theory of the Corporation », *Academy of Management Review*, 20, 1995, p. 65-91.

DOUCET, H., « Bioéthique et interdisciplinarité », dans A. LACROIX et A. LÉTOURNEAU (dir.), *Méthodes et interventions en éthique appliquée*, Montréal, Fides, 2000, p. 159-170.

DUFRESNE, J., *La démocratie athénienne. Miroir de la nôtre*, Ayer's Cliff, Bibliothèque de l'Agora, 1994.

DUMONT, F., *Une foi partagée*, Montréal, Bellarmin, 1996.

DUPUIS, J.-P. (dir.), *Le modèle québécois de développement économique*, Cap-Rouge, Presses Inter-Universitaires, 1995.

FORRESTER, V., *L'horreur économique*, Paris, Fayard, 1996.

FRAEDRICH, J., D. M. THORNE et O. C. FERRELL, « Assessing the Application of Cognitive Moral Development Theory to Business Ethics », *Journal of Business Ethics*, 13, 1994, p. 829-838.

FREEMAN, R. E., *Strategic Management: A Stakeholder Approach*, Boston (MA), Pitman Publishing, 1984.

FORTIN, P. (dir.), « La réforme de la santé au Québec », *Cahiers de recherche éthique*, 22, Montréal, Fides, 1999.

FORUM NATIONAL SUR LA SANTÉ, *La santé au Canada: un héritage à faire fructifier*, vol. 4, « Le secteur de la santé au Canada et ailleurs », Sainte-Foy, Québec, Éditions MultiMondes, 1998.

GARDNER, H., *Intelligence Reframed: Multiple Intelligences for the 21st Century*, New York, Basic Books, 1999.

GIGARD, D., « L'éthique appliquée: la nécessité d'habiletés et de connaissances multidisciplinaires », dans A. LACROIX et A. LÉTOURNEAU (dir.), *Méthodes et interventions en éthique appliquée*, Montréal, Fides, 2000, p. 41-48.

GAGNON, E., *Les comités d'éthique. La recherche médicale à l'épreuve*, Sainte-Foy, Presses de l'Université Laval, 1996.

GARRETT, L., *Betrayal of Trust: The Collapse of Global Public Health*, New York, Hyperion, 2000.

GILLIGAN, C., *In a Different Voice: Psychological Theory and Woman's Development*, Cambridge (MA), Harvard University Press, 1996.

GIONO, J., *L'homme qui plantait des arbres* (illustré par Frédéric Back), Montréal/Paris, Lacombe/Gallimard, 1989.

GOLEMAN, D., *Emotional Intelligence*, New York, Bantam Books, 1995.

GOODY, J., *The Domestication of the Savage Mind*, Cambridge, Mass., Cambridge University Press, 1977.

HANDY, C., *The Hungry Spirit. Beyond Capitalism – a Quest for Purpose in the Modern World*, New York, Arrow, 1997.

HASNAS, J., « The Normative Theories of Business Ethics: a Guide for the Perplexed », *Business Ethics Quarterly*, 8, 1998, p. 19-42.

HORNEY, K., *The Neurotic Personality of our Time*, New York, W. W. Norton, 1932.

ILLICH, I., *Némésis médicale. L'exploration de la santé*, Paris, Seuil, 1975.

JACQUARD, A., *Éloge de la différence. La génétique et les hommes*, Paris, Seuil, 1978.

JEURISSEN, R., « The Social Functions of Business Ethics », *Business Ethics Quarterly*, 10, 4, 2000, p. 821-843.

JONES, T. M. et A. C. WICKS, « Convergent Stakeholder Theory », *Academy of Management Review*, 24, 1999, p. 206-221.

KANT, E., *Critique of Pure Reason*, New York, St. Martin's Press, 1965 (Origin. 1781).

KENNY, N. P., « Les dilemmes moraux et les soins de santé », dans M. A. SOMERVILLE (dir.), *Ça urge!*, Montréal, Fides, 1999, p. 117-126.

KOHLBERG, L., *Essays in Moral Development*, vol. I: *The Philosophy of Moral Development*, New York, Harper and Row, 1981.

KOHLBERG, L., *Essays in Moral Development*, vol. II: *The Psychology of Moral Development*, New York, Harper and Row, 1984.

KOHLBERG, L., et R. A. RYNCARZ, « Beyond Justice Reasoning: Moral Development and Consideration of a Seventh Stage », dans C.N. ALEXANDER et E. G. LANGER (dir.), *Higher Stages of Human Development: Perspectives on Adult Growth*, New York, Oxford University Press, 1990, p. 191-205.

LACROIX, A. et A. LÉTOURNEAU, *Méthodes et interventions en éthique appliquée*, Montréal, Fides, 2000.

LAMARCHE, C., *Bleu soleil*, Montréal, Fides, 2002.

LEWIN, K., *Psychologie dynamique. Les relations humaines*, Paris, PUF, 1975.

LOGSDON, J. M. et K. YUTHAS, « Corporate Social Performance, Stakeholder Orientation, and Organizational Moral Development », *Journal of Business Ethics*, 16, 1997, p. 1213-1226.

Lozano, J. M. et A. Sauquet, « Integrating Business and Ethical Values Through Practitioner Dialogue », *Journal of Business Ethics*, 22, 1999, p. 203-217.

Maheu, L., « Nouveaux mouvements sociaux, mouvement syndical et démocratie », *Les pratiques sociales au Québec*, 4, 1, 1991, p. 121-132.

Maccoby, M., *Why Work: Motivating and Leading the New Generation*, New York, Simon and Schuster, 1998.

Marquis, S. et E. Houde, *Bienvenue parmi les humains*, Formation 2000 inc. et T.O.R.T.U.E., 1998.

Maslow, A. H., « The Need to Know and the Fear of Knowing », *Journal of General Psychology*, 68, 1, 1963, p. 111-125.

Maslow, A. H., *Motivation and Personality* (2ᵉ éd.), New York, Harper and Row, 1970.

May, R., *The Cry for Myths*, New York, Delta, 1991.

McGregor, M., « Vers un nouveau contrat médical. Diagnostic et traitement », *L'Agora*, 8, 1, décembre 2000, p. 7.

McLagan, P., « The Organizational Context for Moral Development: Question of Power and Access », *Journal of Business Ethics*, 15, 1997, p. 645-654.

Menzies, I. L., « Social Systems as a Defense Against Anxiety: An Empirical Study of the Nursing Service of a General Hospital », dans E. Trist et H. Murray (dir.), *The Social Engagement of Social Science*, vol. I, Philadelphia (PE), The University of Pennsylvania Press, 1990, p. 439-462.

Merton, T., *Mystics and Zen Masters*, New York, Farrat, Strauss and Giroux, 1961.

Mintzberg, H., *Power in and Around Organisations*, New York, Prentice Hall, 1983.

Mintzberg, H., *The Rise and Fall of Strategic Planning*, New York, The Free Press, 1994.

Mitroff, I.I. et H.A. Linstone, *The Unbounded Mind: Breaking the Chain of Traditional Business Thinking*, New York, Oxford University Press, 1993.

Morin, E., *Science avec conscience*, Paris, Fayard, 1990.

Morin, E. M., A. Savoie et G. Baudin, *L'efficacité de l'organisation. Théories, représentations et mesures*, Montréal/Paris, Gaëtan Morin Éditeur, 1994.

Morin, E. M., *Psychologies au travail*, Montréal, Gaëtan Morin Éditeur, 1996.

MORIN, E. M. et M. ARCHAMBAULT (avec la collaboration de H. GIROUX, T. C. PAUCHANT et F. BELLAVANCE), *Amélioration de la qualité de vie au travail des cadres supérieurs du réseau de la SSS: rapport d'enquête diagnostique et recommandations*, Cahier de recherche n° 01-XX, École des HEC, Montréal, 2001.

NOËL, A., «Québec Inc.: Veni! Vidi! Vici?», *Revue Internationale de Gestion*, 19, 1, 1994, p. 6-21.

O'TOOLE, J., *Leading Change: The Argument for Values-Based Leadership*, New York, Ballantine Books, 1996.

PARIZEAU, M.-H. (dir.), *Hôpital et éthique. Rôles et défis des comités d'éthique clinique*, Sainte-foy, Presses de l'Université Laval, 1995.

PASQUERO, J., «Business Ethics and National Identity in Quebec: Distinctiveness and Directions», *Journal of Business Ethics*, 16, p. 621-633.

PAUCHANT, T. C., *La passion de diriger. Le leadership de grande valeur dans le réseau de la santé et des services sociaux*, Colloque de l'Association des cadres supérieurs de la santé et des services sociaux, Longueil, 19 septembre 2001.

PHILLIPS, R. A. et J. D. MARGOLIS, «Toward an Ethics of Organizations», *Business Ethics Quarterly*, 9, 4, 1999, p. 619-638.

PIAGET, J., *The Construction of Reality in the Child* (trad. M. Cook), New York, Basic Books, 1954.

PIAGET, J., *Intelligence and Affectivity: Their Relationship During Child Development* (trad. T. A. Brown et C. E. Kaegi), Palo Alto (CA), Annual Reviews Inc., 1981.

PINARD, A., «Métaconscience et métacognition», *Psychologie canadienne*, 33, 1, 1992, p. 27-41.

PITCHER, P., *Artistes, artisans et technocrates dans nos organisations. Rêves, réalités et illusions du leadership*, Montréal, Québec-Amérique, 1994.

RAWLS, J., *A Theory of Justice*, Cambridge (MA), Harvard University Press, 1971 (trad. fr. C. Audard, *Théorie de la justice*, Paris, Seuil, 1987).

ROBIN, D. M., M. GIALLOWAKIS, F. R. DAVID et T. E. MORITZ, «A Different Look at Codes of Ethics», *Business Horizon*, 32, 2, p. 66-73.

RODDICK, A., *Business as Unusual*, Londres, Thorsons, 2000.

ROSELL, S. A. *et al.*, *Governing in an Information Society*, Montréal, Institute for Research on Policy, 1992.

RUSS, J., *La pensée éthique contemporaine*, Paris, Presses Universitaires de France, coll. «Que sais-je?», 1995.

SARTRE, J.-P., *L'être et le néant. Essai d'ontologie phénoménologique*, Paris, Gallimard, 1943.

SAUL, J., «La santé et les soins à la fin du XXe siècle: des symptômes inquiétants», dans M. A. SOMERVILLE (dir.), *Ça urge!*, Montréal, Fides, 1999, p. 3-21.

SCHUMACHER, E. F., *A Guide for the Perplexed*, New York, Harper Colophon, 1977.

SCHWARTZ, M., «Why Ethical Codes Constitute an Unconscionable Regression», *Journal of Business Ethics*, 23, 2000, p. 173-184.

SHRIVASTAVA, P., *Bhopal. Anatomy of a crisis* (2e éd.), Londres, Paul Chapman Publishing, 1992.

SNELL, R., «Does Lower-Stage Ethical Reasoning Emerge in More Familiar Contexts?», *Journal of Business Ethics*, 14, 1995, p. 959-976.

SOMERVILLE, M. A. (dir.), *Ça urge! Le système de santé canadien a-t-il un avenir?*, Montréal, Fides, 1999.

TERKEL, S., *Working: People Talk About What They Do All Day and How They Feel About What They Do*, New York, Pantheon Books, 1972.

TREMBLAY, M., «Une démocratie en santé: utopie ou réalité?», dans P. FORTIN (dir.), *La réforme de la santé au Québec*, Montréal, Fides, 1999, p. 76-131.

TRIST, E., «Referent Organizations and the Development of Interorganizational Domains», dans E. TRIST, F. EMERY et H. MURRAY (dir.), *The Social Engagement of Social Science*, vol. III: *The Socio-Ecological Perspective*, Philadelphie, Penn., University of Pennsylvania Press, 1997, p. 170-184.

TURCOTTE, M-F. et J. PASQUERO, «The Paradox of Multi-Stakeholder Collaborative Roundtables», *Journal of Applied Behavioral Sciences*, déc. 2001.

WEIL, S., *Œuvres complètes*, vol. II: *Écrits historiques et politiques. Vers la guerre* (dir. A. Devaux et F. de Lussy), Paris, Gallimard, 1989.

Bibliographie commentée
sur « l'éthique du dialogue »

Les références commentées ci-dessous sont essentielles afin de mieux définir et élaborer une « éthique du dialogue » dans nos sociétés et nos organisations.

APEL, K.-O., *Discussion et responsabilité*, t. I: *L'éthique après Kant*, Paris, Cerf, 1996. (Original en allemand)

Un traité philosophique érudit sur la nécessité de favoriser une « éthique discursive » compte tenu de la portée spatiale et temporelle des actions humaines sur nos sociétés et la nature. Karl-Otto Apel, qui s'est inspiré du pragmatisme américain, est à l'origine, avec Jürgen Habermas, de la seconde École de Francfort en philosophie.

BEAUCHAMP, A., *Gérer le risque, vaincre la peur*, Montréal, Bellarmin, 1996.

Un livre sur les critères éthiques et la gestion des risques technologiques et écologiques. L'auteur y conclut que ce développement demande des innovations dans les processus sociaux de discussion (p. 140). André Beauchamp est un ancien directeur du Bureau québécois des audiences publiques sur l'environnement.

BENDELL, J., *Terms of Endearment: Business, NGOs and Sustainable Development*, Sheffield, R.-U., Greenleaf Publishing, 2000.

Un livre pratique et fort bien documenté sur ce que l'auteur appelle des « stakeholders dialogues » conduits en Angleterre où le dialogue est utilisé en milieu organisationnel dans une optique démocratique. Jem Bendell enseigne à la New Academy of Business, collège innovateur créé par la fondatrice de la multinationale The Body Shop, Anita Roddick.

BIRD, F.B., *The Muted Conscience: Moral Silence and the Practice of Ethics in Business*, Wesport, Conn., Quorum Books, 1996.

Un livre sur la pratique de l'éthique en affaires qui tente de remplacer le silence, la surdité et l'aveuglement éthiques en organisation par le développement de « bonnes conversations ». Frederick Bird est professeur d'éthique comparative à l'Université Concordia de Montréal, et président du Comité d'éthique de la recherche.

BOHM, D., *Unfolding Meaning: A Weekend of Dialogue With David Bohm*, New York, ARK Paperbacks, 1985.

BOHM, D., *Thought as a System*, New York, Routledge, 1992.

Deux livres de nature philosophique par l'initiateur de l'utilisation des cercles de dialogue dans la société afin d'explorer les sources de crises majeures et générer des pistes de renouveau. David Bohm était professeur de physique théorique à l'Université de Londres et considéré comme l'un des héritiers d'Albert Einstein.

BOHM, D. et F. D. PEAT, *La conscience et l'univers*, Paris, Édition du Rocher, 1990 (orig. en anglais : *Science, Order and Creativity*, New York, Bantam Books, 1987).

Un livre grand public sur l'épistémologie des sciences et le processus de créativité, incluant le dialogue (chapitre 6).

BOHM, D. et M. EDWARDS, *Changing Consciousness: Exploring the Hidden Source of the Social, Political and Environmental Crisis Facing our World*, New York, HaperSanFrancisco, 1991.

Un beau livre qui retranscrit un dialogue entre David Bohm, physicien, et Mark Edwards, photographe, intégrant échanges langagiers et photographies.

BOHM, D., D. FACTOR et P. GARRETT, *Dialogue, a Proposal*, Hawthorne Cottage, Broad Marson Lane, Mickelon, Glos. GL5 6SF, R.-U., 1991.

Un court article qui positionne le dialogue comme une approche visant à diminuer les crises auxquelles fait face l'humanité aujourd'hui et qui propose des principes de fonctionnement.

BUBER, M., *I and Thou* (trad. Walter Kaufmann), New York, Charles Schribner's Sons, 1970.

Un grand classique en philosophie, qui présente le dialogue et la « rencontre de l'autre » comme étant à la base même du développement humain et obligatoires pour la création d'une éthique démocratique et transcendante.

CAYER, M., « An Inquiry into the Experience of Bohm's Dialogue », Ph.D. Dissertation, San Francisco (CA), Saybrook Institute, 1996.

L'une des premières études empiriques sur le dialogue, qui propose une typologie des effets du dialogue sur les personnes. Mario Cayer est professeur de management à la Faculté des sciences de l'administration à l'Université Laval ; il a introduit la pratique du dialogue au Québec en 1990.

CAYER, M., « Bohm's Dialogue and Action Science : Two Different Approaches », *Journal of Humanistic Psychology*, 37, 2, 1997, p. 41-66.

Un article qui compare les pratiques d'« action-recherche » en organisation et la « pratique du dialogue ».

CHURCHMAN, C. W., *Thought and Wisdom*, Seaside (CA), Intersystems Publications, 1982.

Un petit livre à la fois théorique et pratique sur l'application de la théorie des systèmes en management et la nature esthétique de la conversation pour que celle-ci puisse générer des actions managériales basées sur des valeurs profondes.

COURTOIS, S., « L'éthique de la discussion offre-t-elle un cadre d'analyse adéquate aux comités d'éthique clinique ? Quelques remarques critiques », dans A. LACROIX et A. LÉTOURNEAU (dir.), *Méthodes et interventions en éthique appliquée*, Montréal, Fides, 2000, p. 127-142.

Un chapitre assez technique qui propose (de façon erronée à mon sens) que la fonction première des comités d'éthique clinique n'est pas d'offrir un espace public d'échange de points de vue au sein des hôpitaux, mais d'être un mécanisme d'application de normes, au même titre que le droit.

DALAÏ-LAMA, *Ethics for the New Millennium*, New York, Riverhead Books, 1999.

Un ouvrage très accessible par le leader politique et spirituel des Tibétains, prix Nobel de la paix. L'éthique proposée est basée sur la compassion, elle-même émanant de la réalisation que le bonheur de chaque être vivant est de façon intrinsèque lié au bonheur des autres. Dans ce livre, le Dalaï-Lama appelle un développement de la conscience, véritable révolution éthique et spirituelle, au-delà des religions, des sagesses reçues et des idéologies.

DE MARÉ, P., R. PIPER, S. THOMPSON, *Koinonia : From Hate, Through Dialogue, to Culture in the Large Group*, Londres, Karnac Books, 1991.

*Un livre accessible sur le dialogue, inspiré en particulier des théories psycha-
nalytiques de S. H. Foulkes et de W. Bion, du Tavistock Institute. Il suggère
que le dialogue est une pratique de «grand groupe» qui mène à une «thérapie sociale». Le livre souffre, cependant, de faiblesses théoriques et empiriques.*

ECCLES, R. G. et N. NOHRIA, *Beyond the Hype: Rediscovering the
Essence of Management*, Cambridge (MA), Harvard Business School
Press, 1992.

*Les auteurs proposent dans ce livre que l'activité fondamentale des gestion-
naires est de favoriser des «actions robustes» par le biais d'une communication effective et inspiratrice.*

ELLINOR, L. et G. GERARD, *Dialogue: Rediscover the Transforming
Power of Conversation*, New York, John Wiley and Sons, 1998.

*Un livre sur la conduite des dialogues, écrit par deux consultantes à l'inten-
tion des gestionnaires et des leaders. Ce livre présente des guides, des exercices, des exemples-vignettes et inclut un court dialogue commenté.*

FREIRE, P., *Education for Critical Consciousness*, New York, Seabury,
1973.

Un livre important sur l'éducation et la pédagogie par l'auteur de Pédagogie
des opprimés. *Dans cet ouvrage, Paulo Freire présente un modèle d'éducation afin de développer la conscience humaine et donne une large part au
dialogue. On peut s'inspirer des vues de l'auteur sans qu'il soit nécessaire de
suivre son idéal communiste.*

GUINDON, J.-B., T. C. PAUCHANT, M. DORÉ et M.-C. THERRIEN, *Rapport sur les mesures de sécurité civile de la Communauté urbaine de
Montréal face à la tempête de verglas de janvier 1998*, Centre de
sécurité civile, CUM, mai 1998, 36 p.

*Un rapport qui propose des recommandations au Comité exécutif de la
Communauté urbaine de Montréal après l'expérience de la crise du verglas
de 1998. Les données sur lesquelles est basé ce rapport ont été collectées
selon une méthodologie inspirée du dialogue.*

HABERMAS, J., *Communication and the Evolution of Society*, Boston
(MA), Beacon Press, 1979.

*Une collection d'essais philosophiques sur le «pragmatisme universel»,
«l'action communicative» et l'évolution de la conscience chez les individus
et dans les sociétés.*

HABERMAS, J., *Moral Consciousness and Communicative Action*, Cambridge (MA), The MIT Press, 1990.

Un traité philosophique érudit dans lequel Jürgen Habermas précise sa théorie de l'action communicative et ses conséquences sur la théorie morale.

HABERMAS, J., *Justifications and Applications: Remarks on Discourse Ethics* (trad. C. P. Cronin), Cambridge (MA), MIT Press, 1993.

Un autre traité philosophique où Habermas fait la distinction entre la raison pragmatique, la raison éthique et la raison morale et propose une théorie critique incorporant l'utilitarisme, la théorie de la vertu d'Aristote et la déontologie de Kant.

HABERMAS, J., *Between Facts and Norms: Contributions to a Discourse Theory of Law and Democracy* (trad. W. Rehg), Cambridge (MA), MIT Press, 1966.

Un traité érudit d'Habermas dans lequel il incorpore à sa théorie critique le droit et la démocratie.

ISAACS, W., «Taking Flight: Dialogue, Collective Thinking and Organizational Learning», *Organizational Dynamics*, vol. 22, automne 1993, p. 24-39.

Un article sur la pratique du dialogue en organisation et l'apprentissage collectif. Bill Isaacs est professeur à la Sloan School of Management, MIT, et responsable du « Dialogue Project ».

ISAACS, W., *Dialogue and the Art of Thinking Together: A Pioneering Approach to Communicating in Business and in Life*, New York, Doubleday Currency, 1999.

Dans ce livre, écrit pour les gestionnaires et les leaders, Bill Isaacs, qui a travaillé avec David Bohm, suggère que le dialogue est une pratique pour « penser ensemble », propose diverses pratiques et donne de nombreux exemples vignettes.

JACQUES, F., *Dialogiques, recherches logiques sur le dialogue*, Paris, Presses Universitaires de France, 1979.

Un traité érudit en philosophie qui tente de cerner les conditions idéales de la communication et qui propose que la structure « dialogale » incorpore les problématiques du langage et de la raison.

JONAS, H., *Le principe responsabilité. Une éthique pour la civilisation technologique*, Paris, Cerf, 1992.

Un classique philosophique qui prétend que l'accroissement des risques générés par la modernité (bombe atomique, pollution, chômage, clonage humain, etc.), requiert une nouvelle éthique.

JONAS, H., *Pour une éthique du futur*, Paris, Rivages Poche, 1998.

Un petit livre testamentaire du philosophe qui a proposé la notion de l'«éthique de la responsabilité» face au développement technologique et à la crise écologique.

KÖGLER, H.H., *The Power of Dialogue: Critical Hermeneutics after Gadamer and Foucault*, Cambridge (MA), The MIT Press, 1999.

Un traité philosophique très érudit qui se propose de capitaliser sur le potentiel qu'apporte un dialogue pour la réflexion critique à travers l'expérience de l'autre, comme avancé par Gadamer, tout en reconnaissant pleinement la dimension inévitable du pouvoir qui restreint une discussion ouverte, comme avancé par Foucault.

KRAMER, R., «Carl Rogers rencontre Otto Rank: la découverte d'être en relation», dans T. C. PAUCHANT *et al.*, *La quête du sens*, Montréal, Québec-Amérique, 1996, p. 190-211.

Dans ce chapitre, l'auteur retrace les origines de la «thérapie centrée sur la personne» et nous rappelle que les habiletés telles que la congruence personnelle, la considération positive et la compréhension empathique sont indispensables aux dialogues avec soi et les autres.

KRISHNAMURTI, J. et D. BOHM, *The Future of Humanity: A Conversation*, New York, Harper and Row, 1986.

Un petit livre qui expose deux dialogues entre le physicien occidental David Bohm et le sage oriental J. Krishnamurti. Ces dialogues portent sur le futur potentiel de l'humanité, confronté aux possibilités de destruction engendrées par les sciences et les technologies modernes, et proposent une vision différente du temps et de la conscience humaine.

LABERGE, C., «Le dialogue comme discipline de conversation stratégique: l'expérience du Ministère du développement des ressources humaines du Canada», Mémoire de M.Sc. en management, École des HEC, Montréal, 1999.

Une étude empirique sur l'expérience de la pratique du dialogue dans un ministère fédéral confronté à un changement stratégique d'envergure.

MALHERBE, J.-F., *L'incertitude en éthique. Perspectives cliniques*, Montréal, Fides, 1996.

Un petit livre publié dans la collection «Grandes conférences» du Musée de la civilisation de Québec, où l'auteur expose trois cas cliniques en médecine et insiste sur l'importance du «jeu de langage» pour définir une éthique face à l'incertitude. Jean-François Malherbe est professeur et titulaire de la chaire d'éthique appliquée à l'Université de Sherbrooke.

MARCHAND, M.-É., « L'exploration réflexive dans la pratique du dialogue de Bohm : une expérience avec des gestionnaires, conseillers et formateurs en gestion », thèse de doctorat, Faculté des sciences de l'éducation, Université de Montréal, 2000.

Une excellente recherche empirique sur le dialogue portant sur l'évolution du groupe et le développement des personnes. Marie-Ève Marchand est une ancienne gestionnaire des programmes de formation au Centre canadien de gestion d'Ottawa.

MEAD, G. H., *Mind, Self and Society, From the Standpoint of a Social Behaviorist*, Chicago (ILL), The University of Chicago Press, 1934.

Un classique qui allie la philosophie pragmatiste à la psychologie sociale et qui a apporté au pragmatisme une profondeur analytique et une rigueur scientifique.

MITROFF, I. I., *Stakeholders of the Organizational Mind*, San Francisco, (CA), Jossey-Bass Publishers, 1983.

Un livre qui propose une vue différente de la théorie des stakeholders, basée en partie sur la psychologie analytique de C. G. Jung. Ian Mitroff est professeur distingué à la Business School de l'University of Southern California et un consultant réputé en gestion des crises.

OWEN, H., *Open Space Technology: A User Guide*, Potomac, Maryland, Abbott Publishing, 1992.

Un petit livre très pratique qui décrit la technologie du open space. Cette technologie reprend certains éléments du dialogue, tout en utilisant plus de «focus» et en n'offrant qu'une intervention de courte durée.

PARIZEAU, M.-H. (dir.), *Hôpital et éthique : rôles et défis des comités d'éthique clinique*, Québec, Presses de l'Université Laval, 1995.

Un ouvrage collectif sur le rôle et les finalités des comités d'éthique clinique au Québec, qui existent depuis 15 ans. Les auteurs, en s'appuyant sur les travaux d'Habermas et de Kohlberg, proposent que ces comités devraient être des espaces publics de discussion qui mènent à des décisions éclairées, en plus de permettre le développement de la conscience des participants.

PATENAUDE, J., «Le dialogue comme compétence éthique», thèse de doctorat non publiée, Université Laval, Québec, 1996.

PATENAUDE, J., «L'intervention en éthique: contrôle ou support réflexif?», dans A. LACROIX et A. LÉTOURNEAU (dir.), *Méthodes et interventions en éthique appliquée*, Montréal, Fides, 2000, p. 23-40.

Une thèse de doctorat et un article sur la place du dialogue en éthique, considérant le dialogue comme une pratique réflexive et un exercice éthique en lui-même.

PAUCHANT, T. C. et I. I. MITROFF, *La gestion des crises et des paradoxes. Prévenir les effets destructeurs de nos organisations*, Montréal, Québec-Amérique (coll. «Presses HEC»), 1995.

Un livre qui propose des méthodes et des outils afin de mieux gérer, prévenir et apprendre des crises. Le chapitre 8 décrit la pratique du dialogue et le chapitre de conclusion traite de l'impératif éthique, émergeant de conversations profondes avec soi-même et les autres.

PAUCHANT, T. C. *et al.* (1996), *La quête du sens. Gérer nos organisations pour la santé des personnes, de nos sociétés et de la nature.* Montréal, Québec-Amérique, 1996; Paris, Éditions de l'Organisation, 1997.

Un livre qui explore selon différentes perspectives la notion de sens et de non-sens dans les organisations, par des auteurs du Canada, des États-Unis, de la France, du Québec et de Singapour. Voir, en particulier, le chapitre 8 sur les «conversations profondes», et le chapitre de conclusion qui suggère huit pistes, incluant la pratique du dialogue, afin de favoriser un sens collectif dans le travail et les organisations.

PAUCHANT, T. C., C. LAMARCHE, A. A. AWAD et A. PERRON, *Le réseau de la santé et des services sociaux de la Montérégie, ses partenaires et les citoyens face à la tempête du verglas de l'hiver 1998*, Rapport d'expertise pour la Régie régionale de la santé et des services sociaux de la Montérégie, Longueuil, Québec, 1998, 51 p.

Un rapport qui propose des recommandations à la Régie de la santé et des services sociaux de la Montérégie après l'expérience de la crise du verglas de 1998. Les données sur lesquelles est basé ce rapport ont été collectées selon une méthodologie inspirée du dialogue.

PAUCHANT, T. C. *et al.*, *Pour un management éthique et spirituel. Défis, cas, outils et questions*, Montréal, Fides (coll. «Spiritualité au travail») et Presses HEC, 2000.

Un livre collectif qui discute des possibilités et des dangers de l'engouement actuel pour l'éthique et la spiritualité dans les organisations et qui présente six cas d'organisations par leur leader. À l'aide de modèles et d'exemples concrets, ce livre défend la nécessité de l'«éthique du dialogue», et trois dialogues, conduits dans une assemblée de 200 personnes, sont retranscrits.

PAUCHANT, T. C., *Science et conscience en management. Leçon inaugurale*, École des HEC, Montréal, 2001, 60 p. Disponible sur le site <WWW.HEC.CA/FIMES>

Un texte qui présente les correspondances existant entre plusieurs modèles «développementaux» dans différentes disciplines, incluant ceux de Lawrence Kohlberg, d'Abraham Maslow et de Ken Wilber, et qui conclut sur un nouveau type d'éducation pour les gestionnaires et les leaders, incluant le dialogue.

PECK, M. Scott, *The Different Drum*, New York, Simon and Schuster, 1987.

Un livre très populaire qui décrit l'expérience de Scott Peck, créateur de la Foundation for Community Encouragement. La mission de cette fondation est le développement de l'attention individuelle et du sens de communauté par l'utilisation, entre autres, du dialogue. Scott Peck est psychiatre et l'auteur du livre à grande influence A road less travelled *(Le chemin le moins fréquenté).*

PLATON, *Le banquet* (trad. inédite, introduction et notes par L. Brisson), Paris, Flammarion, 1998 (original environ 350 ans avant Jésus-Christ).

Peut-être le dialogue le plus classique de tous les temps sur les différentes sortes d'amours. Pour Socrate, l'amour véritable est le médiateur entre le monde sensible, le monde intelligible et le monde spirituel, donnant accès au bonheur durable. Ce dialogue sur la recherche du vrai, du bien et du beau se lit comme un roman, surtout dans la nouvelle version proposée par Luc Brisson.

ROGERS, C. R. et F. L. ROETHLISBERGER, «Barriers and Gateways to Communication», *Harvard Business Review*, 30, 4, 1952, p. 46-52.

Un article classique, l'un des plus reproduits de la Harvard Business Review, *dans lequel Carl Rogers propose que la compréhension empathique d'une autre personne est l'un des processus les plus importants pour développer la personnalité des deux personnes entrées en communication.*

SAUL, J., *La civilisation inconsciente*, Paris, Payot, 1997. (Original en anglais, 1995)

Dénonçant à la fois l'individualisme et le corporatisme et proposant que notre société traverse une crise grave, John Saul propose dans ce livre, écrit pour le grand public, que l'un des signes d'une civilisation en santé est l'existence d'un langage clair auquel chaque citoyen et citoyenne peut participer à sa façon. John Saul est considéré comme l'un des plus grands commentateurs de la société canadienne.

SCHEIN, E., «On Dialogue, Culture and Organizational Learning», *Organizational Dynamics*, 22, automne 1993, p. 40-51.

Un article scientifique sur la pratique du dialogue, l'apprentissage collectif et l'efficience organisationnelle. Edgar Schein est peut-être l'auteur le plus connu en management sur les notions de culture et de développement organisationnel. Il est professeur émérite à la Sloan School of Management, MIT, Boston.

SCHWARTZ, P., *The Art of the Long View: Paths to Strategic Insight for Yourself and Your Company*, New York, Business Currency Doubleday, 1996.

Un livre général sur la planification stratégique et l'usage des scénarios. L'annexe 1, p. 227-239, discute de la nécessité de favoriser des «conversations stratégiques» dans les organisations. Peter Schwartz est une autorité mondiale en matière de processus stratégique et président du «Global Business Network».

SENGE, P., *The Fifth Discipline: The Art and Practice of the Learning Organization*, New York, Business Doubleday Currency, 1990.

Un livre très accessible qui a lancé la notion d'«apprentissage organisationnel» et légitimé l'utilisation du dialogue dans des organisations comme IBM, Ford ou Xerox (voir le chapitre 12). Peter Senge est directeur du «Center for Learning Organization», Sloan School of Management, MIT, Boston.

SENGE, P. et al., *The Fifth Discipline Fieldbook: Strategies and Tools for Building a Learning Organization*, New York, Currency Doubleday, 1994.

SENGE, P. et al., *The Danse of Change: The Challenges to Sustaining Momentum in Learning Organizations*, New York, Currency Doubleday, 1999.

Deux livres très pratiques, écrits pour des gestionnaires et des leaders. Peter Senge et ses collègues exposent des stratégies et des outils pour faciliter l'apprentissage en organisation, dont la pratique du dialogue.

SERRES, M., «Nous entrons dans une période où la morale devient objective», dans *Les grands entretiens du monde*, tome II, Paris, Le Monde Éditions, 1994a, p. 89-97.

SERRES, M., *Atlas*, Paris, Éditions Julliard, 1994b.

Une entrevue où Michel Serres, membre de l'Académie en France, propose que nous sommes aujourd'hui acculés à l'éthique, et un essai philosophique mais très accessible qui tente de décrire la complexité de notre monde et propose des approches plus en adéquation avec cette complexité.

SERRES, M., *Pour une éthique du travail au XXe siècle*, Second forum international sur le management, l'éthique et la spiritualité, École des HEC, Montréal, 25 mai 2001.

Dans cette conférence, Michel Serres retrace l'évolution du travail à travers le temps et propose que seule une transmission dialogique et gratuite du savoir, qui permet un réel échange entre partenaires égaux, pourrait fonder une éthique.

SOMERVILLE, M., *The Ethical Canary: Science, Society and the Human Spirit*, New York, Vicking, 2000.

Un livre qui défend la nécessité grandissante de l'éthique dans le domaine de la santé. Le chapitre de conclusion insiste sur les besoins de créer des espaces différents, de ralentir le temps, d'inventer un nouveau langage et de dépasser l'usage seul de la raison. Margareth Somerville est la fondatrice et la directrice du Centre pour la médecine, l'éthique et le droit à l'Université McGill et est titulaire de la chaire Samuel Gale à la faculté de droit.

TAYLOR, C., *Sources of the Self*, Cambridge (MA), Harvard University Press, 1989.

L'un des opus du philosophe et politologue Charles Taylor. Une grande partie de cet ouvrage est consacrée à la nécessité d'entrer en dialogue avec d'autres personnes afin de développer le sens de self.

TAYLOR, C., *Grandeur et misère de la modernité*, Montréal, Bellarmin, 1992.

Dans ce livre, écrit pour le grand public, Charles Taylor analyse notre grandeur et notre misère actuelles. Il dénonce, par exemple, une certaine attitude libérale qui conduit à ne définir la «bonne vie» que comme un projet personnel, menant à une absence de débat, et oppose à cette conception le caractère fondamentalement dialogique de l'existence humaine.

VAN EIJNATTEN, F. M., *The Paradigm That Changed the Work Place*, The Swedish Center for Working Life, Stockholm, Van Gorcum, Assen: Arbetlivscentrum, 1993.

Un livre assez technique mais très informatif sur la pratique du «dialogue démocratique» dans la tradition des systèmes sociaux-techniques développée par Eric Trist et Fred Emery. Ce livre présente de nombreux exemples, tant en

Australie que dans les pays scandinaves et anglophones. Frans van Eijnatten est associé au Swediskh Center for Working Life, Stockholm.

WEIL, S., *L'enracinement*, Paris, Gallimard, 1949.

Un grand classique en philosophie qui se lit comme un roman et qui propose, entre autres, le développement de « l'attention », chez les individus, et de l'enracinement, dans la société. Simone Weil est considérée comme la plus importante femme philosophe du XXe siècle.

WEISBORD, M. R. (dir.), *Discovering Common Ground*, San Francisco (CA), Berrett-Koehler Publishers, 1992.

Un livre très pratique qui présente la méthodologie des future search conferences particulièrement adaptée aux problématiques complexes. Cette méthodologie est sur plusieurs points similaire au dialogue, bien qu'étant moins profonde et n'abordant pas le niveau individuel de développement.

WILBER, K., *A Brief History of Everything*, Boston (MA), Shambhala, 1996.

Un livre qui propose d'établir une synergie entre une vue « monologique » du monde, représentée, par exemple, par la science dite objective, et une vue « dialogique », représentée par des disciplines qui honorent l'intersubjectivité. Ce livre accessible, présenté lui-même sous forme de dialogue, est une excellente introduction à l'œuvre considérable produite par Ken Wilber, fondateur de l'Institut Intégral aux États-Unis.

ZOHAR, D., *Rewiring the Corporate Brain. Using New Science to Rethink How We Structure and Lead Organizations*, San Francisco (CA), Berrett-Koehler Publishers, 1997.

Un court livre écrit pour les gestionnaires et les leaders qui présente certaines implications de la physique quantique, comparée à la physique newtonienne, pour les sciences et la pratique de la gestion. Le chapitre 8 présente le dialogue comme une méthode pour transformer les organisations.

Index des noms

Index des sujets

Table des matières

AGMV Marquis

MEMBRE DE SCABRINI MEDIA

Québec, Canada
2002